中国城市科技创新发展报告 2021

关成华　赵　峥　刘　杨　等◎著

首都科技发展战略研究院
中国社会科学院城市与竞争力研究中心　　联合支持
北京师范大学创新发展研究院

科学技术文献出版社
SCIENTIFIC AND TECHNICAL DOCUMENTATION PRESS
·北京·

图书在版编目（CIP）数据

中国城市科技创新发展报告. 2021 / 关成华等著. —北京：科学技术文献出版社，2022. 3
ISBN 978-7-5189-8942-3

Ⅰ. ①中… Ⅱ. ①关… Ⅲ. ①城市建设—技术革新—研究报告—中国—2021 Ⅳ. ① F124.3

中国版本图书馆 CIP 数据核字（2022）第 031442 号

中国城市科技创新发展报告2021

策划编辑：丁芳宇　　责任编辑：赵　斌　　责任校对：张永霞　　责任出版：张志平

出 版 者　科学技术文献出版社
地　　址　北京市复兴路15号　邮编 100038
编 务 部　(010) 58882938，58882087（传真）
发 行 部　(010) 58882868，58882870（传真）
邮 购 部　(010) 58882873
官方网址　www.stdp.com.cn
发 行 者　科学技术文献出版社发行　全国各地新华书店经销
印 刷 者　北京虎彩文化传播有限公司
版　　次　2022 年 3 月第 1 版　2022 年 3 月第 1 次印刷
开　　本　787 × 1092　1/16
字　　数　419千
印　　张　18.75
书　　号　ISBN 978-7-5189-8942-3
定　　价　78.00元

课 题 组

课题组组长

关成华

课题组副组长

赵　峥　刘　杨

课题组成员（按姓氏拼音排序）

白　英	白　悦	常含笑	陈　瑾	邓昊昱	董晓宇
高海洋	葛　畅	韩　松	何春晖	金生学	李淑敏
刘彦平	蒲刚清	邱英杰	沈凡佳	石　瑶	苏雯琳
孙超奇	王　昕	王谦谦	文艺璇	吴微莉	许　峰
许婉婷	颜振军	杨瑞鸽	于　悦	袁祥飞	张亮亮

首都科技发展战略研究院简介

首都科技发展战略研究院成立于2011年8月，由科技部、中国科学院、中国工程院和北京市人民政府发起，以北京市科学技术委员会为秘书长单位，北京市科学技术委员会、北京师范大学和北京市科学技术研究院共同承建，是立足首都、服务全国的新型智库。

首都科技发展战略研究院秉承“日新为道”的核心价值观，以“有态度的坚持，有温度的洞见，有力度的开拓”为工作理念，采取小核心、大网络的组织方式，凝聚国内外百余位知名专家、学者、企业家，组成高端、高效的研究与运营团队，致力于打造集学术与政策研究、战略与咨询服务、金融与成果转化、园区运营与升级于一体的可持续创新发展平台。

首都科技发展战略研究院旨在突出首都全国政治中心、文化中心、国际交往中心、科技创新中心功能，充分发挥和利用首都科研、人才、产业、金融等资源优势，聚焦创新创业和绿色发展，坚持“国际化、地方化、定量化”，为政府、企业和社会各界提供战略咨询、技术支持、金融服务和专业培训。

目前，研究院已连续出版《中国城市科技创新发展报告》《中国创业孵化发展报告》《中国绿色发展指数报告》《首都科技创新发展报告》等品牌研究成果30余部；完成国家部委和地方政府委托专项课题200余项；为国内外知名企业提供战略咨询服务100余项；在北京、广东、湖南、江西、贵州等地开展创业企业投资和产业基金管理等科技金融服务；在湖南等地运营“首科创新园”，为全国多个地区的园区升级进行评估与辅导；拥有专业培训资质，持续开展碳中和企业研修计划、绿色产业、京津冀协同发展、创业孵化等主题培训；举办“中国绿色发展论坛”“首科新年论坛”“首科创新汇”等品牌论坛与交流活动；共建京津冀国家技术创新中心、中国产学研融合创新体系研究中心、城市绿色发展科技战略研究北京市重点实验室，与联合国工业发展组织、欧盟、哈佛大学、麻省理工学院、亚洲理工学院等国际组织和高校深入开展合作，产生了积极而广泛的社会影响。

目　录

专题指数篇

专题报告篇

导 论

创新是人类对未知领域的有益探索！回顾人类经济社会发展史，无数事实证明，创新不仅是推动一个国家、一个民族向前发展的不竭动力，也是推动城市高质量发展的重要力量。“十四五”时期，我国发展的内部条件和外部环境正发生深刻复杂变化，仅靠要素驱动的发展已经难以为继，走创新驱动发展的道路是大势所趋。正如习近平总书记指出：“我国经济社会发展和民生改善比过去任何时候都更加需要科技创新解决方案，都更加需要增强创新这个第一动力。”

人们来到城市，是为了让生活更美好！而创新则为城市美好发展的愿景提供了不竭动力。城市是国家创新活动的主阵地，提高城市创新能力是完善国家创新体系、实施创新驱动发展战略、建设创新型国家的重要途径。当前，我国城市纷纷把科技创新摆在城市发展全局的核心位置，充分发挥科技创新对经济社会发展的驱动作用，积极探索各具特色的创新发展模式，在引领经济高质量发展、深化科技体制改革、健全科技创新体系、优化创新创业环境、支撑区域协同发展等方面发挥了重要作用。

立足当下，着眼未来，开展城市科技创新研究是探索城市发展新模式的迫切要求，有利于认识和把握城市创新面临的新形势和新挑战，挖掘科技创新的空间集聚、辐射和演变规律，助力实现高水平科技自立自强，推动创新型国家和科技强国建设。

本报告依据首都科技发展战略研究院研发的“城市科技创新发展理论体系”，构建“中国城市科技创新发展指数指标体系”，对中国 288 个地级及以上城市的科技创新发展水平进行评估，试图全景式地揭示中国城市科技创新发展特征和趋势，分析影响城市科技创新发展的主要因素。并在此基础上，进一步梳理和总结中国城市迈向创新驱动发展过程中的典型案例、问题挑战和经验做法，提出城市创新发展关键问题的解决思路和政策建议，以为中央和各级地方政府提供决策参考。

一、中国城市科技创新发展理论框架

“中国城市科技创新发展指数”是基于城市科技创新发展理论框架构建而成（图 0–1）。城市科技创新发展是城市各类创新主体在特定的支撑条件下运用创新资源开展创新活动、形成创新成果并作用于经济社会发展的复杂过程。具体而言，政府和市场共同为科技创新活动提供环境和服务支撑，企业、科研院所和高等院校等创新主体，通过人力资本和研发经费等资源投入，开展知识创新、技术创新、管理创新、体制创新、商业模式创新和生产组织方式创新，形成知识、技术和产品的产出，进而推动经济发展、结构优化和民生改善，同时通过技术创新溢出，形成辐射、引领效应。

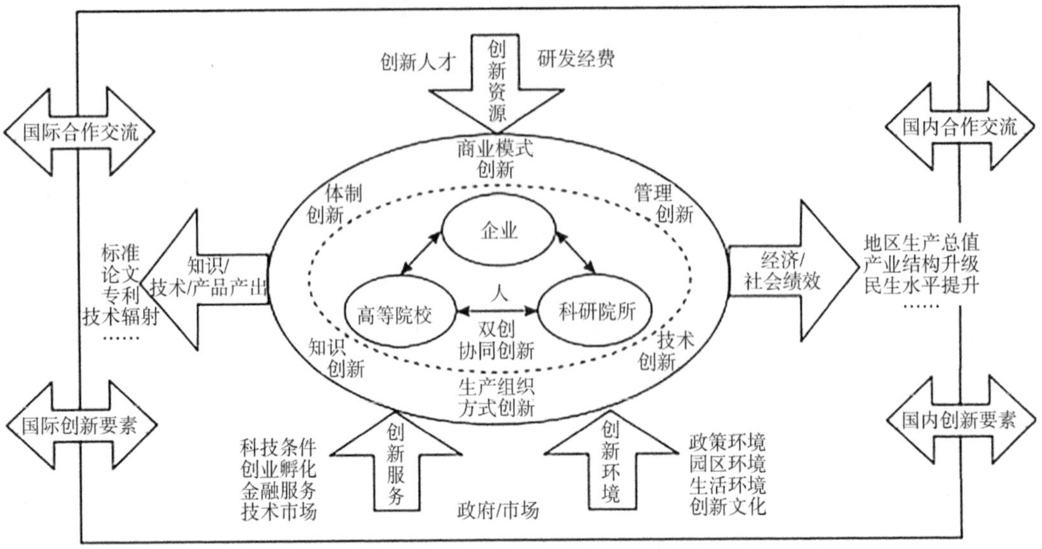

图 0-1　城市科技创新发展理论框架

二、中国城市科技创新发展指数指标体系及优化

本报告充分研究吸收了科技部、中国科学院、中国社会科学院、世界银行、经合组织等国内外机构相关城市创新报告和评价指标。在此基础上，按照逻辑性原则、代表性原则、可比性原则和导向性原则，构建由 3 个层次指标构成的中国城市科技创新发展指数指标体系，以综合反映中国城市之间的创新发展差异。其中，一级指标共 4 个，包括创新资源、创新环境、创新服务、创新绩效；二级指标共 10 个，包括创新人才、研发经费、政策环境、信息环境、创业服务、金融服务、科技产出、经济发展、绿色发展、辐射引领；三级指标共 21 个，包括创新资源三级指标 4 个，创新环境三级指标 4 个，创新服务三级指标 4 个，创新绩效三级指标 9 个（表 0–1）。

表 0–1　中国城市科技创新发展指数指标体系

一级指标	二级指标	序号	三级指标	指标属性	权重
创新资源	创新人才	1	居民中大专以上学历人口比重	正向	4.76%
		2	万名从业人口中科学技术人员数	正向	4.76%
	研发经费	3	地方财政科技投入占地方财政支出比重	正向	4.76%
		4	R&D 经费投入强度	正向	4.76%

续表

一级指标	二级指标	序号	三级指标	指标属性	权重
创新环境	政策环境	5	每万人吸引外商投资额	正向	4.76%
		6	开办企业便利度	逆向	4.76%
	信息环境	7	人均教育经费支出	正向	4.76%
		8	互联网宽带接入用户数	正向	4.76%
创新服务	创业服务	9	孵化器数量	正向	4.76%
		10	在孵企业数	正向	4.76%
	金融服务	11	创业板、科创板上市和新三板挂牌企业数	正向	4.76%
		12	A 股上市企业数	正向	4.76%
创新绩效	科技产出	13	每万人专利申请量	正向	4.76%
		14	每万人发明专利授权量	正向	4.76%
	经济发展	15	地均 GDP	正向	4.76%
		16	城镇居民人均可支配收入	正向	4.76%
	绿色发展	17	PM2.5 年均浓度	逆向	4.76%
		18	万元地区生产总值能耗	逆向	4.76%
	辐射引领	19	国家技术转移示范机构数	正向	4.76%
		20	中国大学 ESI 高被引论文被引频次（第一作者）	正向	4.76%
		21	国家高新技术企业数	正向	4.76%

三、测算城市选择与分类

城市科技创新发展评估样本的广泛性和典型性，关系到评估与研究结论的准确性和价值。本报告在考虑城市统计数据的可得性、准确性和标准性的基础上，参考城市研究与创新研究相关领域资深专家意见，选取 288 个地级及以上城市进行量化研究。具体的城市样本选取标准包括以下两个方面：第一，城市统计数据的可得性、准确性和标准性；第二，城市在所在省份的社会经济地位和代表性。

依据以上标准选择的 288 个城市（表 0–2），从空间分布看，涉及除我国香港、澳门、台湾以外的 31 个省、自治区和直辖市。其中，86 个城市位于东部地区，80 个城市位于中部地区，88 个城市位于西部地区，34 个城市位于东北地区；从行政等级看，包括 36 个副省级及以上城市，252 个地级市。这 288 个城市基本体现了中国不同区域、不同行政等级和不同经济发展水平的城市状况，样本涵盖了全国各个城市规模等级的城市，具有较强的代表性。

表 0-2　中国城市科技创新发展指数测度城市省域分布

省域分布	城市
北京（1）	北京
天津（1）	天津
河北（11）	石家庄、张家口、承德、唐山、秦皇岛、廊坊、保定、沧州、衡水、邢台、邯郸
山西（11）	太原、大同、朔州、忻州、阳泉、晋中、吕梁、长治、临汾、晋城、运城
内蒙古（9）	呼和浩特、包头、乌海、赤峰、通辽、鄂尔多斯、呼伦贝尔、巴彦淖尔、乌兰察布
辽宁（14）	沈阳、铁岭、阜新、抚顺、朝阳、本溪、辽阳、鞍山、盘锦、锦州、葫芦岛、营口、丹东、大连
吉林（8）	长春、白城、松原、吉林、四平、辽源、白山、通化
黑龙江（12）	哈尔滨、黑河、伊春、齐齐哈尔、鹤岗、佳木斯、双鸭山、绥化、大庆、七台河、鸡西、牡丹江
上海（1）	上海
江苏（13）	南京、连云港、徐州、宿迁、淮安、盐城、泰州、扬州、镇江、南通、常州、无锡、苏州
浙江（11）	杭州、湖州、嘉兴、绍兴、舟山、宁波、金华、衢州、台州、丽水、温州
安徽（16）	合肥、淮北、亳州、宿州、蚌埠、阜阳、淮南、滁州、六安、马鞍山、芜湖、宣城、铜陵、池州、安庆、黄山
福建（9）	福州、宁德、南平、三明、莆田、龙岩、泉州、漳州、厦门
江西（11）	南昌、九江、景德镇、上饶、鹰潭、抚州、新余、宜春、萍乡、吉安、赣州
山东（16）	济南、德州、滨州、东营、烟台、威海、淄博、潍坊、聊城、泰安、青岛、日照、济宁、菏泽、临沂、枣庄
河南（17）	郑州、安阳、鹤壁、濮阳、新乡、焦作、三门峡、开封、洛阳、商丘、许昌、平顶山、周口、漯河、南阳、驻马店、信阳
湖北（12）	武汉、十堰、襄樊、随州、荆门、孝感、宜昌、黄冈、鄂州、荆州、黄石、咸宁
湖南（13）	长沙、岳阳、张家界、常德、益阳、湘潭、株洲、娄底、怀化、郴州、邵阳、衡阳、永州
广东（21）	广州、深圳、东莞、珠海、汕头、佛山、韶关、河源、梅州、惠州、汕尾、中山、江门、阳江、湛江、茂名、肇庆、清远、潮州、揭阳、云浮
广西（14）	南宁、桂林、河池、贺州、柳州、百色、来宾、梧州、贵港、玉林、崇左、钦州、防城港、北海
海南（2）	海口、三亚
重庆（1）	重庆

续表

省域分布	城市
四川（18）	成都、广元、巴中、绵阳、德阳、达州、南充、遂宁、广安、资阳、眉山、雅安、内江、乐山、自贡、泸州、宜宾、攀枝花
贵州（6）	贵阳、遵义、六盘水、安顺、毕节、铜仁
云南（8）	昆明、昭通、丽江、曲靖、保山、玉溪、临沧、普洱
西藏（1）	拉萨
陕西（10）	西安、榆林、延安、铜川、渭南、宝鸡、咸阳、商洛、汉中、安康
甘肃（12）	兰州、嘉峪关、酒泉、张掖、金昌、武威、白银、庆阳、平凉、定西、天水、陇南
青海（2）	西宁、海东
宁夏（5）	银川、石嘴山、吴忠、中卫、固原
新疆（2）	乌鲁木齐、克拉玛依

对中国地级及以上城市的科技创新发展进行量化评估，要求各样本城市数据完整，来源权威。因此，本报告数据均来源于公开统计数据，以保证数据的连续性，利于以后年度进行纵向动态比较。本报告相关数据主要来源于《中国城市统计年鉴》及国家、地区、城市政府公布的统计年鉴、统计公报等官方出版物。另外，由于指标可比性及数据可得性限制，港澳台城市不在报告中体现。各个指标的解释和数据来源详见附录 1，评价方法详见附录 2。

四、报告主要内容

本报告主要由四大部分组成，分别为总报告、分项指数篇、专题指数篇、专题报告篇。总报告和分项指数篇旨在全面评价中国城市科技创新发展总体特征；专题指数篇旨在细化创新评估尺度，从更微观视角把握地区创新状况、能力、潜力；专题报告篇旨在对城市创新进行理论探索和反思，以及对实践经验进行总结和归纳，主要来自首都科技发展战略研究院课题组和全国各地专题课题组的调查研究。

具体而言，总报告将具体展示 288 个地级及以上城市科技创新发展指数 2021 年综合评价结果，并通过指数测算结果，全景式地揭示中国城市科技创新总体态势与特征，同时瞄准国家战略，挖掘和分析重点城市和区域的科技创新进展，最后聚焦共同富裕，提出科技创新助力实现共同富裕的路径与思考。

分项指数篇包括 5 个章节，第三至第六章分别对创新资源、创新环境、创新服务和创新绩效 4 个一级指标进行具体评估与分析，第七章主要对不同省域内城市科技创新发展指数进行比较分析，明晰各城市在所属省域内的地位及与省内其他城市相比具有的优势和劣势，为城市提升自身科技创新实力提供参考。

专题指数篇包括 3 个章节，第八章为“新形势下的国际科技创新中心建设——首都科技创新发展指数 2021 解读”，全面总结北京建设国际科技创新中心的成效、面临的挑战和问题，并提出相关对策建议；第九章为“北京市城区科技创新发展评估与解读”，主要对北京市 16 个城区的科技创新发展情况进行测评分析，总结特征并提出相关建议；第十章为“中国主要城区科技创新发展能力评估”，选取了全国 29 个省的 34 个城市中的 68 个城区作为研究样本，重点分析中国部分城市城区科技创新发展格局和特征。

专题报告篇包括 10 个章节，第十一章为“创新是人类对未知领域的有益探索”，主要分析了“创新”一词的起源，并从“人类”“未知领域”“有益”“探索”4 个关键词入手，对创新的概念和内涵进行了探讨；第十二章为“科学认识创新的本质　助推创新型城市建设”，主要探析创新发展的理念和推动城市创新工作方面的误区，并基于“以人为本”的观念，提出助推创新型城市建设的政策措施；第十三章为“地方数字治理的实践导向与均衡路径”，主要总结了地方数字治理的实践导向，分析了地方数字治理面临的主要障碍，并提出提升地方数字治理能力的均衡路径；第十四章为“科学城引领城市融合创新：发展机理与对策建设”，主要分析了科学城建设带动城市创新发展的逻辑，并对科学城引领城市融合创新发展提出了相关建议；第十五章为“创新创业生态系统建设助力城市品牌提升”，主要构建了创新创业生态系统与城市品牌的逻辑关系，探讨了创新创业相关要素对城市品牌发展的贡献度，并提出了相关对策建议；第十六章为“全球科技创新变革下北京建设国际科技创新中心的使命与未来”，主要探讨新形势下，北京国际科技创新中心建设成效、面临的机遇挑战及应对策略；第十七章为“区域性中心城市的科技突围之路——以山东省济南市为例”，主要梳理济南所处空间科技发展背景，探索济南科技突围之路，为提高区域性中心城市科技创新能力、推动区域高质量发展提供参考；第十八章为“数字治理赋能智慧城市品牌建设——基于杭州‘城市大脑’的经验与反思”，主要分析杭州市数字化改革、数字创新和数字治理的经验与反思，为数字治理赋能智慧城市品牌建设提供有益借鉴；第十九章为“如何从‘产业协同’到‘创新协同’？——以‘珠海 - 澳门’合作发展为例”，主要就粤港澳大湾区建设和横琴粤澳深度合作区建设背景下，推动珠澳产业协同发展，打造区域创新共同体，促进区域创新发展进行探索和思考；第二十章为“建设人才友好型城市：意义、内涵、挑战与路径”，主要探讨了建设“人才友好型城市”的重大意义，研究了“人才友好型城市”的核心内涵，并基于问题导向，提出了推进建设“人才友好型城市”建设的重点思路。

总报告

第一章　中国城市科技创新发展指数（2021）综合评价

一、中国 288 个城市科技创新发展指数及排名

2021 年度中国城市科技创新发展指数排名前 20 位的城市依次是北京市、深圳市、上海市、南京市、广州市、杭州市、武汉市、苏州市、西安市、珠海市、成都市、合肥市、天津市、厦门市、宁波市、无锡市、青岛市、郑州市、常州市和长沙市。

省级区域看，排名前 20 位的城市中，除北京、上海、天津 3 个直辖市外，江苏省的城市最多，包括南京市、苏州市、无锡市和常州市 4 个；广东省有 3 个，分别是深圳市、广州市和珠海市；浙江省有 2 个，分别是杭州市和宁波市；湖北省、陕西省、四川省、安徽省、福建省、山东省、河南省和湖南省分别有 1 个城市进入前 20 位（表 1-1）。

表 1-1　中国城市科技创新发展指数及排名

城市	总指数	排名	城市	总指数	排名
北京市	0.8439	1	宁波市	0.5698	15
深圳市	0.7743	2	无锡市	0.5692	16
上海市	0.7256	3	青岛市	0.5691	17
南京市	0.7066	4	郑州市	0.5495	18
广州市	0.7024	5	常州市	0.5490	19
杭州市	0.6925	6	长沙市	0.5478	20
武汉市	0.6919	7	济南市	0.5395	21
苏州市	0.6537	8	嘉兴市	0.5239	22
西安市	0.6056	9	佛山市	0.5174	23
珠海市	0.6020	10	中山市	0.5075	24
成都市	0.5988	11	东莞市	0.5074	25
合肥市	0.5797	12	重庆市	0.5071	26
天津市	0.5794	13	福州市	0.5022	27
厦门市	0.5737	14	昆明市	0.4794	28

续表

城市	总指数	排名	城市	总指数	排名
芜湖市	0.4784	29	唐山市	0.3909	61
湖州市	0.4782	30	蚌埠市	0.3889	62
南通市	0.4766	31	马鞍山市	0.3853	63
大连市	0.4697	32	舟山市	0.3850	64
镇江市	0.4693	33	汕头市	0.3844	65
扬州市	0.4683	34	泰州市	0.3804	66
沈阳市	0.4676	35	潍坊市	0.3788	67
南昌市	0.4671	36	淄博市	0.3781	68
绍兴市	0.4665	37	泉州市	0.3776	69
温州市	0.4553	38	宜昌市	0.3747	70
哈尔滨市	0.4533	39	东营市	0.3740	71
贵阳市	0.4520	40	肇庆市	0.3735	72
长春市	0.4498	41	连云港市	0.3719	73
金华市	0.4458	42	廊坊市	0.3660	74
台州市	0.4439	43	秦皇岛市	0.3603	75
徐州市	0.4421	44	银川市	0.3563	76
太原市	0.4404	45	济宁市	0.3553	77
石家庄市	0.4399	46	襄阳市	0.3504	78
乌鲁木齐市	0.4299	47	大庆市	0.3501	79
兰州市	0.4234	48	淮安市	0.3485	80
呼和浩特市	0.4170	49	衢州市	0.3457	81
烟台市	0.4163	50	湘潭市	0.3450	82
盐城市	0.4106	51	丽水市	0.3440	83
洛阳市	0.4055	52	赣州市	0.3418	84
惠州市	0.4035	53	滁州市	0.3350	85
江门市	0.4031	54	韶关市	0.3344	86
南宁市	0.4029	55	泰安市	0.3295	87
威海市	0.4000	56	安庆市	0.3280	88
海口市	0.3967	57	包头市	0.3274	89
株洲市	0.3962	58	新乡市	0.3270	90
保定市	0.3960	59	荆州市	0.3269	91
绵阳市	0.3917	60	桂林市	0.3268	92

续表

城市	总指数	排名	城市	总指数	排名
三亚市	0.3242	93	南阳市	0.2954	125
十堰市	0.3239	94	淮南市	0.2951	126
德州市	0.3234	95	龙岩市	0.2933	127
邯郸市	0.3228	96	遵义市	0.2932	128
黄石市	0.3221	97	宜春市	0.2927	129
柳州市	0.3200	98	三明市	0.2924	130
鄂尔多斯市	0.3187	99	酒泉市	0.2913	131
拉萨市	0.3187	100	克拉玛依市	0.2904	132
临沂市	0.3186	101	邢台市	0.2899	133
宿迁市	0.3182	102	南平市	0.2896	134
许昌市	0.3177	103	宝鸡市	0.2888	135
宣城市	0.3140	104	淮北市	0.2877	136
沧州市	0.3134	105	枣庄市	0.2863	137
郴州市	0.3133	106	新余市	0.2863	138
九江市	0.3085	107	宁德市	0.2858	139
漳州市	0.3083	108	盘锦市	0.2856	140
湛江市	0.3080	109	咸阳市	0.2851	141
焦作市	0.3069	110	聊城市	0.2844	142
常德市	0.3060	111	抚州市	0.2843	143
鞍山市	0.3059	112	眉山市	0.2835	144
鹰潭市	0.3050	113	荆门市	0.2831	145
日照市	0.3045	114	孝感市	0.2818	146
梅州市	0.3017	115	北海市	0.2818	147
衡阳市	0.3017	116	延安市	0.2817	148
滨州市	0.3010	117	宜宾市	0.2809	149
铜陵市	0.3008	118	上饶市	0.2808	150
西宁市	0.3004	119	安阳市	0.2805	151
茂名市	0.2994	120	阳江市	0.2804	152
景德镇市	0.2992	121	泸州市	0.2802	153
吉林市	0.2988	122	衡水市	0.2794	154
吉安市	0.2965	123	咸宁市	0.2792	155
岳阳市	0.2958	124	榆林市	0.2787	156

续表

城市	总指数	排名	城市	总指数	排名
内江市	0.2782	157	漯河市	0.2585	190
德阳市	0.2779	158	运城市	0.2576	191
菏泽市	0.2775	159	池州市	0.2568	192
开封市	0.2771	160	宿州市	0.2562	193
莆田市	0.2770	161	商丘市	0.2558	194
锦州市	0.2768	162	六安市	0.2544	195
张家口市	0.2761	163	遂宁市	0.2528	196
三门峡市	0.2756	164	六盘水市	0.2526	197
黄冈市	0.2756	165	乐山市	0.2514	198
玉溪市	0.2747	166	云浮市	0.2507	199
攀枝花市	0.2743	167	怀化市	0.2497	200
濮阳市	0.2737	168	汉中市	0.2484	201
曲靖市	0.2721	169	防城港市	0.2483	202
齐齐哈尔市	0.2705	170	达州市	0.2482	203
黄山市	0.2702	171	白银市	0.2476	204
河源市	0.2693	172	金昌市	0.2476	205
阜阳市	0.2687	173	平顶山市	0.2470	206
自贡市	0.2684	174	贵港市	0.2465	207
晋中市	0.2676	175	鄂州市	0.2464	208
萍乡市	0.2668	176	牡丹江市	0.2464	209
清远市	0.2656	177	佳木斯市	0.2457	210
钦州市	0.2656	178	安康市	0.2451	211
赤峰市	0.2652	179	玉林市	0.2448	212
雅安市	0.2650	180	安顺市	0.2442	213
永州市	0.2634	181	梧州市	0.2441	214
大同市	0.2633	182	亳州市	0.2440	215
信阳市	0.2627	183	四平市	0.2434	216
张掖市	0.2626	184	定西市	0.2428	217
承德市	0.2616	185	渭南市	0.2426	218
长治市	0.2608	186	铜仁市	0.2426	219
南充市	0.2603	187	巴彦淖尔市	0.2400	220
潮州市	0.2602	188	广元市	0.2392	221
天水市	0.2588	189	临汾市	0.2389	222

续表

城市	总指数	排名	城市	总指数	排名
石嘴山市	0.2356	223	忻州市	0.2153	256
揭阳市	0.2349	224	鹤壁市	0.2147	257
营口市	0.2337	225	张家界市	0.2145	258
邵阳市	0.2324	226	商洛市	0.2142	259
益阳市	0.2309	227	葫芦岛市	0.2140	260
晋城市	0.2308	228	百色市	0.2114	261
周口市	0.2307	229	通辽市	0.2112	262
通化市	0.2305	230	白城市	0.2082	263
阜新市	0.2304	231	白山市	0.2074	264
阳泉市	0.2304	232	固原市	0.2069	265
呼伦贝尔市	0.2275	233	海东市	0.2031	266
武威市	0.2267	234	乌海市	0.2014	267
随州市	0.2257	235	黑河市	0.2007	268
丹东市	0.2246	236	绥化市	0.1998	269
毕节市	0.2243	237	铁岭市	0.1977	270
来宾市	0.2241	238	保山市	0.1971	271
铜川市	0.2233	239	辽阳市	0.1965	272
庆阳市	0.2233	240	临沧市	0.1924	273
驻马店市	0.2232	241	平凉市	0.1911	274
贺州市	0.2230	242	吴忠市	0.1886	275
汕尾市	0.2227	243	鸡西市	0.1848	276
广安市	0.2220	244	朝阳市	0.1820	277
朔州市	0.2209	245	乌兰察布市	0.1795	278
辽源市	0.2197	246	伊春市	0.1779	279
吕梁市	0.2185	247	资阳市	0.1755	280
普洱市	0.2185	248	松原市	0.1752	281
抚顺市	0.2184	249	昭通市	0.1713	282
巴中市	0.2179	250	丽江市	0.1708	283
娄底市	0.2175	251	双鸭山市	0.1696	284
本溪市	0.2168	252	七台河市	0.1691	285
河池市	0.2164	253	中卫市	0.1682	286
嘉峪关市	0.2164	254	鹤岗市	0.1646	287
崇左市	0.2157	255	陇南市	0.1640	288

二、中国省会与副省级及以上城市科技创新发展指数及排名

2021 年度中国省会与副省级及以上城市科技创新发展指数排名前 10 位的城市依次是北京市、深圳市、上海市、南京市、广州市、杭州市、武汉市、西安市、成都市和合肥市（表 1–2）。

表 1–2 中国省会与副省级及以上城市科技创新发展指数及排名

城市	总指数	全国排名	组内排名	城市	总指数	全国排名	组内排名
北京市	0.8439	1	1	福州市	0.5022	27	19
深圳市	0.7743	2	2	昆明市	0.4794	28	20
上海市	0.7256	3	3	大连市	0.4697	32	21
南京市	0.7066	4	4	沈阳市	0.4676	35	22
广州市	0.7024	5	5	南昌市	0.4671	36	23
杭州市	0.6925	6	6	哈尔滨市	0.4533	39	24
武汉市	0.6919	7	7	贵阳市	0.4520	40	25
西安市	0.6056	9	8	长春市	0.4498	41	26
成都市	0.5988	11	9	太原市	0.4404	45	27
合肥市	0.5797	12	10	石家庄市	0.4399	46	28
天津市	0.5794	13	11	乌鲁木齐市	0.4299	47	29
厦门市	0.5737	14	12	兰州市	0.4234	48	30
宁波市	0.5698	15	13	呼和浩特市	0.4170	49	31
青岛市	0.5691	17	14	南宁市	0.4029	55	32
郑州市	0.5495	18	15	海口市	0.3967	57	33
长沙市	0.5478	20	16	银川市	0.3563	76	34
济南市	0.5395	21	17	拉萨市	0.3187	100	35
重庆市	0.5071	26	18	西宁市	0.3004	119	36

三、中国地级市科技创新发展指数及排名

2021 年度中国地级市科技创新发展指数排名前 20 位的城市依次是苏州市、珠海市、无锡市、常州市、嘉兴市、佛山市、中山市、东莞市、芜湖市、湖州市、南通市、镇江市、扬州市、绍兴市、温州市、金华市、台州市、徐州市、烟台市和盐城市（表 1–3）。

表 1-3　中国地级市科技创新发展指数及排名

城市	总指数	全国排名	组内排名	城市	总指数	全国排名	组内排名
苏州市	0.6537	8	1	泰州市	0.3804	66	33
珠海市	0.6020	10	2	潍坊市	0.3788	67	34
无锡市	0.5692	16	3	淄博市	0.3781	68	35
常州市	0.5490	19	4	泉州市	0.3776	69	36
嘉兴市	0.5239	22	5	宜昌市	0.3747	70	37
佛山市	0.5174	23	6	东营市	0.3740	71	38
中山市	0.5075	24	7	肇庆市	0.3735	72	39
东莞市	0.5074	25	8	连云港市	0.3719	73	40
芜湖市	0.4784	29	9	廊坊市	0.3660	74	41
湖州市	0.4782	30	10	秦皇岛市	0.3603	75	42
南通市	0.4766	31	11	济宁市	0.3553	77	43
镇江市	0.4693	33	12	襄阳市	0.3504	78	44
扬州市	0.4683	34	13	大庆市	0.3501	79	45
绍兴市	0.4665	37	14	淮安市	0.3485	80	46
温州市	0.4553	38	15	衢州市	0.3457	81	47
金华市	0.4458	42	16	湘潭市	0.3450	82	48
台州市	0.4439	43	17	丽水市	0.3440	83	49
徐州市	0.4421	44	18	赣州市	0.3418	84	50
烟台市	0.4163	50	19	滁州市	0.3350	85	51
盐城市	0.4106	51	20	韶关市	0.3344	86	52
洛阳市	0.4055	52	21	泰安市	0.3295	87	53
惠州市	0.4035	53	22	安庆市	0.3280	88	54
江门市	0.4031	54	23	包头市	0.3274	89	55
威海市	0.4000	56	24	新乡市	0.3270	90	56
株洲市	0.3962	58	25	荆州市	0.3269	91	57
保定市	0.3960	59	26	桂林市	0.3268	92	58
绵阳市	0.3917	60	27	三亚市	0.3242	93	59
唐山市	0.3909	61	28	十堰市	0.3239	94	60
蚌埠市	0.3889	62	29	德州市	0.3234	95	61
马鞍山市	0.3853	63	30	邯郸市	0.3228	96	62
舟山市	0.3850	64	31	黄石市	0.3221	97	63
汕头市	0.3844	65	32	柳州市	0.3200	98	64

续表

城市	总指数	全国排名	组内排名	城市	总指数	全国排名	组内排名
鄂尔多斯市	0.3187	99	65	邢台市	0.2899	133	97
临沂市	0.3186	101	66	南平市	0.2896	134	98
宿迁市	0.3182	102	67	宝鸡市	0.2888	135	99
许昌市	0.3177	103	68	淮北市	0.2877	136	100
宣城市	0.3140	104	69	枣庄市	0.2863	137	101
沧州市	0.3134	105	70	新余市	0.2863	138	102
郴州市	0.3133	106	71	宁德市	0.2858	139	103
九江市	0.3085	107	72	盘锦市	0.2856	140	104
漳州市	0.3083	108	73	咸阳市	0.2851	141	105
湛江市	0.3080	109	74	聊城市	0.2844	142	106
焦作市	0.3069	110	75	抚州市	0.2843	143	107
常德市	0.3060	111	76	眉山市	0.2835	144	108
鞍山市	0.3059	112	77	荆门市	0.2831	145	109
鹰潭市	0.3050	113	78	孝感市	0.2818	146	110
日照市	0.3045	114	79	北海市	0.2818	147	111
梅州市	0.3017	115	80	延安市	0.2817	148	112
衡阳市	0.3017	116	81	宜宾市	0.2809	149	113
滨州市	0.3010	117	82	上饶市	0.2808	150	114
铜陵市	0.3008	118	83	安阳市	0.2805	151	115
茂名市	0.2994	120	84	阳江市	0.2804	152	116
景德镇市	0.2992	121	85	泸州市	0.2802	153	117
吉林市	0.2988	122	86	衡水市	0.2794	154	118
吉安市	0.2965	123	87	咸宁市	0.2792	155	119
岳阳市	0.2958	124	88	榆林市	0.2787	156	120
南阳市	0.2954	125	89	内江市	0.2782	157	121
淮南市	0.2951	126	90	德阳市	0.2779	158	122
龙岩市	0.2933	127	91	菏泽市	0.2775	159	123
遵义市	0.2932	128	92	开封市	0.2771	160	124
宜春市	0.2927	129	93	莆田市	0.2770	161	125
三明市	0.2924	130	94	锦州市	0.2768	162	126
酒泉市	0.2913	131	95	张家口市	0.2761	163	127
克拉玛依市	0.2904	132	96	三门峡市	0.2756	164	128

续表

城市	总指数	全国排名	组内排名	城市	总指数	全国排名	组内排名
黄冈市	0.2756	165	129	六盘水市	0.2526	197	161
玉溪市	0.2747	166	130	乐山市	0.2514	198	162
攀枝花市	0.2743	167	131	云浮市	0.2507	199	163
濮阳市	0.2737	168	132	怀化市	0.2497	200	164
曲靖市	0.2721	169	133	汉中市	0.2484	201	165
齐齐哈尔市	0.2705	170	134	防城港市	0.2483	202	166
黄山市	0.2702	171	135	达州市	0.2482	203	167
河源市	0.2693	172	136	白银市	0.2476	204	168
阜阳市	0.2687	173	137	金昌市	0.2476	205	169
自贡市	0.2684	174	138	平顶山市	0.2470	206	170
晋中市	0.2676	175	139	贵港市	0.2465	207	171
萍乡市	0.2668	176	140	鄂州市	0.2464	208	172
清远市	0.2656	177	141	牡丹江市	0.2464	209	173
钦州市	0.2656	178	142	佳木斯市	0.2457	210	174
赤峰市	0.2652	179	143	安康市	0.2451	211	175
雅安市	0.2650	180	144	玉林市	0.2448	212	176
永州市	0.2634	181	145	安顺市	0.2442	213	177
大同市	0.2633	182	146	梧州市	0.2441	214	178
信阳市	0.2627	183	147	亳州市	0.2440	215	179
张掖市	0.2626	184	148	四平市	0.2434	216	180
承德市	0.2616	185	149	定西市	0.2428	217	181
长治市	0.2608	186	150	渭南市	0.2426	218	182
南充市	0.2603	187	151	铜仁市	0.2426	219	183
潮州市	0.2602	188	152	巴彦淖尔市	0.2400	220	184
天水市	0.2588	189	153	广元市	0.2392	221	185
漯河市	0.2585	190	154	临汾市	0.2389	222	186
运城市	0.2576	191	155	石嘴山市	0.2356	223	187
池州市	0.2568	192	156	揭阳市	0.2349	224	188
宿州市	0.2562	193	157	营口市	0.2337	225	189
商丘市	0.2558	194	158	邵阳市	0.2324	226	190
六安市	0.2544	195	159	益阳市	0.2309	227	191
遂宁市	0.2528	196	160	晋城市	0.2308	228	192

续表

城市	总指数	全国排名	组内排名	城市	总指数	全国排名	组内排名
周口市	0.2307	229	193	商洛市	0.2142	259	223
通化市	0.2305	230	194	葫芦岛市	0.2140	260	224
阜新市	0.2304	231	195	百色市	0.2114	261	225
阳泉市	0.2304	232	196	通辽市	0.2112	262	226
呼伦贝尔市	0.2275	233	197	白城市	0.2082	263	227
武威市	0.2267	234	198	白山市	0.2074	264	228
随州市	0.2257	235	199	固原市	0.2069	265	229
丹东市	0.2246	236	200	海东市	0.2031	266	230
毕节市	0.2243	237	201	乌海市	0.2014	267	231
来宾市	0.2241	238	202	黑河市	0.2007	268	232
铜川市	0.2233	239	203	绥化市	0.1998	269	233
庆阳市	0.2233	240	204	铁岭市	0.1977	270	234
驻马店市	0.2232	241	205	保山市	0.1971	271	235
贺州市	0.2230	242	206	辽阳市	0.1965	272	236
汕尾市	0.2227	243	207	临沧市	0.1924	273	237
广安市	0.2220	244	208	平凉市	0.1911	274	238
朔州市	0.2209	245	209	吴忠市	0.1886	275	239
辽源市	0.2197	246	210	鸡西市	0.1848	276	240
吕梁市	0.2185	247	211	朝阳市	0.1820	277	241
普洱市	0.2185	248	212	乌兰察布市	0.1795	278	242
抚顺市	0.2184	249	213	伊春市	0.1779	279	243
巴中市	0.2179	250	214	资阳市	0.1755	280	244
娄底市	0.2175	251	215	松原市	0.1752	281	245
本溪市	0.2168	252	216	昭通市	0.1713	282	246
河池市	0.2164	253	217	丽江市	0.1708	283	247
嘉峪关市	0.2164	254	218	双鸭山市	0.1696	284	248
崇左市	0.2157	255	219	七台河市	0.1691	285	249
忻州市	0.2153	256	220	中卫市	0.1682	286	250
鹤壁市	0.2147	257	221	鹤岗市	0.1646	287	251
张家界市	0.2145	258	222	陇南市	0.1640	288	252

第二章 中国城市科技创新发展（2021）年度报告

本年度报告聚焦创新主体的集聚区和创新活动的主战场——城市，以中国288个地级及以上城市为对象，通过“中国城市科技创新发展指数”测算结果，系统展示中国城市科技创新总体态势与特征，瞄准国家战略，挖掘和分析重点城市和区域的科技创新进展，同时，本年度报告还聚焦共同富裕这一重大战略命题，对科技创新助力实现共同富裕的路径进行了初步探讨。

一、中国城市科技创新总体态势与特征

（一）创新指数呈“右偏态”分布，我国城市科技发展整体水平具有较大提升空间

报告通过对样本城市科技创新发展指数得分进行频次分析发现，288个城市中，仅有北京1座城市科技创新发展指数得分超过0.8；得分在（0.7，0.8）区间的城市仅有4个，占比1.39%；得分在（0.6，0.7）区间的城市仅有5个，占比1.74%；得分在（0.5，0.6）区间的城市有17个，占比5.90%；得分在（0.4，0.5）区间的城市有29个，占比10.07%；得分在（0.3，0.4）区间的城市有63个，占比21.88%；得分在（0.2，0.3）区间的城市有149个，占比51.74%；得分在（0.1，0.2）区间的城市有20个，占比6.94%。

整体来看，有90.63%的样本城市科技创新发展指数得分在0.5以下，其中，绝大多数样本城市（51.74%）科技创新发展指数得分位于（0.2，0.3）这一区间（图2-1）。由此可见，城市科技创新发展指数得分呈现“右偏态”分布，整体得分不高，这从侧面反映了我国绝大多数城市科技创新驱动发展整体水平不足，在追求高质量发展的新时代仍有很大上升空间和发展潜力。

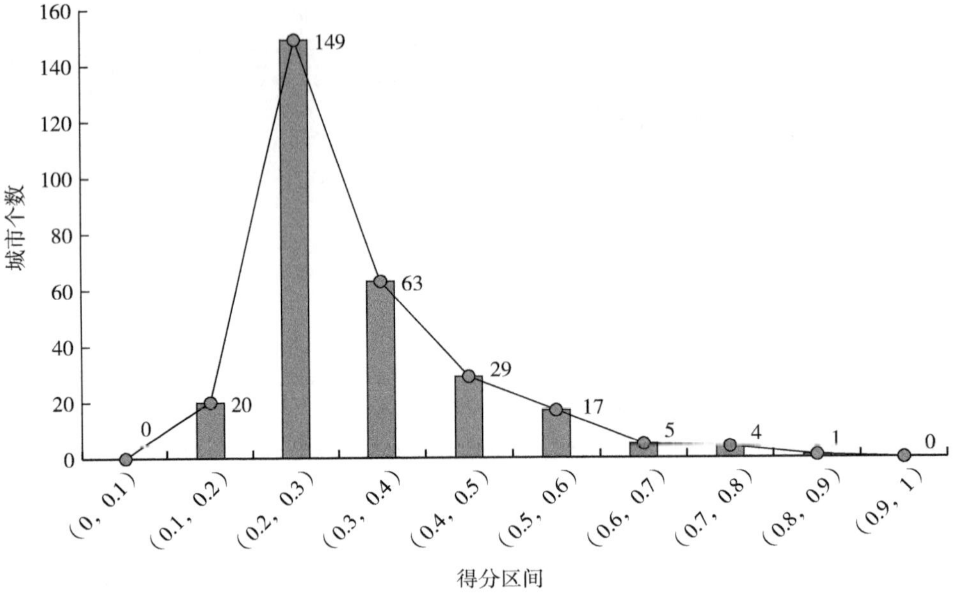

图 2-1　样本城市 2021 年科技创新发展指数得分分布状况（频次图）

（二）城市科技创新排名同比波动明显，创新环境波动幅度最为显著，创新绩效排名相对稳定

对比 288 个样本城市 2020 年和 2021 年的排名变化可见，科技创新发展指数排名跃迁较大的城市由高到低依次为邢台市、酒泉市、金昌市、晋中市、齐齐哈尔市、防城港市、眉山市、六盘水市、吉安市、拉萨市，这些城市跃迁的位次均超过 40 位，其中，邢台市和酒泉市跃迁幅度较大，跃迁位次超过 60 位，虽然科技创新发展水平不是最强，但是科技创新发展进步最快。与此同时，六安市、德阳市、丹东市、平顶山市、揭阳市、潮州市、嘉峪关市、通化市、益阳市、聊城市科技创新发展指数得分排名下滑幅度较大，2021 年排名比 2020 年下降至少 40 位（图 2–2）。此外，北京市、深圳市、上海市、南京市、西安市、嘉兴市、湖州市、大连市、盐城市、东营市、张家口市等 11 个城市科技创新发展水平较为平稳，两年排名没有变化。

从 4 个一级指标的波动情况来看，创新资源、创新环境、创新服务和创新绩效排名波动超过 20 位的城市分别有 96 个、161 个、119 个和 54 个；波动超过 40 位的城市分别有 34 个、68 个、49 个和 16 个（图 2–3）。由此可见，创新环境的波动幅度最为显著，而创新绩效的排名相对稳定，波动幅度相对最小。

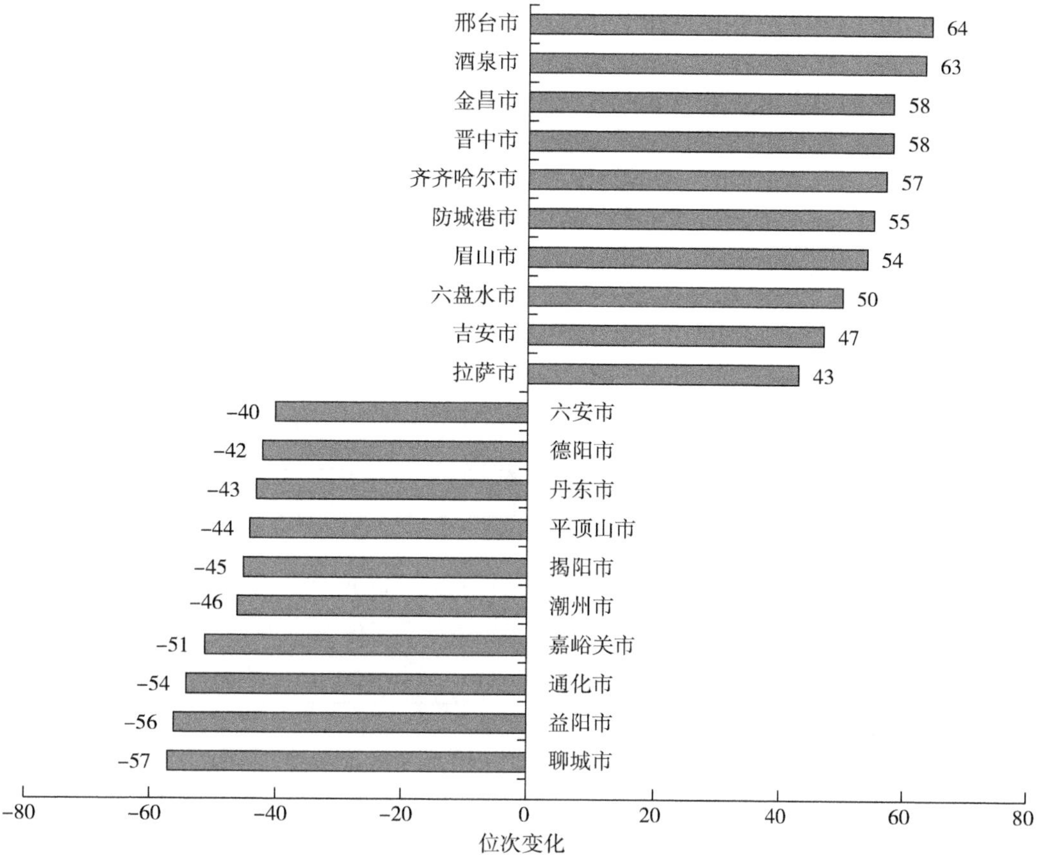

图 2-2　样本城市科技创新发展指数得分排名 2 年波动情况（2020—2021 年）

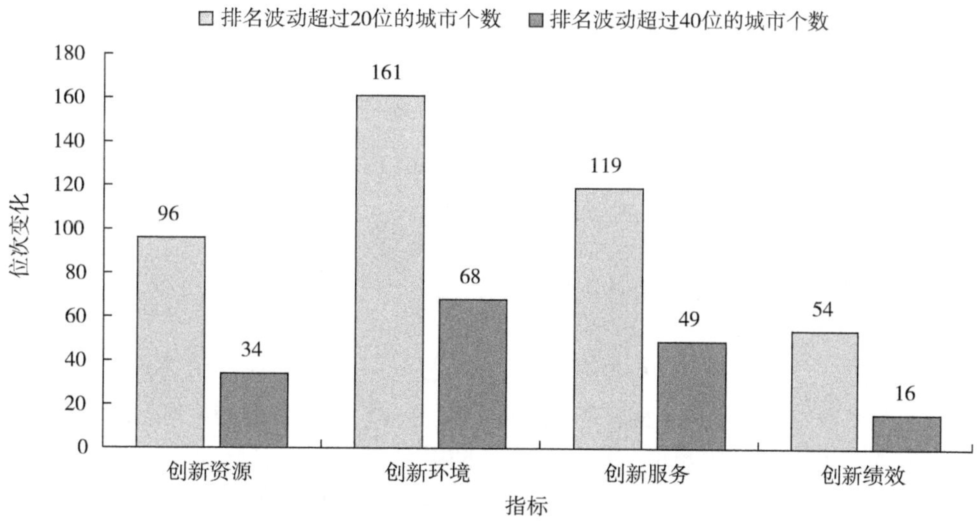

图 2-3　样本城市科技创新发展指数一级指标排名 2 年波动情况（2020—2021 年）

报告进一步对各项一级指标排名提升幅度最大的城市进行分析，创新资源排名提升幅度最大的是广东省的韶关市，创新环境排名提升幅度最大的是河北省的邢台市，创新服务排名提升幅度最大的是陕西省的延安市，创新绩效排名提升幅度最大的是山西省的晋中市（表 2-1）。

表 2-1　各项一级指标排名提升幅度前 10 位城市

排序	创新资源排名提升幅度前 10 位	排序	创新环境排名提升幅度前 10 位	排序	创新服务排名提升幅度前 10 位	排序	创新绩效排名提升幅度前 10 位
1	韶关市	1	邢台市	1	延安市	1	晋中市
2	辽源市	2	汕头市	2	吉安市	2	岳阳市
3	宜春市	3	眉山市	3	孝感市	3	鄂州市
4	酒泉市	4	防城港市	4	玉溪市	4	永州市
5	延安市	5	定西市	5	抚州市	5	曲靖市
6	黄山市	6	秦皇岛市	6	达州市	6	焦作市
7	拉萨市	7	云浮市	7	绥化市	7	娄底市
8	商丘市	8	贵港市	8	拉萨市	8	随州市
9	廊坊市	9	雅安市	9	大同市	9	商丘市
10	鄂尔多斯市	10	齐齐哈尔市	10	佳木斯市	10	玉林市

（三）科技创新头部城市排名出现分化，大体形成“四种类型”

对比近 5 年（2017—2021 年）中国城市科技创新发展指数排名前 20 位城市波动情况（图 2-4），根据波动特征可以划分为 4 种类型。

第一种类型为“稳健型”，包括北京市、深圳市、上海市和厦门市，其中，北京市、深圳市、上海市这 3 座城市稳居前 3 位，科技创新发展具有显著优势，较为稳定，排名次序没有任何变化；厦门市 2017 年和 2021 年在全国排名均为第 14 位，2018—2020 年则在第 15 至第 20 位波动，排名波动呈现 U 型曲线。

第二种类型为“微调型”，包括苏州市、成都市、青岛市、广州市和武汉市，这 5 座城市近些年来科技创新发展相对较为平稳，排名略有变动，5 年间在全国城市科技创新排名中相对位置仅发生 1 个位次的变化。

第三种类型为“震荡型”，包括西安市、南京市、杭州市、珠海市、天津市和长沙市，这 6 座城市排名在 20 强城市里面震荡较为明显，5 年波动超过 1 个位次，低于 10 个位次，其中，西安市、南京市、杭州市、珠海市 5 年间排名向上攀升，分别提升了 6 位、4 位、4 位和 3 位，天津市和长沙市 5 年间排名则向下滑落，分别下降了 6 位和 9 位。

第四种类型为“跃迁型”，包括宁波市、合肥市、郑州市、常州市、无锡市，这 5 座城市 5 年间排名呈显著跃迁特征，且科技创新发展水平及相对位置均实现快速提升，提升幅度超过 10 个位次，其中，宁波市、合肥市和郑州市凭借自身实力，5 年间科技创新排名呈现直线快速上升特征，郑州市 2021 年科技创新首次入围全国 20 强。

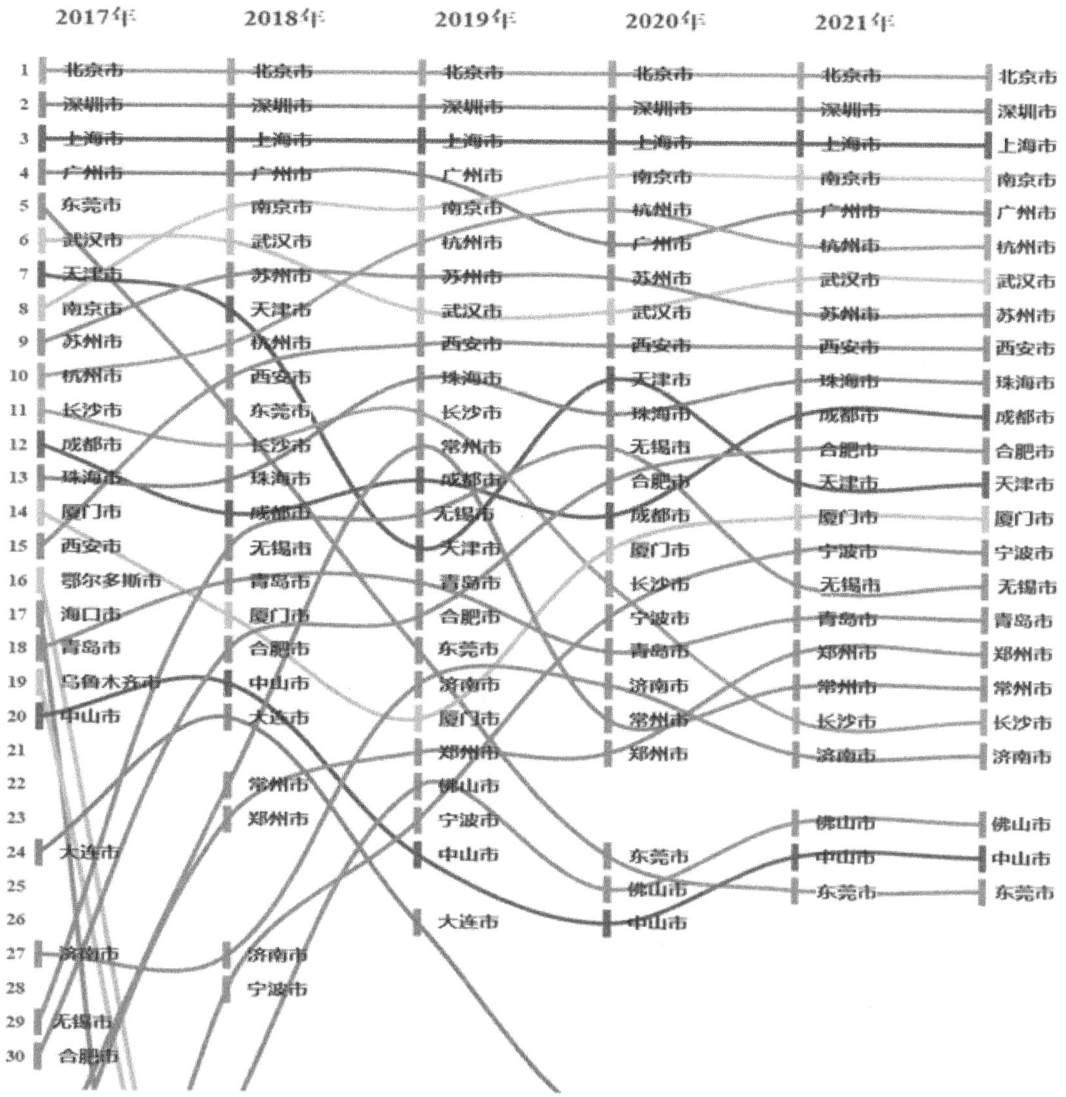

图 2-4　科技创新头部城市排名 5 年波动情况（2017—2021 年）

（四）不同规模城市间的科技创新发展水平差距正在缩小，特大城市科技创新动力十足，中等城市科技创新发展水平增长乏力

研究显示，随着城市规模的减小，其科技创新发展指数得分均值也逐步降低。2021 年度超大城市科技创新发展指数得分均值为 0.6860，排名第 1 位，随后是特大城市、Ⅰ型大城市、Ⅱ型大城市、中等城市、Ⅰ型小城市和Ⅱ型小城市。从具体得分差距来看，

2021 年超大城市科技创新发展指数得分均值与Ⅱ型小城市科技创新发展指数得分均值差为 0.4776，同比减少 0.0160 分，说明不同规模城市间的科技创新发展水平差距正在缩小。

从得分变化来看，在 7 类不同规模的城市中，特大城市的科技创新发展指数得分均值是唯一同比上涨的城市类型，同比上升 1.12%，而其他 6 类城市科技创新发展指数均值均有不同程度的下降，其中下降幅度最大的是中等城市，由此可见，特大城市科技创新动力十足，中等城市科技创新发展水平增长乏力（图 2–5）。

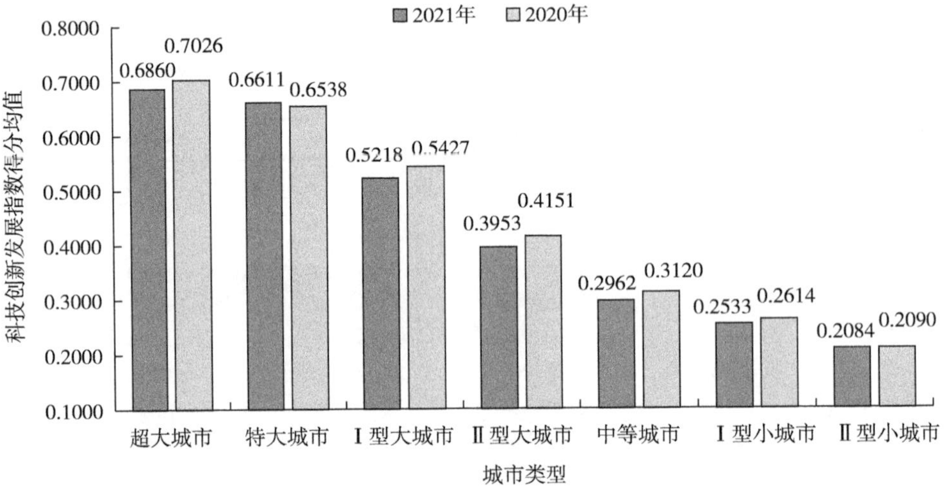

图 2–5　不同规模城市科技创新发展指数得分均值 2 年波动情况（2020—2021 年）

（五）城市科技创新能力各异，综合创新水平偏低城市也有亮点

2021 年，全国城市创新资源指数得分均值为 0.1516，得分排名全国前 10 位的城市从高到低依次为北京市、深圳市、西安市、南京市、广州市、武汉市、合肥市、上海市、杭州市、酒泉市。对创新资源得分排名前 10 位城市的二级指标分析可知，北京市、上海市和西安市的创新人才资源集聚明显，得分列前 3 位；深圳市、合肥市和酒泉市的研发经费得分最强。酒泉科技创新发展指数得分为 0.2913，在全国排名第 131 位，在全国处于中下游水平，但是其创新资源得分为 0.4106，在全国排名第 10 位，相比于其科技创新发展指数排名而言，具有显著引领优势，主要原因在于酒泉 R&D 经费投入强度很高，达到 15.05%（图 2–6、图 2–7）。

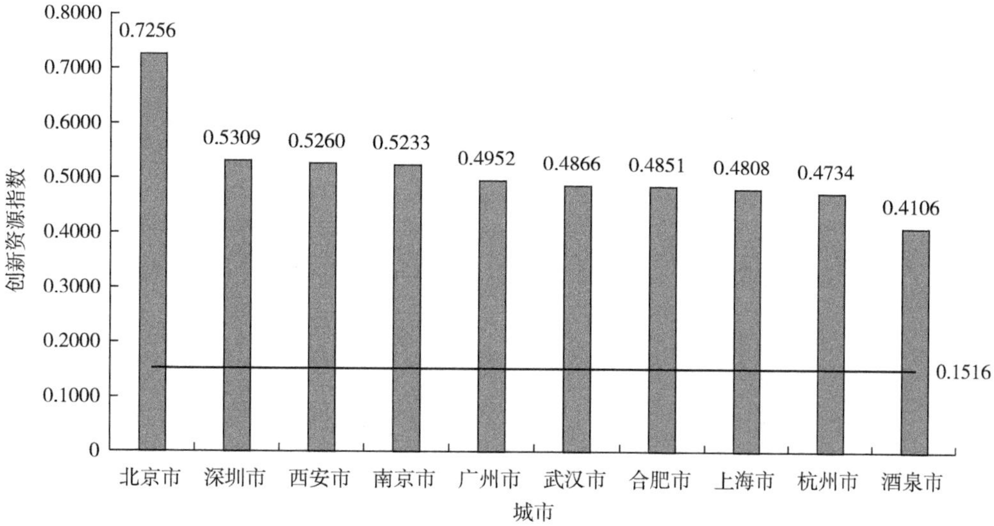

图 2-6 创新资源指数排名前 10 位城市

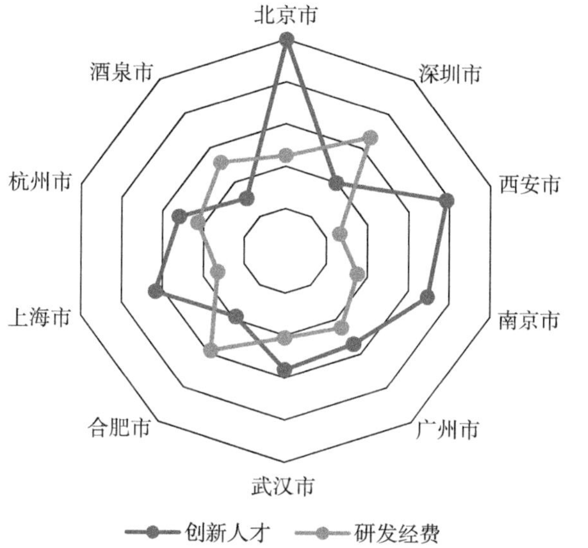

图 2-7 创新资源指数排名前 10 位城市二级指标雷达图

2021 年，全国城市创新环境指数得分均值为 0.3787，得分排名全国前 10 位的城市从高到低依次为北京市、杭州市、武汉市、深圳市、成都市、南京市、嘉兴市、珠海市、上海市、青岛市。对创新环境得分排名前 10 位城市的二级指标分析可知，嘉兴市、成都市和武汉市的政策环境得分列前 3 位；北京市、深圳市、上海市的信息环境得分列前 3 位。嘉兴科技创新发展指数得分为 0.5239，在全国排名第 22 位，但是其创新环境得分达到 0.6849，全国排名第 7 位。从具体指标来看，嘉兴每万人吸引外商投资额 866.19 万美元，排名全国第 4 位（图 2-8、图 2-9）。

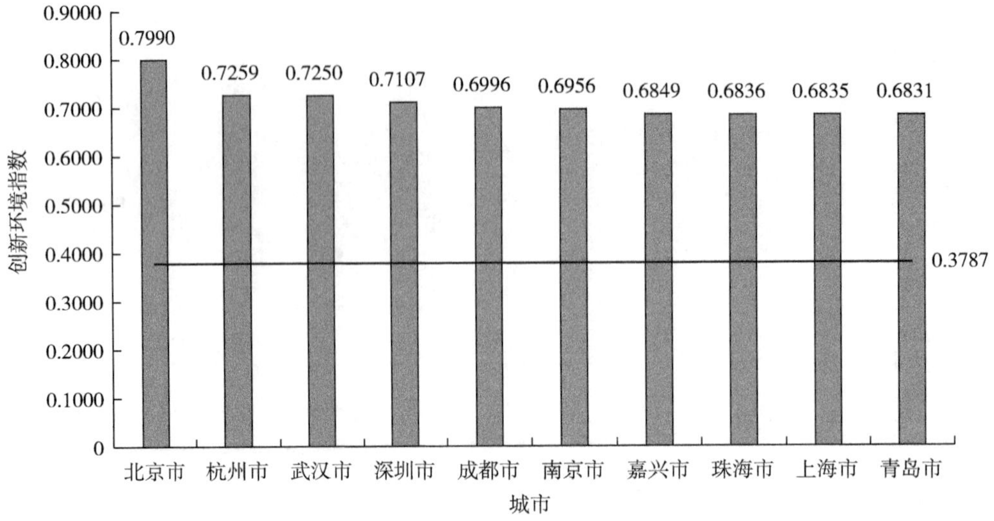

图 2-8　创新环境指数排名前 10 位城市

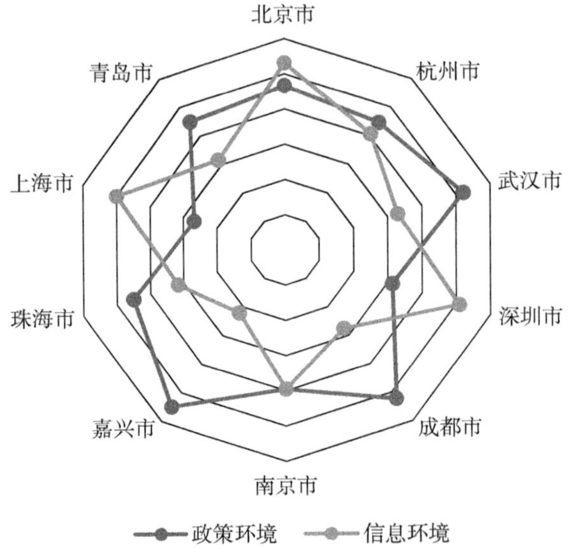

图 2-9　创新环境指数排名前 10 位城市二级指标雷达图

2021 年，全国城市创新服务指数得分均值为 0.3109，得分排名前 10 位的城市从高到低依次为北京市、上海市、深圳市、广州市、杭州市、南京市、苏州市、武汉市、成都市、西安市。对创新服务得分排名前 10 位城市的二级指标分析可知，创业服务指数得分前 3 位的城市分别为广州市、南京市和上海市；金融服务指数得分前 3 位的城市分别为北京市、上海市和深圳市（图 2-10、图 2-11）。整体来看，创新服务较强的城市总指数排名均位于全国前列，在孵化器数量，在孵企业数量，创业板、科创板上市和新三板挂牌企业数，A 股上市企业数等指标方面具有相对优势。

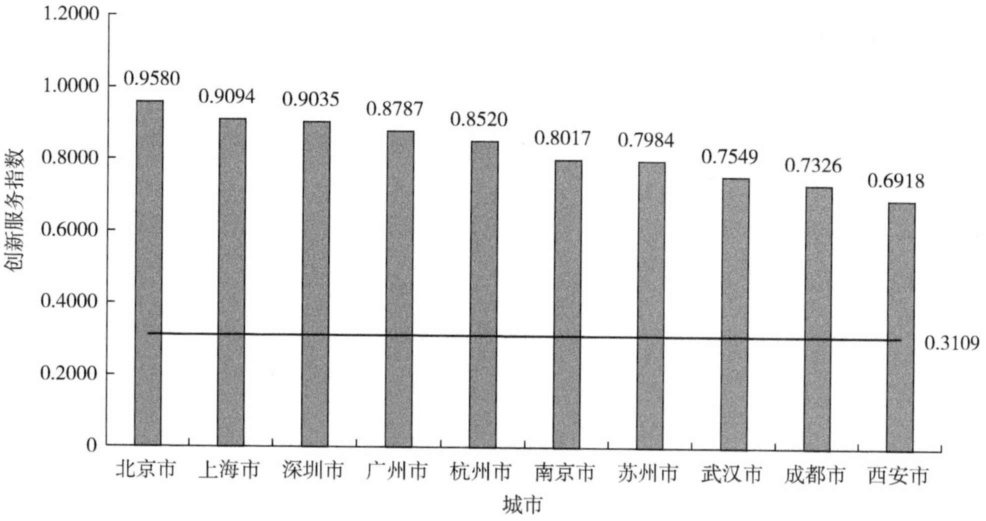

图 2-10 创新服务指数排名前 10 位城市

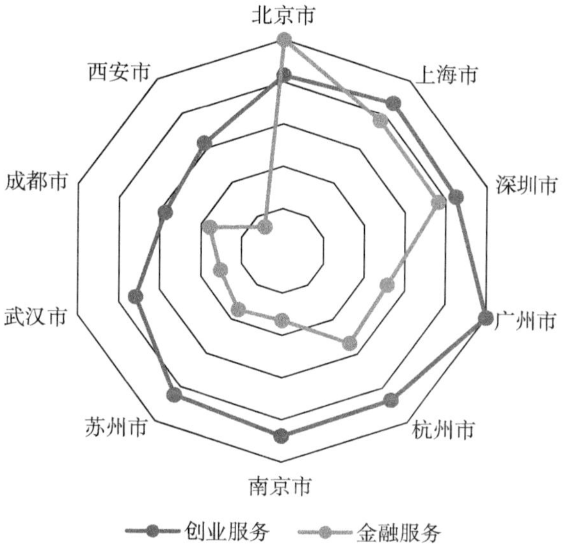

图 2-11 创新服务指数排名前 10 位城市二级指标雷达图

2021 年，全国城市创新绩效指数得分均值为 0.3719，得分排名前 10 位的城市从高到低依次为北京市、深圳市、上海市、南京市、广州市、武汉市、苏州市、杭州市、珠海市、厦门市。对创新绩效得分排名前 10 位城市的二级指标分析可知，科技产出指数得分前 3 位的城市分别为深圳市、珠海市和北京市；经济发展指数得分前 3 位的城市分别为上海市、北京市和深圳市；绿色发展指数得分前 3 位的城市分别为深圳市、厦门市和珠海市；辐射引领指数得分前 3 位的城市分别为北京市、上海市和广州市（图 2-12、图 2-13）。整体来看，创新绩效较强的城市总指数排名均位于全国前 20 位，这些城市在每万人发明专利授权量、地均 GDP、国家高新技术企业数等指标方面具有优势。

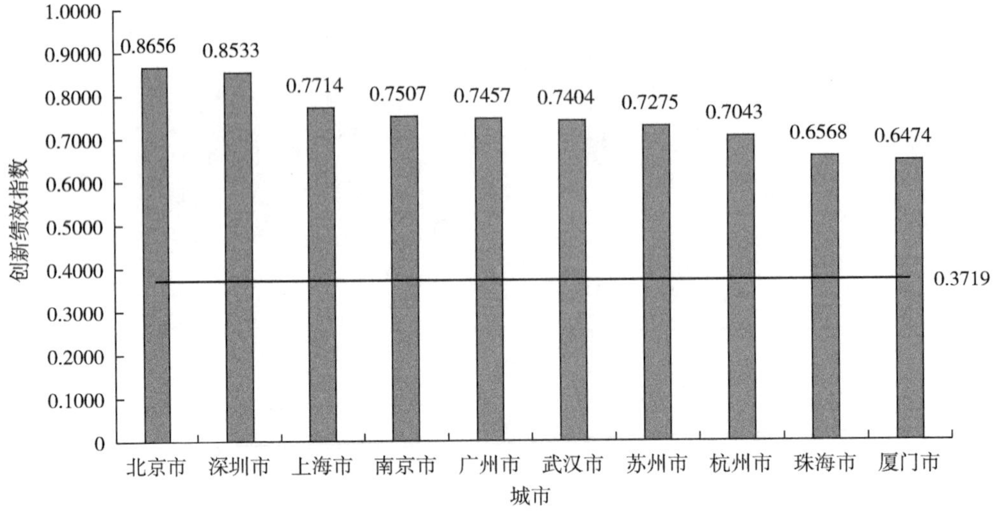

图 2-12　创新绩效指数排名前 10 位城市

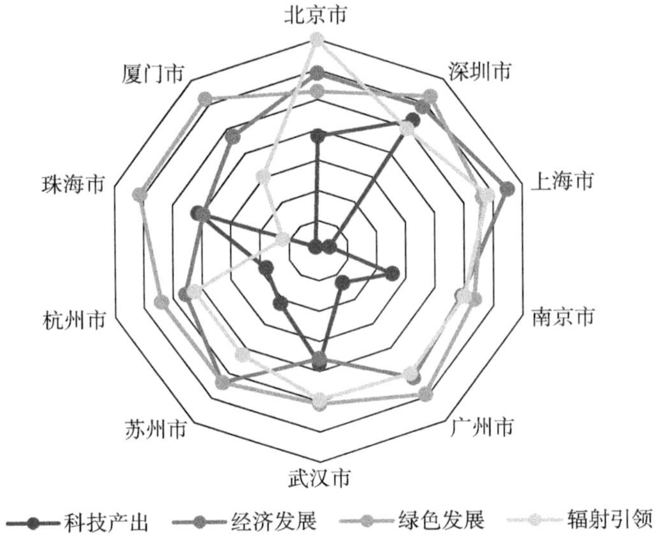

图 2-13　创新绩效指数排名前 10 位城市二级指标雷达图

通过对各城市分项指标的研究，可以充分了解不同城市科技创新发展的底子和条件，直观地找出城市科技创新发展的薄弱环节，进而更好地整合区域创新资源，促进城市间科技创新合作，为各个城市提供更有针对性的决策参考。

（六）长三角和珠三角地区城市科技创新发展优势显著，整体集聚效应明显

从 2021 年中国城市科技创新发展指数的整体分布格局来看，东部地区城市科技创新发展指数领跑全国，特别是长三角和珠三角地区集聚效应明显，发展动力强劲。按省

份对 2021 年科技创新发展指数得分排名前 100 位的城市进行统计发现，科技创新发展指数前 100 位城市的分布存在较为明显的区域差异，其中前 100 位城市的 1/3 分布在江苏（12 个）、广东（11 个）、浙江（11 个）三省，而一些中西部省份，如甘肃、贵州、宁夏、山西、陕西、西藏、新疆、云南等，均只有一个城市上榜（图 2-14）。

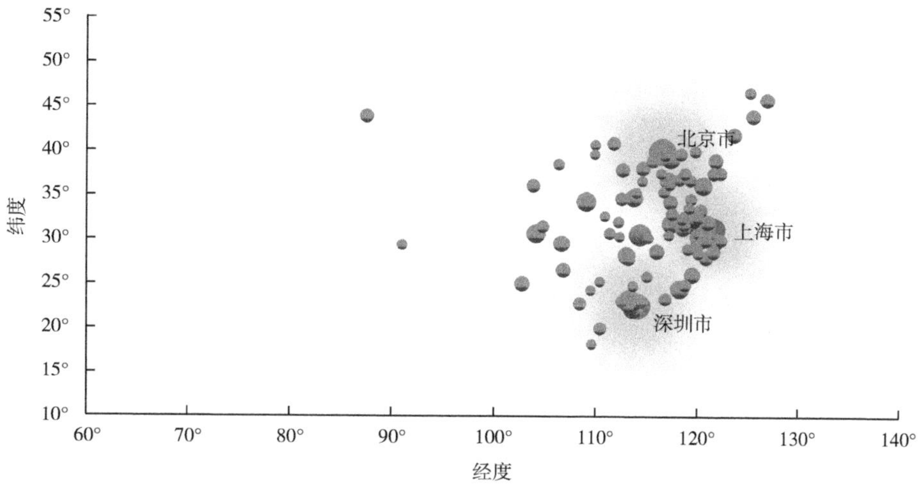

图 2-14　2021 年中国城市科技创新发展指数 100 强城市地区分布

二、国家战略视角下重点城市科技创新解析

（一）国家中心城市：创新高地引领带动作用持续增强，高质量发展取得新成效

国家中心城市是指居于国家战略要津、肩负国家使命、引领区域发展、参与国际竞争、代表国家形象的现代化大都市。2010 年我国首次明确北京、天津、上海、广州、重庆作为五大国家中心城市，2016 年至 2018 年又先后确定成都、武汉、郑州、西安作为国家中心城市建设。

从总指数上来看，2021 年，9 个国家中心城市继续处于领导阵营，在引领区域创新发展乃至国家创新发展方面发挥着重要作用。9 个国家中心城市的城市科技创新发展指数排名由高到低依次为北京市、上海市、广州市、武汉市、西安市、成都市、天津市、郑州市、重庆市。其中，有 4 个城市进入全国城市科技创新发展指数榜单的前 10 位。全国城市科技创新发展指数均值为 0.3196，九大国家中心城市的指数均值为 0.6449，对比两者差异可知，国家中心城市科技创新发展指数得分高于全国均值 1 倍有余。其中，北京市、上海市、广州市、武汉市得分均高于国家中心城市科技创新发展指数均值，西安市、成都市、天津市、郑州市、重庆市则在国家中心城市科技创新发展指数均值以下（图 2-15）。

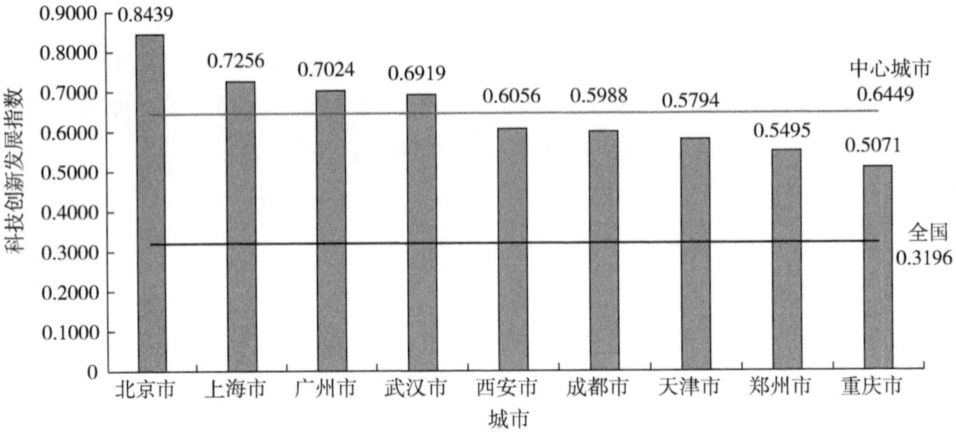

图 2-15　国家中心城市 2021 年科技创新发展指数情况

从一级指标上来看，北京市在创新资源、创新环境、创新服务、创新绩效等方面以显著的优势领先其他国家中心城市，充分彰显北京建设国际科技创新中心的决心与成效。此外，西安市在创新资源方面表现突出，得分达到 0.5260，在 9 个国家中心城市中排名第 2 位，特别是创新人才集聚，创新发展后劲十足；武汉市在创新环境方面表现出色，得分达到 0.7250，在国家中心城市中排名第 2 位，特别是政策环境良好，极大地促进了创新发展；上海市创新服务和创新绩效均具有显著优势，在国家中心城市排名中仅次于北京（图 2-16）。

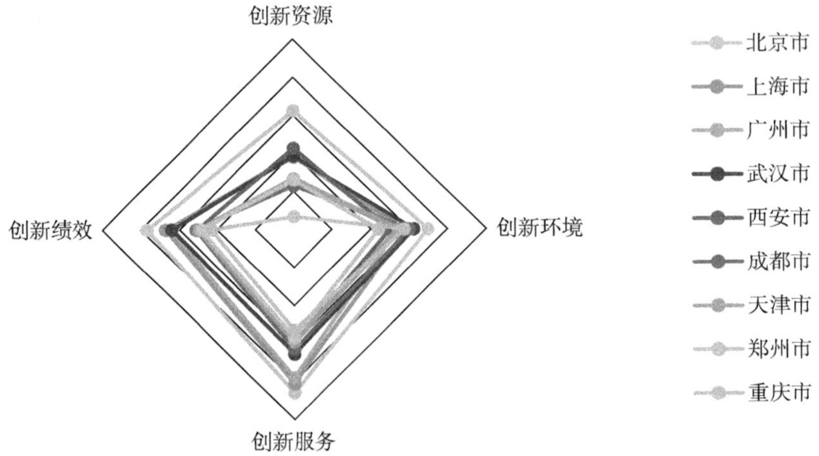

图 2-16　国家中心城市一级指标对比分析

对比国家中心城市 2021 年和 2020 年全国排名变化情况可知，北京市、上海市保持领先优势，维持在第 1 位和第 3 位；广州市、武汉市排名小幅上升，排名均上升 1 位；成都市、郑州市、重庆市排名明显提高；天津市排名则略有下滑，从第 10 位下降到第 13 位（图 2-17）。

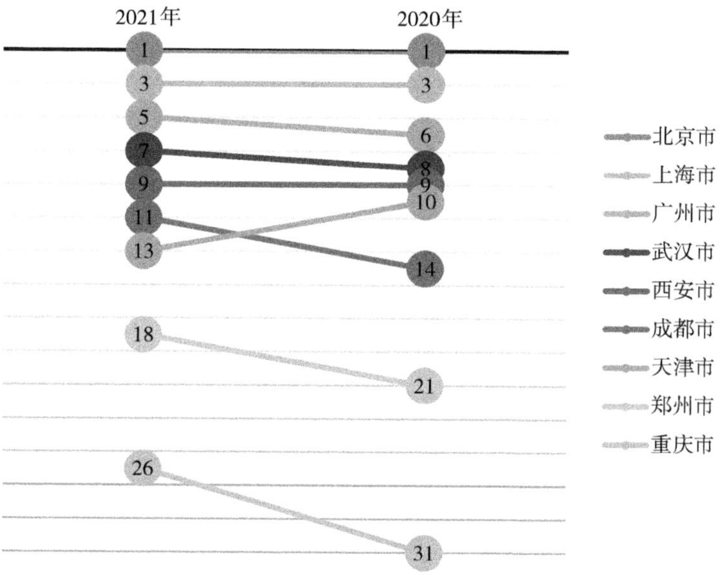

图 2-17 国家中心城市 2020—2021 年排名波动情况

（二）“一带一路”节点城市：稳步推进科技合作交流，开放创新拓展新空间

“一带一路”节点城市是“一带一路”倡议对沿线国家推进广阔跨区域合作的重要载体和行动者，包括新丝绸之路经济带的西安、兰州、西宁、重庆、成都、郑州、武汉、长沙、南昌、合肥 10 个节点城市和 21 世纪海上丝绸之路的上海、天津、宁波、舟山、广州、深圳、湛江、汕头、青岛、烟台、大连、福州、厦门、泉州、海口、三亚等 16 个节点城市（图 2-18）。2021 年，政府间科技合作有序开展，“一带一路”科技合作深入推进，我国与东盟、拉美和中东欧国家的科技合作不断取得新进展。

2021 年，26 个“一带一路”节点城市科技创新发展指数排名由高到低依次为深圳市、上海市、广州市、武汉市、西安市、成都市、合肥市、天津市、厦门市、宁波市、青岛市、郑州市、长沙市、重庆市、福州市、大连市、南昌市、兰州市、烟台市、海口市、舟山市、汕头市、泉州市、三亚市、湛江市、西宁市。整体来看，“一带一路”节点城市科技创新发展指数均值为 0.5127，远高于全国均值 0.3196。除湛江市和西宁市外，“一带一路”节点城市科技创新发展指数均高于 2021 年全国均值（0.3196）。

对比新丝绸之路经济带和 21 世纪海上丝绸之路的节点城市，可以发现如下特点。第一，新丝绸之路经济带节点城市的科技创新发展质量更高，均值为 0.5271，高于 21 世纪海上丝绸之路节点城市科技创新均值 0.5036。第二，新丝绸之路经济带节点城市的城市科技创新发展指数及 3 个一级指标创新资源、创新环境、创新服务表现更为突出；21 世纪海上丝绸之路节点城市的创新绩效略胜一筹。第三，新丝绸之路经济带节点城市的科技创新发展更为均衡，新丝绸之路经济带 10 个节点城市科技创新发展指数的标准差为 0.1097，低于 21 世纪海上丝绸之路节点城市的 0.1452（图 2-19）。

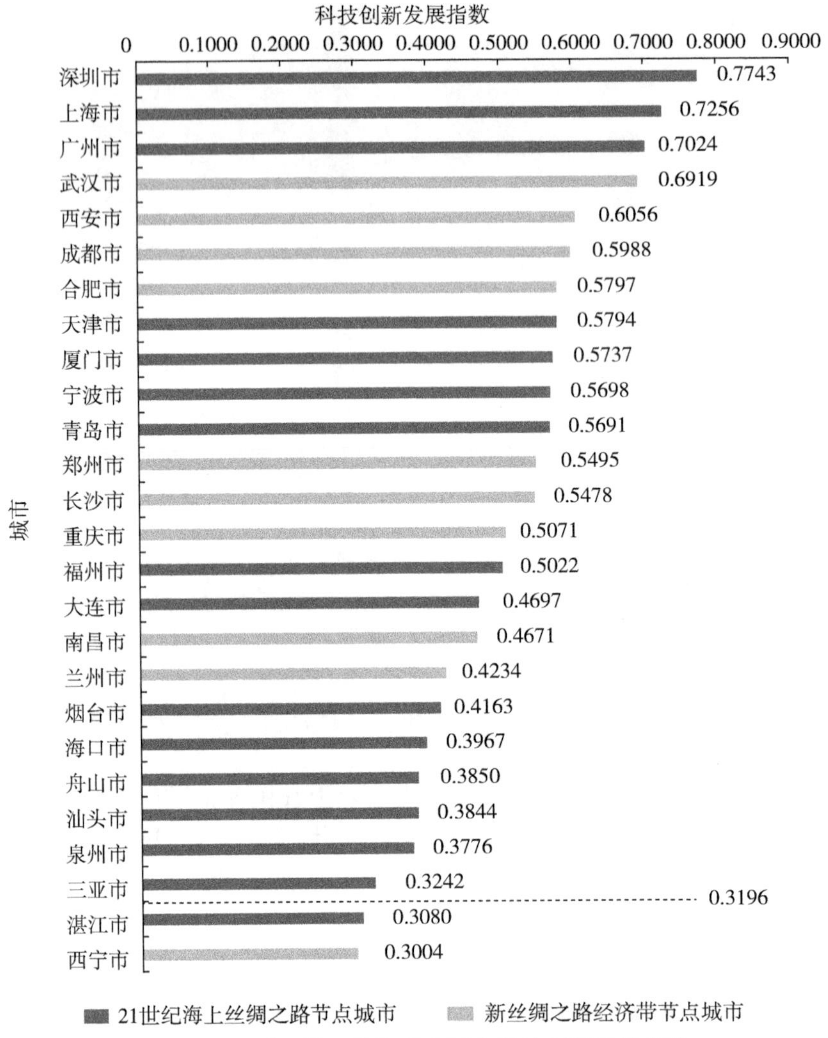

图 2-18 “一带一路”节点城市科技创新发展指数

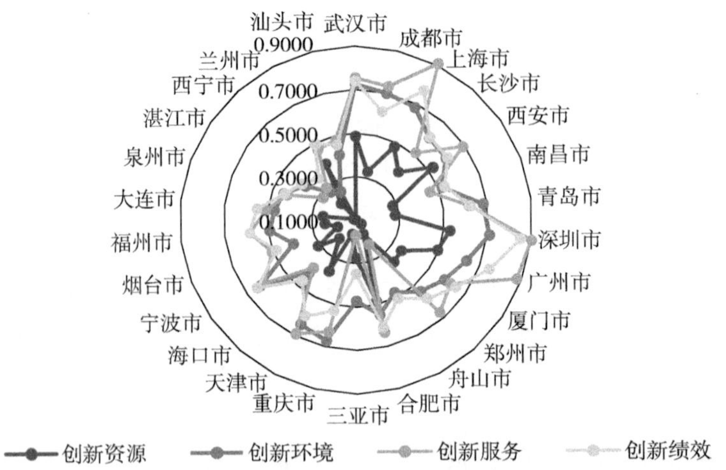

图 2-19 “一带一路”节点城市科技创新发展指数一级指标具体情况

从三级指标“每万人吸引外商投资额”来看，“一带一路”节点城市吸引外资能力由高到低依次为武汉市、成都市、上海市、长沙市、西安市、南昌市、青岛市、深圳市、广州市、厦门市、郑州市、舟山市、合肥市、三亚市、重庆市、天津市、海口市、宁波市、烟台市、福州市、大连市、泉州市、湛江市、西宁市、兰州市、汕头市。整体来看，武汉市吸引外资能力较强，具有显著优势；成都市、上海市、长沙市、西安市、南昌市、青岛市、深圳市则处于第二梯队，与武汉市具有较大差距，但远超其他节点城市；广州市、厦门市、郑州市、舟山市、合肥市处于第三梯队；三亚市、重庆市、天津市、海口市、宁波市、烟台市处于第四梯队；福州市、大连市、泉州市、湛江市、西宁市、兰州市、汕头市处于第五梯队。对比全国 288 个城市的“每万人吸引外商投资额”（均值为 143.92 万美元），“一带一路”的前四个梯队内的城市均在全国均值以上，具有显著优势，这充分说明“一带一路”节点城市在参与国际合作、吸引外资方面具有显著优势（图 2-20）。

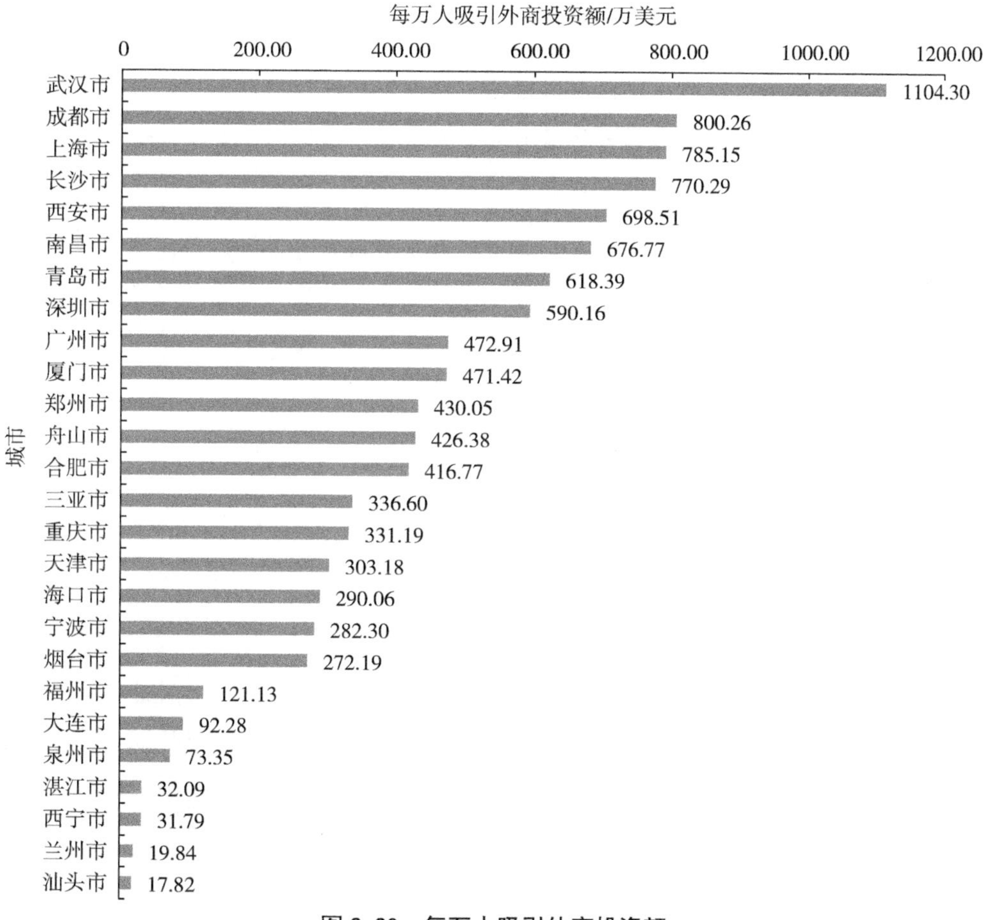

图 2-20　每万人吸引外商投资额

（三）副省级及以上城市引领与辐射特征凸显，自主创新与协同合作并驾齐驱

2021 年副省级及以上城市科技创新发展指数排名由高到低依次为北京市、深圳市、上海市、南京市、广州市、杭州市、武汉市、西安市、成都市、合肥市、天津市、厦门市、宁波市、青岛市、郑州市、长沙市、济南市、重庆市、福州市、昆明市、大连市、沈阳市、南昌市、哈尔滨市、贵阳市、长春市、太原市、石家庄市、乌鲁木齐市、兰州市、呼和浩特市、南宁市、海口市、银川市、拉萨市、西宁市。整体来看，除西宁市外，其他城市的科技创新发展指数得分均高于全国均值（0.3196）（图 2-21）。

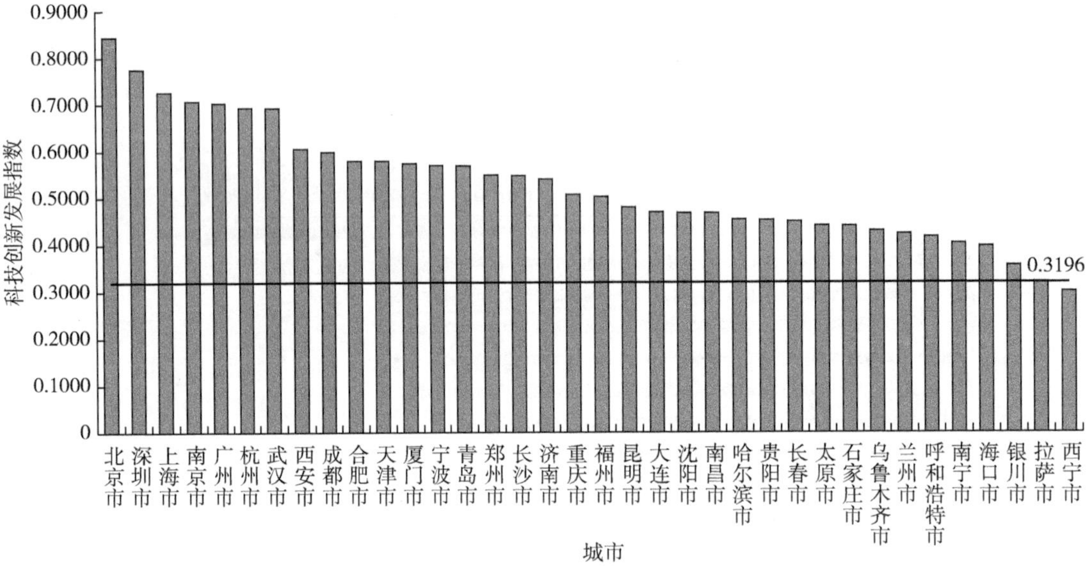

图 2-21　副省级及以上城市科技创新发展指数情况

5 年来，副省级及以上城市引领与辐射特征凸显。从引领特征上看，36 个副省级及以上城市内部，有 8 个城市占据全国前 10 位，有 31 个城市进入全国前 50 位，只有西宁市未进入城市科技创新全国前 100 位，由此可见，副省级及以上城市在国家政策的扶持下开启自主创新、先行先试，起到了很强的引领带动作用；从辐射特征来看，副省级及以上城市的科技创新辐射效应明显，31 个省会或直辖市均凝聚全省政策、资源的倾斜支持之力，在其对应的省域内积聚创新资源，优化创新环境，对省内其他城市的科技创新发展具有很强的辐射效应。5 个计划单列市在完善科技创新的体制机制、加快发展战略性新兴产业、推进创新驱动发展、加快转变经济发展方式等方面先行先试，也形成了一批先进经验。

省会城市之间区域差距显著，头部城市各有特色。其中，省会城市创新资源排名前 3 位的城市依次为北京市（0.7256）、深圳市（0.5309）、西安市（0.5260），创新环境排名前 3 位的城市依次为北京市（0.7990）、杭州市（0.7259）、武汉市（0.7250），创新服务排名前 3 位的城市依次为北京市（0.9580）、上海市（0.9094）、深圳市（0.9035），

创新绩效排名前 3 位的城市依次为北京市（0.8656）、深圳市（0.8533）、上海市（07714）（图 2-22）。

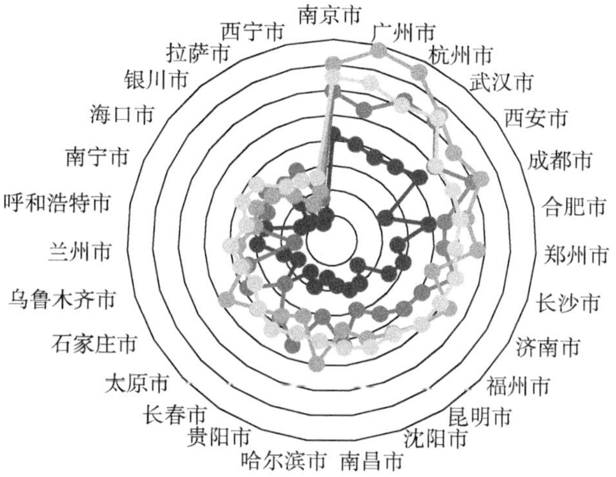

图 2-22　省会城市一级指标情况

从一级指标上来看，5 个计划单列市中深圳市各项一级指标具有显著优势，在创新资源（0.5309）、创新环境（0.7107）、创新服务（0.9035）、创新绩效（0.8533）四方面均处于领先地位；青岛市在创新环境（0.6831）、创新服务（0.6186）方面成绩斐然（图 2-23）。

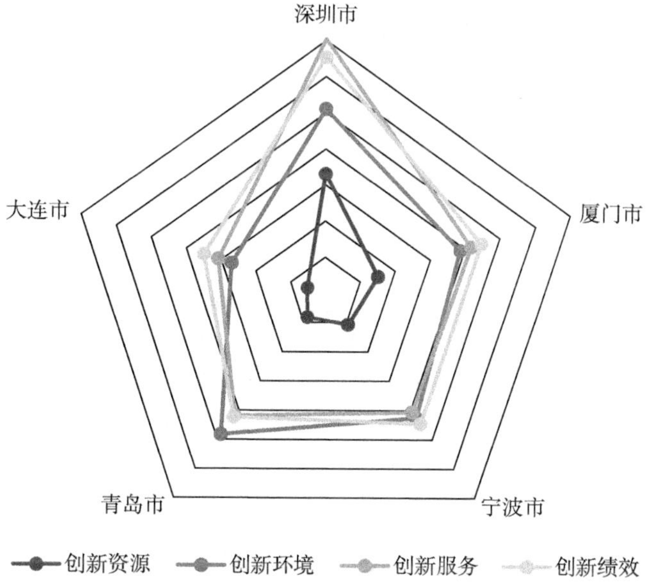

图 2-23　计划单列市一级指标情况

三、省域、城市群、区域城市科技创新发展特征

（一）省域层面：资源环境禀赋不一，创新发展不充分、不平衡

我国省域科技创新发展水平呈现明显的分层趋势。北京、上海、天津、重庆 4 个直辖市总指数得分均在 0.5 以上，为第一梯队；江苏省、浙江省、广东省、山东省、海南省、新疆维吾尔自治区、福建省、河北省、湖北省、安徽省、西藏自治区、江西省、湖南省等 13 个省总指数得分处于（0.3，0.5）区间，为第二梯队；其余省域的总指数得分都在 0.3 以下，为第三梯队。创新发展的水平上不同省份间差距较大，全国的创新发展仍不均衡（图 2–24）。

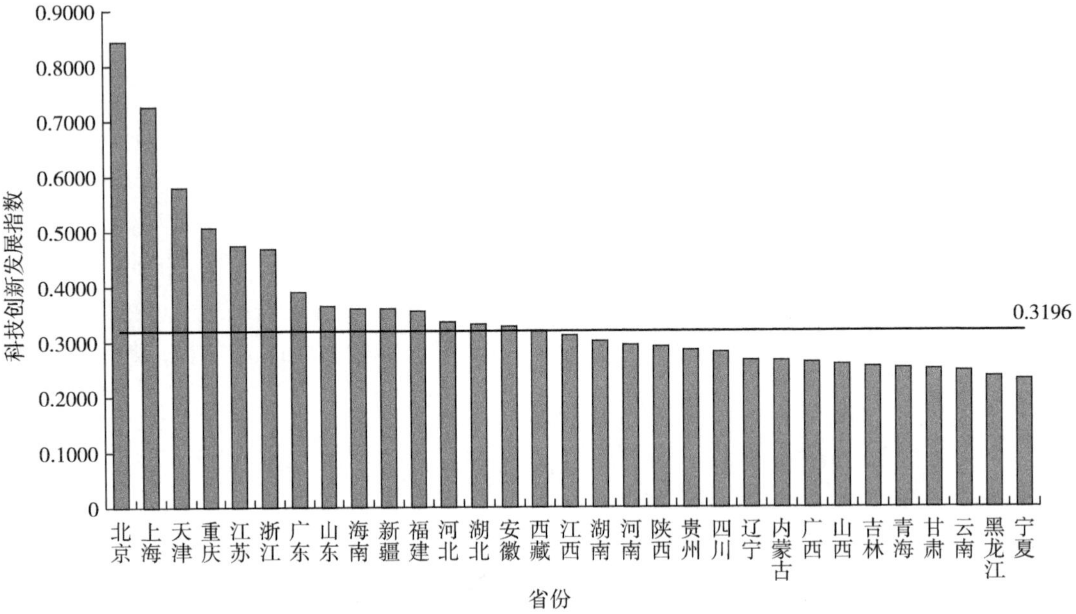

图 2–24　各省份城市科技创新发展指数情况

从一级指标上来看，省间差距显著，各省创新禀赋不一。江苏省、新疆维吾尔自治区、海南省、浙江省、广东省具有较为丰富的创新资源；浙江省、江苏省、海南省、广东省、山东省的创新环境较为优越；江苏省、浙江省、广东省、山东省、河北省的创新服务质量较高；浙江省、重庆市、江苏省、广东省、福建省的创新绩效水平较为出色（图 2–25）。

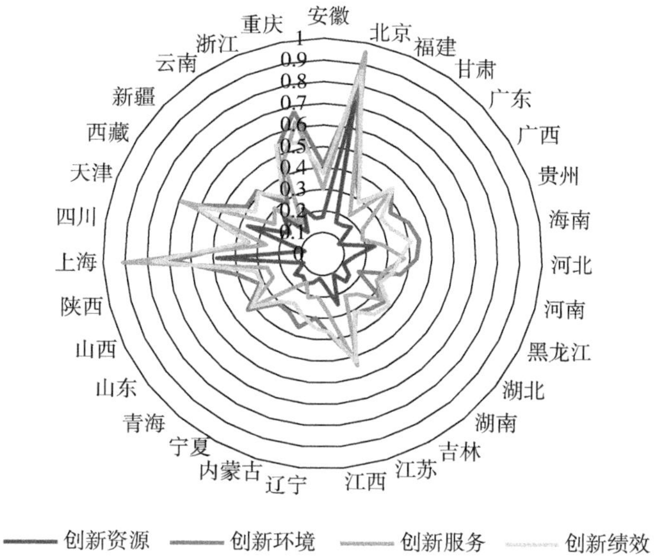

图 2-25 各省份城市科技创新发展指数一级指标得分情况

（二）城市群层面：京津冀城市群科技创新发展处于龙头引领地位

当前，我国正在建立以中心城市引领城市群发展、城市群带动区域发展的新模式，全国各区域板块之间融合互动正在加强。以北京、天津为中心引领京津冀城市群发展，带动环渤海地区协同发展；以上海为中心引领长三角城市群发展，带动长江经济带发展；以香港、澳门、广州、深圳为中心引领粤港澳大湾区建设，带动珠江—西江经济带创新绿色发展；以重庆、成都、武汉、郑州、西安等为中心，引领成渝、长江中游、中原、关中平原等城市群发展，带动相关板块融合发展。根据《中华人民共和国国民经济和社会发展第十四个五年规划和2035年远景目标纲要》，我国目前共有19个国家级城市群，初步构建“两横三纵”的城镇化战略格局。

在19个城市群中，京津冀城市群科技创新发展水平具有显著领先优势，科技创新发展指数得分达到0.8442；珠三角城市群、长三角城市群紧随其后；关中平原城市群、山西中部城市群等城市群高于2021年全国均值（0.3196）；呼包鄂榆城市群、天山北坡城市群、中原城市群、滇中城市群、辽中南城市群、黔中城市群、山东半岛城市群、哈长城市群、粤闽浙沿海城市群、成渝城市群、长江中游城市群、兰州－西宁城市群、宁夏沿黄城市群、北部湾城市群14个城市群低于2021年全国均值（图2-26）。

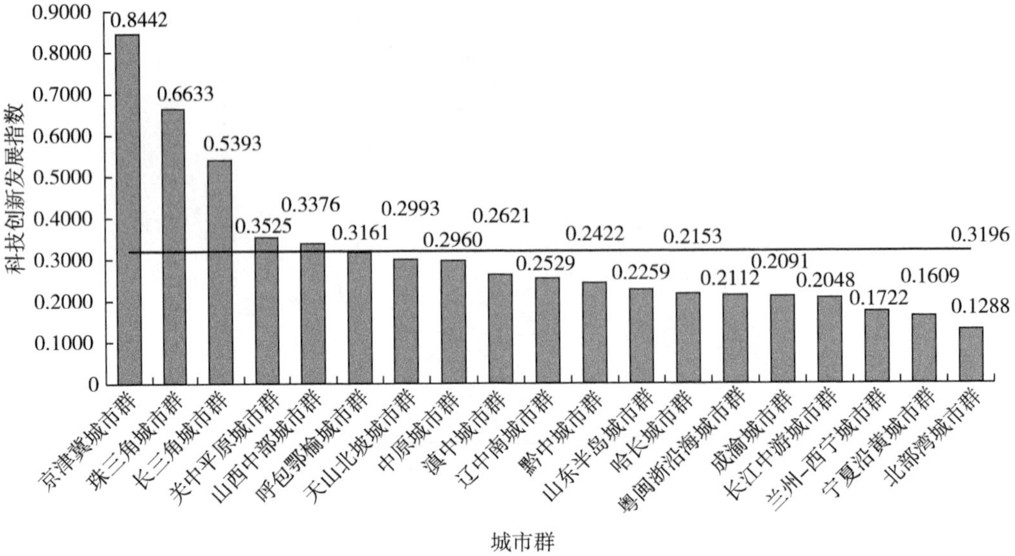

图 2-26　各城市群科技创新发展指数情况

从一级指标上来看，2021 年，京津冀城市群创新资源、创新环境、创新服务、创新绩效各方面表现继续领跑全国城市群，科技产业创新合作不断向纵深发展；珠三角城市群充分利用国家自主创新示范区的政策利好，凭借创新要素集聚的优势，率先探索创新驱动发展的路径，成为我国科技创新和战略性新兴产业发展的主阵地；在《长三角科技创新共同体建设发展规划》的统筹指导下，长三角城市群发挥区域中心城市科技创新资源集聚优势，共建科技创新平台，完善区域一体化技术转移体系，支撑长三角高质量一体化发展。此外，中原城市群在创新资源、创新环境方面发展劲头十足，山西中部城市群在创新环境、创新服务、创新绩效方面表现值得肯定（图 2-27）。

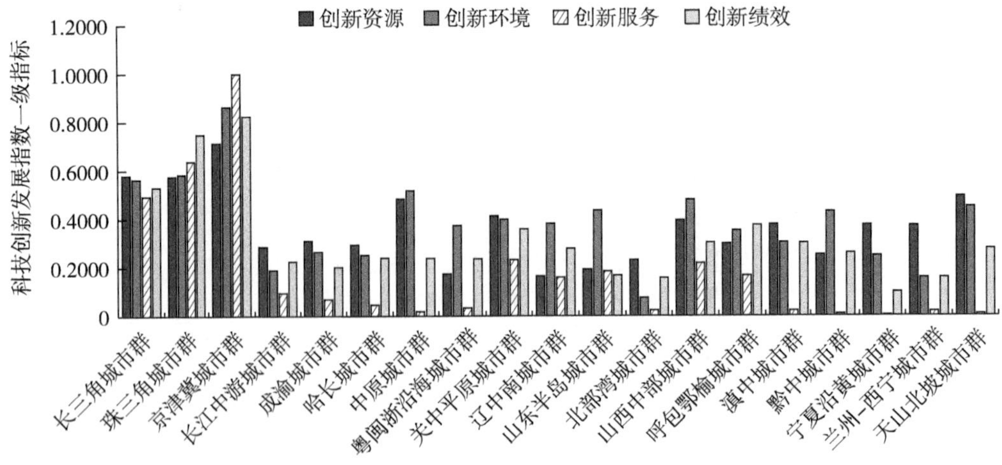

图 2-27　各城市群科技创新发展指数一级指标情况

（三）区域层面：南强北弱格局明晰，中心城市“C位”主导

七大区域指数得分从高到低依次为华东地区、华南地区、华北地区、华中地区、西南地区、西北地区、东北地区。其中，华中地区、西南地区、西北地区、东北地区的总指数均值低于全国均值。

各区域中心城市的主导作用显著，同时，各区域内部城市科技创新能力差异巨大。华东地区得分最高的为上海市，排名全国第3位，最低的为亳州市，排名全国第215位；华南地区得分最高的为深圳市，排名全国第2位，最低的为百色市，排名全国第261位；华北地区得分最高的为北京市，排名全国第1位，最低的为乌兰察布市，排名全国第278位；华中地区得分最高的为武汉市，排名全国第7位，最低的为张家界市，排名全国第258位；西南地区得分最高的为成都市，排名全国第11位，最低的为丽江市，排名全国第283位；西北地区得分最高的为西安市，排名全国第9位，最低的为陇南市，排名全国第288位；东北地区得分最高的为大连市，排名全国第32位，最低的为鹤岗市，排名全国第287位（图2-28）。

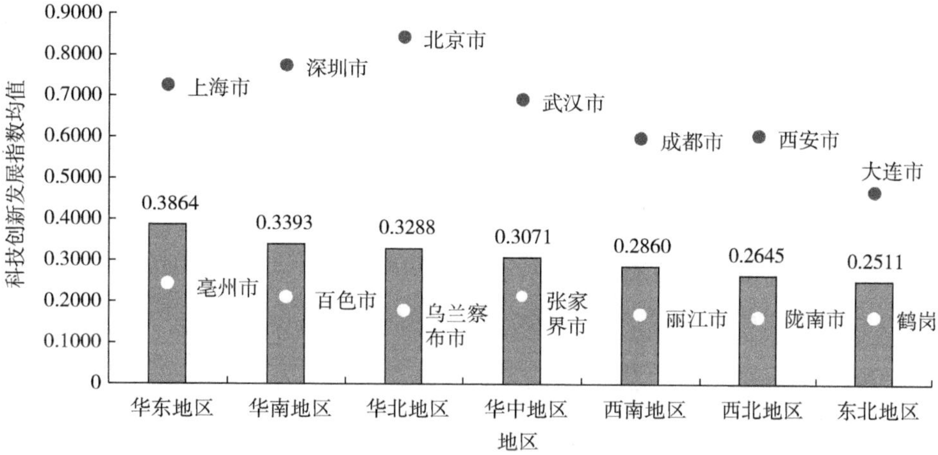

图2-28　七大区域城市科技创新发展指数均值及区域间差距情况

从一级指标上来看，华东地区城市创新资源、创新环境、创新服务、创新绩效各方面水平均拔得头筹，华南地区在创新环境、创新绩效方面表现出色，华北地区在创新资源、创新服务方面成绩优异。总体呈现出南强北弱、东高西低的特点（图2-29）。

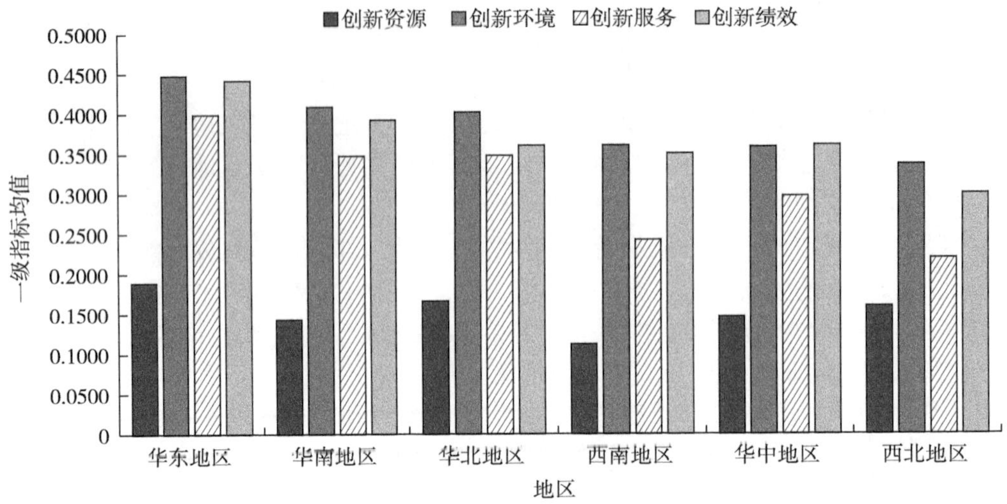

图 2-29 七大区域一级指标均值对比情况

四、城市科技创新推动共同富裕：核心要义与实现路径

"治国之道，富民为始。"党的十九届五中全会强调"扎实推动共同富裕"，并把"人民生活更加美好，人的全面发展、全体人民共同富裕取得更为明显的实质性进展"作为 2035 年基本实现社会主义现代化远景目标的重要内容。我国国民经济和社会发展"十四五"规划进一步明确了这一愿景目标，并将"坚持人民主体地位，坚持共同富裕方向"作为"十四五"时期经济社会发展必须遵循的原则之一。共同富裕是中华民族历代先贤志士的一致追求，更是社会主义的本质要求。推进共同富裕，不仅要推进收入分配公平，还要着力促进基本公共服务均等化，促进机会均等，促进健康公平，促进精神文明建设和文化资源普惠，实现促进人的全面发展和社会全面进步。就城市科技创新与共同富裕的关系而言，城市科技创新不仅有助于为实现共同富裕形成"量"的积累，更有助于实现共同富裕"质"的提升。在国家共同富裕战略目标下，进一步加快科技创新，在高质量发展中实现共同富裕，将是我国城市发展的必然选择。

（一）城市科技创新是实现共同富裕的关键引擎

科技创新作为共同富裕的关键推动力，其最终落脚于创新成果的产出与落地转化上，并与居民收入分配等高度相关。数据显示，城市科技创新发展指数排名前 20 位城市每万人专利申请量与城镇居民人均可支配收入两项指标存在明显的正相关关系，这说明科技创新能力较强的城市往往具有更高的居民收入表现，也在一定程度上体现了城市科技创新成果在实现共同富裕方面的价值和作用，说明了城市科技创新成果的产出与转化有助于居民收入的增加，有利于能够促进共同富裕的加快实现（图 2–30）。

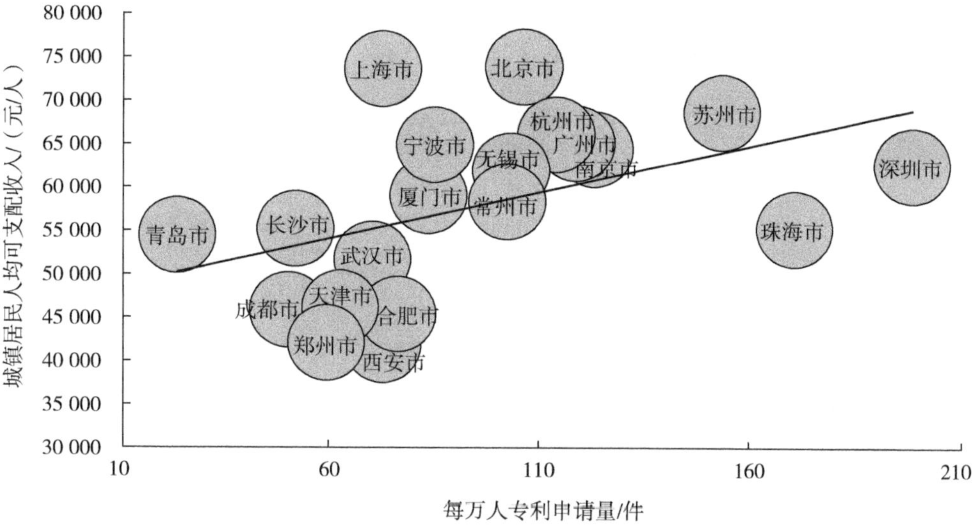

图 2-30　科技创新发展指数排名前 20 位城市城镇居民人均可支配收入与每万人专利申请量情况

从内涵上看，科技创新是提高城市全要素生产率的关键，通过科技体制的优化和创新，组织的生产要素得到重新组合、资源重新配置，能够促进城市产出数量和质量的“双提高”，增强城市经济社会发展的动力和活力。从“量”的维度看，推进共同富裕，需要通过提升效率促进发展，继续“做大蛋糕”。共同富裕是“全面富裕”，既包括物质上的富裕，也包括精神上的富裕，还包括社会和谐、环境宜居和公共服务普及普惠等多个维度。本质上讲，共同富裕是高质量发展的根本目的，高质量发展是实现共同富裕的重要途径，共同富裕的目标蕴含于高质量发展之中。而科技创新是实现高质量发展的动力所在，有助于促进城市物质财富的高效积累，从而为城市居民收入提升、基本公共服务均等化、居民健康发展、社会公平参与、精神文化生活丰富提供坚实的物质保障。从“质”的维度看，科技创新能够在教育、医疗、养老、就业等各个领域助力城市公共服务水平提升，有助于全民共享发展成果，为共同富裕筑牢发展基础。例如，以“互联网＋教育”为代表的科技与教育融合驱动，在加速实现城市教育现代化、普及教育场景智能化、推动校园建设信息化、促进育人方式多元化等方面发挥了重要作用。“互联网＋医疗健康”发展，创新便民惠民形式，有效改善了城市民众的就医体验。此外，科技创新催生出了新的技术，带动了更多城市新就业，依托互联网平台，以人工智能、大数据等为代表的数字经济，成为城市稳增长、保就业的重要抓手。可以说，科技创新通过构建新的技术，改变城市生产方式和组织模式，促进了产业结构优化、区域产业协同发展，为城市经济高质量发展提供了技术保障。

（二）营造高质量创新创业氛围，优化共同富裕环境条件

创新创业是城市经济发展的活力之源，也是解决城市就业问题的重要抓手，在共同富裕的实践过程中，通过创新创业带动就业，带动社会阶层的流动，不仅能够解决经济

发展问题，同时有助于加强按劳分配解决收入分配问题。数据显示，城市科技创新发展指数排名前 10 位城市都拥有相对较多的创新创业科技企业，数量远超全国平均值，这反映出科技创新能力较强地区拥有更包容的创新创业氛围，能够从中产生、吸引和容纳更多创新创业企业，为地区的科技创新发展带来源源不断的活力（表 2-2）。

表 2-2　科技创新发展指数排名前 10 位城市创新创业企业情况

城市	创业板和科创板企业数 / 家	新三板创新层和精选层挂牌企业数 / 家
北京市	113	161
深圳市	96	57
上海市	60	96
南京市	20	32
广州市	32	51
杭州市	46	39
武汉市	18	31
苏州市	21	33
西安市	11	22
珠海市	11	12
全国平均值	3	4

注：全国平均值为《中国城市科技创新发展报告 2021》所测算 288 个地级市相关指标平均值。

城市在推动科技创新发展和产业结构转型升级发展中，要更加关注就业增长，特别重视把握互联网、5G、大数据、人工智能等新一代信息技术加速演进和融合发展机遇，鼓励新技术、新产品、新商业模式的广泛应用，增加创新带动就业的机会，提供更多且多元化的工作岗位，确保在经济发展基础上实现高质量就业。针对经济高质量发展和由于技术创新带来的产业转型中不同技能水平群体的收入差距问题，分类施策，有效提升劳动者技能，提高就业质量和收入水平，形成人力资本提升和产业转型升级良性循环。同时，应积极打造高质量创新创业环境，促进经济增长与就业增长高度统一，推动社会阶层流动与发展，优化共同富裕环境条件。

（三）推动城市科技创新跨区域联动合作，构建共同富裕协同发展格局

我国幅员辽阔，由于资源禀赋、历史、文化等原因，全国各城市在科技创新及经济社会发展方面还存在着较大差异。测算结果显示，无论是城市之间、省区之间，还是城市群之间，科技创新能力都存在较大差距，而提升科技创新发展水平与缩小城市间和区域间科技创新差距是促进共同富裕的重要工作。因此，各城市应根据自身资源禀赋和发展基础实行差别化的科技创新驱动引导政策，特别要注重城市间科技创新的联动合作。一是建立城市科技创新合作和信息共享平台促进共享科技成果、整合科技资源、集聚创

新人才、强化公共服务、增强行业和区域创新能力。二是鼓励城市开展飞地经济合作模式，突破区域行政分割，通过区域间产业转移、资源互补来实现互利共赢的合作。三是要做好城市结对帮扶，先进城市要加大对落后城市的科技发展扶持力度，充分发挥财政工具和政策性金融工具的效用，支持后发地区加快发展，进而构建共同富裕协同发展格局。

分项指数篇

第三章　创新资源

一、创新资源指数构成

创新资源反映一个城市对创新活动的投入力度、创新人才资源的储备状况和创新资源的配置结构。创新人才和研发经费，即人的投入和财的投入，是创新资源中最为核心的部分。人才是创新的核心要素，而研发经费是推进科技创新的基本物质保障。因此，创新资源分指数采用创新人才和研发经费两项二级指标。创新资源占总指数的权重为19.05%。二级指标中，创新人才和研发经费的权重均为9.52%。

创新人才二级指标下设2个三级指标，分别是居民中大专以上学历人口比重和万名从业人口中科学技术人员数，均为正向指标。

研发经费二级指标下设2个三级指标，分别是地方财政科技投入占地方财政支出比重、R&D经费投入强度，两个指标分别反映城市政府对科技创新活动的直接经费支持和对创新人才储备的经费支持，均为正向指标。

三级指标权重均为4.76%。创新资源指标构成如表3-1所示。

表3-1　创新资源指标构成

<table>
<tr><th>一级指标</th><th>权重</th><th>二级指标</th><th>权重</th><th>三级指标</th><th>指标属性</th><th>权重</th></tr>
<tr><td rowspan="4">创新资源</td><td rowspan="4">19.05%</td><td rowspan="2">创新人才</td><td rowspan="2">9.52%</td><td>居民中大专以上学历人口比重</td><td>正向</td><td>4.76%</td></tr>
<tr><td>万名从业人口中科学技术人员数</td><td>正向</td><td>4.76%</td></tr>
<tr><td rowspan="2">研发经费</td><td rowspan="2">9.52%</td><td>地方财政科技投入占地方财政支出比重</td><td>正向</td><td>4.76%</td></tr>
<tr><td>R&D经费投入强度</td><td>正向</td><td>4.76%</td></tr>
</table>

二、创新资源指数排名

创新资源指数方面，排名前20位的城市依次是北京市、深圳市、西安市、南京市、广州市、武汉市、合肥市、上海市、杭州市、酒泉市、长沙市、珠海市、兰州市、佛山市、芜湖市、苏州市、呼和浩特市、天津市、济南市、郑州市（表3-2）。

表 3-2　创新资源指数排名

城市	创新资源	排名	城市	创新资源	排名
北京市	0.7256	1	银川市	0.2939	33
深圳市	0.5309	2	保定市	0.2878	34
西安市	0.5260	3	青岛市	0.2818	35
南京市	0.5233	4	南昌市	0.2806	36
广州市	0.4952	5	三亚市	0.2748	37
武汉市	0.4866	6	中山市	0.2729	38
合肥市	0.4851	7	镇江市	0.2705	39
上海市	0.4808	8	绍兴市	0.2642	40
杭州市	0.4734	9	株洲市	0.2616	41
酒泉市	0.4106	10	洛阳市	0.2592	42
长沙市	0.3935	11	铜陵市	0.2540	43
珠海市	0.3930	12	石家庄市	0.2518	44
兰州市	0.3923	13	大连市	0.2507	45
佛山市	0.3719	14	长春市	0.2505	46
芜湖市	0.3713	15	哈尔滨市	0.2488	47
苏州市	0.3678	16	嘉兴市	0.2478	48
呼和浩特市	0.3664	17	福州市	0.2414	49
天津市	0.3652	18	马鞍山市	0.2392	50
济南市	0.3598	19	南宁市	0.2313	51
郑州市	0.3591	20	湘潭市	0.2223	52
太原市	0.3521	21	东莞市	0.2213	53
厦门市	0.3510	22	绵阳市	0.2193	54
大庆市	0.3462	23	嘉峪关市	0.2148	55
成都市	0.3293	24	扬州市	0.2138	56
常州市	0.3103	25	海口市	0.2130	57
沈阳市	0.3080	26	东营市	0.2122	58
宁波市	0.3074	27	岳阳市	0.2098	59
无锡市	0.3028	28	湖州市	0.2096	60
昆明市	0.3018	29	连云港市	0.2077	61
鹰潭市	0.3007	30	蚌埠市	0.2048	62
乌鲁木齐市	0.2969	31	西宁市	0.2009	63
贵阳市	0.2953	32	襄阳市	0.2005	64

续表

城市	创新资源	排名	城市	创新资源	排名
惠州市	0.1974	65	常德市	0.1530	97
宜昌市	0.1954	66	张掖市	0.1497	98
南通市	0.1935	67	滨州市	0.1494	99
秦皇岛市	0.1933	68	黄山市	0.1460	100
淄博市	0.1928	69	潍坊市	0.1453	101
克拉玛依市	0.1918	70	九江市	0.1448	102
韶关市	0.1916	71	黄石市	0.1430	103
烟台市	0.1892	72	桂林市	0.1426	104
郴州市	0.1867	73	鄂尔多斯市	0.1416	105
威海市	0.1862	74	唐山市	0.1412	106
廊坊市	0.1861	75	新余市	0.1402	107
包头市	0.1843	76	天水市	0.1398	108
龙岩市	0.1819	77	宝鸡市	0.1395	109
江门市	0.1807	78	延安市	0.1391	110
徐州市	0.1790	79	柳州市	0.1383	111
泰州市	0.1774	80	乌海市	0.1376	112
拉萨市	0.1772	81	滁州市	0.1366	113
盐城市	0.1765	82	宁德市	0.1364	114
衢州市	0.1761	83	荆门市	0.1322	115
日照市	0.1740	84	咸阳市	0.1321	116
舟山市	0.1738	85	盘锦市	0.1320	117
金华市	0.1730	86	许昌市	0.1316	118
石嘴山市	0.1729	87	萍乡市	0.1316	119
重庆市	0.1681	88	池州市	0.1306	120
普洱市	0.1677	89	榆林市	0.1301	121
淮安市	0.1667	90	德州市	0.1298	122
台州市	0.1657	91	景德镇市	0.1297	123
丽水市	0.1601	92	宿迁市	0.1292	124
宣城市	0.1597	93	宜春市	0.1278	125
沧州市	0.1574	94	德阳市	0.1270	126
温州市	0.1569	95	抚顺市	0.1253	127
怀化市	0.1538	96	安庆市	0.1252	128

续表

城市	创新资源	排名	城市	创新资源	排名
玉溪市	0.1251	129	泉州市	0.1095	161
承德市	0.1250	130	漳州市	0.1093	162
荆州市	0.1250	131	肇庆市	0.1081	163
三门峡市	0.1234	132	金昌市	0.1065	164
新乡市	0.1224	133	永州市	0.1056	165
淮南市	0.1223	134	开封市	0.1051	166
衡阳市	0.1222	135	白银市	0.1020	167
渭南市	0.1220	136	雅安市	0.1014	168
孝感市	0.1219	137	枣庄市	0.1013	169
焦作市	0.1212	138	辽源市	0.1011	170
锦州市	0.1206	139	商丘市	0.1008	171
赣州市	0.1202	140	娄底市	0.1006	172
北海市	0.1197	141	汕头市	0.1005	173
吉安市	0.1186	142	漯河市	0.1000	174
南阳市	0.1183	143	丽江市	0.0998	175
咸宁市	0.1174	144	鞍山市	0.0998	176
泰安市	0.1174	145	六安市	0.0995	177
武威市	0.1171	146	清远市	0.0992	178
崇左市	0.1163	147	平顶山市	0.0991	179
吴忠市	0.1155	148	阳泉市	0.0980	180
中卫市	0.1154	149	鹤壁市	0.0976	181
铜川市	0.1150	150	张家口市	0.0966	182
通化市	0.1130	151	伊春市	0.0959	183
邯郸市	0.1126	152	呼伦贝尔市	0.0958	184
吉林市	0.1124	153	齐齐哈尔市	0.0954	185
益阳市	0.1122	154	六盘水市	0.0947	186
南平市	0.1116	155	阳江市	0.0941	187
十堰市	0.1110	156	抚州市	0.0926	188
攀枝花市	0.1109	157	长治市	0.0915	189
自贡市	0.1103	158	衡水市	0.0913	190
汉中市	0.1100	159	牡丹江市	0.0902	191
三明市	0.1097	160	安顺市	0.0902	192

续表

城市	创新资源	排名	城市	创新资源	排名
毕节市	0.0901	193	临沂市	0.0754	225
巴彦淖尔市	0.0900	194	海东市	0.0751	226
平凉市	0.0899	195	莆田市	0.0747	227
鄂州市	0.0898	196	赤峰市	0.0747	228
固原市	0.0892	197	邵阳市	0.0746	229
安阳市	0.0888	198	聊城市	0.0742	230
济宁市	0.0887	199	商洛市	0.0742	231
庆阳市	0.0860	200	张家界市	0.0739	232
营口市	0.0857	201	定西市	0.0735	233
晋中市	0.0852	202	临汾市	0.0732	234
濮阳市	0.0839	203	邢台市	0.0730	235
阜新市	0.0835	204	铜仁市	0.0729	236
七台河市	0.0833	205	河源市	0.0729	237
通辽市	0.0833	206	保山市	0.0723	238
曲靖市	0.0828	207	梧州市	0.0721	239
本溪市	0.0824	208	黄冈市	0.0713	240
上饶市	0.0824	209	茂名市	0.0701	241
淮北市	0.0818	210	松原市	0.0696	242
随州市	0.0814	211	湛江市	0.0694	243
乐山市	0.0812	212	玉林市	0.0694	244
大同市	0.0808	213	云浮市	0.0689	245
乌兰察布市	0.0799	214	晋城市	0.0676	246
双鸭山市	0.0799	215	忻州市	0.0673	247
白城市	0.0796	216	运城市	0.0668	248
梅州市	0.0785	217	佳木斯市	0.0667	249
防城港市	0.0784	218	朝阳市	0.0646	250
丹东市	0.0779	219	信阳市	0.0643	251
四平市	0.0775	220	潮州市	0.0634	252
遵义市	0.0773	221	白山市	0.0614	253
宿州市	0.0761	222	安康市	0.0610	254
临沧市	0.0760	223	驻马店市	0.0609	255
辽阳市	0.0758	224	铁岭市	0.0607	256

续表

城市	创新资源	排名	城市	创新资源	排名
鹤岗市	0.0583	257	南充市	0.0429	273
鸡西市	0.0581	258	汕尾市	0.0426	274
宜宾市	0.0572	259	来宾市	0.0422	275
钦州市	0.0563	260	陇南市	0.0414	276
阜阳市	0.0562	261	揭阳市	0.0410	277
百色市	0.0553	262	达州市	0.0400	278
吕梁市	0.0544	263	菏泽市	0.0394	279
葫芦岛市	0.0524	264	绥化市	0.0389	280
昭通市	0.0490	265	眉山市	0.0374	281
广元市	0.0489	266	贺州市	0.0352	282
贵港市	0.0481	267	内江市	0.0343	283
黑河市	0.0478	268	河池市	0.0343	284
泸州市	0.0476	269	资阳市	0.0333	285
周口市	0.0466	270	遂宁市	0.0330	286
亳州市	0.0451	271	巴中市	0.0266	287
朔州市	0.0440	272	广安市	0.0174	288

三、创新资源核心指标分析

（一）创新人才

创新驱动的实质是人才驱动。城市经济实现持续发展的动力是科技创新，而要建设创新型城市，更要广泛吸引各类创新人才，尤其要集聚一批站在行业科技前沿、具有国际视野和竞争力的领军人才。因此，必须要实施更加积极的创新人才政策，用好人才、吸引人才、培养人才，形成一支规模宏大、勇于创新的创新型人才队伍。创新人才是衡量一个城市的科技创新资源首先要重点测度的要素。在城市科技创新发展指标体系中，创新人才指标所占权重为 9.52%，反映了一个城市的科技和教育智力资源情况。

创新人才指数方面，排名前 10 位的城市依次是北京市、西安市、南京市、兰州市、上海市、大庆市、呼和浩特市、武汉市、长沙市、广州市。排名后 10 位的城市依次是眉山市、内江市、抚州市、宜宾市、泸州市、揭阳市、遂宁市、广安市、亳州市、资阳市（图 3–1、表 3–3）。可以看到，城市间的科技和教育智力资源差异非常明显。城市行政等级越高，经济越发达，越能集中科技和教育智力资源，而这种差异又将进一步导致创新人才呈现出向区域中心城市一侧的偏态分布。

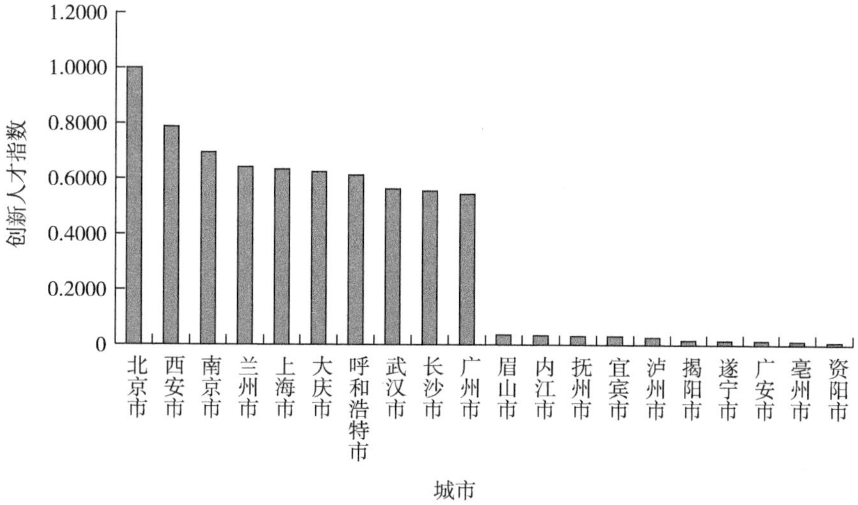

图 3-1　创新人才指数排名前 10 位和后 10 位的城市

表 3-3　创新人才指数排名

城市	创新人才	排名	城市	创新人才	排名
北京市	1.0000	1	银川市	0.4501	20
西安市	0.7865	2	厦门市	0.4306	21
南京市	0.6949	3	长春市	0.4238	22
兰州市	0.6403	4	深圳市	0.3981	23
上海市	0.6328	5	合肥市	0.3856	24
大庆市	0.6227	6	哈尔滨市	0.3823	25
呼和浩特市	0.6118	7	南宁市	0.3702	26
武汉市	0.5617	8	贵阳市	0.3696	27
长沙市	0.5550	9	石家庄市	0.3666	28
广州市	0.5426	10	海口市	0.3624	29
杭州市	0.5183	11	常州市	0.3588	30
乌鲁木齐市	0.5176	12	成都市	0.3530	31
郑州市	0.5147	13	珠海市	0.3528	32
太原市	0.5056	14	西宁市	0.3362	33
天津市	0.4933	15	南昌市	0.3338	34
济南市	0.4926	16	拉萨市	0.3290	35
保定市	0.4921	17	克拉玛依市	0.3235	36
昆明市	0.4530	18	普洱市	0.3156	37
沈阳市	0.4519	19	酒泉市	0.3064	38

续表

城市	创新人才	排名	城市	创新人才	排名
青岛市	0.3061	39	鄂尔多斯市	0.2179	71
无锡市	0.3059	40	嘉兴市	0.2167	72
秦皇岛市	0.3057	41	马鞍山市	0.2066	73
大连市	0.2964	42	崇左市	0.2064	74
镇江市	0.2953	43	铜川市	0.2060	75
福州市	0.2876	44	承德市	0.2049	76
嘉峪关市	0.2855	45	重庆市	0.2046	77
廊坊市	0.2786	46	宜昌市	0.2023	78
苏州市	0.2766	47	湘潭市	0.2014	79
岳阳市	0.2754	48	鹰潭市	0.2012	80
洛阳市	0.2750	49	石嘴山市	0.1981	81
三亚市	0.2747	50	抚顺市	0.1974	82
东营市	0.2708	51	武威市	0.1967	83
包头市	0.2698	52	北海市	0.1933	84
郴州市	0.2519	53	襄阳市	0.1922	85
沧州市	0.2496	54	吉林市	0.1890	86
桂林市	0.2455	55	锦州市	0.1838	87
常德市	0.2411	56	渭南市	0.1824	88
株洲市	0.2373	57	呼伦贝尔市	0.1811	89
榆林市	0.2362	58	徐州市	0.1803	90
张掖市	0.2353	59	铜陵市	0.1796	91
宁波市	0.2348	60	丽水市	0.1773	92
咸阳市	0.2318	61	淮安市	0.1743	93
扬州市	0.2284	62	张家口市	0.1742	94
延安市	0.2267	63	唐山市	0.1726	95
天水市	0.2266	64	柳州市	0.1724	96
乌海市	0.2265	65	辽源市	0.1720	97
佛山市	0.2227	66	通化市	0.1698	98
连云港市	0.2213	67	汉中市	0.1697	99
东莞市	0.2211	68	平凉市	0.1684	100
舟山市	0.2190	69	衡阳市	0.1655	101
芜湖市	0.2181	70	烟台市	0.1654	102

续表

城市	创新人才	排名	城市	创新人才	排名
南通市	0.1650	103	阳泉市	0.1416	135
玉溪市	0.1647	104	长治市	0.1410	136
丽江市	0.1636	105	中山市	0.1407	137
淄博市	0.1631	106	惠州市	0.1398	138
盘锦市	0.1625	107	阜新市	0.1390	139
湖州市	0.1621	108	荆州市	0.1389	140
巴彦淖尔市	0.1614	109	海东市	0.1383	141
池州市	0.1609	110	丹东市	0.1382	142
怀化市	0.1589	111	吴忠市	0.1382	143
衢州市	0.1585	112	绍兴市	0.1379	144
温州市	0.1554	113	九江市	0.1377	145
七台河市	0.1551	114	淮南市	0.1376	146
庆阳市	0.1540	115	伊春市	0.1375	147
黄石市	0.1536	116	韶关市	0.1374	148
牡丹江市	0.1535	117	中卫市	0.1372	149
盐城市	0.1526	118	江门市	0.1367	150
金昌市	0.1517	119	本溪市	0.1340	151
鞍山市	0.1509	120	邯郸市	0.1333	152
新余市	0.1505	121	商洛市	0.1323	153
四平市	0.1502	122	南阳市	0.1320	154
通辽市	0.1497	123	金华市	0.1318	155
宝鸡市	0.1486	124	黄山市	0.1312	156
固原市	0.1476	125	龙岩市	0.1296	157
齐齐哈尔市	0.1473	126	曲靖市	0.1287	158
泰州市	0.1466	127	赤峰市	0.1286	159
白银市	0.1462	128	蚌埠市	0.1284	160
威海市	0.1454	129	临沧市	0.1266	161
南平市	0.1449	130	三门峡市	0.1240	162
三明市	0.1440	131	定西市	0.1237	163
白城市	0.1436	132	晋中市	0.1233	164
攀枝花市	0.1428	133	焦作市	0.1227	165
乌兰察布市	0.1419	134	大同市	0.1225	166

续表

城市	创新人才	排名	城市	创新人才	排名
佳木斯市	0.1219	167	商丘市	0.1010	199
保山市	0.1212	168	鹤岗市	0.1005	200
乐山市	0.1210	169	汕头市	0.0999	201
松原市	0.1209	170	十堰市	0.0981	202
玉林市	0.1194	171	娄底市	0.0972	203
许昌市	0.1192	172	朝阳市	0.0969	204
漳州市	0.1175	173	安顺市	0.0969	205
泰安市	0.1168	174	淮北市	0.0965	206
忻州市	0.1166	175	衡水市	0.0964	207
安庆市	0.1151	176	鄂州市	0.0960	208
日照市	0.1142	177	信阳市	0.0954	209
白山市	0.1140	178	邢台市	0.0952	210
开封市	0.1135	179	茂名市	0.0944	211
防城港市	0.1133	180	吉安市	0.0943	212
台州市	0.1120	181	铁岭市	0.0943	213
益阳市	0.1120	182	昭通市	0.0934	214
德阳市	0.1103	183	宁德市	0.0932	215
临汾市	0.1101	184	河源市	0.0931	216
阳江市	0.1095	185	安康市	0.0929	217
双鸭山市	0.1094	186	绵阳市	0.0926	218
梧州市	0.1082	187	雅安市	0.0919	219
潍坊市	0.1074	188	荆门市	0.0918	220
永州市	0.1074	189	六盘水市	0.0913	221
萍乡市	0.1074	190	湛江市	0.0906	222
景德镇市	0.1071	191	自贡市	0.0903	223
濮阳市	0.1055	192	滁州市	0.0893	224
鸡西市	0.1055	193	黑河市	0.0891	225
辽阳市	0.1045	194	邵阳市	0.0884	226
宿州市	0.1041	195	晋城市	0.0875	227
营口市	0.1040	196	随州市	0.0874	228
咸宁市	0.1025	197	平顶山市	0.0873	229
张家界市	0.1014	198	安阳市	0.0872	230

续表

城市	创新人才	排名	城市	创新人才	排名
枣庄市	0.0871	231	宣城市	0.0662	260
清远市	0.0857	232	莆田市	0.0652	261
梅州市	0.0856	233	临沂市	0.0626	262
济宁市	0.0845	234	朔州市	0.0612	263
遵义市	0.0837	235	南充市	0.0609	264
百色市	0.0831	236	驻马店市	0.0599	265
葫芦岛市	0.0817	237	贺州市	0.0587	266
泉州市	0.0817	238	云浮市	0.0577	267
钦州市	0.0808	239	毕节市	0.0574	268
来宾市	0.0800	240	周口市	0.0561	269
孝感市	0.0793	241	上饶市	0.0543	270
肇庆市	0.0789	242	河池市	0.0520	271
宿迁市	0.0786	243	达州市	0.0503	272
运城市	0.0760	244	黄冈市	0.0491	273
新乡市	0.0750	245	菏泽市	0.0465	274
赣州市	0.0738	246	宜春市	0.0424	275
绥化市	0.0736	247	汕尾市	0.0417	276
滨州市	0.0711	248	阜阳市	0.0406	277
潮州市	0.0701	249	巴中市	0.0401	278
德州市	0.0701	250	眉山市	0.0358	279
鹤壁市	0.0692	251	内江市	0.0334	280
铜仁市	0.0691	252	抚州市	0.0315	281
吕梁市	0.0689	253	宜宾市	0.0311	282
聊城市	0.0688	254	泸州市	0.0263	283
六安市	0.0685	255	揭阳市	0.0168	284
广元市	0.0679	256	遂宁市	0.0152	285
贵港市	0.0667	257	广安市	0.0150	286
陇南市	0.0666	258	亳州市	0.0129	287
漯河市	0.0662	259	资阳市	0.0085	288

（二）研发经费

城市科技创新发展需要有坚实的物质基础，研发经费是推进科技创新的基本保障。研发经费指数着眼于财政支出对城市科技创新的影响，以地方财政科技投入占地方财政支出比重衡量城市政府对科技创新活动的物质资本投入强度，同时，鉴于人力资本是技术创新的核心要素，财政教育支出可以通过作用于人力资本积累而间接影响科技创新，以地方财政科技投入占地方财政支出比重度量对创新的人力资本投入强度。

研发经费指数方面，排名前 10 位的城市依次是深圳市、合肥市、芜湖市、佛山市、酒泉市、苏州市、北京市、广州市、珠海市、杭州市。排名后 10 位的城市依次是七台河市、平凉市、鸡西市、呼伦贝尔市、白山市、黑河市、四平市、昭通市、来宾市、绥化市（图 3-2、表 3-4）。

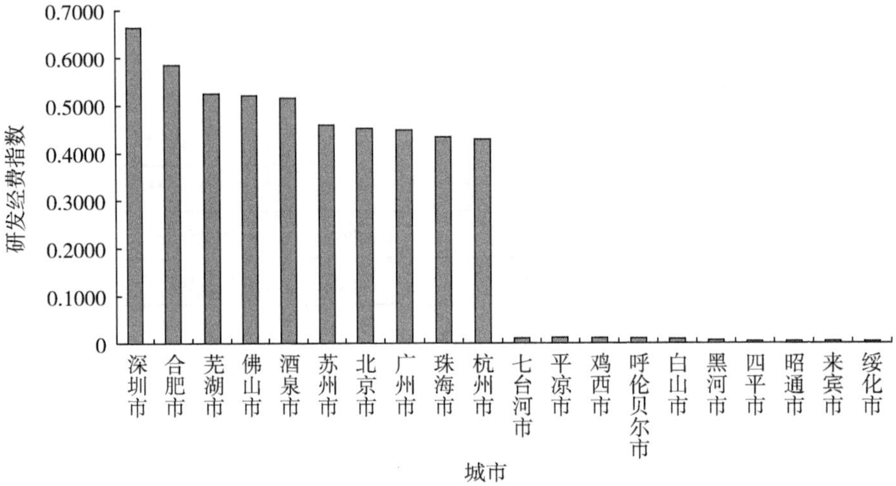

图 3-2　研发经费指数排名前 10 位和后 10 位的城市

表 3-4　研发经费指数排名

城市	研发经费	排名	城市	研发经费	排名
深圳市	0.6637	1	珠海市	0.4332	9
合肥市	0.5845	2	杭州市	0.4285	10
芜湖市	0.5244	3	武汉市	0.4115	11
佛山市	0.5211	4	中山市	0.4050	12
酒泉市	0.5148	5	鹰潭市	0.4002	13
苏州市	0.4590	6	绍兴市	0.3904	14
北京市	0.4512	7	宁波市	0.3800	15
广州市	0.4477	8	南京市	0.3518	16

续表

城市	研发经费	排名	城市	研发经费	排名
绵阳市	0.3461	17	东莞市	0.2215	49
上海市	0.3287	18	贵阳市	0.2210	50
铜陵市	0.3283	19	台州市	0.2194	51
成都市	0.3055	20	金华市	0.2143	52
无锡市	0.2997	21	宜春市	0.2133	53
株洲市	0.2860	22	烟台市	0.2130	54
蚌埠市	0.2812	23	襄阳市	0.2088	55
嘉兴市	0.2789	24	泰州市	0.2083	56
三亚市	0.2748	25	大连市	0.2049	57
马鞍山市	0.2718	26	郑州市	0.2035	58
厦门市	0.2714	27	盐城市	0.2003	59
西安市	0.2656	28	扬州市	0.1992	60
常州市	0.2618	29	太原市	0.1986	61
青岛市	0.2576	30	福州市	0.1951	62
湖州市	0.2571	31	连云港市	0.1941	63
惠州市	0.2551	32	衢州市	0.1937	64
宣城市	0.2532	33	德州市	0.1895	65
韶关市	0.2458	34	宜昌市	0.1886	66
镇江市	0.2458	35	滁州市	0.1839	67
洛阳市	0.2433	36	潍坊市	0.1831	68
湘潭市	0.2433	37	宿迁市	0.1798	69
天津市	0.2371	38	宁德市	0.1796	70
龙岩市	0.2341	39	徐州市	0.1778	71
日照市	0.2339	40	荆门市	0.1725	72
长沙市	0.2321	41	新乡市	0.1697	73
滨州市	0.2277	42	赣州市	0.1666	74
南昌市	0.2273	43	孝感市	0.1644	75
济南市	0.2271	44	沈阳市	0.1642	76
威海市	0.2270	45	黄山市	0.1608	77
江门市	0.2248	46	淮安市	0.1592	78
淄博市	0.2225	47	温州市	0.1584	79
南通市	0.2219	48	萍乡市	0.1557	80

续表

城市	研发经费	排名	城市	研发经费	排名
抚州市	0.1537	81	郴州市	0.1215	113
东营市	0.1536	82	呼和浩特市	0.1210	114
景德镇市	0.1524	83	焦作市	0.1198	115
九江市	0.1518	84	泰安市	0.1180	116
昆明市	0.1506	85	枣庄市	0.1155	117
怀化市	0.1487	86	哈尔滨市	0.1153	118
石嘴山市	0.1477	87	清远市	0.1127	119
兰州市	0.1443	88	益阳市	0.1124	120
嘉峪关市	0.1442	89	荆州市	0.1112	121
岳阳市	0.1441	90	平顶山市	0.1109	122
许昌市	0.1440	91	雅安市	0.1109	123
德阳市	0.1436	92	上饶市	0.1105	124
丽水市	0.1430	93	唐山市	0.1097	125
吉安市	0.1430	94	淮南市	0.1070	126
银川市	0.1377	95	南阳市	0.1045	127
泉州市	0.1374	96	柳州市	0.1043	128
肇庆市	0.1373	97	娄底市	0.1040	129
石家庄市	0.1370	98	永州市	0.1038	130
安庆市	0.1353	99	盘锦市	0.1014	131
漯河市	0.1337	100	汕头市	0.1011	132
黄石市	0.1324	101	漳州市	0.1010	133
咸宁市	0.1323	102	商丘市	0.1006	134
重庆市	0.1316	103	池州市	0.1003	135
六安市	0.1306	104	包头市	0.0987	136
自贡市	0.1304	105	六盘水市	0.0981	137
宝鸡市	0.1303	106	开封市	0.0968	138
新余市	0.1300	107	廊坊市	0.0937	139
舟山市	0.1286	108	中卫市	0.0937	140
鹤壁市	0.1259	109	黄冈市	0.0935	141
十堰市	0.1239	110	济宁市	0.0929	142
三门峡市	0.1228	111	吴忠市	0.0929	143
毕节市	0.1227	112	南宁市	0.0924	144

续表

城市	研发经费	排名	城市	研发经费	排名
邯郸市	0.0920	145	沧州市	0.0652	177
安阳市	0.0904	146	揭阳市	0.0651	178
临沂市	0.0881	147	常德市	0.0649	179
衡水市	0.0863	148	张掖市	0.0642	180
玉溪市	0.0856	149	海口市	0.0636	181
莆田市	0.0843	150	濮阳市	0.0623	182
鄂州市	0.0836	151	驻马店市	0.0619	183
安顺市	0.0835	152	渭南市	0.0615	184
保定市	0.0835	153	金昌市	0.0614	185
宜宾市	0.0832	154	邵阳市	0.0609	186
秦皇岛市	0.0809	155	克拉玛依市	0.0601	187
云浮市	0.0801	156	资阳市	0.0580	188
聊城市	0.0797	157	白银市	0.0579	189
衡阳市	0.0790	158	运城市	0.0575	190
攀枝花市	0.0790	159	锦州市	0.0574	191
阳江市	0.0787	160	潮州市	0.0566	192
南平市	0.0783	161	通化市	0.0563	193
亳州市	0.0774	162	阳泉市	0.0544	194
长春市	0.0773	163	伊春市	0.0542	195
铜仁市	0.0766	164	抚顺市	0.0532	196
乌鲁木齐市	0.0762	165	天水市	0.0531	197
三明市	0.0755	166	河源市	0.0527	198
随州市	0.0755	167	延安市	0.0515	199
阜阳市	0.0718	168	遂宁市	0.0508	200
梅州市	0.0715	169	邢台市	0.0507	201
遵义市	0.0709	170	双鸭山市	0.0504	202
大庆市	0.0696	171	汉中市	0.0503	203
泸州市	0.0689	172	乌海市	0.0488	204
营口市	0.0674	173	鞍山市	0.0486	205
淮北市	0.0671	174	湛江市	0.0482	206
西宁市	0.0656	175	宿州市	0.0482	207
鄂尔多斯市	0.0654	176	晋城市	0.0477	208

续表

城市	研发经费	排名	城市	研发经费	排名
晋中市	0.0472	209	达州市	0.0298	241
辽阳市	0.0471	210	贵港市	0.0295	242
张家界市	0.0465	211	安康市	0.0292	243
北海市	0.0461	212	阜新市	0.0280	244
茂名市	0.0459	213	百色市	0.0275	245
承德市	0.0452	214	铁岭市	0.0272	246
齐齐哈尔市	0.0436	215	牡丹江市	0.0269	247
汕尾市	0.0436	216	朔州市	0.0268	248
防城港市	0.0434	217	崇左市	0.0262	249
长治市	0.0421	218	临沧市	0.0254	250
乐山市	0.0414	219	拉萨市	0.0254	251
吕梁市	0.0400	220	南充市	0.0249	252
桂林市	0.0397	221	榆林市	0.0240	253
大同市	0.0392	222	铜川市	0.0240	254
眉山市	0.0391	223	保山市	0.0235	255
武威市	0.0374	224	定西市	0.0232	256
周口市	0.0370	225	葫芦岛市	0.0230	257
曲靖市	0.0369	226	赤峰市	0.0208	258
临汾市	0.0363	227	广安市	0.0198	259
丽江市	0.0361	228	普洱市	0.0198	260
梧州市	0.0360	229	玉林市	0.0194	261
吉林市	0.0357	230	张家口市	0.0190	262
内江市	0.0352	231	巴彦淖尔市	0.0187	263
信阳市	0.0332	232	松原市	0.0184	264
咸阳市	0.0325	233	忻州市	0.0181	265
菏泽市	0.0323	234	庆阳市	0.0180	266
朝阳市	0.0323	235	乌兰察布市	0.0179	267
钦州市	0.0318	236	丹东市	0.0177	268
固原市	0.0309	237	通辽市	0.0168	269
本溪市	0.0309	238	河池市	0.0166	270
辽源市	0.0302	239	鹤岗市	0.0162	271
广元市	0.0299	240	陇南市	0.0161	272

续表

城市	研发经费	排名	城市	研发经费	排名
商洛市	0.0161	273	鸡西市	0.0107	281
白城市	0.0156	274	呼伦贝尔市	0.0105	282
巴中市	0.0131	275	白山市	0.0089	283
海东市	0.0119	276	黑河市	0.0066	284
贺州市	0.0117	277	四平市	0.0048	285
佳木斯市	0.0116	278	昭通市	0.0046	286
七台河市	0.0115	279	来宾市	0.0044	287
平凉市	0.0113	280	绥化市	0.0042	288

第四章　创新环境

一、创新环境指数构成

创新环境主要反映培育创新活动和创新企业所面临的硬环境和软环境，是提升城市创新能力的重要基础与保障。创新环境占总指数的权重为19.05%。创新环境下又分设政策环境、信息环境2个二级指标。

政策环境二级指标下设2个三级指标，分别是每万人吸引外商投资额和开办企业便利度，其中每万人吸引外商投资额为正向指标，开办企业便利度为逆向指标。

信息环境二级指标下设2个三级指标，分别是人均教育经费支出和互联网宽带接入用户数，两者均为正向指标。

三级指标权重均为4.76%。创新环境指标构成如表4-1所示。

表4-1　创新环境指标构成

一级指标	权重	二级指标	权重	三级指标	指标属性	权重
创新环境	19.05%	政策环境	9.52%	每万人吸引外商投资额	正向	4.76%
				开办企业便利度	逆向	4.76%
		信息环境	9.52%	人均教育经费支出	正向	4.76%
				互联网宽带接入用户数	正向	4.76%

二、创新环境指数排名

创新环境指数方面，排名前20位的城市依次是北京市、杭州市、武汉市、深圳市、成都市、南京市、嘉兴市、珠海市、上海市、青岛市、重庆市、天津市、广州市、苏州市、宁波市、长沙市、无锡市、西安市、厦门市、湖州市（表4-2）。

表4-2　创新环境指数排名

城市	创新环境	排名	城市	创新环境	排名
北京市	0.7990	1	深圳市	0.7107	4
杭州市	0.7259	2	成都市	0.6996	5
武汉市	0.7250	3	南京市	0.6956	6

续表

城市	创新环境	排名	城市	创新环境	排名
嘉兴市	0.6849	7	福州市	0.4919	39
珠海市	0.6836	8	盐城市	0.4907	40
上海市	0.6835	9	廊坊市	0.4889	41
青岛市	0.6831	10	温州市	0.4832	42
重庆市	0.6731	11	襄阳市	0.4803	43
天津市	0.6415	12	榆林市	0.4791	44
广州市	0.6359	13	石家庄市	0.4786	45
苏州市	0.6289	14	舟山市	0.4772	46
宁波市	0.6257	15	绍兴市	0.4758	47
长沙市	0.6038	16	眉山市	0.4745	48
无锡市	0.6000	17	三亚市	0.4726	49
西安市	0.5990	18	唐山市	0.4713	50
厦门市	0.5863	19	大连市	0.4703	51
湖州市	0.5680	20	长春市	0.4663	52
马鞍山市	0.5575	21	衢州市	0.4633	53
常州市	0.5553	22	秦皇岛市	0.4599	54
芜湖市	0.5507	23	金华市	0.4595	55
合肥市	0.5502	24	邢台市	0.4563	56
贵阳市	0.5457	25	佛山市	0.4549	57
扬州市	0.5410	26	中山市	0.4548	58
郑州市	0.5403	27	洛阳市	0.4509	59
南通市	0.5390	28	东莞市	0.4491	60
台州市	0.5312	29	安庆市	0.4485	61
鄂尔多斯市	0.5263	30	三门峡市	0.4479	62
肇庆市	0.5262	31	昆明市	0.4477	63
南昌市	0.5183	32	泉州市	0.4475	64
威海市	0.5120	33	潍坊市	0.4457	65
济南市	0.5087	34	九江市	0.4443	66
宣城市	0.5003	35	滁州市	0.4441	67
蚌埠市	0.4958	36	乌鲁木齐市	0.4426	68
镇江市	0.4938	37	滨州市	0.4406	69
徐州市	0.4924	38	沧州市	0.4395	70

续表

城市	创新环境	排名	城市	创新环境	排名
遵义市	0.4358	71	烟台市	0.4020	103
梅州市	0.4331	72	衡水市	0.4005	104
株洲市	0.4324	73	钦州市	0.3984	105
菏泽市	0.4310	74	克拉玛依市	0.3978	106
淮安市	0.4297	75	崇左市	0.3967	107
江门市	0.4292	76	柳州市	0.3964	108
呼和浩特市	0.4282	77	宜春市	0.3955	109
连云港市	0.4264	78	贵港市	0.3954	110
宜昌市	0.4253	79	沈阳市	0.3924	111
韶关市	0.4243	80	银川市	0.3915	112
东营市	0.4231	81	泰州市	0.3909	113
海口市	0.4226	82	宿州市	0.3904	114
赣州市	0.4222	83	阳江市	0.3897	115
承德市	0.4214	84	丽水市	0.3879	116
淄博市	0.4209	85	巴彦淖尔市	0.3879	117
惠州市	0.4195	86	防城港市	0.3872	118
河池市	0.4187	87	许昌市	0.3858	119
茂名市	0.4182	88	衡阳市	0.3857	120
延安市	0.4181	89	六盘水市	0.3847	121
济宁市	0.4166	90	新乡市	0.3834	122
郴州市	0.4158	91	亳州市	0.3829	123
阜阳市	0.4136	92	毕节市	0.3801	124
临沂市	0.4121	93	曲靖市	0.3788	125
拉萨市	0.4114	94	南宁市	0.3774	126
汕头市	0.4097	95	湛江市	0.3770	127
定西市	0.4085	96	赤峰市	0.3765	128
铜仁市	0.4079	97	永州市	0.3762	129
安康市	0.4053	98	漯河市	0.3748	130
宿迁市	0.4052	99	北海市	0.3746	131
哈尔滨市	0.4049	100	濮阳市	0.3742	132
云浮市	0.4041	101	开封市	0.3741	133
张家口市	0.4024	102	吉安市	0.3740	134

续表

城市	创新环境	排名	城市	创新环境	排名
包头市	0.3727	135	盘锦市	0.3493	167
莆田市	0.3721	136	梧州市	0.3490	168
日照市	0.3720	137	湘潭市	0.3449	169
泰安市	0.3713	138	吉林市	0.3436	170
河源市	0.3710	139	玉溪市	0.3432	171
三明市	0.3707	140	齐齐哈尔市	0.3431	172
保定市	0.3705	141	邯郸市	0.3420	173
绵阳市	0.3673	142	漳州市	0.3420	174
宝鸡市	0.3672	143	海东市	0.3419	175
上饶市	0.3665	144	新余市	0.3409	176
南阳市	0.3658	145	运城市	0.3409	177
庆阳市	0.3657	146	信阳市	0.3404	178
安顺市	0.3650	147	鹤壁市	0.3382	179
通辽市	0.3638	148	金昌市	0.3373	180
长治市	0.3637	149	内江市	0.3368	181
来宾市	0.3611	150	荆门市	0.3359	182
咸阳市	0.3610	151	乐山市	0.3356	183
鹰潭市	0.3594	152	淮北市	0.3354	184
安阳市	0.3590	153	武威市	0.3351	185
汉中市	0.3586	154	广元市	0.3349	186
池州市	0.3586	155	荆州市	0.3345	187
雅安市	0.3578	156	宁德市	0.3340	188
德州市	0.3572	157	萍乡市	0.3338	189
聊城市	0.3570	158	驻马店市	0.3337	190
铜川市	0.3565	159	大同市	0.3331	191
朔州市	0.3558	160	白银市	0.3323	192
枣庄市	0.3553	161	常德市	0.3322	193
晋城市	0.3541	162	达州市	0.3322	194
黄石市	0.3532	163	咸宁市	0.3315	195
太原市	0.3520	164	张掖市	0.3299	196
清远市	0.3517	165	百色市	0.3276	197
攀枝花市	0.3510	166	南平市	0.3268	198

续表

城市	创新环境	排名	城市	创新环境	排名
临汾市	0.3260	199	孝感市	0.2945	231
遂宁市	0.3260	200	石嘴山市	0.2904	232
贺州市	0.3247	201	邵阳市	0.2899	233
泸州市	0.3239	202	昭通市	0.2876	234
广安市	0.3238	203	固原市	0.2869	235
岳阳市	0.3226	204	铜陵市	0.2829	236
宜宾市	0.3223	205	铁岭市	0.2825	237
周口市	0.3219	206	白城市	0.2824	238
六安市	0.3202	207	四平市	0.2798	239
抚州市	0.3141	208	平顶山市	0.2780	240
景德镇市	0.3116	209	松原市	0.2775	241
商洛市	0.3115	210	晋中市	0.2758	242
十堰市	0.3102	211	吴忠市	0.2736	243
葫芦岛市	0.3097	212	淮南市	0.2734	244
汕尾市	0.3081	213	酒泉市	0.2726	245
黄冈市	0.3078	214	西宁市	0.2721	246
渭南市	0.3078	215	揭阳市	0.2711	247
中卫市	0.3076	216	张家界市	0.2711	248
通化市	0.3063	217	黄山市	0.2710	249
焦作市	0.3055	218	潮州市	0.2688	250
桂林市	0.3049	219	德阳市	0.2678	251
吕梁市	0.3030	220	忻州市	0.2667	252
玉林市	0.3028	221	巴中市	0.2641	253
商丘市	0.3028	222	抚顺市	0.2641	254
南充市	0.2996	223	自贡市	0.2626	255
牡丹江市	0.2991	224	普洱市	0.2608	256
朝阳市	0.2984	225	辽阳市	0.2606	257
丹东市	0.2972	226	锦州市	0.2605	258
怀化市	0.2969	227	营口市	0.2603	259
呼伦贝尔市	0.2967	228	龙岩市	0.2580	260
白山市	0.2957	229	阜新市	0.2575	261
天水市	0.2953	230	辽源市	0.2568	262

续表

城市	创新环境	排名	城市	创新环境	排名
鄂州市	0.2543	263	嘉峪关市	0.1974	276
本溪市	0.2536	264	黑河市	0.1935	277
兰州市	0.2466	265	娄底市	0.1768	278
鞍山市	0.2442	266	大庆市	0.1749	279
乌兰察布市	0.2405	267	丽江市	0.1526	280
乌海市	0.2393	268	益阳市	0.1495	281
阳泉市	0.2358	269	鸡西市	0.1490	282
平凉市	0.2319	270	陇南市	0.1478	283
佳木斯市	0.2246	271	绥化市	0.1281	284
随州市	0.2191	272	伊春市	0.0922	285
资阳市	0.2190	273	双鸭山市	0.0793	286
保山市	0.1995	274	鹤岗市	0.0747	287
临沧市	0.1988	275	七台河市	0.0527	288

三、创新环境核心指标分析

（一）政策环境

政策环境指标主要反映并度量城市为促进科技进步、激励创业创新而实施的相关政策支持力度。政府可以通过制定和完善公共科技政策来降低企业成本和创新风险，同时为企业创办及发展提供更多便利，以此来激励企业提高创新产出；外商投资额是国外资本对一个地区未来创新发展潜力做出的评价，也为当地创新发展提供了重要的资金来源。

政策环境指数方面，排名前 10 位的城市依次是嘉兴市、马鞍山市、成都市、武汉市、北京市、珠海市、青岛市、杭州市、南京市、芜湖市。排名后 10 位的城市依次是鸡西市、娄底市、伊春市、双鸭山市、七台河市、益阳市、兰州市、鹤岗市、陇南市、平凉市（图 4–1、表 4–3）。

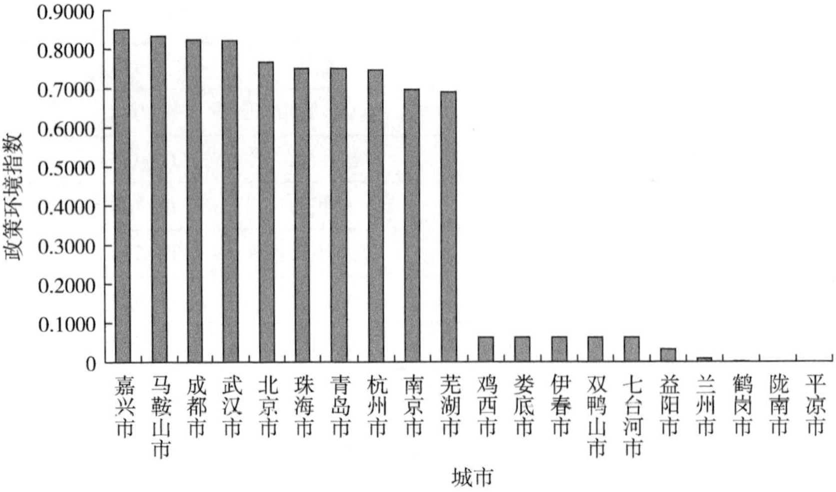

图 4-1　政策环境指数排名前 10 位和后 10 位的城市

表 4-3　政策环境指数排名

城市	政策环境	排名	城市	政策环境	排名
嘉兴市	0.8497	1	宁波市	0.6140	20
马鞍山市	0.8320	2	深圳市	0.6133	21
成都市	0.8231	3	鄂尔多斯市	0.6079	22
武汉市	0.8208	4	常州市	0.5992	23
北京市	0.7664	5	无锡市	0.5970	24
珠海市	0.7500	6	肇庆市	0.5911	25
青岛市	0.7497	7	贵阳市	0.5834	26
杭州市	0.7454	8	三门峡市	0.5807	27
南京市	0.6955	9	三亚市	0.5734	28
芜湖市	0.6883	10	襄阳市	0.5682	29
宣城市	0.6830	11	上海市	0.5670	30
蚌埠市	0.6662	12	广州市	0.5659	31
西安市	0.6570	13	厦门市	0.5653	32
眉山市	0.6548	14	巴彦淖尔市	0.5620	33
重庆市	0.6337	15	威海市	0.5492	34
湖州市	0.6269	16	苏州市	0.5486	35
长沙市	0.6235	17	舟山市	0.5471	36
扬州市	0.6234	18	合肥市	0.5433	37
天津市	0.6224	19	台州市	0.5409	38

续表

城市	政策环境	排名	城市	政策环境	排名
邢台市	0.5375	39	池州市	0.4847	71
大连市	0.5373	40	洛阳市	0.4825	72
秦皇岛市	0.5293	41	济南市	0.4770	73
株洲市	0.5291	42	徐州市	0.4707	74
安庆市	0.5266	43	鹤壁市	0.4675	75
南昌市	0.5232	44	宜昌市	0.4670	76
漯河市	0.5232	45	唐山市	0.4666	77
滨州市	0.5224	46	廊坊市	0.4665	78
南通市	0.5221	47	衡阳市	0.4627	79
镇江市	0.5207	48	衡水市	0.4620	80
滁州市	0.5206	49	淮安市	0.4609	81
防城港市	0.5167	50	阜阳市	0.4597	82
钦州市	0.5161	51	铜川市	0.4579	83
衢州市	0.5142	52	哈尔滨市	0.4519	84
朔州市	0.5111	53	榆林市	0.4511	85
崇左市	0.5109	54	亳州市	0.4491	86
韶关市	0.5109	55	许昌市	0.4473	87
菏泽市	0.5089	56	江门市	0.4470	88
云浮市	0.5071	57	齐齐哈尔市	0.4465	89
阳江市	0.5055	58	安康市	0.4448	90
贵港市	0.5043	59	汕头市	0.4447	91
梅州市	0.5032	60	宿州市	0.4447	92
来宾市	0.5028	61	延安市	0.4445	93
雅安市	0.5026	62	荆门市	0.4438	94
河池市	0.5011	63	承德市	0.4437	95
金昌市	0.5000	64	九江市	0.4430	96
定西市	0.5000	64	中山市	0.4416	97
盘锦市	0.4993	66	通辽市	0.4414	98
郴州市	0.4923	67	呼和浩特市	0.4394	99
海口市	0.4921	68	茂名市	0.4391	100
盐城市	0.4887	69	牡丹江市	0.4385	101
郑州市	0.4861	70	开封市	0.4384	102

续表

城市	政策环境	排名	城市	政策环境	排名
东莞市	0.4368	103	济宁市	0.3968	135
石家庄市	0.4350	104	通化市	0.3964	136
包头市	0.4315	105	安顺市	0.3955	137
连云港市	0.4299	106	长春市	0.3927	138
鹰潭市	0.4295	107	沈阳市	0.3926	139
晋城市	0.4286	108	中卫市	0.3913	140
绍兴市	0.4276	109	金华市	0.3906	141
淮北市	0.4264	110	绵阳市	0.3899	142
福州市	0.4239	111	枣庄市	0.3899	143
新余市	0.4228	112	濮阳市	0.3897	144
长治市	0.4224	113	临沂市	0.3897	145
东营市	0.4202	114	辽阳市	0.3893	146
张家口市	0.4174	115	湛江市	0.3880	147
永州市	0.4139	116	宝鸡市	0.3869	148
沧州市	0.4135	117	河源市	0.3862	149
昆明市	0.4130	118	德州市	0.3862	150
佛山市	0.4118	119	本溪市	0.3855	151
宿迁市	0.4115	120	柳州市	0.3849	152
遂宁市	0.4110	121	咸阳市	0.3843	153
黄石市	0.4107	122	乐山市	0.3837	154
银川市	0.4106	123	商洛市	0.3836	155
温州市	0.4080	124	达州市	0.3832	156
泰安市	0.4079	125	大同市	0.3832	157
潍坊市	0.4052	126	汉中市	0.3814	158
泉州市	0.4046	127	抚顺市	0.3810	159
湘潭市	0.4045	128	丹东市	0.3810	160
遵义市	0.4030	129	咸宁市	0.3809	161
北海市	0.4021	130	聊城市	0.3798	162
淄博市	0.4021	131	葫芦岛市	0.3796	163
日照市	0.4007	132	松原市	0.3796	164
攀枝花市	0.3993	133	梧州市	0.3795	165
新乡市	0.3971	134	广元市	0.3788	166

续表

城市	政策环境	排名	城市	政策环境	排名
荆州市	0.3786	167	孝感市	0.3442	199
吉林市	0.3785	168	赣州市	0.3434	200
铜仁市	0.3785	169	南阳市	0.3404	201
宜春市	0.3782	170	萍乡市	0.3388	202
铁岭市	0.3782	171	营口市	0.3357	203
泰州市	0.3779	172	上饶市	0.3299	204
毕节市	0.3777	173	惠州市	0.3275	205
四平市	0.3772	174	朝阳市	0.3259	206
贺州市	0.3768	175	清远市	0.3259	207
玉溪市	0.3767	176	汕尾市	0.3234	208
石嘴山市	0.3767	177	锦州市	0.3210	209
运城市	0.3763	178	阜新市	0.3173	210
辽源市	0.3761	179	三明市	0.3155	211
武威市	0.3760	180	张掖市	0.3135	212
赤峰市	0.3759	181	渭南市	0.3132	213
临汾市	0.3758	182	黄山市	0.3111	214
乌鲁木齐市	0.3758	183	景德镇市	0.3070	215
白山市	0.3757	184	邯郸市	0.3004	216
白城市	0.3753	185	六安市	0.2956	217
曲靖市	0.3753	186	漳州市	0.2933	218
六盘水市	0.3751	187	抚州市	0.2910	219
克拉玛依市	0.3750	188	平顶山市	0.2905	220
白银市	0.3750	188	保定市	0.2892	221
庆阳市	0.3750	188	张家界市	0.2884	222
海东市	0.3750	188	淮南市	0.2860	223
烟台市	0.3599	192	信阳市	0.2859	224
岳阳市	0.3571	193	随州市	0.2805	225
安阳市	0.3555	194	周口市	0.2773	226
吉安市	0.3531	195	驻马店市	0.2752	227
焦作市	0.3493	196	晋中市	0.2748	228
常德市	0.3488	197	商丘市	0.2732	229
铜陵市	0.3488	198	丽水市	0.2721	230

续表

城市	政策环境	排名	城市	政策环境	排名
邵阳市	0.2687	231	拉萨市	0.2514	260
莆田市	0.2686	232	揭阳市	0.2512	261
南宁市	0.2672	233	普洱市	0.2511	262
鄂州市	0.2666	234	巴中市	0.2508	263
泸州市	0.2649	235	黑河市	0.2508	264
吕梁市	0.2647	236	佳木斯市	0.2502	265
德阳市	0.2641	237	吴忠市	0.2501	266
南平市	0.2621	238	昭通市	0.2501	267
资阳市	0.2607	239	酒泉市	0.2500	268
乌海市	0.2605	240	固原市	0.2500	269
十堰市	0.2603	241	嘉峪关市	0.2500	270
太原市	0.2588	242	天水市	0.2500	270
潮州市	0.2561	243	西宁市	0.1378	272
玉林市	0.2559	244	保山市	0.1256	273
宜宾市	0.2558	245	大庆市	0.0732	274
百色市	0.2557	246	龙岩市	0.0698	275
阳泉市	0.2555	247	丽江市	0.0659	276
怀化市	0.2553	248	临沧市	0.0633	277
南充市	0.2552	249	绥化市	0.0631	278
桂林市	0.2550	250	鸡西市	0.0626	279
内江市	0.2550	251	娄底市	0.0626	280
广安市	0.2549	252	伊春市	0.0625	281
呼伦贝尔市	0.2547	253	双鸭山市	0.0625	281
乌兰察布市	0.2542	254	七台河市	0.0625	281
忻州市	0.2538	255	益阳市	0.0323	284
黄冈市	0.2537	256	兰州市	0.0080	285
宁德市	0.2529	257	鹤岗市	0.0006	286
鞍山市	0.2519	258	陇南市	0.0000	287
自贡市	0.2514	259	平凉市	0.0000	287

（二）信息环境

信息环境是一个社会中由个人或群体接触可能的信息及其传播活动的总体构成的环境。这些信息不仅仅是知识，而且包含着特定的观念和价值。信息环境具有社会控制的功能，是制约人的行为的重要因素。现代社会越来越巨大化和复杂化，人们由于实际活动的范围、精力和注意力有限，不可能同与他们有关的整个外部环境和众多的事情都保持经验性接触，对超出自己亲身感知以外的事物，人们只能通过各种媒介去了解认知。教育事业的发展也促进了信息的传播，与此同时，互联网基础设施为人类认知世界和获取信息提供了重要的媒介。

信息环境指数方面，排名前 10 位的城市依次是北京市、深圳市、上海市、重庆市、苏州市、杭州市、广州市、南京市、天津市、宁波市。排名后 10 位的城市依次是鹤岗市、抚顺市、嘉峪关市、辽源市、黑河市、辽阳市、伊春市、本溪市、双鸭山市、七台河市（图 4–2、表 4–4）。

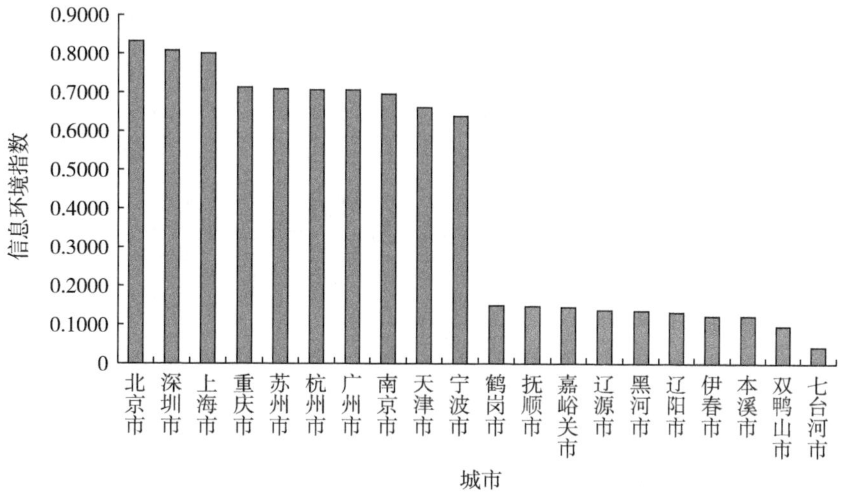

图 4–2 信息环境指数排名前 10 位和后 10 位的城市

表 4–4 信息环境指数排名

城市	信息环境	排名	城市	信息环境	排名
北京市	0.8316	1	广州市	0.7059	7
深圳市	0.8081	2	南京市	0.6958	8
上海市	0.7999	3	天津市	0.6606	9
重庆市	0.7125	4	宁波市	0.6374	10
苏州市	0.7092	5	武汉市	0.6291	11
杭州市	0.7064	6	珠海市	0.6173	12

续表

城市	信息环境	排名	城市	信息环境	排名
青岛市	0.6165	13	泉州市	0.4903	45
厦门市	0.6073	14	南宁市	0.4876	46
无锡市	0.6031	15	潍坊市	0.4863	47
郑州市	0.5945	16	兰州市	0.4853	48
长沙市	0.5841	17	昆明市	0.4825	49
成都市	0.5761	18	唐山市	0.4759	50
拉萨市	0.5714	19	莆田市	0.4755	51
福州市	0.5599	20	威海市	0.4749	52
温州市	0.5583	21	遵义市	0.4687	53
合肥市	0.5572	22	中山市	0.4681	54
南通市	0.5559	23	镇江市	0.4668	55
西安市	0.5409	24	沧州市	0.4656	56
济南市	0.5404	25	平凉市	0.4638	57
长春市	0.5398	26	东莞市	0.4614	58
金华市	0.5283	27	肇庆市	0.4613	59
绍兴市	0.5240	28	扬州市	0.4586	60
石家庄市	0.5221	29	保定市	0.4518	61
台州市	0.5214	30	龙岩市	0.4462	62
嘉兴市	0.5200	31	九江市	0.4455	63
徐州市	0.5140	32	太原市	0.4452	64
南昌市	0.5133	33	鄂尔多斯市	0.4446	65
惠州市	0.5115	34	烟台市	0.4440	66
常州市	0.5114	35	淄博市	0.4396	67
廊坊市	0.5113	36	铜仁市	0.4373	68
乌鲁木齐市	0.5095	37	济宁市	0.4364	69
湖州市	0.5091	38	临沂市	0.4345	70
贵阳市	0.5080	39	三明市	0.4259	71
榆林市	0.5071	40	东营市	0.4259	72
丽水市	0.5037	41	连云港市	0.4229	73
赣州市	0.5010	42	克拉玛依市	0.4206	74
佛山市	0.4980	43	洛阳市	0.4193	75
盐城市	0.4926	44	内江市	0.4186	76

续表

城市	信息环境	排名	城市	信息环境	排名
呼和浩特市	0.4171	77	邯郸市	0.3836	109
宁德市	0.4152	78	泸州市	0.3829	110
芜湖市	0.4130	79	毕节市	0.3825	111
宜春市	0.4129	80	曲靖市	0.3823	112
衢州市	0.4123	81	清远市	0.3776	113
江门市	0.4113	82	赤峰市	0.3772	114
柳州市	0.4079	83	邢台市	0.3752	115
舟山市	0.4073	84	汕头市	0.3748	116
西宁市	0.4064	85	银川市	0.3725	117
泰州市	0.4038	86	三亚市	0.3718	118
大连市	0.4033	87	安庆市	0.3705	119
上饶市	0.4032	88	新乡市	0.3697	120
百色市	0.3995	89	滁州市	0.3675	121
承德市	0.3991	90	阜阳市	0.3674	122
宿迁市	0.3989	91	周口市	0.3665	123
淮安市	0.3984	92	湛江市	0.3660	124
茂名市	0.3973	93	安康市	0.3657	125
信阳市	0.3948	94	梅州市	0.3630	126
吉安市	0.3948	95	安阳市	0.3626	127
六盘水市	0.3942	96	黄冈市	0.3619	128
广安市	0.3927	97	十堰市	0.3600	129
襄阳市	0.3924	98	滨州市	0.3588	130
驻马店市	0.3922	99	濮阳市	0.3587	131
沈阳市	0.3921	100	哈尔滨市	0.3580	132
延安市	0.3918	101	庆阳市	0.3563	133
南平市	0.3915	102	河源市	0.3558	134
南阳市	0.3913	103	桂林市	0.3548	135
漳州市	0.3907	104	菏泽市	0.3530	136
秦皇岛市	0.3905	105	海口市	0.3530	137
宜宾市	0.3887	106	玉林市	0.3498	138
张家口市	0.3873	107	宝鸡市	0.3475	139
宜昌市	0.3837	108	北海市	0.3470	140

续表

城市	信息环境	排名	城市	信息环境	排名
张掖市	0.3463	141	宣城市	0.3177	173
绵阳市	0.3448	142	定西市	0.3170	174
六安市	0.3447	143	亳州市	0.3167	175
南充市	0.3440	144	景德镇市	0.3162	176
日照市	0.3434	145	常德市	0.3155	177
吕梁市	0.3414	146	三门峡市	0.3152	178
天水市	0.3406	147	包头市	0.3139	179
郴州市	0.3393	148	邵阳市	0.3110	180
衡水市	0.3390	149	开封市	0.3098	181
呼伦贝尔市	0.3388	150	玉溪市	0.3097	182
怀化市	0.3386	151	海东市	0.3089	183
永州市	0.3386	152	吉林市	0.3087	184
咸阳市	0.3378	153	衡阳市	0.3086	185
韶关市	0.3377	154	运城市	0.3054	186
抚州市	0.3372	155	长治市	0.3049	187
河池市	0.3362	156	攀枝花市	0.3027	188
宿州市	0.3362	157	渭南市	0.3024	189
汉中市	0.3359	158	云浮市	0.3011	190
株洲市	0.3358	159	吴忠市	0.2970	191
泰安市	0.3347	160	黄石市	0.2957	192
安顺市	0.3345	161	陇南市	0.2956	193
临沧市	0.3343	162	酒泉市	0.2951	194
聊城市	0.3342	163	眉山市	0.2943	195
商丘市	0.3324	164	武威市	0.2942	196
萍乡市	0.3288	165	汕尾市	0.2928	197
德州市	0.3282	166	娄底市	0.2911	198
蚌埠市	0.3255	167	揭阳市	0.2911	199
昭通市	0.3252	168	广元市	0.2909	200
许昌市	0.3243	169	荆州市	0.2904	201
固原市	0.3239	170	白银市	0.2896	202
枣庄市	0.3208	171	鹰潭市	0.2894	203
梧州市	0.3186	172	岳阳市	0.2881	204

续表

城市	信息环境	排名	城市	信息环境	排名
乐山市	0.2875	205	孝感市	0.2448	237
贵港市	0.2865	206	淮北市	0.2444	238
通辽市	0.2862	207	鄂州市	0.2420	239
湘潭市	0.2853	208	遂宁市	0.2409	240
大同市	0.2831	209	葫芦岛市	0.2398	241
马鞍山市	0.2829	210	齐齐哈尔市	0.2397	242
崇左市	0.2825	211	商洛市	0.2395	243
咸宁市	0.2822	212	丽江市	0.2394	244
潮州市	0.2814	213	鞍山市	0.2364	245
达州市	0.2811	214	鸡西市	0.2353	246
钦州市	0.2808	215	池州市	0.2324	247
忻州市	0.2796	216	黄山市	0.2309	248
晋城市	0.2796	217	荆门市	0.2281	249
巴中市	0.2774	218	乌兰察布市	0.2268	250
晋中市	0.2768	219	漯河市	0.2264	251
大庆市	0.2766	220	中卫市	0.2239	252
临汾市	0.2762	221	来宾市	0.2194	253
自贡市	0.2738	222	乌海市	0.2181	254
阳江市	0.2738	223	铜陵市	0.2170	255
保山市	0.2734	224	通化市	0.2163	256
贺州市	0.2727	225	阳泉市	0.2161	257
德阳市	0.2714	226	白山市	0.2157	258
朝阳市	0.2709	227	巴彦淖尔市	0.2137	259
普洱市	0.2705	228	丹东市	0.2135	260
益阳市	0.2667	229	雅安市	0.2129	261
平顶山市	0.2655	230	鹤壁市	0.2089	262
焦作市	0.2616	231	石嘴山市	0.2041	263
淮南市	0.2609	232	朔州市	0.2005	264
新余市	0.2590	233	锦州市	0.1999	265
防城港市	0.2576	234	盘锦市	0.1993	266
铜川市	0.2551	235	佳木斯市	0.1991	267
张家界市	0.2538	236	阜新市	0.1977	268

续表

城市	信息环境	排名	城市	信息环境	排名
绥化市	0.1930	269	鹤岗市	0.1488	279
白城市	0.1896	270	抚顺市	0.1472	280
铁岭市	0.1868	271	嘉峪关市	0.1449	281
营口市	0.1848	272	辽源市	0.1375	282
四平市	0.1824	273	黑河市	0.1361	283
资阳市	0.1773	274	辽阳市	0.1318	284
松原市	0.1753	275	伊春市	0.1220	285
金昌市	0.1746	276	本溪市	0.1218	286
牡丹江市	0.1598	277	双鸭山市	0.0962	287
随州市	0.1577	278	七台河市	0.0429	288

第五章 创新服务

一、创新服务指数构成

创新服务是提升城市创新能力的重要保证，是城市创新体系的核心组成部分。一个城市的科技创新服务水平，既决定了其整合、集聚创新资源的能力和对创新资源的利用效率，又在相当程度上影响到科技创新主体的创新产出及创新成果的辐射效应。创新服务一级指标着重体现城市促进科技创新的服务职能，强调政府通过提供科技条件及金融等服务发挥对创新的引导作用。创新服务占总指数的权重为 19.05%。创新服务下设创业服务和金融服务 2 个二级指标，分别从城市的企业孵化和融资能力考察城市的创新服务状况。

创业服务二级指标下设 2 个三级指标，分别为孵化器数量和在孵企业数，均为正向指标。

金融服务二级指标下设 2 个三级指标，分别为创业板、科创板上市和新三板挂牌企业数及 A 股上市企业数，均为正向指标。

三级指标权重均为 4.76%。创新服务指标构成如表 5-1 所示。

表 5-1 创新服务指标构成

一级指标	权重	二级指标	权重	三级指标	指标属性	权重
创新服务	19.05%	创业服务	9.52%	孵化器数量	正向	4.76%
				在孵企业数	正向	4.76%
		金融服务	9.52%	创业板、科创板上市和新三板挂牌企业数	正向	4.76%
				A 股上市企业数	正向	4.76%

二、创新服务指数排名

创新服务指数方面，排名前 20 位的城市依次是北京市、上海市、深圳市、广州市、杭州市、南京市、苏州市、武汉市、成都市、西安市、天津市、东莞市、郑州市、佛山市、无锡市、常州市、合肥市、济南市、重庆市、青岛市（表 5-2）。

表 5-2　创新服务指数排名

城市	创新服务	排名	城市	创新服务	排名
北京市	0.9580	1	保定市	0.5290	33
上海市	0.9094	2	沈阳市	0.5154	34
深圳市	0.9035	3	长沙市	0.5113	35
广州市	0.8787	4	大连市	0.5089	36
杭州市	0.8520	5	镇江市	0.5055	37
南京市	0.8017	6	烟台市	0.5050	38
苏州市	0.7984	7	江门市	0.5022	39
武汉市	0.7549	8	太原市	0.4968	40
成都市	0.7326	9	绍兴市	0.4874	41
西安市	0.6918	10	扬州市	0.4867	42
天津市	0.6904	11	洛阳市	0.4837	43
东莞市	0.6820	12	威海市	0.4815	44
郑州市	0.6701	13	芜湖市	0.4804	45
佛山市	0.6670	14	汕头市	0.4799	46
无锡市	0.6624	15	肇庆市	0.4797	47
常州市	0.6521	16	唐山市	0.4765	48
合肥市	0.6338	17	绵阳市	0.4686	49
济南市	0.6314	18	兰州市	0.4678	50
重庆市	0.6298	19	温州市	0.4670	51
青岛市	0.6186	20	盐城市	0.4626	52
厦门市	0.6179	21	南昌市	0.4591	53
珠海市	0.6060	22	湖州市	0.4587	54
宁波市	0.6057	23	长春市	0.4586	55
哈尔滨市	0.5946	24	乌鲁木齐市	0.4567	56
福州市	0.5852	25	潍坊市	0.4478	57
石家庄市	0.5746	26	泰州市	0.4447	58
南通市	0.5728	27	淄博市	0.4403	59
徐州市	0.5704	28	金华市	0.4394	60
惠州市	0.5663	29	泉州市	0.4296	61
嘉兴市	0.5410	30	台州市	0.4225	62
昆明市	0.5402	31	南宁市	0.4220	63
中山市	0.5353	32	贵阳市	0.4205	64

续表

城市	创新服务	排名	城市	创新服务	排名
邯郸市	0.4203	65	韶关市	0.3338	97
德州市	0.4203	66	许昌市	0.3337	98
连云港市	0.4136	67	银川市	0.3329	99
济宁市	0.4089	68	日照市	0.3278	100
呼和浩特市	0.4060	69	枣庄市	0.3261	101
东营市	0.4050	70	衢州市	0.3261	102
襄阳市	0.3998	71	桂林市	0.3228	103
海口市	0.3927	72	株洲市	0.3203	104
十堰市	0.3910	73	赣州市	0.3200	105
包头市	0.3905	74	抚州市	0.3177	106
宿迁市	0.3885	75	南阳市	0.3167	107
蚌埠市	0.3869	76	吉安市	0.3145	108
廊坊市	0.3820	77	马鞍山市	0.3144	109
临沂市	0.3799	78	安庆市	0.3114	110
新乡市	0.3789	79	张掖市	0.3090	111
宜昌市	0.3773	80	大同市	0.3088	112
邢台市	0.3730	81	淮南市	0.3083	113
泰安市	0.3675	82	荆门市	0.3075	114
荆州市	0.3669	83	鞍山市	0.3044	115
柳州市	0.3658	84	西宁市	0.3006	116
南平市	0.3654	85	潮州市	0.3002	117
大庆市	0.3649	86	常德市	0.2992	118
黄冈市	0.3634	87	德阳市	0.2990	119
齐齐哈尔市	0.3624	88	淮安市	0.2977	120
吉林市	0.3623	89	秦皇岛市	0.2972	121
梅州市	0.3608	90	商丘市	0.2970	122
菏泽市	0.3462	91	黄石市	0.2928	123
濮阳市	0.3422	92	佳木斯市	0.2922	124
焦作市	0.3397	93	牡丹江市	0.2913	125
衡水市	0.3395	94	沧州市	0.2899	126
开封市	0.3365	95	铜陵市	0.2894	127
滁州市	0.3350	96	绥化市	0.2888	128

续表

城市	创新服务	排名	城市	创新服务	排名
宜宾市	0.2882	129	内江市	0.2516	161
龙岩市	0.2872	130	淮北市	0.2478	162
长治市	0.2861	131	北海市	0.2457	163
聊城市	0.2854	132	阳泉市	0.2442	164
岳阳市	0.2835	133	攀枝花市	0.2439	165
九江市	0.2820	134	酒泉市	0.2426	166
河源市	0.2820	135	遂宁市	0.2400	167
湛江市	0.2812	136	清远市	0.2400	167
赤峰市	0.2793	137	咸阳市	0.2383	169
三明市	0.2792	138	新余市	0.2366	170
丽水市	0.2783	139	鄂尔多斯市	0.2363	171
延安市	0.2780	140	孝感市	0.2355	172
安阳市	0.2772	141	定西市	0.2354	173
张家口市	0.2739	142	玉林市	0.2353	174
上饶市	0.2739	143	阜阳市	0.2352	175
运城市	0.2717	144	锦州市	0.2311	176
眉山市	0.2713	145	黑河市	0.2305	177
宝鸡市	0.2712	146	六安市	0.2279	178
茂名市	0.2681	147	宣城市	0.2276	179
白银市	0.2666	148	安康市	0.2263	180
遵义市	0.2647	149	舟山市	0.2262	181
阳江市	0.2643	150	渭南市	0.2262	182
泸州市	0.2636	151	乐山市	0.2261	183
湘潭市	0.2633	152	信阳市	0.2251	184
咸宁市	0.2621	153	巴中市	0.2216	185
拉萨市	0.2602	154	南充市	0.2207	186
达州市	0.2582	155	四平市	0.2165	187
宜春市	0.2551	156	周口市	0.2164	188
滨州市	0.2544	157	郴州市	0.2159	189
黄山市	0.2541	158	玉溪市	0.2141	190
晋中市	0.2528	159	漯河市	0.2137	191
盘锦市	0.2522	160	石嘴山市	0.2118	192

续表

城市	创新服务	排名	城市	创新服务	排名
忻州市	0.2116	193	池州市	0.1897	225
益阳市	0.2110	194	鹤岗市	0.1895	226
随州市	0.2107	195	梧州市	0.1891	227
阜新市	0.2085	196	衡阳市	0.1884	228
辽源市	0.2082	197	邵阳市	0.1872	229
曲靖市	0.2080	198	营口市	0.1862	230
汉中市	0.2079	199	鹰潭市	0.1857	231
漳州市	0.2076	200	亳州市	0.1854	232
广元市	0.2070	201	葫芦岛市	0.1853	233
巴彦淖尔市	0.2070	202	晋城市	0.1850	234
天水市	0.2054	203	景德镇市	0.1847	235
钦州市	0.2048	204	临汾市	0.1836	236
榆林市	0.2042	205	金昌市	0.1833	237
宿州市	0.2042	206	七台河市	0.1822	238
吕梁市	0.2032	207	娄底市	0.1815	239
鄂州市	0.2015	208	平顶山市	0.1815	240
揭阳市	0.2003	209	承德市	0.1813	241
自贡市	0.2000	210	三门峡市	0.1747	242
贵港市	0.1992	211	怀化市	0.1733	243
永州市	0.1985	212	防城港市	0.1722	244
鸡西市	0.1981	213	三亚市	0.1705	245
呼伦贝尔市	0.1974	214	驻马店市	0.1689	246
通化市	0.1961	215	白城市	0.1676	247
宁德市	0.1945	216	固原市	0.1627	248
莆田市	0.1933	217	百色市	0.1617	249
贺州市	0.1922	218	鹤壁市	0.1605	250
云浮市	0.1917	219	白山市	0.1566	251
嘉峪关市	0.1915	220	临沧市	0.1556	252
萍乡市	0.1912	221	伊春市	0.1551	253
来宾市	0.1910	222	武威市	0.1543	254
双鸭山市	0.1910	222	雅安市	0.1530	255
广安市	0.1902	224	六盘水市	0.1530	255

续表

城市	创新服务	排名	城市	创新服务	排名
张家界市	0.1525	257	保山市	0.1133	273
克拉玛依市	0.1519	258	河池市	0.1133	273
安顺市	0.1502	259	平凉市	0.0783	275
商洛市	0.1479	260	通辽市	0.0783	275
乌兰察布市	0.1460	261	辽阳市	0.0580	277
庆阳市	0.1456	262	吴忠市	0.0540	278
铜仁市	0.1442	263	毕节市	0.0341	279
铁岭市	0.1390	264	抚顺市	0.0000	280
陇南市	0.1364	265	乌海市	0.0000	280
铜川市	0.1287	266	资阳市	0.0000	280
普洱市	0.1280	267	丽江市	0.0000	280
朔州市	0.1266	268	崇左市	0.0000	280
丹东市	0.1234	269	朝阳市	0.0000	280
海东市	0.1226	270	松原市	0.0000	280
汕尾市	0.1187	271	昭通市	0.0000	280
本溪市	0.1157	272	中卫市	0.0000	280

三、创新服务核心指标分析

（一）创业服务

创业服务主要是指为创业者提供创业指导、咨询、帮助的服务模式，具体的服务内容包括提供资金、人才、咨询等，旨在减少创业者的创业风险，为企业寻求外部支持，帮助初创企业走向市场。当前，我国的创业中心即企业孵化器作为服务型企业，不仅为在孵企业提供了物理空间场所，还为其整合了信息、人才、中介组织和风险资本的社会资源，促进科技成果的转化和企业的成熟壮大。可见，孵化器在创新企业减少失败风险、走向市场的过程中起着保驾护航的作用，在创新服务中有着举足轻重的地位。

创业服务指数方面，排名前 10 位的城市依次是广州市、南京市、上海市、杭州市、深圳市、苏州市、北京市、东莞市、武汉市、佛山市。排名后 10 位的城市依次是吴忠市、崇左市、朝阳市、丽江市、中卫市、乌海市、资阳市、松原市、抚顺市、辽阳市（图 5–1、表 5–3）。

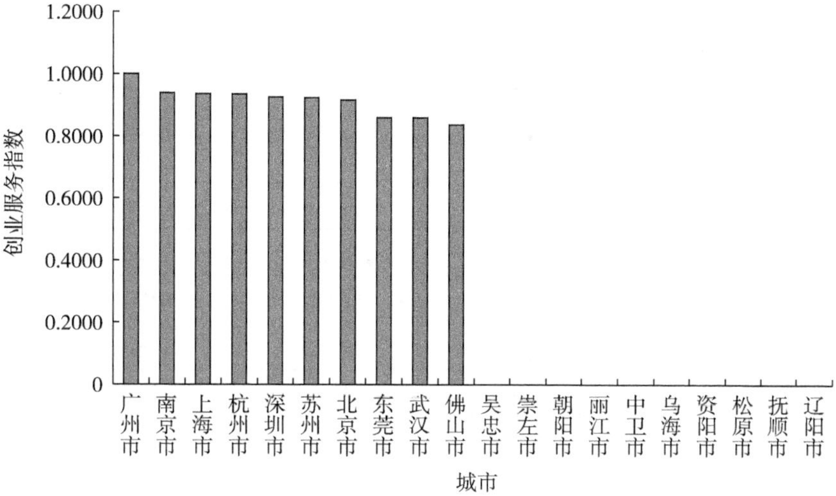

图 5-1　创业服务指数排名前 10 位和后 10 位的城市

表 5-3　创业服务指数排名

城市	创业服务	排名	城市	创业服务	排名
广州市	1.0000	1	无锡市	0.7728	20
南京市	0.9384	2	长春市	0.7708	21
上海市	0.9353	3	济南市	0.7699	22
杭州市	0.9349	4	青岛市	0.7610	23
深圳市	0.9250	5	合肥市	0.7584	24
苏州市	0.9238	6	盐城市	0.7491	25
北京市	0.9161	7	嘉兴市	0.7360	26
东莞市	0.8591	8	长沙市	0.7299	27
武汉市	0.8584	9	中山市	0.7289	28
佛山市	0.8360	10	烟台市	0.7274	29
天津市	0.8331	11	扬州市	0.7191	30
西安市	0.8132	12	惠州市	0.7171	31
徐州市	0.8127	13	潍坊市	0.7145	32
哈尔滨市	0.8073	14	大连市	0.7105	33
常州市	0.8068	15	保定市	0.7074	34
重庆市	0.8043	16	镇江市	0.7065	35
郑州市	0.7968	17	厦门市	0.7056	36
成都市	0.7869	18	泰州市	0.7054	37
南通市	0.7834	19	洛阳市	0.7031	38

续表

城市	创业服务	排名	城市	创业服务	排名
石家庄市	0.7007	39	东营市	0.6006	71
江门市	0.6999	40	绍兴市	0.5971	72
威海市	0.6987	41	连云港市	0.5960	73
珠海市	0.6977	42	宿迁市	0.5928	74
金华市	0.6977	43	邢台市	0.5878	75
廊坊市	0.6959	44	黄石市	0.5856	76
绵阳市	0.6880	45	牡丹江市	0.5827	77
肇庆市	0.6853	46	呼和浩特市	0.5807	78
兰州市	0.6834	47	沧州市	0.5798	79
昆明市	0.6820	48	衡水市	0.5710	80
宁波市	0.6734	49	赣州市	0.5668	81
南昌市	0.6689	50	汕头市	0.5630	82
湖州市	0.6653	51	马鞍山市	0.5607	83
唐山市	0.6639	52	安庆市	0.5547	84
福州市	0.6639	53	泰安市	0.5538	85
柳州市	0.6635	54	荆州市	0.5526	86
南宁市	0.6629	55	菏泽市	0.5511	87
大庆市	0.6616	56	十堰市	0.5507	88
太原市	0.6610	57	张掖市	0.5498	89
济宁市	0.6596	58	吉林市	0.5485	90
邯郸市	0.6595	59	张家口市	0.5478	91
德州市	0.6594	60	日照市	0.5476	92
泉州市	0.6498	61	荆门市	0.5469	93
宜昌市	0.6465	62	宝鸡市	0.5424	94
芜湖市	0.6404	63	桂林市	0.5376	95
贵阳市	0.6316	64	茂名市	0.5362	96
乌鲁木齐市	0.6309	65	西宁市	0.5332	97
温州市	0.6267	66	包头市	0.5318	98
沈阳市	0.6257	67	德阳市	0.5300	99
临沂市	0.6236	68	银川市	0.5296	100
襄阳市	0.6155	69	泸州市	0.5273	101
齐齐哈尔市	0.6089	70	淮安市	0.5272	102

续表

城市	创业服务	排名	城市	创业服务	排名
湘潭市	0.5267	103	韶关市	0.4784	135
商丘市	0.5258	104	咸阳市	0.4766	136
常德市	0.5251	105	淮南市	0.4754	137
蚌埠市	0.5246	106	鄂尔多斯市	0.4725	138
株洲市	0.5245	107	孝感市	0.4710	139
咸宁市	0.5243	108	铜陵市	0.4708	140
台州市	0.5225	109	阜阳市	0.4705	141
黄冈市	0.5225	109	眉山市	0.4695	142
佳木斯市	0.5164	111	白银市	0.4652	143
新乡市	0.5136	112	海口市	0.4630	144
梅州市	0.5121	113	遵义市	0.4613	145
枣庄市	0.5109	114	阳江市	0.4604	146
许昌市	0.5091	115	长治市	0.4562	147
濮阳市	0.5033	116	六安市	0.4558	148
内江市	0.5033	117	宣城市	0.4551	149
宜宾市	0.5032	118	潮州市	0.4541	150
淄博市	0.5002	119	安康市	0.4527	151
焦作市	0.4983	120	舟山市	0.4525	152
九江市	0.4960	121	渭南市	0.4524	153
河源市	0.4958	122	南阳市	0.4522	154
岳阳市	0.4939	123	抚州市	0.4513	155
北海市	0.4914	124	达州市	0.4432	156
赤峰市	0.4905	125	巴中市	0.4432	156
三明市	0.4903	126	开封市	0.4416	158
湛江市	0.4891	127	南充市	0.4414	159
滁州市	0.4888	128	绥化市	0.4414	160
阳泉市	0.4884	129	黄山市	0.4400	161
秦皇岛市	0.4865	130	晋中市	0.4375	162
安阳市	0.4862	131	大同市	0.4364	163
清远市	0.4800	132	盘锦市	0.4364	164
遂宁市	0.4800	132	周口市	0.4327	165
南平市	0.4787	134	郴州市	0.4319	166

续表

城市	创业服务	排名	城市	创业服务	排名
聊城市	0.4294	167	来宾市	0.3820	199
淮北市	0.4275	168	双鸭山市	0.3820	199
忻州市	0.4232	169	广安市	0.3804	201
益阳市	0.4220	170	攀枝花市	0.3799	202
衢州市	0.4208	171	池州市	0.3795	203
吉安市	0.4197	172	鹤岗市	0.3789	204
辽源市	0.4164	173	梧州市	0.3782	205
曲靖市	0.4160	174	衡阳市	0.3768	206
漳州市	0.4153	175	邵阳市	0.3744	207
延安市	0.4147	176	宜春市	0.3740	208
广元市	0.4140	177	晋城市	0.3699	209
酒泉市	0.4120	178	运城市	0.3672	210
钦州市	0.4096	179	金昌市	0.3667	211
榆林市	0.4085	180	龙岩市	0.3650	212
鄂州市	0.4031	181	四平市	0.3649	213
滨州市	0.4009	182	七台河市	0.3644	214
揭阳市	0.4006	183	娄底市	0.3630	215
自贡市	0.4000	184	定西市	0.3628	216
新余市	0.4000	184	承德市	0.3627	217
丽水市	0.3985	186	玉林市	0.3627	217
贵港市	0.3985	187	石嘴山市	0.3554	219
永州市	0.3969	188	随州市	0.3532	220
鸡西市	0.3963	189	三门峡市	0.3495	221
呼伦贝尔市	0.3948	190	怀化市	0.3465	222
锦州市	0.3940	191	防城港市	0.3444	223
黑河市	0.3930	192	阜新市	0.3439	224
通化市	0.3923	193	天水市	0.3426	225
莆田市	0.3866	194	汉中市	0.3426	225
鞍山市	0.3849	195	上饶市	0.3383	227
贺州市	0.3843	196	吕梁市	0.3383	227
乐山市	0.3841	197	白城市	0.3351	229
信阳市	0.3821	198	固原市	0.3253	230

续表

城市	创业服务	排名	城市	创业服务	排名
百色市	0.3234	231	驻马店市	0.2698	260
鹤壁市	0.3210	232	亳州市	0.2627	261
玉溪市	0.3202	233	铜川市	0.2575	262
漯河市	0.3193	234	普洱市	0.2561	263
嘉峪关市	0.3150	235	朔州市	0.2532	264
临沧市	0.3112	236	丹东市	0.2468	265
伊春市	0.3102	237	海东市	0.2451	266
云浮市	0.3102	238	白山市	0.2451	266
萍乡市	0.3092	239	汕尾市	0.2375	268
武威市	0.3086	240	本溪市	0.2313	269
六盘水市	0.3060	241	河池市	0.2266	270
巴彦淖尔市	0.3060	241	保山市	0.2266	270
雅安市	0.3060	241	乌兰察布市	0.2187	272
张家界市	0.3050	244	拉萨市	0.2158	273
营口市	0.3043	245	宁德市	0.1650	274
克拉玛依市	0.3038	246	平凉市	0.1567	275
葫芦岛市	0.3025	247	通辽市	0.1567	275
宿州市	0.3004	248	毕节市	0.0000	277
安顺市	0.3004	248	昭通市	0.0000	277
临汾市	0.2992	250	吴忠市	0.0000	277
鹰潭市	0.2982	251	崇左市	0.0000	277
景德镇市	0.2962	252	朝阳市	0.0000	277
商洛市	0.2958	253	丽江市	0.0000	277
平顶山市	0.2948	254	中卫市	0.0000	277
庆阳市	0.2913	255	乌海市	0.0000	277
铜仁市	0.2883	256	资阳市	0.0000	277
铁岭市	0.2779	257	松原市	0.0000	277
三亚市	0.2730	258	抚顺市	0.0000	277
陇南市	0.2729	259	辽阳市	0.0000	277

（二）金融服务

金融服务是指金融机构通过开展业务，创新金融产品，为市场主体提供融资投资、信贷、保险和金融信息等服务，实现资源的优化配置，支撑科技创新。促进科技与金融结合是支撑和服务经济发展方式转变和结构调整的重要着力点，金融服务指标用以衡量一个城市对科技创新的金融支持力度，可以通过市场主体在金融市场募集资金能力来体现。

金融服务指数方面，排名前 10 位的城市依次是北京市、上海市、深圳市、杭州市、广州市、成都市、苏州市、南京市、武汉市、西安市。排名后 10 位的城市依次是通辽市、昭通市、崇左市、朝阳市、丽江市、中卫市、乌海市、资阳市、松原市、抚顺市（图 5-2、表 5-4）。

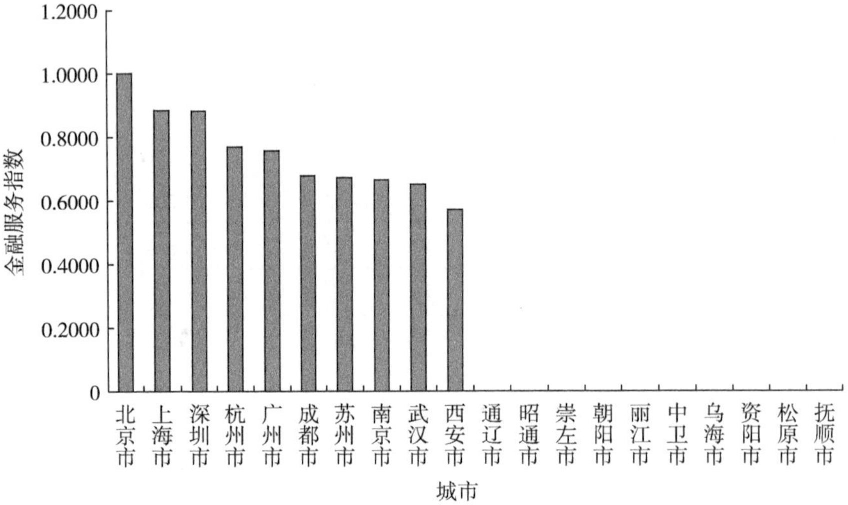

图 5-2　金融服务指数排名前 10 位和后 10 位的城市

表 5-4　金融服务指数排名

城市	金融服务	排名	城市	金融服务	排名
北京市	1.0000	1	武汉市	0.6515	9
上海市	0.8836	2	西安市	0.5705	10
深圳市	0.8820	3	无锡市	0.5520	11
杭州市	0.7690	4	天津市	0.5476	12
广州市	0.7574	5	郑州市	0.5434	13
成都市	0.6782	6	宁波市	0.5380	14
苏州市	0.6729	7	厦门市	0.5301	15
南京市	0.6650	8	珠海市	0.5144	16

续表

城市	金融服务	排名	城市	金融服务	排名
合肥市	0.5092	17	烟台市	0.2826	49
福州市	0.5065	18	乌鲁木齐市	0.2826	49
东莞市	0.5049	19	肇庆市	0.2742	51
佛山市	0.4980	20	洛阳市	0.2644	52
常州市	0.4974	21	威海市	0.2644	52
济南市	0.4929	22	扬州市	0.2543	54
青岛市	0.4762	23	兰州市	0.2522	55
重庆市	0.4553	24	湖州市	0.2522	55
石家庄市	0.4485	25	南平市	0.2522	55
惠州市	0.4154	26	绵阳市	0.2493	58
沈阳市	0.4051	27	南昌市	0.2493	58
昆明市	0.3984	28	包头市	0.2493	58
汕头市	0.3967	29	蚌埠市	0.2493	58
哈尔滨市	0.3820	30	新乡市	0.2442	62
淄博市	0.3804	31	连云港市	0.2313	63
绍兴市	0.3777	32	呼和浩特市	0.2313	63
南通市	0.3623	33	十堰市	0.2313	63
保定市	0.3507	34	开封市	0.2313	63
嘉兴市	0.3460	35	衢州市	0.2313	63
中山市	0.3417	36	鞍山市	0.2240	68
太原市	0.3325	37	宁德市	0.2240	68
徐州市	0.3281	38	泉州市	0.2094	70
台州市	0.3224	39	贵阳市	0.2094	70
海口市	0.3224	39	东营市	0.2094	70
芜湖市	0.3203	41	梅州市	0.2094	70
大连市	0.3072	42	吉安市	0.2094	70
温州市	0.3072	42	龙岩市	0.2094	70
镇江市	0.3045	44	上饶市	0.2094	70
江门市	0.3045	44	黄冈市	0.2044	77
拉萨市	0.3045	44	韶关市	0.1892	78
长沙市	0.2927	47	泰州市	0.1841	79
唐山市	0.2891	48	襄阳市	0.1841	79

续表

城市	金融服务	排名	城市	金融服务	排名
宿迁市	0.1841	79	齐齐哈尔市	0.1160	113
抚州市	0.1841	79	株洲市	0.1160	113
潍坊市	0.1811	83	长治市	0.1160	113
金华市	0.1811	83	辽阳市	0.1160	113
南宁市	0.1811	83	宜昌市	0.1080	117
邯郸市	0.1811	83	衡水市	0.1080	117
德州市	0.1811	83	日照市	0.1080	117
泰安市	0.1811	83	桂林市	0.1080	117
荆州市	0.1811	83	秦皇岛市	0.1080	117
濮阳市	0.1811	83	铜陵市	0.1080	117
焦作市	0.1811	83	滨州市	0.1080	117
滁州市	0.1811	83	攀枝花市	0.1080	117
南阳市	0.1811	83	定西市	0.1080	117
大同市	0.1811	83	玉林市	0.1080	117
盐城市	0.1761	95	玉溪市	0.1080	117
吉林市	0.1761	95	漯河市	0.1080	117
运城市	0.1761	95	巴彦淖尔市	0.1080	117
济宁市	0.1582	98	宿州市	0.1080	117
邢台市	0.1582	98	亳州市	0.1080	117
许昌市	0.1582	98	吴忠市	0.1080	117
丽水市	0.1582	98	赣州市	0.0732	133
长春市	0.1464	102	常德市	0.0732	133
潮州市	0.1464	102	宜宾市	0.0732	133
菏泽市	0.1413	104	岳阳市	0.0732	133
枣庄市	0.1413	104	湛江市	0.0732	133
淮南市	0.1413	104	眉山市	0.0732	133
聊城市	0.1413	104	达州市	0.0732	133
延安市	0.1413	104	酒泉市	0.0732	133
临沂市	0.1362	109	新余市	0.0732	133
银川市	0.1362	109	阜新市	0.0732	133
绥化市	0.1362	109	汉中市	0.0732	133
宜春市	0.1362	109	云浮市	0.0732	133

续表

城市	金融服务	排名	城市	金融服务	排名
萍乡市	0.0732	133	四平市	0.0681	149
鹰潭市	0.0732	133	石嘴山市	0.0681	149
景德镇市	0.0732	133	随州市	0.0681	149
乌兰察布市	0.0732	133	天水市	0.0681	149
廊坊市	0.0681	149	吕梁市	0.0681	149
柳州市	0.0681	149	嘉峪关市	0.0681	149
大庆市	0.0681	149	营口市	0.0681	149
马鞍山市	0.0681	149	葫芦岛市	0.0681	149
安庆市	0.0681	149	临汾市	0.0681	149
张掖市	0.0681	149	平顶山市	0.0681	149
荆门市	0.0681	149	三亚市	0.0681	149
西宁市	0.0681	149	驻马店市	0.0681	149
德阳市	0.0681	149	白山市	0.0681	149
淮安市	0.0681	149	毕节市	0.0681	149
商丘市	0.0681	149	黄石市	0.0000	191
佳木斯市	0.0681	149	牡丹江市	0.0000	191
九江市	0.0681	149	沧州市	0.0000	191
河源市	0.0681	149	张家口市	0.0000	191
赤峰市	0.0681	149	宝鸡市	0.0000	191
三明市	0.0681	149	茂名市	0.0000	191
安阳市	0.0681	149	泸州市	0.0000	191
白银市	0.0681	149	湘潭市	0.0000	191
遵义市	0.0681	149	咸宁市	0.0000	191
阳江市	0.0681	149	内江市	0.0000	191
黄山市	0.0681	149	北海市	0.0000	191
晋中市	0.0681	149	阳泉市	0.0000	191
盘锦市	0.0681	149	清远市	0.0000	191
淮北市	0.0681	149	遂宁市	0.0000	191
锦州市	0.0681	149	咸阳市	0.0000	191
黑河市	0.0681	149	鄂尔多斯市	0.0000	191
乐山市	0.0681	149	孝感市	0.0000	191
信阳市	0.0681	149	阜阳市	0.0000	191

续表

城市	金融服务	排名	城市	金融服务	排名
六安市	0.0000	191	梧州市	0.0000	191
宣城市	0.0000	191	衡阳市	0.0000	191
安康市	0.0000	191	邵阳市	0.0000	191
舟山市	0.0000	191	晋城市	0.0000	191
渭南市	0.0000	191	金昌市	0.0000	191
巴中市	0.0000	191	七台河市	0.0000	191
南充市	0.0000	191	娄底市	0.0000	191
周口市	0.0000	191	承德市	0.0000	191
郴州市	0.0000	191	三门峡市	0.0000	191
忻州市	0.0000	191	怀化市	0.0000	191
益阳市	0.0000	191	防城港市	0.0000	191
辽源市	0.0000	191	白城市	0.0000	191
曲靖市	0.0000	191	固原市	0.0000	191
漳州市	0.0000	191	百色市	0.0000	191
广元市	0.0000	191	鹤壁市	0.0000	191
钦州市	0.0000	191	临沧市	0.0000	191
榆林市	0.0000	191	伊春市	0.0000	191
鄂州市	0.0000	191	武威市	0.0000	191
揭阳市	0.0000	191	六盘水市	0.0000	191
自贡市	0.0000	191	雅安市	0.0000	191
贵港市	0.0000	191	张家界市	0.0000	191
永州市	0.0000	191	克拉玛依市	0.0000	191
鸡西市	0.0000	191	安顺市	0.0000	191
呼伦贝尔市	0.0000	191	商洛市	0.0000	191
通化市	0.0000	191	庆阳市	0.0000	191
莆田市	0.0000	191	铜仁市	0.0000	191
贺州市	0.0000	191	铁岭市	0.0000	191
来宾市	0.0000	191	陇南市	0.0000	191
双鸭山市	0.0000	191	铜川市	0.0000	191
广安市	0.0000	191	普洱市	0.0000	191
池州市	0.0000	191	朔州市	0.0000	191
鹤岗市	0.0000	191	丹东市	0.0000	191

续表

城市	金融服务	排名	城市	金融服务	排名
海东市	0.0000	191	崇左市	0.0000	191
汕尾市	0.0000	191	朝阳市	0.0000	191
本溪市	0.0000	191	丽江市	0.0000	191
河池市	0.0000	191	中卫市	0.0000	191
保山市	0.0000	191	乌海市	0.0000	191
平凉市	0.0000	191	资阳市	0.0000	191
通辽市	0.0000	191	松原市	0.0000	191
昭通市	0.0000	191	抚顺市	0.0000	191

第六章　创新绩效

一、创新绩效指数构成

创新绩效指标用以反映城市科技创新活动的产出和影响，是评价城市科技创新发展目标实现程度最重要的指标，在城市科技创新发展评价的 4 个一级指标中权重最高，包含指标数量最多，对经济社会发展影响最广泛。创新绩效指标占总指数权重的 42.86%，下设科技产出、经济发展、绿色发展、辐射引领等 4 个二级指标。

科技产出二级指标下设 2 个三级指标，分别为每万人专利申请量和每万人发明专利授权量，均为正向指标。

经济发展二级指标下设 2 个三级指标，分别为地均 GDP 和城镇居民人均可支配收入，均为正向指标。

绿色发展二级指标下设 2 个三级指标，分别为 PM2.5 年均浓度和万元地区生产总值能耗，均为逆向指标。

辐射引领二级指标下设 3 个三级指标，分别为国家技术转移示范机构数、中国大学 ESI 高被引论文被引频次（第一作者）和国家高新技术企业数，均为正向指标。

三级指标权重均为 4.76%。创新绩效指标构成如表 6-1 所示。

表 6-1　创新绩效指标构成

<table>
<tr><th>一级指标</th><th>权重</th><th>二级指标</th><th>权重</th><th>三级指标</th><th>指标属性</th><th>权重</th></tr>
<tr><td rowspan="9">创新绩效</td><td rowspan="9">42.86%</td><td rowspan="2">科技产出</td><td rowspan="2">9.52%</td><td>每万人专利申请量</td><td>正向</td><td>4.76%</td></tr>
<tr><td>每万人发明专利授权量</td><td>正向</td><td>4.76%</td></tr>
<tr><td rowspan="2">经济发展</td><td rowspan="2">9.52%</td><td>地均 GDP</td><td>正向</td><td>4.76%</td></tr>
<tr><td>城镇居民人均可支配收入</td><td>正向</td><td>4.76%</td></tr>
<tr><td rowspan="2">绿色发展</td><td rowspan="2">9.52%</td><td>PM2.5 年均浓度</td><td>逆向</td><td>4.76%</td></tr>
<tr><td>万元地区生产总值能耗</td><td>逆向</td><td>4.76%</td></tr>
<tr><td rowspan="3">辐射引领</td><td rowspan="3">14.29%</td><td>国家技术转移示范机构数</td><td>正向</td><td>4.76%</td></tr>
<tr><td>中国大学 ESI 高被引论文被引频次（第一作者）</td><td>正向</td><td>4.76%</td></tr>
<tr><td>国家高新技术企业数</td><td>正向</td><td>4.76%</td></tr>
</table>

二、创新绩效指数排名

创新绩效指数方面，排名前20位的城市依次是北京市、深圳市、上海市、南京市、广州市、武汉市、苏州市、杭州市、珠海市、厦门市、宁波市、无锡市、青岛市、中山市、成都市、合肥市、长沙市、常州市、西安市、天津市（表6-2）。

表6-2　创新绩效指数排名

城市	创新绩效	排名	城市	创新绩效	排名
北京市	0.8656	1	湖州市	0.5663	27
深圳市	0.8533	2	金华市	0.5637	28
上海市	0.7714	3	沈阳市	0.5508	29
南京市	0.7507	4	大连市	0.5494	30
广州市	0.7457	5	昆明市	0.5453	31
武汉市	0.7404	6	佛山市	0.5433	32
苏州市	0.7275	7	绍兴市	0.5431	33
杭州市	0.7043	8	扬州市	0.5410	34
珠海市	0.6568	9	台州市	0.5383	35
厦门市	0.6474	10	南通市	0.5320	36
宁波市	0.6456	11	南昌市	0.5308	37
无锡市	0.6325	12	镇江市	0.5308	38
青岛市	0.6240	13	重庆市	0.5294	39
中山市	0.6228	14	长春市	0.5270	40
成都市	0.6144	15	舟山市	0.5084	41
合肥市	0.6107	16	哈尔滨市	0.5030	42
长沙市	0.6078	17	兰州市	0.4961	43
常州市	0.6066	18	贵阳市	0.4940	44
西安市	0.6055	19	太原市	0.4938	45
天津市	0.5976	20	芜湖市	0.4930	46
济南市	0.5922	21	烟台市	0.4843	47
福州市	0.5859	22	南宁市	0.4820	48
郑州市	0.5845	23	徐州市	0.4797	49
东莞市	0.5829	24	株洲市	0.4737	50
温州市	0.5703	25	乌鲁木齐市	0.4713	51
嘉兴市	0.5675	26	海口市	0.4687	52

续表

城市	创新绩效	排名	城市	创新绩效	排名
汕头市	0.4570	53	荆州市	0.3955	85
盐城市	0.4560	54	湛江市	0.3953	86
石家庄市	0.4465	55	十堰市	0.3949	87
江门市	0.4464	56	衡阳市	0.3945	88
绵阳市	0.4449	57	泰安市	0.3883	89
泉州市	0.4426	58	廊坊市	0.3842	90
呼和浩特市	0.4394	59	银川市	0.3788	91
泰州市	0.4373	60	衢州市	0.3775	92
湘潭市	0.4359	61	肇庆市	0.3764	93
丽水市	0.4355	62	淮北市	0.3757	94
宜昌市	0.4307	63	淮南市	0.3756	95
唐山市	0.4281	64	焦作市	0.3756	96
漳州市	0.4264	65	滁州市	0.3748	97
鞍山市	0.4256	66	锦州市	0.3738	98
蚌埠市	0.4241	67	内江市	0.3723	99
大庆市	0.4232	68	安庆市	0.3719	100
济宁市	0.4228	69	自贡市	0.3716	101
潍坊市	0.4221	70	泸州市	0.3715	102
桂林市	0.4201	71	宁德市	0.3714	103
景德镇市	0.4198	72	新乡市	0.3698	104
秦皇岛市	0.4183	73	孝感市	0.3679	105
淮安市	0.4158	74	郴州市	0.3672	106
惠州市	0.4158	75	拉萨市	0.3664	107
洛阳市	0.4156	76	常德市	0.3654	108
赣州市	0.4143	77	邯郸市	0.3643	109
淄博市	0.4137	78	许昌市	0.3632	110
东营市	0.4104	79	茂名市	0.3623	111
威海市	0.4089	80	莆田市	0.3620	112
马鞍山市	0.4052	81	龙岩市	0.3612	113
连云港市	0.4022	82	宜宾市	0.3588	114
黄石市	0.4010	83	韶关市	0.3583	115
保定市	0.3964	84	临沂市	0.3579	116

续表

城市	创新绩效	排名	城市	创新绩效	排名
南充市	0.3570	117	信阳市	0.3330	149
西宁市	0.3570	118	九江市	0.3327	150
晋中市	0.3515	119	鄂州市	0.3325	151
德州市	0.3514	120	宿迁市	0.3322	152
新余市	0.3490	121	安阳市	0.3322	153
三亚市	0.3485	122	黄山市	0.3322	154
克拉玛依市	0.3480	123	萍乡市	0.3309	155
柳州市	0.3464	124	益阳市	0.3287	156
雅安市	0.3461	125	北海市	0.3287	157
聊城市	0.3451	126	宝鸡市	0.3281	158
三明市	0.3446	127	平顶山市	0.3281	159
包头市	0.3429	128	岳阳市	0.3276	160
鄂尔多斯市	0.3418	129	滨州市	0.3270	161
抚州市	0.3414	130	钦州市	0.3266	162
盘锦市	0.3405	131	攀枝花市	0.3264	163
德阳市	0.3401	132	潮州市	0.3262	164
咸阳市	0.3400	133	遂宁市	0.3237	165
遵义市	0.3383	134	日照市	0.3221	166
宣城市	0.3383	135	阳江市	0.3219	167
玉溪市	0.3377	136	揭阳市	0.3203	168
曲靖市	0.3373	137	枣庄市	0.3201	169
襄阳市	0.3373	138	天水市	0.3192	170
沧州市	0.3372	139	南平市	0.3186	171
宜春市	0.3370	140	梅州市	0.3163	172
抚顺市	0.3366	141	荆门市	0.3159	173
鹰潭市	0.3359	142	佳木斯市	0.3138	174
咸宁市	0.3355	143	阜阳市	0.3136	175
铜陵市	0.3347	144	眉山市	0.3134	176
上饶市	0.3340	145	黄冈市	0.3130	177
吉林市	0.3335	146	四平市	0.3129	178
南阳市	0.3333	147	清远市	0.3128	179
吉安市	0.3332	148	永州市	0.3122	180

续表

城市	创新绩效	排名	城市	创新绩效	排名
三门峡市	0.3115	181	云浮市	0.2896	215
汕尾市	0.3111	182	榆林市	0.2888	216
营口市	0.3088	183	保山市	0.2886	217
六盘水市	0.3084	184	铜仁市	0.2883	218
六安市	0.3057	185	承德市	0.2869	219
河源市	0.3057	186	丽江市	0.2864	220
怀化市	0.3053	187	延安市	0.2861	221
本溪市	0.3050	188	商丘市	0.2856	222
娄底市	0.3035	189	菏泽市	0.2846	223
丹东市	0.3024	190	开封市	0.2839	224
乌海市	0.3023	191	辽阳市	0.2832	225
玉林市	0.3011	192	濮阳市	0.2828	226
乐山市	0.3008	193	衡水市	0.2824	227
张家口市	0.3007	194	广安市	0.2819	228
安顺市	0.3007	195	朔州市	0.2814	229
宿州市	0.2997	196	阳泉市	0.2807	230
随州市	0.2995	197	巴中市	0.2806	231
毕节市	0.2992	198	张家界市	0.2794	232
运城市	0.2992	199	长治市	0.2789	233
金昌市	0.2990	200	汉中市	0.2789	234
达州市	0.2990	201	周口市	0.2785	235
临汾市	0.2984	202	邢台市	0.2754	236
梧州市	0.2983	203	崇左市	0.2754	237
池州市	0.2974	204	齐齐哈尔市	0.2751	238
资阳市	0.2973	205	贺州市	0.2750	239
漯河市	0.2972	206	渭南市	0.2746	240
邵阳市	0.2970	207	牡丹江市	0.2723	241
亳州市	0.2967	208	驻马店市	0.2703	242
防城港市	0.2958	209	晋城市	0.2688	243
广元市	0.2955	210	呼伦贝尔市	0.2686	244
赤峰市	0.2942	211	酒泉市	0.2682	245
阜新市	0.2933	212	平凉市	0.2682	246
大同市	0.2932	213	白银市	0.2663	247
贵港市	0.2896	214	通化市	0.2643	248

续表

城市	创新绩效	排名	城市	创新绩效	排名
安康市	0.2641	249	铜川市	0.2543	269
绥化市	0.2637	250	河池市	0.2534	270
朝阳市	0.2633	251	七台河市	0.2532	271
商洛市	0.2627	252	百色市	0.2514	272
伊春市	0.2625	253	鸡西市	0.2511	273
普洱市	0.2624	254	白城市	0.2503	274
张掖市	0.2623	255	昭通市	0.2501	275
辽源市	0.2610	256	石嘴山市	0.2497	276
吕梁市	0.2607	257	定西市	0.2478	277
忻州市	0.2597	258	铁岭市	0.2471	278
通辽市	0.2594	259	固原市	0.2433	279
武威市	0.2593	260	吴忠市	0.2431	280
来宾市	0.2587	261	鹤岗市	0.2406	281
黑河市	0.2586	262	双鸭山市	0.2402	282
临沧市	0.2576	263	陇南市	0.2380	283
葫芦岛市	0.2561	264	嘉峪关市	0.2366	284
白山市	0.2556	265	鹤壁市	0.2359	285
庆阳市	0.2556	266	海东市	0.2342	286
巴彦淖尔市	0.2555	267	乌兰察布市	0.2115	287
松原市	0.2545	268	中卫市	0.2045	288

三、创新绩效核心指标分析

（一）科技产出

科技产出是指科技创新活动的直接产出成果，主要包括科技论文、专利、技术标准及技术交易等，是城市科技创新发展的题中应有之义。科技产出指标设计体现创新发展理念，下设 2 个三级指标，即每万人专利申请量和每万人发明专利授权量，分别从专利申请和专利授权角度评估科技创新的直接产出情况，均为正向指标。

科技产出指数方面，排名前 10 位的城市依次是深圳市、中山市、珠海市、北京市、武汉市、南京市、苏州市、杭州市、广州市、东莞市。排名后 10 位的城市依次是保山市、白山市、普洱市、陇南市、临沧市、昭通市、乌兰察布市、通辽市、巴彦淖尔市、丽江市（图 6-1、表 6-3）。

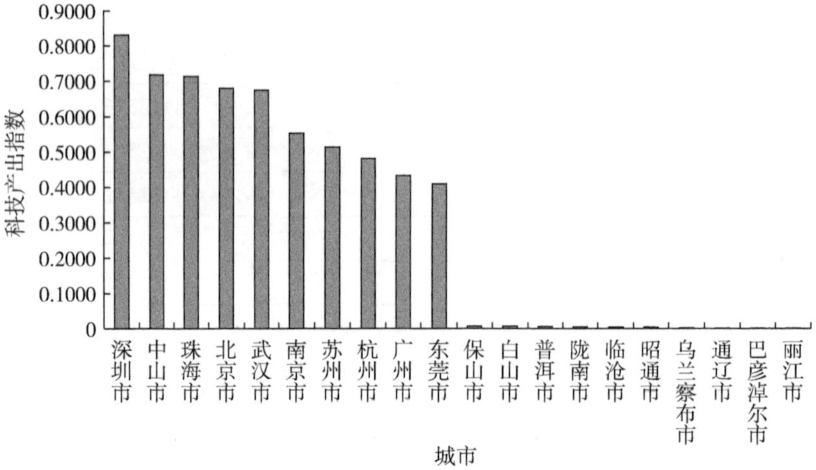

图 6-1 科技产出指数排名前 10 位和后 10 位的城市

表 6-3 科技产出指数排名

城市	科技产出	排名	城市	科技产出	排名
深圳市	0.8304	1	绍兴市	0.2900	21
中山市	0.7174	2	嘉兴市	0.2896	22
珠海市	0.7135	3	湖州市	0.2631	23
北京市	0.6794	4	金华市	0.2512	24
武汉市	0.6747	5	扬州市	0.2376	25
南京市	0.5532	6	长沙市	0.2342	26
苏州市	0.5143	7	芜湖市	0.2309	27
杭州市	0.4803	8	台州市	0.2279	28
广州市	0.4324	9	株洲市	0.2241	29
东莞市	0.4089	10	济南市	0.2239	30
郑州市	0.3810	11	成都市	0.2174	31
无锡市	0.3673	12	温州市	0.2124	32
佛山市	0.3506	13	天津市	0.2093	33
常州市	0.3470	14	马鞍山市	0.1993	34
上海市	0.3379	15	青岛市	0.1942	35
西安市	0.3307	16	南通市	0.1785	36
厦门市	0.3150	17	泉州市	0.1774	37
宁波市	0.3138	18	泰州市	0.1737	38
合肥市	0.3133	19	惠州市	0.1729	39
镇江市	0.3083	20	福州市	0.1687	40

续表

城市	科技产出	排名	城市	科技产出	排名
舟山市	0.1559	41	攀枝花市	0.0839	73
丽水市	0.1529	42	秦皇岛市	0.0829	74
太原市	0.1466	43	铜陵市	0.0801	75
沈阳市	0.1454	44	新余市	0.0796	76
大连市	0.1434	45	蚌埠市	0.0794	77
徐州市	0.1427	46	漳州市	0.0778	78
贵阳市	0.1401	47	洛阳市	0.0760	79
江门市	0.1353	48	咸阳市	0.0749	80
长春市	0.1353	49	乌鲁木齐市	0.0747	81
南昌市	0.1348	50	鄂尔多斯市	0.0747	82
衢州市	0.1301	51	石家庄市	0.0736	83
兰州市	0.1290	52	廊坊市	0.0721	84
昆明市	0.1271	53	榆林市	0.0714	85
盐城市	0.1244	54	宿迁市	0.0704	86
哈尔滨市	0.1224	55	锦州市	0.0692	87
东营市	0.1220	56	柳州市	0.0675	88
威海市	0.1078	57	新乡市	0.0653	89
滁州市	0.1038	58	金昌市	0.0651	90
嘉峪关市	0.1021	59	连云港市	0.0646	91
汕头市	0.0989	60	景德镇市	0.0642	92
潍坊市	0.0981	61	拉萨市	0.0631	93
绵阳市	0.0969	62	赣州市	0.0629	94
海口市	0.0958	63	宁德市	0.0623	95
淄博市	0.0943	64	克拉玛依市	0.0619	96
龙岩市	0.0931	65	枣庄市	0.0609	97
重庆市	0.0918	66	淮北市	0.0607	98
银川市	0.0913	67	焦作市	0.0607	99
烟台市	0.0891	68	鹰潭市	0.0605	100
宜昌市	0.0879	69	湘潭市	0.0589	101
潮州市	0.0857	70	鄂州市	0.0588	102
宣城市	0.0843	71	淮南市	0.0583	103
淮安市	0.0843	72	滨州市	0.0582	104

续表

城市	科技产出	排名	城市	科技产出	排名
池州市	0.0582	105	黄山市	0.0438	137
黄石市	0.0578	106	遵义市	0.0437	138
乌海市	0.0575	107	阜阳市	0.0431	139
安庆市	0.0574	108	咸宁市	0.0428	140
唐山市	0.0550	109	保定市	0.0414	141
肇庆市	0.0545	110	河源市	0.0412	142
济宁市	0.0538	111	亳州市	0.0403	143
丹东市	0.0536	112	十堰市	0.0400	144
荆门市	0.0533	113	酒泉市	0.0400	145
抚州市	0.0531	114	宜春市	0.0397	146
九江市	0.0530	115	梅州市	0.0396	147
三亚市	0.0529	116	揭阳市	0.0391	148
日照市	0.0529	117	聊城市	0.0386	149
许昌市	0.0528	118	临沂市	0.0382	150
大庆市	0.0526	119	阜新市	0.0378	151
莆田市	0.0519	120	西宁市	0.0374	152
襄阳市	0.0512	121	抚顺市	0.0362	153
盘锦市	0.0508	122	益阳市	0.0361	154
六安市	0.0505	123	自贡市	0.0359	155
张掖市	0.0504	124	吉安市	0.0358	156
德阳市	0.0503	125	濮阳市	0.0350	157
石嘴山市	0.0493	126	南宁市	0.0345	158
阳江市	0.0488	127	宜宾市	0.0341	159
韶关市	0.0486	128	荆州市	0.0338	160
德州市	0.0479	129	宿州市	0.0337	161
萍乡市	0.0474	130	漯河市	0.0332	162
桂林市	0.0469	131	常德市	0.0332	163
鞍山市	0.0466	132	汕尾市	0.0329	164
泰安市	0.0453	133	邢台市	0.0324	165
孝感市	0.0453	134	南平市	0.0318	166
清远市	0.0444	135	沧州市	0.0316	167
三明市	0.0443	136	中卫市	0.0314	168

续表

城市	科技产出	排名	城市	科技产出	排名
衡阳市	0.0314	169	云浮市	0.0232	201
平顶山市	0.0313	170	六盘水市	0.0232	202
上饶市	0.0310	171	岳阳市	0.0230	203
衡水市	0.0310	172	汉中市	0.0228	204
内江市	0.0307	173	娄底市	0.0227	205
菏泽市	0.0282	174	怀化市	0.0227	206
呼和浩特市	0.0280	175	雅安市	0.0224	207
安顺市	0.0277	176	黑河市	0.0223	208
黄冈市	0.0277	177	辽阳市	0.0223	209
宝鸡市	0.0271	178	防城港市	0.0223	210
信阳市	0.0268	179	天水市	0.0220	211
玉溪市	0.0267	180	眉山市	0.0219	212
邯郸市	0.0266	181	大同市	0.0218	213
鹤壁市	0.0264	182	白银市	0.0214	214
营口市	0.0261	183	茂名市	0.0214	215
广元市	0.0260	184	本溪市	0.0211	216
南阳市	0.0258	185	长治市	0.0207	217
开封市	0.0258	186	承德市	0.0206	218
安阳市	0.0255	187	佳木斯市	0.0203	219
湛江市	0.0253	188	张家口市	0.0195	220
武威市	0.0253	189	张家界市	0.0192	221
北海市	0.0252	190	泸州市	0.0190	222
乐山市	0.0251	191	葫芦岛市	0.0187	223
吉林市	0.0248	192	三门峡市	0.0187	224
包头市	0.0243	193	七台河市	0.0186	225
郴州市	0.0242	194	商丘市	0.0186	226
吴忠市	0.0238	195	庆阳市	0.0183	227
铜仁市	0.0236	196	玉林市	0.0181	228
永州市	0.0235	197	贺州市	0.0179	229
遂宁市	0.0235	198	梧州市	0.0174	230
随州市	0.0234	199	阳泉市	0.0172	231
邵阳市	0.0232	200	运城市	0.0170	232

续表

城市	科技产出	排名	城市	科技产出	排名
牡丹江市	0.0156	233	伊春市	0.0101	261
晋城市	0.0151	234	定西市	0.0100	262
贵港市	0.0149	235	鸡西市	0.0093	263
渭南市	0.0145	236	绥化市	0.0090	264
广安市	0.0145	237	河池市	0.0088	265
延安市	0.0144	238	平凉市	0.0085	266
辽源市	0.0139	239	松原市	0.0085	267
崇左市	0.0139	240	安康市	0.0082	268
铁岭市	0.0138	241	朔州市	0.0082	269
驻马店市	0.0136	242	通化市	0.0079	270
齐齐哈尔市	0.0135	243	毕节市	0.0078	271
南充市	0.0130	244	忻州市	0.0077	272
资阳市	0.0129	245	晋中市	0.0077	273
周口市	0.0127	246	铜川市	0.0077	274
朝阳市	0.0124	247	白城市	0.0076	275
商洛市	0.0114	248	鹤岗市	0.0075	276
来宾市	0.0114	249	呼伦贝尔市	0.0062	277
达州市	0.0113	250	海东市	0.0058	278
临汾市	0.0112	251	保山市	0.0057	279
曲靖市	0.0109	252	白山市	0.0056	280
赤峰市	0.0107	253	普洱市	0.0053	281
百色市	0.0107	254	陇南市	0.0044	282
钦州市	0.0106	255	临沧市	0.0034	283
吕梁市	0.0105	256	昭通市	0.0032	284
固原市	0.0105	257	乌兰察布市	0.0018	285
双鸭山市	0.0103	258	通辽市	0.0009	286
四平市	0.0103	259	巴彦淖尔市	0.0006	287
巴中市	0.0102	260	丽江市	0.0003	288

（二）经济发展

经济发展是直接体现科技与经济结合的指标，体现科技创新对城市发展的引领支撑作用。科技创新要与城市经济社会发展深度融合，科技创新的成果应更多转化为现实生产力，惠及千家万户。

经济发展指数方面，排名前10位的城市依次是上海市、北京市、深圳市、苏州市、广州市、南京市、无锡市、厦门市、宁波市、杭州市。排名后10位的城市依次是白山市、双鸭山市、鸡西市、定西市、白城市、鹤岗市、黑河市、陇南市、张掖市、伊春市（图6-2、表6-4）。

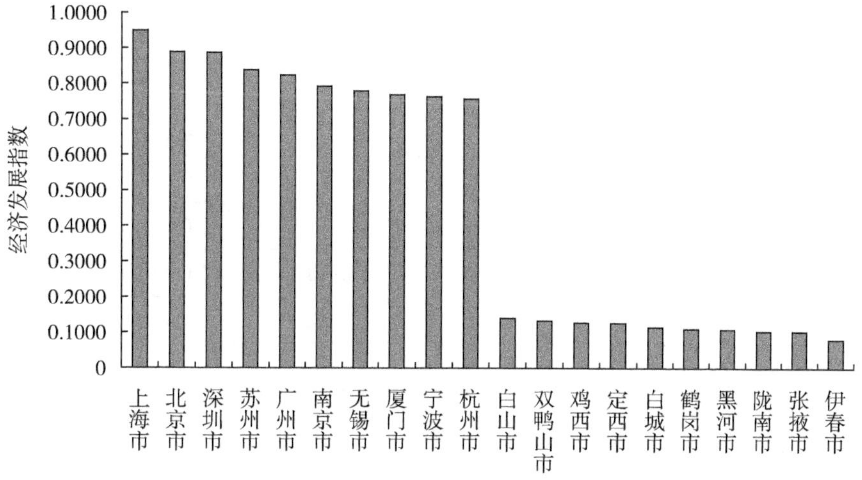

图6-2 经济发展指数排名前10位和后10位的城市

表6-4 经济发展指数排名

城市	经济发展	排名	城市	经济发展	排名
上海市	0.9483	1	东莞市	0.7354	12
北京市	0.8879	2	绍兴市	0.7193	13
深圳市	0.8860	3	佛山市	0.7173	14
苏州市	0.8373	4	常州市	0.7172	15
广州市	0.8232	5	舟山市	0.7128	16
南京市	0.7919	6	珠海市	0.6953	17
无锡市	0.7784	7	温州市	0.6742	18
厦门市	0.7688	8	台州市	0.6641	19
宁波市	0.7630	9	中山市	0.6600	20
杭州市	0.7571	10	武汉市	0.6572	21
嘉兴市	0.7359	11	湖州市	0.6538	22

续表

城市	经济发展	排名	城市	经济发展	排名
长沙市	0.6522	23	惠州市	0.4695	55
青岛市	0.6485	24	衢州市	0.4647	56
金华市	0.6416	25	包头市	0.4633	57
镇江市	0.6327	26	潍坊市	0.4534	58
济南市	0.6153	27	湘潭市	0.4507	59
南通市	0.5961	28	盘锦市	0.4451	60
泉州市	0.5907	29	乌鲁木齐市	0.4427	61
天津市	0.5720	30	贵阳市	0.4406	62
成都市	0.5700	31	新余市	0.4342	63
泰州市	0.5657	32	徐州市	0.4319	64
福州市	0.5638	33	淮安市	0.4317	65
马鞍山市	0.5513	34	克拉玛依市	0.4307	66
威海市	0.5504	35	太原市	0.4302	67
扬州市	0.5490	36	三亚市	0.4298	68
东营市	0.5489	37	黄石市	0.4293	69
郑州市	0.5485	38	漳州市	0.4290	70
烟台市	0.5444	39	汕头市	0.4265	71
合肥市	0.5428	40	鄂州市	0.4249	72
沈阳市	0.5267	41	石家庄市	0.4245	73
南昌市	0.5267	42	铜陵市	0.4235	74
大连市	0.5243	43	盐城市	0.4220	75
淄博市	0.5230	44	鄂尔多斯市	0.4216	76
西安市	0.5103	45	洛阳市	0.4190	77
廊坊市	0.4972	46	江门市	0.4187	78
昆明市	0.4918	47	焦作市	0.4159	79
芜湖市	0.4902	48	德阳市	0.4157	80
株洲市	0.4857	49	丽水市	0.4149	81
呼和浩特市	0.4839	50	济宁市	0.4142	82
唐山市	0.4827	51	泰安市	0.4119	83
乌海市	0.4801	52	许昌市	0.4091	84
莆田市	0.4727	53	营口市	0.4084	85
海口市	0.4707	54	蚌埠市	0.4056	86

续表

城市	经济发展	排名	城市	经济发展	排名
大庆市	0.4046	87	新乡市	0.3725	119
重庆市	0.4033	88	咸阳市	0.3722	120
漯河市	0.4024	89	九江市	0.3704	121
连云港市	0.3999	90	淮南市	0.3697	122
临沂市	0.3988	91	平顶山市	0.3694	123
萍乡市	0.3988	92	龙岩市	0.3686	124
自贡市	0.3979	93	宜宾市	0.3676	125
北海市	0.3978	94	眉山市	0.3672	126
攀枝花市	0.3974	95	岳阳市	0.3667	127
景德镇市	0.3957	96	柳州市	0.3649	128
日照市	0.3955	97	遂宁市	0.3646	129
鹰潭市	0.3904	98	泸州市	0.3645	130
滨州市	0.3904	99	邯郸市	0.3632	131
淮北市	0.3903	100	广安市	0.3611	132
宜昌市	0.3896	101	哈尔滨市	0.3591	133
秦皇岛市	0.3875	102	荆门市	0.3578	134
兰州市	0.3873	103	长春市	0.3574	135
银川市	0.3872	104	绵阳市	0.3551	136
襄阳市	0.3868	105	宁德市	0.3551	137
嘉峪关市	0.3837	106	开封市	0.3536	138
玉溪市	0.3830	107	荆州市	0.3533	139
鹤壁市	0.3800	108	乐山市	0.3496	140
内江市	0.3799	109	阜阳市	0.3478	141
枣庄市	0.3798	110	滁州市	0.3471	142
南宁市	0.3795	111	三明市	0.3467	143
沧州市	0.3781	112	宿迁市	0.3441	144
安阳市	0.3768	113	商丘市	0.3437	145
鞍山市	0.3758	114	西宁市	0.3419	146
孝感市	0.3744	115	常德市	0.3405	147
宣城市	0.3740	116	资阳市	0.3404	148
濮阳市	0.3732	117	上饶市	0.3402	149
衡阳市	0.3732	118	辽阳市	0.3388	150

续表

城市	经济发展	排名	城市	经济发展	排名
玉林市	0.3373	151	邢台市	0.3071	183
南充市	0.3348	152	金昌市	0.3064	184
安庆市	0.3343	153	本溪市	0.3062	185
防城港市	0.3305	154	菏泽市	0.3053	186
宜春市	0.3300	155	六盘水市	0.3047	187
晋城市	0.3278	156	晋中市	0.3042	188
宿州市	0.3278	157	周口市	0.3035	189
亳州市	0.3273	158	随州市	0.3028	190
曲靖市	0.3271	159	阳江市	0.3014	191
郴州市	0.3259	160	三门峡市	0.3005	192
钦州市	0.3233	161	赣州市	0.3000	193
吉安市	0.3232	162	驻马店市	0.2998	194
阳泉市	0.3230	163	贵港市	0.2989	195
湛江市	0.3228	164	益阳市	0.2978	196
遵义市	0.3206	165	池州市	0.2962	197
保定市	0.3188	166	榆林市	0.2961	198
肇庆市	0.3171	167	黄冈市	0.2948	199
茂名市	0.3170	168	南平市	0.2940	200
宝鸡市	0.3164	169	咸宁市	0.2926	201
渭南市	0.3163	170	潮州市	0.2925	202
南阳市	0.3160	171	抚州市	0.2912	203
黄山市	0.3158	172	汕尾市	0.2882	204
桂林市	0.3147	173	抚顺市	0.2878	205
长治市	0.3135	174	石嘴山市	0.2871	206
揭阳市	0.3109	175	信阳市	0.2868	207
锦州市	0.3104	176	十堰市	0.2852	208
朔州市	0.3104	177	安顺市	0.2825	209
达州市	0.3103	178	六安市	0.2800	210
聊城市	0.3100	179	梧州市	0.2800	211
德州市	0.3098	180	铜川市	0.2789	212
衡水市	0.3075	181	大同市	0.2779	213
娄底市	0.3073	182	运城市	0.2775	214

续表

城市	经济发展	排名	城市	经济发展	排名
保山市	0.2693	215	怀化市	0.2176	247
清远市	0.2682	216	牡丹江市	0.2092	248
临汾市	0.2679	217	阜新市	0.2085	249
巴中市	0.2661	218	河源市	0.2076	250
来宾市	0.2652	219	忻州市	0.2065	251
雅安市	0.2652	220	四平市	0.2058	252
韶关市	0.2652	221	庆阳市	0.2013	253
毕节市	0.2646	222	平凉市	0.2013	254
永州市	0.2641	223	乌兰察布市	0.1965	255
葫芦岛市	0.2640	224	天水市	0.1965	256
拉萨市	0.2612	225	通化市	0.1962	257
广元市	0.2606	226	张家界市	0.1937	258
贺州市	0.2596	227	吴忠市	0.1905	259
延安市	0.2595	228	白银市	0.1903	260
铜仁市	0.2585	229	安康市	0.1871	261
邵阳市	0.2561	230	临沧市	0.1851	262
汉中市	0.2534	231	铁岭市	0.1832	263
张家口市	0.2473	232	齐齐哈尔市	0.1786	264
崇左市	0.2420	233	松原市	0.1783	265
赤峰市	0.2402	234	朝阳市	0.1773	266
云浮市	0.2373	235	普洱市	0.1748	267
丹东市	0.2372	236	巴彦淖尔市	0.1746	268
海东市	0.2345	237	固原市	0.1743	269
梅州市	0.2337	238	河池市	0.1741	270
吕梁市	0.2301	239	中卫市	0.1704	271
通辽市	0.2284	240	佳木斯市	0.1690	272
辽源市	0.2274	241	七台河市	0.1631	273
丽江市	0.2265	242	商洛市	0.1629	274
承德市	0.2227	243	绥化市	0.1562	275
百色市	0.2226	244	呼伦贝尔市	0.1542	276
昭通市	0.2199	245	武威市	0.1443	277
吉林市	0.2196	246	酒泉市	0.1417	278

续表

城市	经济发展	排名	城市	经济发展	排名
白山市	0.1400	279	鹤岗市	0.1105	284
双鸭山市	0.1321	280	黑河市	0.1077	285
鸡西市	0.1271	281	陇南市	0.1032	286
定西市	0.1266	282	张掖市	0.1026	287
白城市	0.1142	283	伊春市	0.0801	288

（三）绿色发展

绿色发展是指城市要发展绿色产业，推广绿色技术，降低能耗和物耗，保护和修复生态环境，使城市的经济社会发展与自然相协调。绿色发展指标从节能减排和环境治理的角度测度科技创新对城市绿色发展的作用和程度。

绿色发展指数方面，排名前 10 位的城市依次是拉萨市、三亚市、黑河市、海口市、三明市、丽江市、舟山市、汕尾市、呼伦贝尔市、南平市。排名后 10 位的城市依次是邯郸市、邢台市、运城市、安阳市、石嘴山市、中卫市、乌兰察布市、滨州市、鹤壁市、嘉峪关市（图 6-3、表 6-5）。

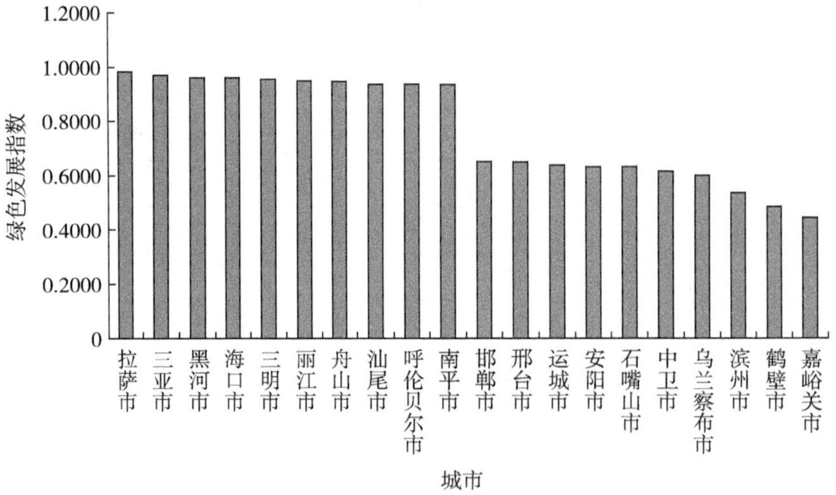

图 6-3　绿色发展指数排名前 10 位和后 10 位的城市

表 6-5　绿色发展指数排名

城市	绿色发展	排名	城市	绿色发展	排名
拉萨市	0.9837	1	海口市	0.9605	4
三亚市	0.9693	2	三明市	0.9542	5
黑河市	0.9611	3	丽江市	0.9480	6

续表

城市	绿色发展	排名	城市	绿色发展	排名
舟山市	0.9454	7	温州市	0.9015	39
汕尾市	0.9354	8	河源市	0.9009	40
呼伦贝尔市	0.9345	9	湛江市	0.9002	41
南平市	0.9342	10	赤峰市	0.8996	42
龙岩市	0.9322	11	伊春市	0.8976	43
深圳市	0.9284	12	景德镇市	0.8967	44
保山市	0.9268	13	克拉玛依市	0.8958	45
抚州市	0.9265	14	威海市	0.8958	46
毕节市	0.9253	15	酒泉市	0.8947	47
陇南市	0.9247	16	阳江市	0.8938	48
厦门市	0.9229	17	贵阳市	0.8936	49
茂名市	0.9220	18	广元市	0.8918	50
遵义市	0.9217	19	广州市	0.8912	51
黄山市	0.9214	20	北海市	0.8897	52
泉州市	0.9206	21	惠州市	0.8892	53
漳州市	0.9193	22	遂宁市	0.8881	54
福州市	0.9189	23	佳木斯市	0.8872	55
普洱市	0.9188	24	白山市	0.8863	56
宁德市	0.9187	25	怀化市	0.8861	57
六盘水市	0.9153	26	郴州市	0.8850	58
玉溪市	0.9147	27	临沧市	0.8847	59
丽水市	0.9138	28	宁波市	0.8842	60
珠海市	0.9131	29	白城市	0.8840	61
莆田市	0.9131	30	江门市	0.8821	62
汕头市	0.9125	31	齐齐哈尔市	0.8814	63
台州市	0.9084	32	永州市	0.8813	64
梅州市	0.9076	33	张家界市	0.8810	65
平凉市	0.9071	34	天水市	0.8806	66
曲靖市	0.9064	35	韶关市	0.8796	67
昆明市	0.9060	36	佛山市	0.8795	68
安顺市	0.9027	37	通化市	0.8793	69
昭通市	0.9022	38	潮州市	0.8791	70

续表

城市	绿色发展	排名	城市	绿色发展	排名
中山市	0.8788	71	大同市	0.8533	103
巴中市	0.8778	72	湖州市	0.8532	104
肇庆市	0.8776	73	十堰市	0.8527	105
云浮市	0.8773	74	鄂尔多斯市	0.8510	106
双鸭山市	0.8771	75	绥化市	0.8505	107
松原市	0.8767	76	达州市	0.8503	108
鹤岗市	0.8750	77	上饶市	0.8500	109
大庆市	0.8742	78	防城港市	0.8499	110
商洛市	0.8739	79	南通市	0.8486	111
铜仁市	0.8736	80	庆阳市	0.8485	112
延安市	0.8733	81	咸宁市	0.8477	113
定西市	0.8724	82	烟台市	0.8476	114
固原市	0.8716	83	长春市	0.8455	115
张家口市	0.8715	84	金昌市	0.8455	116
赣州市	0.8708	85	鹰潭市	0.8450	117
揭阳市	0.8690	86	崇左市	0.8447	118
南宁市	0.8675	87	攀枝花市	0.8443	119
资阳市	0.8662	88	重庆市	0.8424	120
河池市	0.8637	89	杭州市	0.8404	121
上海市	0.8636	90	宜春市	0.8403	122
牡丹江市	0.8634	91	安康市	0.8384	123
钦州市	0.8630	92	邵阳市	0.8383	124
金华市	0.8630	93	武威市	0.8381	125
鸡西市	0.8629	94	绍兴市	0.8379	126
南昌市	0.8620	95	苏州市	0.8378	127
吉安市	0.8610	96	桂林市	0.8377	128
绵阳市	0.8582	97	贺州市	0.8373	129
内江市	0.8558	98	玉林市	0.8372	130
东莞市	0.8557	99	新余市	0.8367	131
大连市	0.8550	100	柳州市	0.8366	132
梧州市	0.8545	101	清远市	0.8364	133
青岛市	0.8533	102	辽源市	0.8362	134

续表

城市	绿色发展	排名	城市	绿色发展	排名
衢州市	0.8359	135	汉中市	0.8152	167
承德市	0.8358	136	连云港市	0.8149	168
七台河市	0.8349	137	萍乡市	0.8140	169
四平市	0.8349	138	黄石市	0.8132	170
丹东市	0.8336	139	合肥市	0.8130	171
南京市	0.8335	140	自贡市	0.8125	172
眉山市	0.8333	141	鄂州市	0.8117	173
嘉兴市	0.8332	142	宝鸡市	0.8109	174
盐城市	0.8324	143	娄底市	0.8108	175
张掖市	0.8317	144	吉林市	0.8106	176
无锡市	0.8294	145	白银市	0.8106	177
德阳市	0.8280	146	沈阳市	0.8102	178
北京市	0.8280	147	武汉市	0.8084	179
雅安市	0.8276	148	淮安市	0.8082	180
南充市	0.8274	149	朝阳市	0.8078	181
泸州市	0.8268	150	孝感市	0.8067	182
黄冈市	0.8254	151	宣城市	0.8063	183
随州市	0.8246	152	芜湖市	0.8048	184
湘潭市	0.8239	153	安庆市	0.8028	185
呼和浩特市	0.8222	154	宿迁市	0.8017	186
泰州市	0.8210	155	宜昌市	0.8009	187
盘锦市	0.8208	156	蚌埠市	0.7999	188
哈尔滨市	0.8203	157	长沙市	0.7989	189
衡阳市	0.8195	158	常州市	0.7984	190
贵港市	0.8194	159	株洲市	0.7972	191
朔州市	0.8193	160	宜宾市	0.7964	192
成都市	0.8183	161	镇江市	0.7950	193
岳阳市	0.8179	162	常德市	0.7931	194
六安市	0.8177	163	荆州市	0.7926	195
扬州市	0.8164	164	银川市	0.7902	196
阜新市	0.8164	165	吕梁市	0.7891	197
巴彦淖尔市	0.8153	166	马鞍山市	0.7880	198

续表

城市	绿色发展	排名	城市	绿色发展	排名
九江市	0.7870	199	周口市	0.7452	231
辽阳市	0.7867	200	淮北市	0.7443	232
秦皇岛市	0.7856	201	泰安市	0.7429	233
乐山市	0.7852	202	乌鲁木齐市	0.7423	234
忻州市	0.7828	203	淮南市	0.7423	235
本溪市	0.7824	204	德州市	0.7422	236
池州市	0.7809	205	包头市	0.7400	237
滁州市	0.7770	206	商丘市	0.7397	238
宿州市	0.7745	207	百色市	0.7395	239
锦州市	0.7724	208	广安市	0.7393	240
榆林市	0.7708	209	济宁市	0.7380	241
兰州市	0.7667	210	荆门市	0.7377	242
廊坊市	0.7648	211	西安市	0.7366	243
铜陵市	0.7639	212	阳泉市	0.7347	244
阜阳市	0.7636	213	徐州市	0.7330	245
来宾市	0.7628	214	郑州市	0.7325	246
天津市	0.7618	215	三门峡市	0.7296	247
日照市	0.7611	216	太原市	0.7287	248
亳州市	0.7610	217	信阳市	0.7286	249
抚顺市	0.7608	218	营口市	0.7276	250
铜川市	0.7608	219	襄阳市	0.7250	251
长治市	0.7607	220	沧州市	0.7250	252
济南市	0.7599	221	潍坊市	0.7243	253
驻马店市	0.7598	222	漯河市	0.7234	254
东营市	0.7565	223	菏泽市	0.7220	255
吴忠市	0.7548	224	新乡市	0.7194	256
晋中市	0.7524	225	淄博市	0.7174	257
益阳市	0.7521	226	许昌市	0.7163	258
鞍山市	0.7497	227	通辽市	0.7161	259
葫芦岛市	0.7493	228	渭南市	0.7156	260
铁岭市	0.7487	229	唐山市	0.7125	261
海东市	0.7462	230	开封市	0.7109	262

续表

城市	绿色发展	排名	城市	绿色发展	排名
南阳市	0.7099	263	西宁市	0.6607	276
临沂市	0.7053	264	临汾市	0.6564	277
枣庄市	0.7010	265	石家庄市	0.6545	278
乌海市	0.7000	266	邯郸市	0.6513	279
平顶山市	0.6989	267	邢台市	0.6490	280
衡水市	0.6988	268	运城市	0.6377	281
晋城市	0.6967	269	安阳市	0.6316	282
保定市	0.6945	270	石嘴山市	0.6310	283
濮阳市	0.6893	271	中卫市	0.6154	284
洛阳市	0.6862	272	乌兰察布市	0.5997	285
聊城市	0.6841	273	滨州市	0.5359	286
焦作市	0.6803	274	鹤壁市	0.4843	287
咸阳市	0.6759	275	嘉峪关市	0.4432	288

（四）辐射引领

辐射引领指标体现城市科技创新对国家创新驱动发展和区域协同创新发展的贡献程度。城市要提高自身的竞争力和影响力，需要促进科技创新资源、创新成果在更大空间范围内的配置及应用，发挥优势领域的辐射带动和引领示范作用，贯通创新链条，形成梯次效应，促进区域协同创新发展。

辐射引领指数方面，排名前10位的城市依次是北京市、上海市、广州市、南京市、深圳市、武汉市、成都市、西安市、天津市、青岛市。排名后10位的城市依次为临沧市、普洱市、松原市、庆阳市、黑河市、海东市、双鸭山市、陇南市、固原市、昭通市（图6–4、表6–6）。

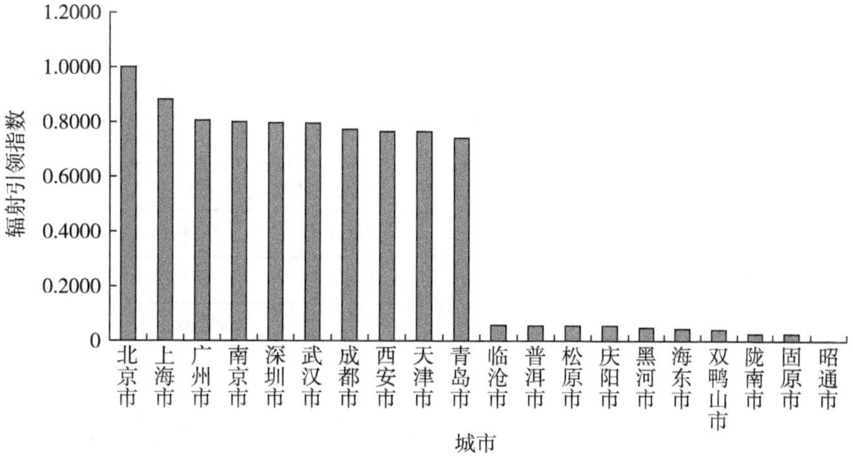

图6–4　辐射引领指数排名前10位和后10位的城市

表 6-6　辐射引领指数排名

城市	辐射引领	排名	城市	辐射引领	排名
北京市	1.0000	1	石家庄市	0.5710	33
上海市	0.8809	2	徐州市	0.5674	34
广州市	0.8058	3	扬州市	0.5544	35
南京市	0.7997	4	金华市	0.5207	36
深圳市	0.7965	5	温州市	0.5188	37
武汉市	0.7944	6	湖州市	0.5187	38
成都市	0.7728	7	南通市	0.5139	39
西安市	0.7649	8	贵阳市	0.4990	40
天津市	0.7641	9	鞍山市	0.4953	41
青岛市	0.7414	10	保定市	0.4862	42
杭州市	0.7277	11	烟台市	0.4655	43
苏州市	0.7231	12	济宁市	0.4643	44
合肥市	0.7194	13	嘉兴市	0.4635	45
济南市	0.7106	14	芜湖市	0.4616	46
长沙市	0.6997	15	绵阳市	0.4613	47
重庆市	0.6965	16	桂林市	0.4608	48
长春市	0.6889	17	洛阳市	0.4593	49
沈阳市	0.6643	18	唐山市	0.4509	50
福州市	0.6566	19	盐城市	0.4489	51
郑州市	0.6456	20	宜昌市	0.4398	52
哈尔滨市	0.6410	21	镇江市	0.4350	53
兰州市	0.6331	22	呼和浩特市	0.4287	54
大连市	0.6330	23	珠海市	0.4226	55
宁波市	0.6293	24	赣州市	0.4204	56
昆明市	0.6195	25	湘潭市	0.4188	57
太原市	0.6111	26	秦皇岛市	0.4175	58
厦门市	0.6043	27	株洲市	0.4165	59
南宁市	0.5915	28	潍坊市	0.4157	60
无锡市	0.5809	29	蚌埠市	0.4157	61
常州市	0.5780	30	东莞市	0.4154	62
南昌市	0.5769	31	台州市	0.4147	63
乌鲁木齐市	0.5742	32	汕头市	0.4123	64

续表

城市	辐射引领	排名	城市	辐射引领	排名
荆州市	0.4002	65	临沂市	0.3120	97
十堰市	0.3993	66	泸州市	0.3077	98
邯郸市	0.3988	67	安阳市	0.3074	99
绍兴市	0.3979	68	滁州市	0.3057	100
海口市	0.3880	69	信阳市	0.3042	101
大庆市	0.3820	70	许昌市	0.3040	102
江门市	0.3817	71	南阳市	0.2989	103
西宁市	0.3778	72	吉林市	0.2972	104
衡阳市	0.3675	73	肇庆市	0.2964	105
泰安市	0.3648	74	雅安市	0.2949	106
淮安市	0.3646	75	银川市	0.2906	107
中山市	0.3642	76	南充市	0.2877	108
焦作市	0.3554	77	抚顺市	0.2865	109
景德镇市	0.3551	78	孝感市	0.2862	110
连云港市	0.3537	79	自贡市	0.2840	111
湛江市	0.3536	80	东营市	0.2796	112
锦州市	0.3533	81	韶关市	0.2792	113
淄博市	0.3513	82	郴州市	0.2782	114
聊城市	0.3468	83	宜宾市	0.2778	115
淮南市	0.3466	84	运城市	0.2761	116
晋中市	0.3450	85	内江市	0.2725	117
新乡市	0.3379	86	泰州市	0.2718	118
黄石市	0.3362	87	临汾市	0.2717	119
佛山市	0.3317	88	咸阳市	0.2714	120
淮北市	0.3300	89	廊坊市	0.2632	121
漳州市	0.3286	90	益阳市	0.2622	122
滨州市	0.3247	91	沧州市	0.2552	123
德州市	0.3210	92	平顶山市	0.2512	124
安庆市	0.3193	93	茂名市	0.2467	125
丽水市	0.3187	94	四平市	0.2382	126
常德市	0.3184	95	襄阳市	0.2364	127
舟山市	0.3157	96	三门峡市	0.2353	128

续表

城市	辐射引领	排名	城市	辐射引领	排名
拉萨市	0.2271	129	梅州市	0.1616	161
惠州市	0.2262	130	日照市	0.1599	162
天水市	0.2249	131	铜陵市	0.1592	163
佳木斯市	0.2238	132	丹东市	0.1578	164
宁德市	0.2236	133	遵义市	0.1576	165
咸宁市	0.2178	134	永州市	0.1575	166
宝鸡市	0.2148	135	德阳市	0.1575	166
包头市	0.2103	136	衡水市	0.1556	168
宜春市	0.2044	137	龙岩市	0.1545	169
泉州市	0.2021	138	萍乡市	0.1524	170
枣庄市	0.1992	139	六安市	0.1516	171
柳州市	0.1931	140	营口市	0.1516	171
九江市	0.1913	141	河源市	0.1505	173
威海市	0.1907	142	菏泽市	0.1501	174
马鞍山市	0.1897	143	娄底市	0.1499	175
上饶市	0.1879	144	揭阳市	0.1481	176
吉安市	0.1862	145	通辽市	0.1479	177
宿迁市	0.1859	146	新余市	0.1466	178
曲靖市	0.1824	147	邵阳市	0.1459	179
钦州市	0.1818	148	鹰潭市	0.1436	180
荆门市	0.1818	149	盘锦市	0.1436	180
衢州市	0.1788	150	张家口市	0.1433	182
岳阳市	0.1777	151	黄山市	0.1425	183
抚州市	0.1771	152	宿州市	0.1417	184
本溪市	0.1753	153	承德市	0.1415	185
黄冈市	0.1739	154	潮州市	0.1403	186
清远市	0.1723	155	亳州市	0.1377	187
宣城市	0.1718	156	三明市	0.1370	188
阜新市	0.1715	157	阳江市	0.1364	189
阜阳市	0.1712	158	池州市	0.1354	190
邢台市	0.1671	159	鄂州市	0.1338	191
怀化市	0.1651	160	随州市	0.1313	192

续表

城市	辐射引领	排名	城市	辐射引领	排名
张掖市	0.1306	193	张家界市	0.1090	225
玉溪市	0.1302	194	汉中市	0.1090	225
伊春市	0.1290	195	玉林市	0.1083	227
乐山市	0.1290	195	榆林市	0.1076	228
周口市	0.1279	197	长治市	0.1069	229
莆田市	0.1275	198	武威市	0.1062	230
鄂尔多斯市	0.1271	199	巴彦淖尔市	0.1062	230
梧州市	0.1270	200	百色市	0.1055	232
渭南市	0.1262	201	石嘴山市	0.1040	233
眉山市	0.1254	202	安康市	0.1032	234
阳泉市	0.1254	202	广安市	0.1024	235
朝阳市	0.1249	204	乌兰察布市	0.1024	235
开封市	0.1249	204	广元市	0.1008	237
商丘市	0.1222	206	毕节市	0.0991	238
遂宁市	0.1203	207	六盘水市	0.0964	239
漯河市	0.1188	208	汕尾市	0.0955	240
克拉玛依市	0.1183	209	攀枝花市	0.0955	240
白银市	0.1173	210	吕梁市	0.0955	240
濮阳市	0.1167	211	驻马店市	0.0955	240
南平市	0.1156	212	铜仁市	0.0945	244
赤峰市	0.1156	212	安顺市	0.0935	245
达州市	0.1156	212	延安市	0.0935	245
忻州市	0.1145	215	崇左市	0.0925	247
绥化市	0.1139	216	牡丹江市	0.0915	248
鹤壁市	0.1139	216	嘉峪关市	0.0904	249
贵港市	0.1134	218	商洛市	0.0893	250
晋城市	0.1134	218	酒泉市	0.0870	251
北海市	0.1110	220	鸡西市	0.0870	251
大同市	0.1109	221	防城港市	0.0857	253
铁岭市	0.1109	221	金昌市	0.0857	253
云浮市	0.1103	223	朔州市	0.0857	253
齐齐哈尔市	0.1096	224	辽阳市	0.0845	256

续表

城市	辐射引领	排名	城市	辐射引领	排名
来宾市	0.0832	257	保山市	0.0646	273
吴忠市	0.0832	257	辽源市	0.0646	273
贺州市	0.0818	259	铜川市	0.0646	273
七台河市	0.0818	259	河池市	0.0623	276
乌海市	0.0818	259	平凉市	0.0599	277
白城市	0.0804	262	鹤岗市	0.0599	277
葫芦岛市	0.0804	262	临沧市	0.0574	279
白山市	0.0789	264	普洱市	0.0546	280
资阳市	0.0789	264	松原市	0.0546	280
三亚市	0.0774	266	庆阳市	0.0546	280
丽江市	0.0758	267	黑河市	0.0484	283
呼伦贝尔市	0.0758	267	海东市	0.0448	284
巴中市	0.0724	269	双鸭山市	0.0409	285
通化市	0.0706	270	陇南市	0.0258	286
定西市	0.0706	270	固原市	0.0258	286
中卫市	0.0687	272	昭通市	0.0000	288

第七章　不同省域内城市科技创新发展指数比较

创新是引领发展的第一动力，创新水平决定城市未来的发展。对各城市科技创新发展水平进行量化评估，可以明晰各城市在所属省域内的地位及与省内其他城市相比具有的优势和劣势，为城市提升自身科技创新实力提供参考。本章对中国不同省域内的城市科技创新发展指数进行排名与比较分析。城市科技创新发展指数及各项一级指标全国平均值如图 7-1 所示。

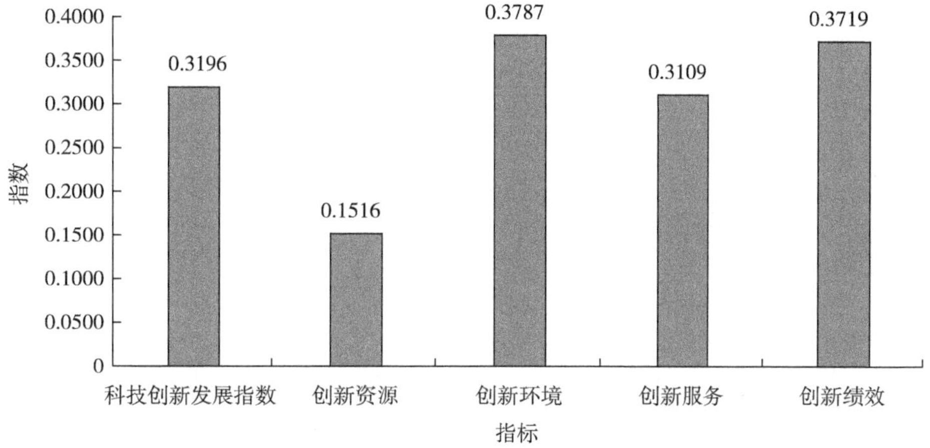

图 7-1　城市科技创新发展指数及各项一级指标全国平均值

一、安徽省城市科技创新发展指数排名及分析

安徽，省会合肥，下辖主要城市有安庆、蚌埠、池州、滁州、阜阳、合肥、淮北、淮南、黄山、六安、马鞍山、宿州、铜陵、芜湖、宣城和亳州。安徽各市科技创新发展指数及排名情况如表 7-1 所示。

表 7-1 安徽各市科技创新发展指数及排名

城市	科技创新发展指数	全国排名	省内排名
合肥市	0.5797	12	1
芜湖市	0.4784	29	2
蚌埠市	0.3889	62	3
马鞍山市	0.3853	63	4
滁州市	0.3350	85	5
安庆市	0.3280	88	6
全国平均值	0.3196		
宣城市	0.3140	104	7
铜陵市	0.3008	118	8
淮南市	0.2951	126	9
淮北市	0.2877	136	10
黄山市	0.2702	171	11
阜阳市	0.2687	173	12
池州市	0.2568	192	13
宿州市	0.2562	193	14
六安市	0.2544	195	15
亳州市	0.2440	215	16

安徽各市科技创新发展指数的排名依次为合肥、芜湖、蚌埠、马鞍山、滁州、安庆、宣城、铜陵、淮南、淮北、黄山、阜阳、池州、宿州、六安、亳州。其中，合肥、芜湖、蚌埠、马鞍山、滁州、安庆六市的科技创新发展指数高于全国平均值。

创新资源一级指标，安徽各市的排名依次为合肥、芜湖、铜陵、马鞍山、蚌埠、宣城、黄山、滁州、池州、安庆、淮南、六安、淮北、宿州、阜阳、亳州。其中，黄山及排名在其后的城市创新资源指数低于全国平均值（图 7–2）。

创新环境一级指标，安徽各市的排名依次为马鞍山、芜湖、合肥、宣城、蚌埠、安庆、滁州、阜阳、宿州、亳州、池州、淮北、六安、铜陵、淮南、黄山。其中，池州及排名在其后的城市创新环境指数低于全国平均值（图 7–3）。

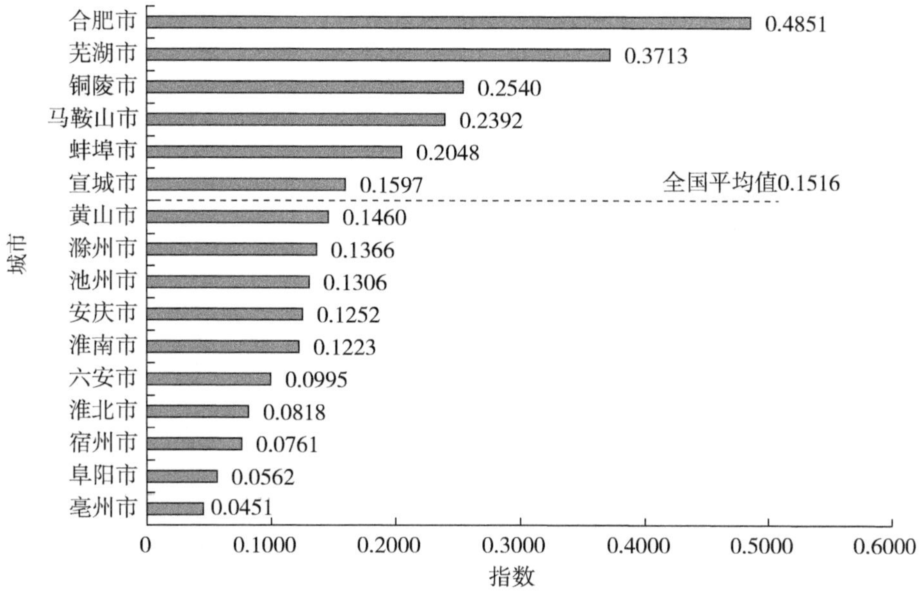

图 7-2　安徽各市创新资源指数

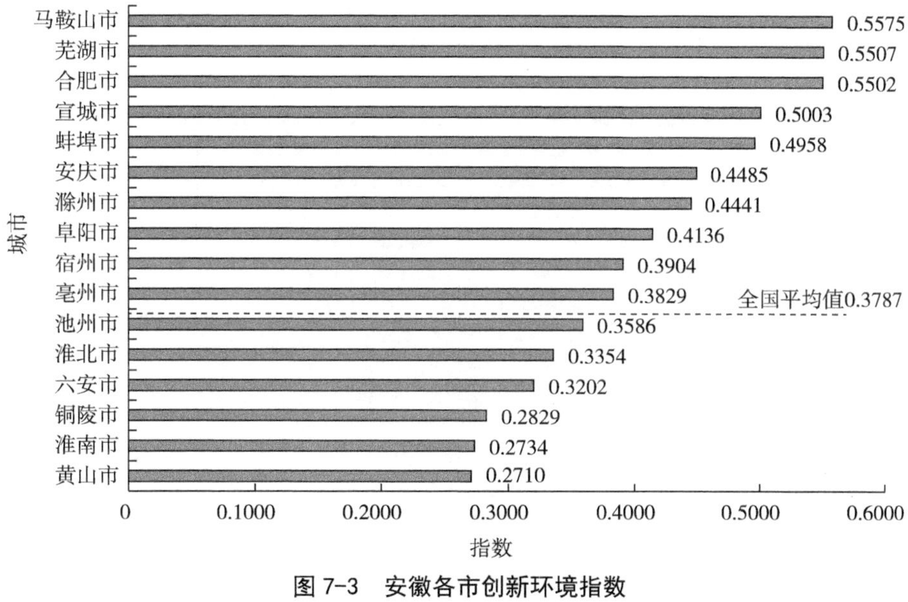

图 7-3　安徽各市创新环境指数

创新服务一级指标，安徽各市的排名依次为合肥、芜湖、蚌埠、滁州、马鞍山、安庆、淮南、铜陵、黄山、淮北、阜阳、六安、宣城、宿州、池州、亳州。其中，淮南及排名在其后的城市创新服务指数低于全国平均值（图 7-4）。

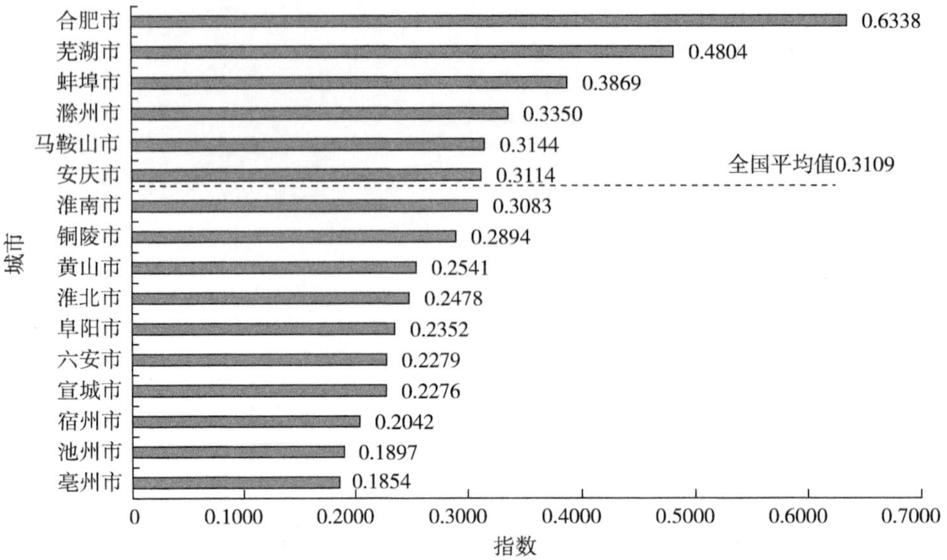

图 7-4 安徽各市创新服务指数

创新绩效一级指标，安徽各市的排名依次为合肥、芜湖、蚌埠、马鞍山、淮北、淮南、滁州、安庆、宣城、铜陵、黄山、阜阳、六安、宿州、池州、亳州。其中，安庆及排名在其后的城市创新绩效指数低于全国平均值（图 7–5）。

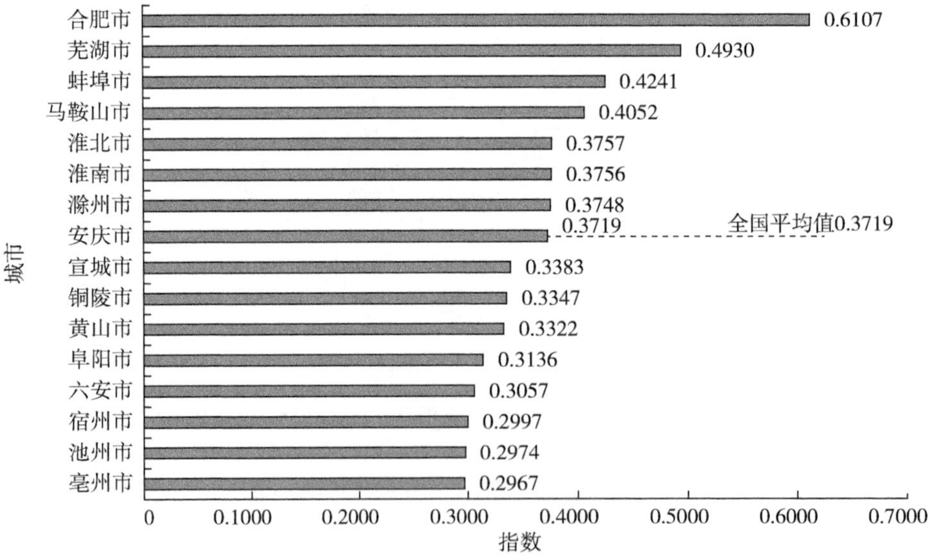

图 7-5 安徽各市创新绩效指数

二、福建省城市科技创新发展指数排名及分析

福建，省会福州，下辖主要城市有福州、莆田、泉州、厦门、漳州、龙岩、三明、南平和宁德。福建各市科技创新发展指数及排名情况如表 7-2 所示。

表 7-2　福建各市科技创新发展指数及排名

城市	科技创新发展指数	全国排名	省内排名
厦门市	0.5737	14	1
福州市	0.5022	27	2
泉州市	0.3776	69	3
全国平均值	0.3196		
漳州市	0.3083	108	4
龙岩市	0.2933	127	5
三明市	0.2924	130	6
南平市	0.2896	134	7
宁德市	0.2858	139	8
莆田市	0.2770	161	9

福建各市科技创新发展指数的排名依次为厦门、福州、泉州、漳州、龙岩、三明、南平、宁德、莆田。其中厦门全国排名第 14 位，领先于省会福州，漳州、龙岩、三明、南平、宁德、莆田落后于全国平均值。

创新资源一级指标，福建各市的排名依次为厦门、福州、龙岩、宁德、南平、三明、泉州、漳州、莆田。其中，宁德及排名在其后的城市创新资源指数低于全国平均值（图 7-6）。

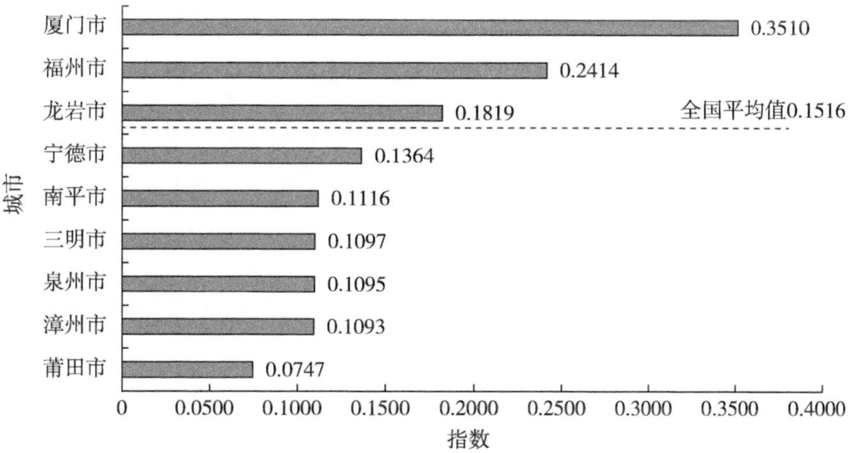

图 7-6　福建各市创新资源指数

创新环境一级指标，福建各市的排名依次为厦门、福州、泉州、莆田、三明、漳州、宁德、南平、龙岩。其中，莆田及排名在其后的城市创新环境指数低于全国平均值（图 7-7）。

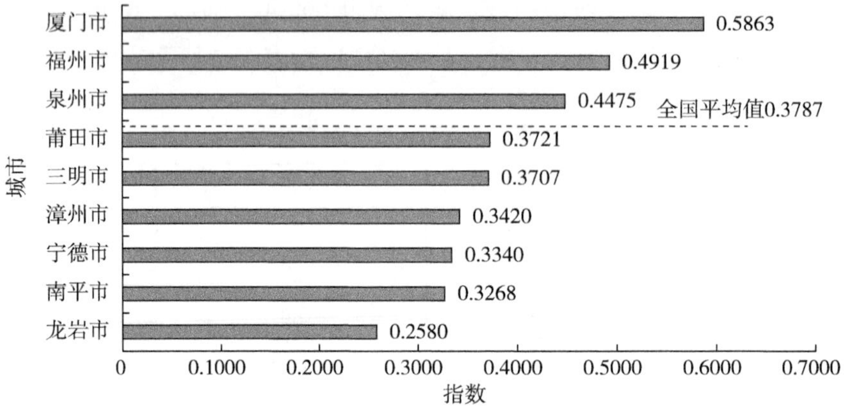

图 7-7　福建各市创新环境指数

创新服务一级指标，福建各市的排名依次为厦门、福州、泉州、南平、龙岩、三明、漳州、宁德、莆田。其中，龙岩及排名在其后的城市创新服务指数低于全国平均值（图 7-8）。

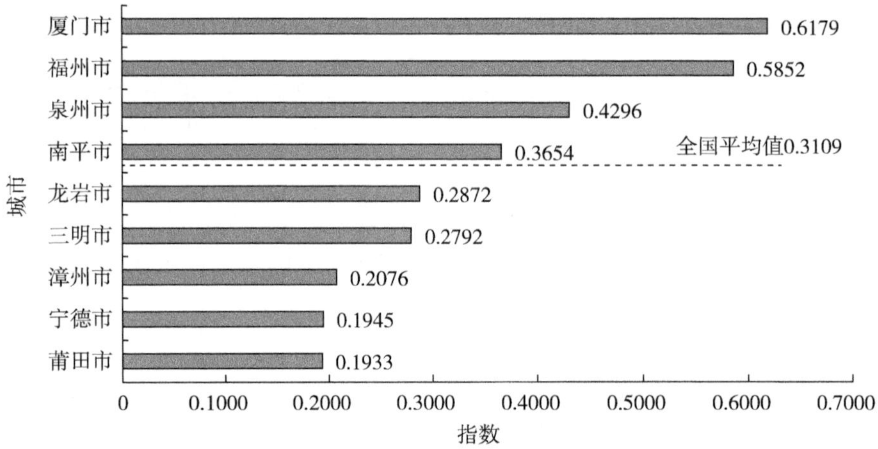

图 7-8　福建各市创新服务指数

创新绩效一级指标，福建各市的排名依次为厦门、福州、泉州、漳州、宁德、莆田、龙岩、三明、南平。其中，宁德及排名在其后的城市创新绩效指数低于全国平均值（图 7-9）。

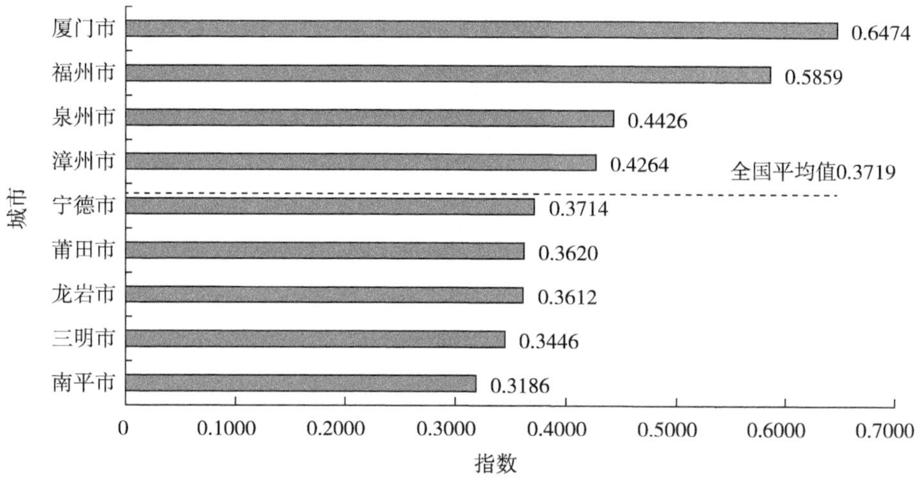

图 7-9 福建各市创新绩效指数

三、甘肃省城市科技创新发展指数排名及分析

甘肃，省会兰州，下辖主要城市有兰州、酒泉、武威、张掖、天水、嘉峪关、金昌、庆阳、定西、平凉、白银、陇南。甘肃各市科技创新发展指数及排名情况如表 7-3 所示。

表 7-3 甘肃各市科技创新发展指数及排名

城市	科技创新发展指数	全国排名	省内排名
兰州市	0.4234	48	1
全国平均值	0.3196		
酒泉市	0.2913	131	2
张掖市	0.2626	184	3
天水市	0.2588	189	4
白银市	0.2476	204	5
金昌市	0.2476	205	6
定西市	0.2428	217	7
武威市	0.2267	234	8
庆阳市	0.2233	240	9
嘉峪关市	0.2164	254	10
平凉市	0.1911	274	11
陇南市	0.1640	288	12

甘肃各市科技创新发展指数的排名依次为兰州、酒泉、张掖、天水、白银、金昌、定西、武威、庆阳、嘉峪关、平凉、陇南。其中只有省会兰州的科技创新发展指数高于全国平均值。

创新资源一级指标，甘肃各市的排名依次为酒泉、兰州、嘉峪关、张掖、天水、武威、金昌、白银、平凉、庆阳、定西和陇南。其中张掖及排名在其后的城市创新资源指数低于全国平均值（图 7-10）。

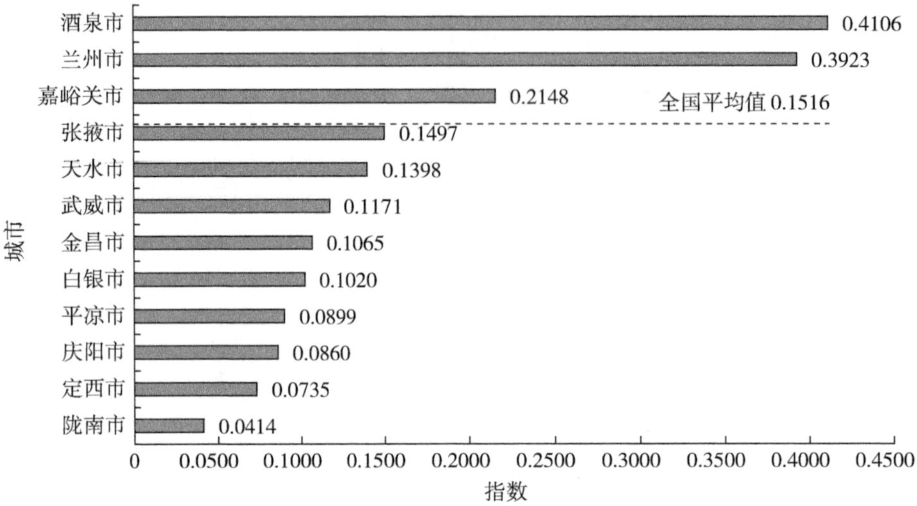

图 7-10　甘肃各市创新资源指数

创新环境一级指标，甘肃各市的排名依次为定西、庆阳、金昌、武威、白银、张掖、天水、酒泉、兰州、平凉、嘉峪关和陇南。其中仅有定西一个城市的创新环境指数高于全国平均值（图 7-11）。

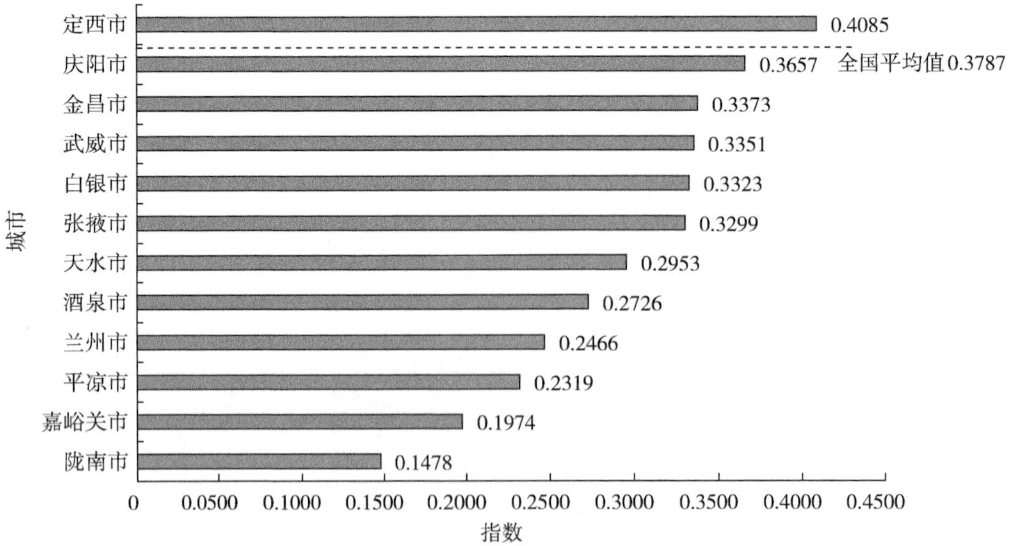

图 7-11　甘肃各市创新环境指数

创新服务一级指标，甘肃各市的排名依次为兰州、张掖、白银、酒泉、定西、天水、嘉峪关、金昌、武威、庆阳、陇南和平凉。其中张掖及排名在其后的城市创新服务指数低于全国平均值（图 7–12）。

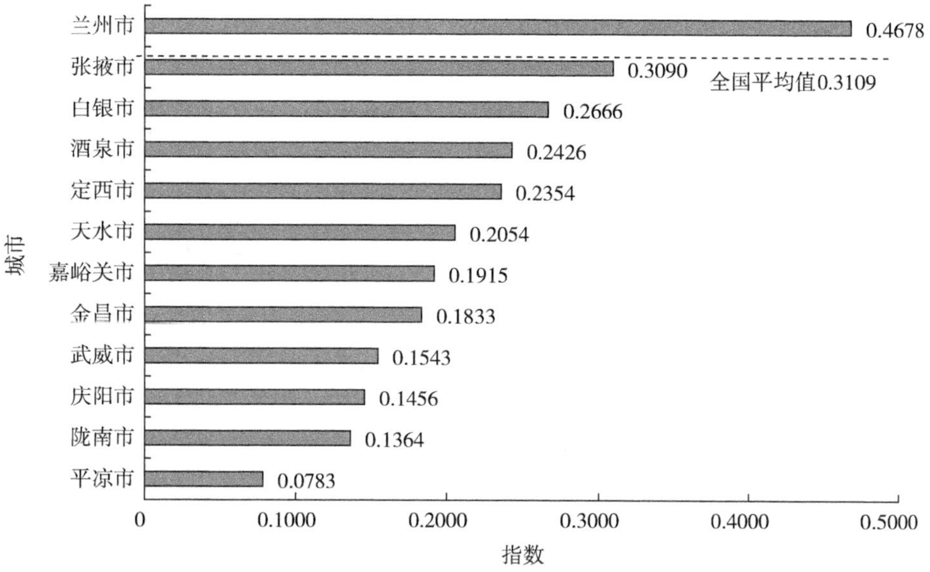

图 7–12 甘肃各市创新服务指数

创新绩效一级指标，甘肃各市的排名依次为兰州、天水、金昌、酒泉、平凉、白银、张掖、武威、庆阳、定西、陇南和嘉峪关。其中天水及排名在其后的城市创新绩效指数低于全国平均值（图 7–13）。

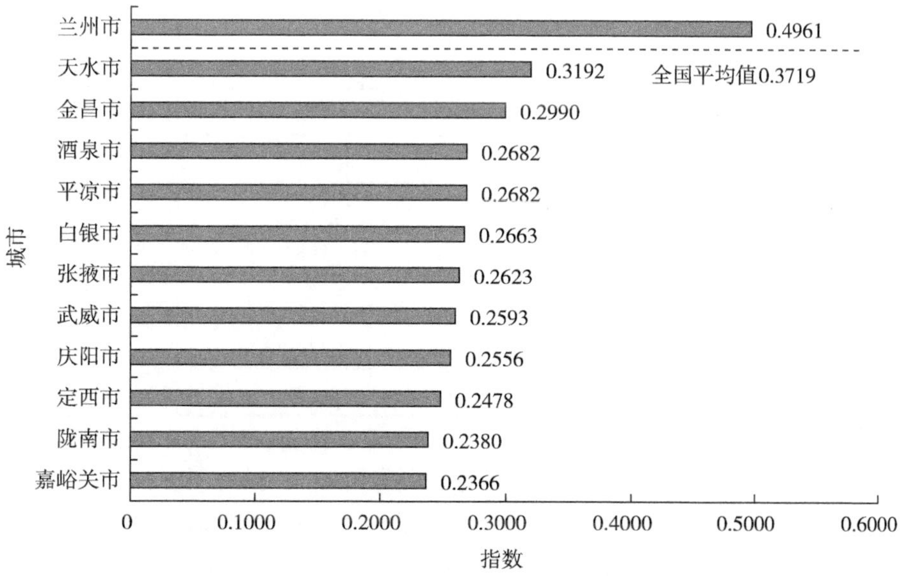

图 7–13 甘肃各市创新绩效指数

四、广东省城市科技创新发展指数排名及分析

广东，省会广州，下辖主要城市有深圳、广州、东莞、珠海、中山、佛山、惠州、江门、茂名、湛江、汕头、韶关、潮州、肇庆、阳江、云浮、清远、梅州、汕尾、河源、揭阳。广东各市科技创新发展指数及排名情况如表 7-4 所示。

表 7-4 广东各市科技创新发展指数及排名

城市	科技创新发展指数	全国排名	省内排名
深圳市	0.7743	2	1
广州市	0.7024	5	2
珠海市	0.6020	10	3
佛山市	0.5174	23	4
中山市	0.5075	24	5
东莞市	0.5074	25	6
惠州市	0.4035	53	7
江门市	0.4031	54	8
汕头市	0.3844	65	9
肇庆市	0.3735	72	10
韶关市	0.3344	86	11
全国平均值	0.3196		
湛江市	0.3080	109	12
梅州市	0.3017	115	13
茂名市	0.2994	120	14
阳江市	0.2804	152	15
河源市	0.2693	172	16
清远市	0.2656	177	17
潮州市	0.2602	188	18
云浮市	0.2507	199	19
揭阳市	0.2349	224	20
汕尾市	0.2227	243	21

广东各市科技创新发展指数排名依次为深圳、广州、珠海、佛山、中山、东莞、惠州、江门、汕头、肇庆、韶关、湛江、梅州、茂名、阳江、河源、清远、潮州、云浮、揭阳、汕尾。其中，深圳、广州、珠海、佛山、中山、东莞、惠州、江门、汕头、肇庆、

韶关的科技创新发展指数均高于全国平均值，且深圳、广州、珠海3个城市科技创新发展指数均排全国前10位，但揭阳、汕尾两市的科技创新发展指数排名全国第200位以后，省内城市创新发展存在较大差异。

创新资源一级指标，广东各市的排名依次为深圳、广州、珠海、佛山、中山、东莞、惠州、韶关、江门、肇庆、汕头、清远、阳江、梅州、河源、茂名、湛江、云浮、潮州、汕尾和揭阳。其中肇庆及排名在其后的城市创新资源指数低于全国平均值（图7–14）。

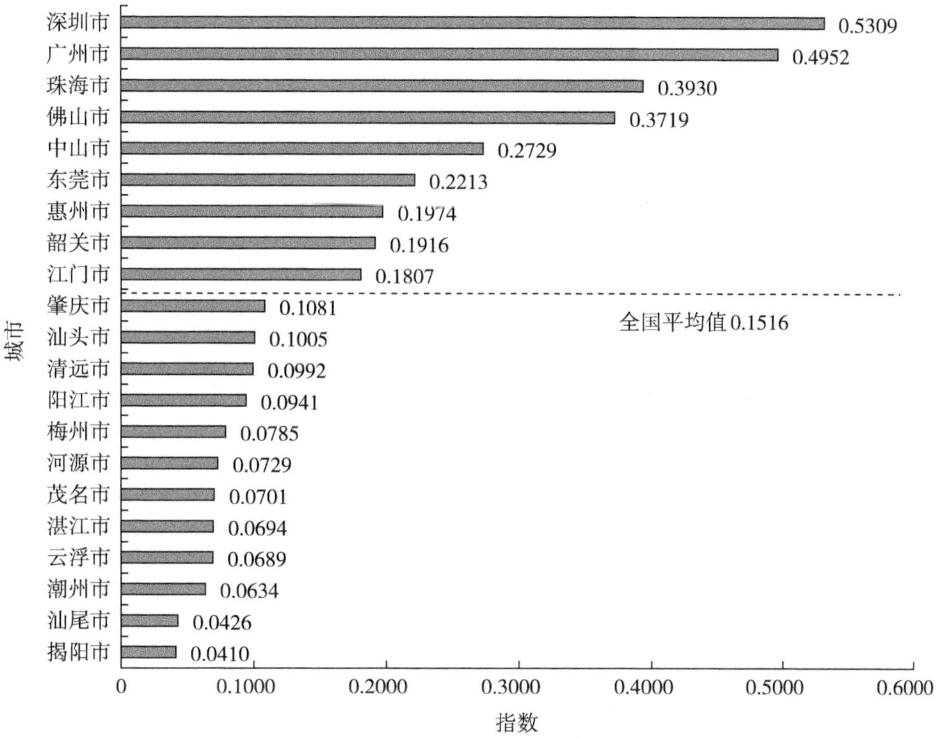

图7–14　广东各市创新资源指数

创新环境一级指标，广东各市的排名依次为深圳、珠海、广州、肇庆、佛山、中山、东莞、梅州、江门、韶关、惠州、茂名、汕头、云浮、阳江、湛江、河源、清远、汕尾、揭阳和潮州。其中湛江及排名在其后的城市创新环境指数低于全国平均值（图7–15）。

创新服务一级指标，广东各市的排名依次为深圳、广州、东莞、佛山、珠海、惠州、中山、江门、汕头、肇庆、梅州、韶关、潮州、河源、湛江、茂名、阳江、清远、揭阳、云浮和汕尾。其中潮州及排名在其后的城市创新服务指数低于全国平均值（图7–16）。

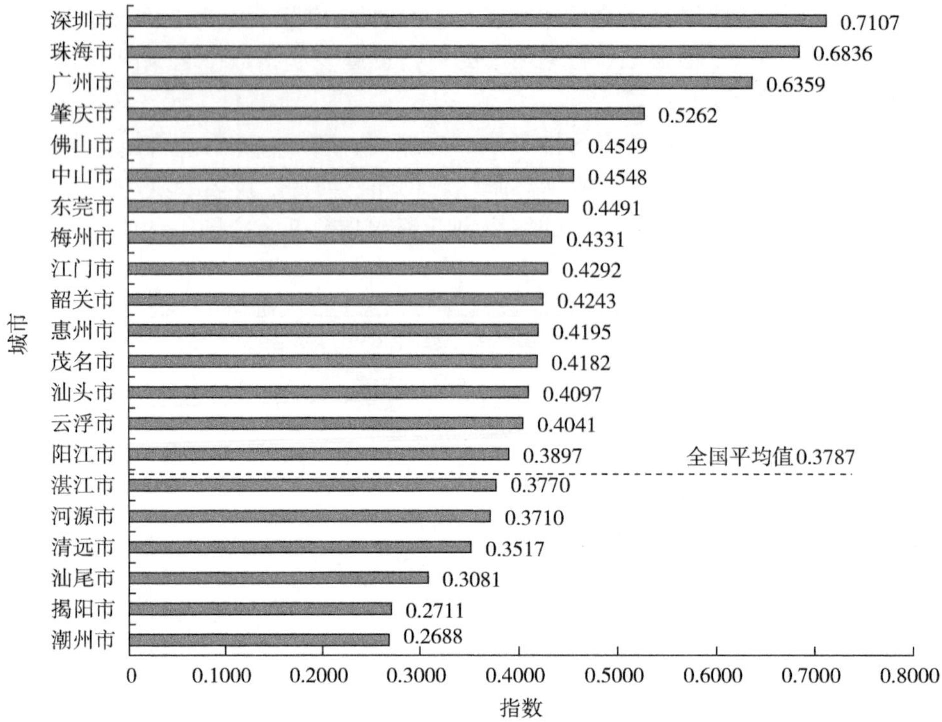

图 7-15　广东各市创新环境指数

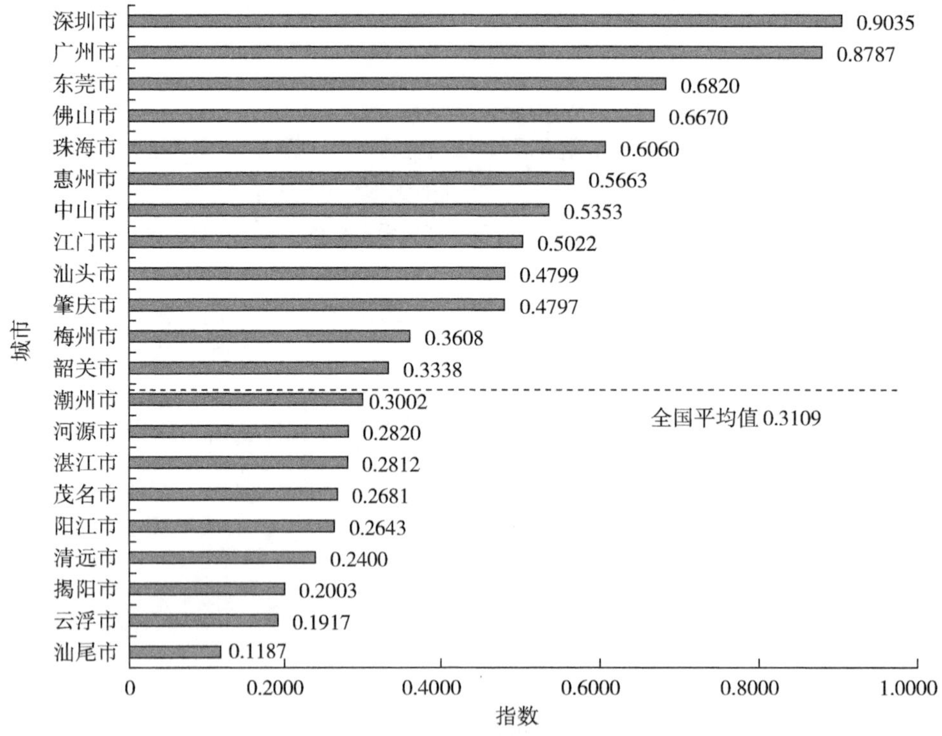

图 7-16　广东各市创新服务指数

创新绩效一级指标，广东各市的排名依次为深圳、广州、珠海、中山、东莞、佛山、汕头、江门、惠州、湛江、肇庆、茂名、韶关、潮州、阳江、揭阳、梅州、清远、汕尾、河源和云浮。其中茂名及排名在其后的城市创新绩效指数低于全国平均值（图 7-17）。

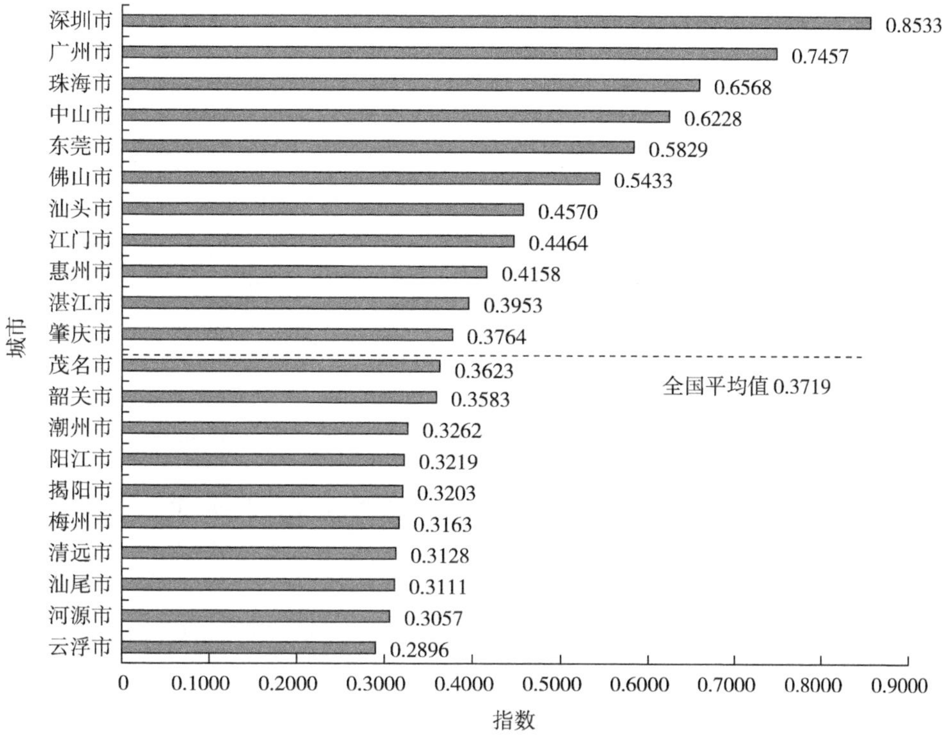

图 7-17 广东各市创新绩效指数

五、广西壮族自治区城市科技创新发展指数排名及分析

广西壮族自治区，首府南宁，下辖主要城市有南宁、北海、桂林、防城港、来宾、贺州、钦州、玉林、贵港、崇左、梧州、柳州、百色、河池。广西各市科技创新发展指数及排名情况如表 7-5 所示。

表 7-5 广西各市科技创新发展指数及排名

城市	科技创新发展指数	全国排名	省内排名
南宁市	0.4029	55	1
桂林市	0.3268	92	2
柳州市	0.3200	98	3
全国平均值	0.3196		

续表

城市	科技创新发展指数	全国排名	省内排名
北海市	0.2818	147	4
钦州市	0.2656	178	5
防城港市	0.2483	202	6
贵港市	0.2465	207	7
玉林市	0.2448	212	8
梧州市	0.2441	214	9
来宾市	0.2241	238	10
贺州市	0.2230	242	11
河池市	0.2164	253	12
崇左市	0.2157	255	13
百色市	0.2114	261	14

广西各市科技创新发展指数排名依次为南宁、桂林、柳州、北海、钦州、防城港、贵港、玉林、梧州、来宾、贺州、河池、崇左、百色。其中南宁、桂林和柳州的科技创新发展指数高于全国平均值。

创新资源一级指标，广西各市的排名依次为南宁、桂林、柳州、北海、崇左、防城港、梧州、玉林、钦州、百色、贵港、来宾、贺州和河池。其中仅有南宁一个城市的创新资源指数高于全国平均值（图 7–18）。

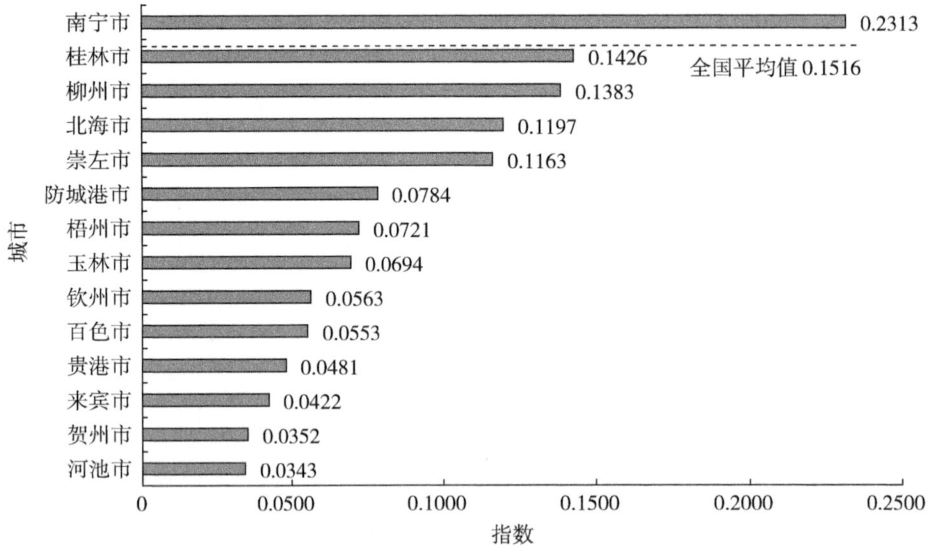

图 7–18　广西各市创新资源指数

创新环境一级指标，广西各市的排名依次为河池、钦州、崇左、柳州、贵港、防城港、南宁、北海、来宾、梧州、百色、贺州、桂林和玉林。其中南宁及排名在其后的城市创新环境指数低于全国平均值（图 7-19）。

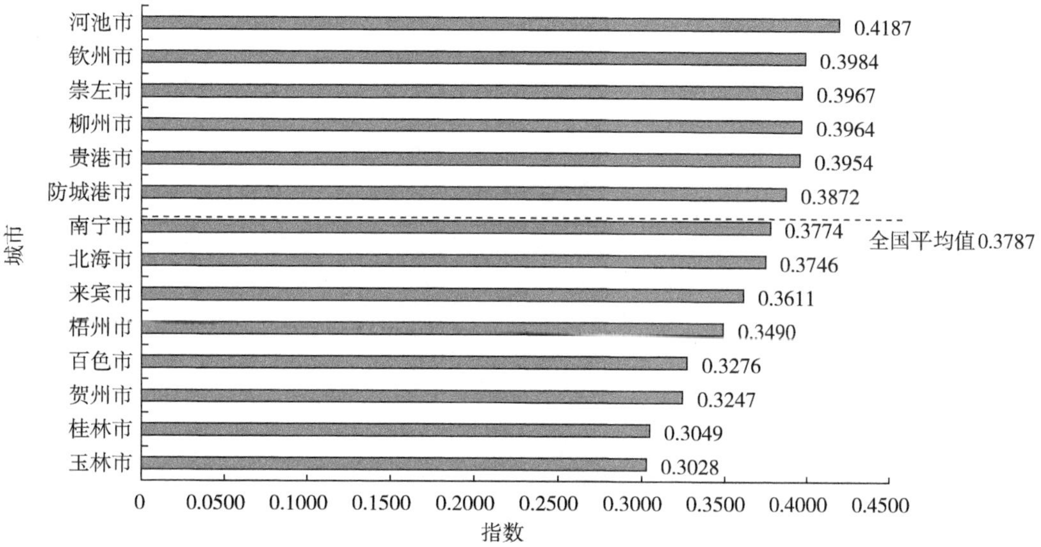

图 7-19　广西各市创新环境指数

创新服务一级指标，广西各市的排名依次为南宁、柳州、桂林、北海、玉林、钦州、贵港、贺州、来宾、梧州、防城港、百色、河池和崇左。其中北海及排名在其后的城市创新服务指数低于全国平均值（图 7-20）。

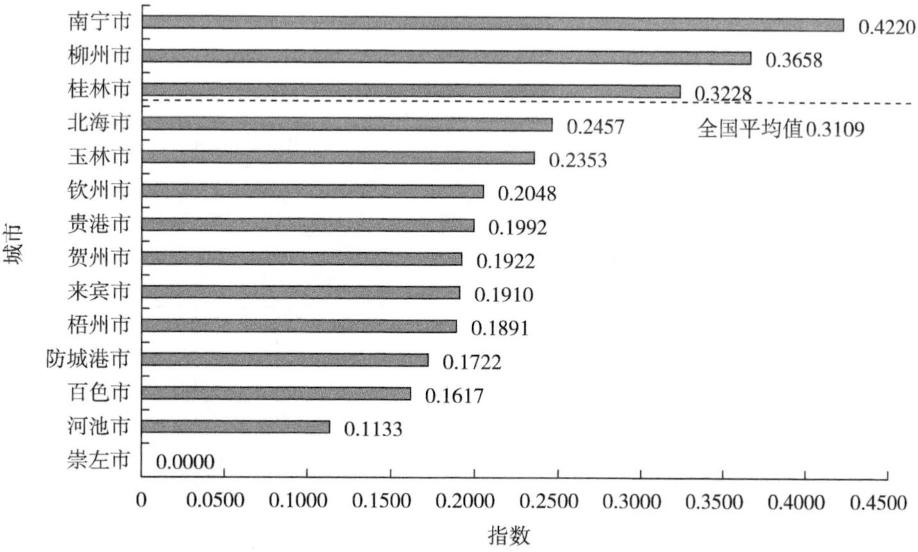

图 7-20　广西各市创新服务指数

创新绩效一级指标，广西各市的排名依次为南宁、桂林、柳州、北海、钦州、玉林、梧州、防城港、贵港、崇左、贺州、来宾、河池和百色。其中柳州及排名在其后的城市创新绩效指数低于全国平均值（图 7–21）。

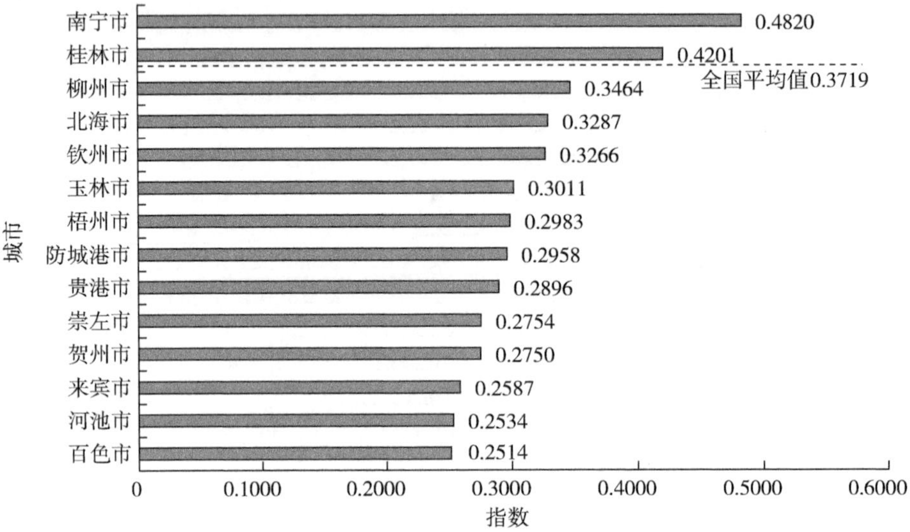

图 7–21　广西各市创新绩效指数

六、贵州省城市科技创新发展指数排名及分析

贵州，省会贵阳，下辖主要城市有贵阳、遵义、六盘水、安顺、铜仁、毕节。贵州各市科技创新发展指数及排名情况如表 7–6 所示。

表 7–6　贵州各市科技创新发展指数及排名

城市	科技创新发展指数	全国排名	省内排名
贵阳市	0.4520	40	1
全国平均值	0.3196		
遵义市	0.2932	128	2
六盘水市	0.2526	197	3
安顺市	0.2442	213	4
铜仁市	0.2426	219	5
毕节市	0.2243	237	6

贵州各市科技创新发展指数排名依次为贵阳、遵义、六盘水、安顺、铜仁、毕节。其中只有省会贵阳一个城市的科技创新发展指数高于全国平均值。

创新资源一级指标，贵州各市的排名依次为贵阳、六盘水、安顺、毕节、遵义和铜仁。其中六盘水及排名在其后的城市创新资源指数低于全国平均值（图 7-22）。

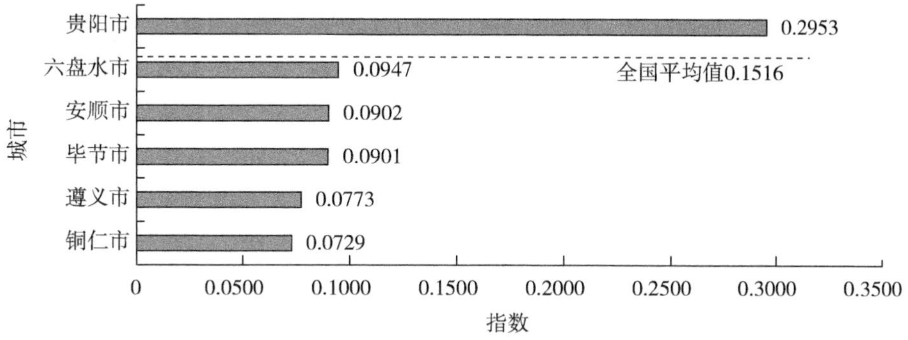

图 7-22　贵州各市创新资源指数

创新环境一级指标，贵州各市的排名依次为贵阳、遵义、铜仁、六盘水、毕节和安顺。其中仅有安顺一个城市的创新环境指数低于全国平均值（图 7-23）。

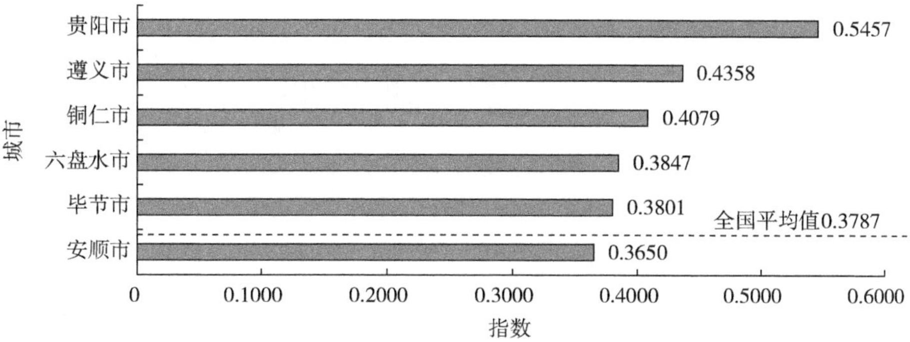

图 7-23　贵州各市创新环境指数

创新服务一级指标，贵州各市的排名依次为贵阳、遵义、六盘水、安顺、铜仁和毕节。其中，只有省会贵阳一个城市的创新服务指数高于全国平均值（图 7-24）。

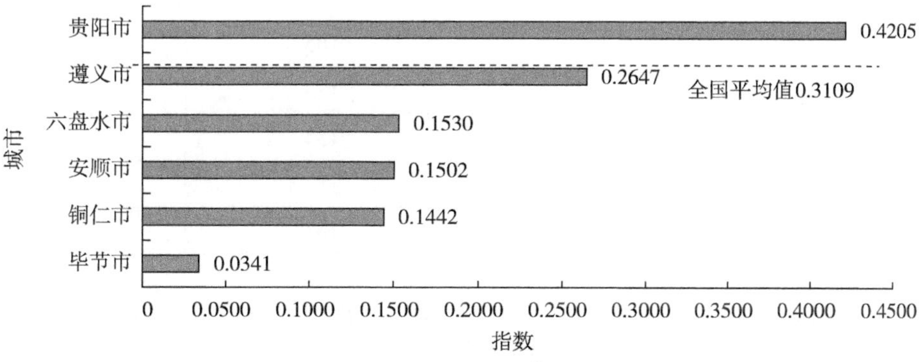

图 7-24　贵州各市创新服务指数

创新绩效一级指标，贵州各市的排名依次为贵阳、遵义、六盘水、安顺、毕节和铜仁。其中除省会贵阳以外，其余城市的创新绩效指数低于全国平均值（图 7–25）。

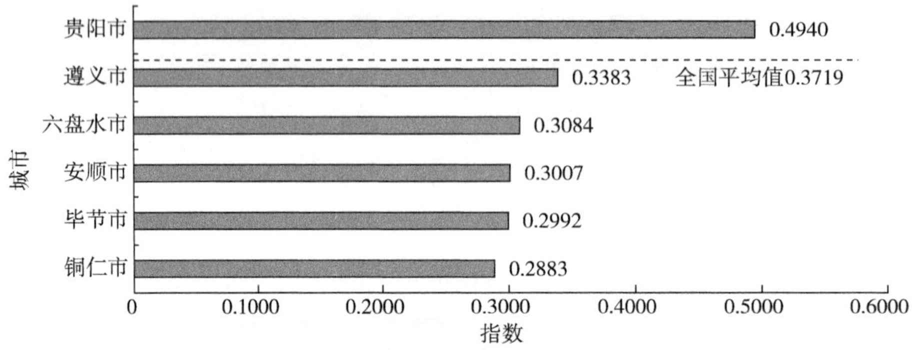

图 7–25　贵州各市创新绩效指数

七、河北省城市科技创新发展指数排名及分析

河北，省会石家庄，下辖主要城市有石家庄、保定、唐山、承德、廊坊、沧州、衡水、邢台、邯郸、秦皇岛、张家口。河北各市科技创新发展指数及排名情况如表 7–7 所示。

表 7–7　河北各市科技创新发展指数及排名

城市	科技创新发展指数	全国排名	省内排名
石家庄市	0.4399	46	1
保定市	0.3960	59	2
唐山市	0.3909	61	3
廊坊市	0.3660	74	4
秦皇岛市	0.3603	75	5
邯郸市	0.3228	96	6
全国平均值	0.3196		
沧州市	0.3134	105	7
邢台市	0.2899	133	8
衡水市	0.2794	154	9
张家口市	0.2761	163	10
承德市	0.2616	185	11

河北各市科技创新发展指数排名依次为石家庄、保定、唐山、廊坊、秦皇岛、邯郸、沧州、邢台、衡水、张家口、承德。其中，沧州及排名在其后的城市科技创新发展指数

低于全国平均值。

创新资源一级指标，河北各市的排名依次为保定、石家庄、秦皇岛、廊坊、沧州、唐山、承德、邯郸、张家口、衡水、邢台。其中唐山及排名在其后的城市创新资源指数低于全国平均值（图 7-26）。

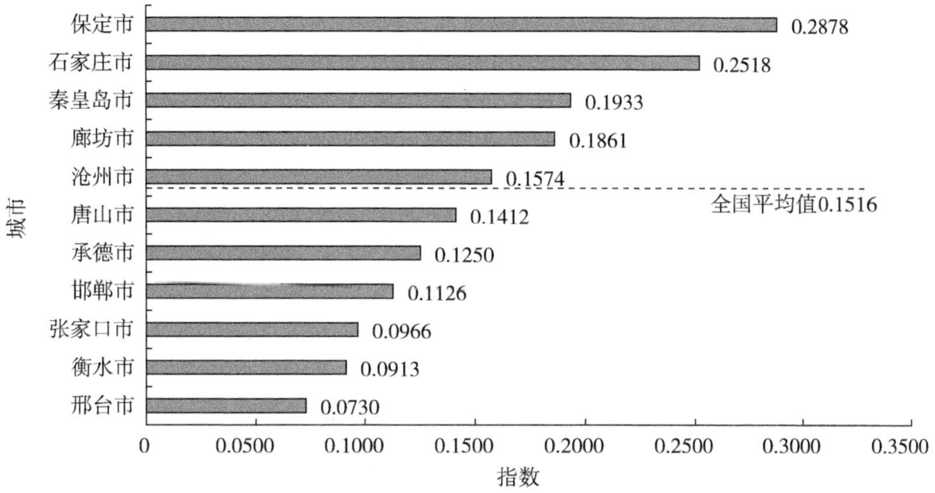

图 7-26　河北各市创新资源指数

创新环境一级指标，河北各市的排名依次为廊坊、石家庄、唐山、秦皇岛、邢台、沧州、承德、张家口、衡水、保定、邯郸。其中，保定和邯郸的创新环境指数低于全国平均值（图 7-27）。

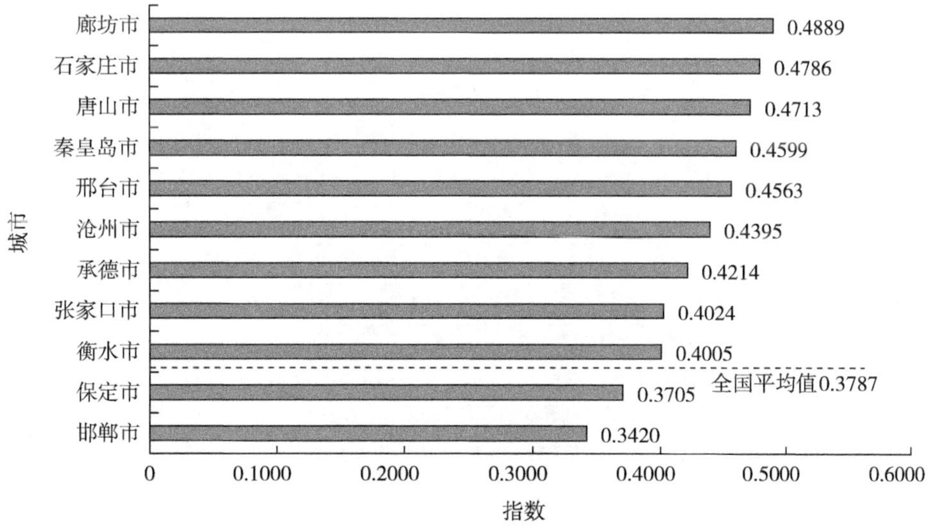

图 7-27　河北各市创新环境指数

创新服务一级指标，河北各市的排名依次为石家庄、保定、唐山、邯郸、廊坊、邢台、衡水、秦皇岛、沧州、张家口、承德。其中，秦皇岛及排名在其后的城市创新服务指数低于全国平均值（图 7–28）。

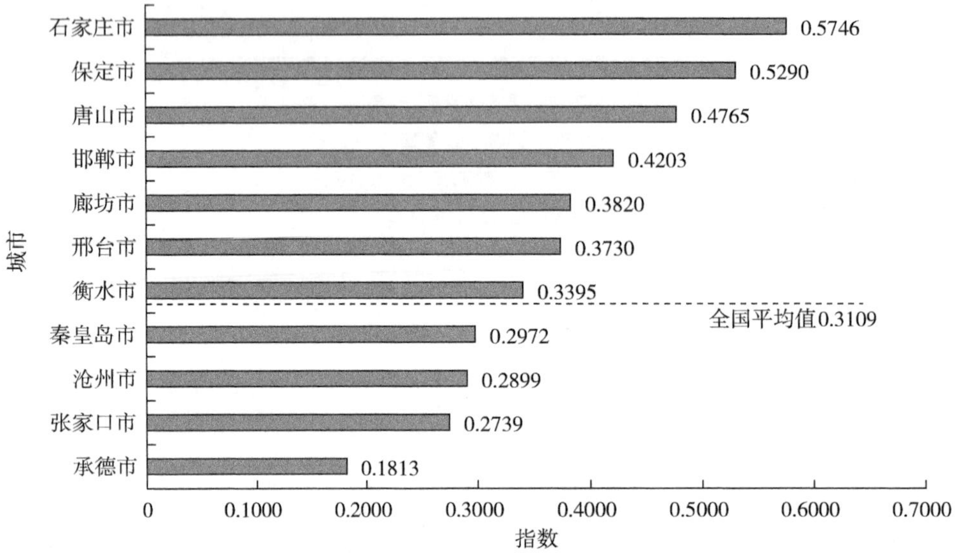

图 7–28　河北各市创新服务指数

创新绩效一级指标，河北各市的排名依次为石家庄、唐山、秦皇岛、保定、廊坊、邯郸、沧州、张家口、承德、衡水、邢台。其中，邯郸及排名在其后的城市创新绩效指数低于全国平均值（图 7–29）。

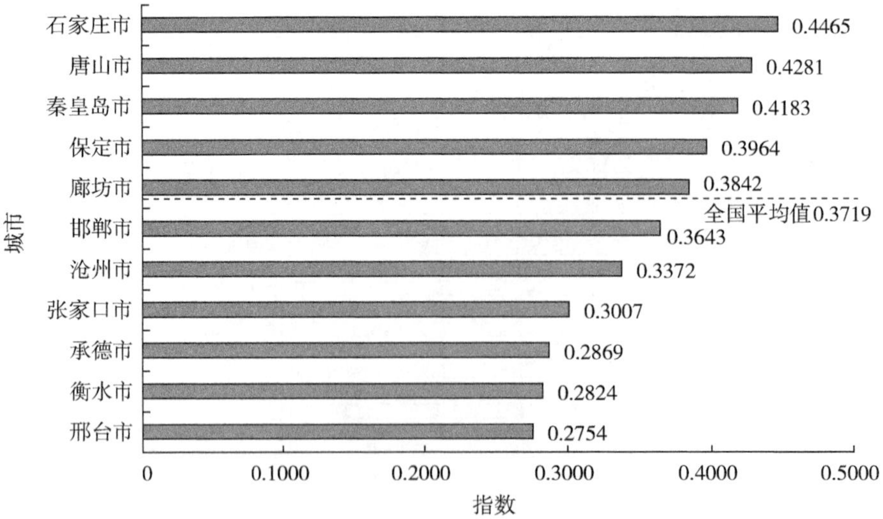

图 7–29　河北各市创新绩效指数

八、河南省城市科技创新发展指数排名及分析

河南，省会郑州，下辖主要城市有郑州、洛阳、许昌、三门峡、新乡、焦作、濮阳、漯河、信阳、南阳、鹤壁、驻马店、商丘、安阳、平顶山、开封、周口。河南各市科技创新发展指数及排名情况如表 7-8 所示。

表 7-8　河南各市科技创新发展指数及排名

城市	科技创新发展指数	全国排名	省内排名
郑州市	0.5495	18	1
洛阳市	0.4055	52	2
新乡市	0.3270	90	3
全国平均值	0.3196		
许昌市	0.3177	103	4
焦作市	0.3069	110	5
南阳市	0.2954	125	6
安阳市	0.2805	151	7
开封市	0.2771	160	8
三门峡市	0.2756	164	9
濮阳市	0.2737	168	10
信阳市	0.2627	183	11
漯河市	0.2585	190	12
商丘市	0.2558	194	13
平顶山市	0.2470	206	14
周口市	0.2307	229	15
驻马店市	0.2232	241	16
鹤壁市	0.2147	257	17

河南各市科技创新发展指数排名依次为郑州、洛阳、新乡、许昌、焦作、南阳、安阳、开封、三门峡、濮阳、信阳、漯河、商丘、平顶山、周口、驻马店、鹤壁。其中只有郑州、洛阳和新乡 3 个城市的科技创新发展指数高于全国平均值。

创新资源一级指标，河南各市的排名依次为郑州、洛阳、许昌、三门峡、新乡、焦作、南阳、开封、商丘、漯河、平顶山、鹤壁、安阳、濮阳、信阳、驻马店和周口。其中许昌及排名在其后的城市创新资源指数低于全国平均值（图 7-30）。

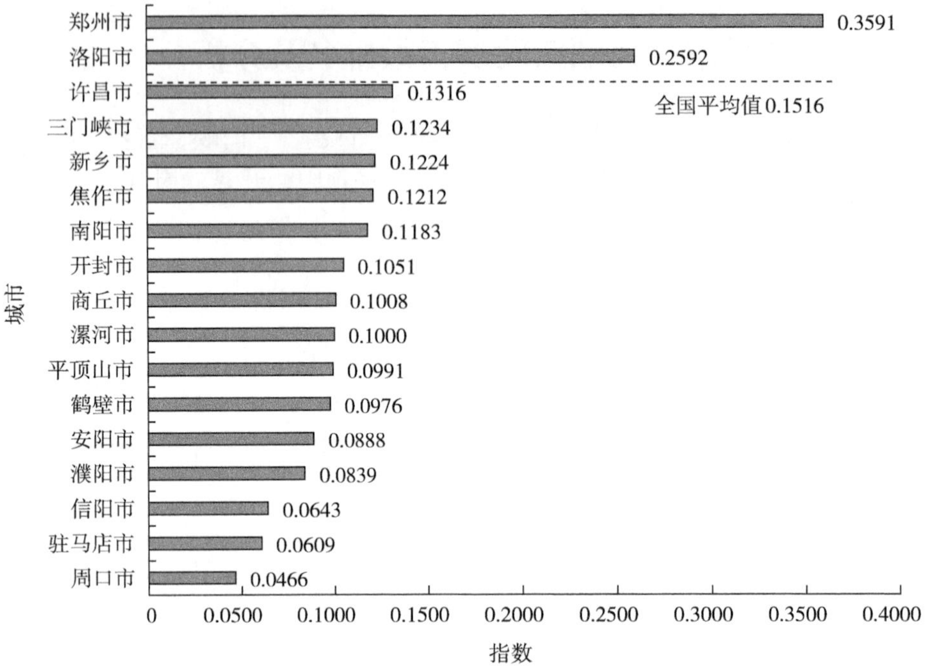

图 7-30　河南各市创新资源指数

创新环境一级指标，河南各市的排名依次为郑州、洛阳、三门峡、许昌、新乡、漯河、濮阳、开封、南阳、安阳、信阳、鹤壁、驻马店、周口、焦作、商丘和平顶山。其中漯河及排名在其后的城市创新环境指数低于全国平均值（图 7-31）。

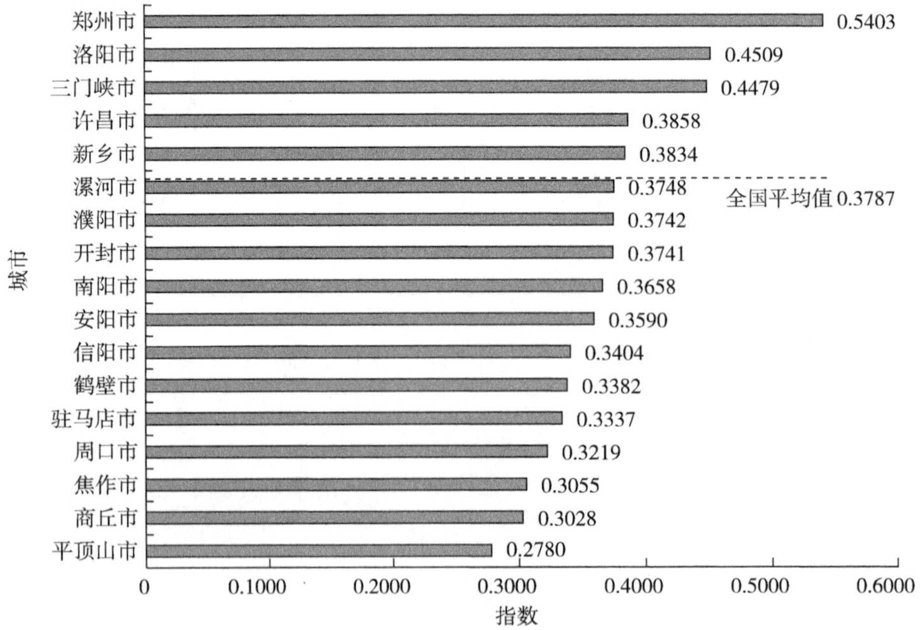

图 7-31　河南各市创新环境指数

创新服务一级指标，河南各市的排名依次为郑州、洛阳、新乡、濮阳、焦作、开封、许昌、南阳、商丘、安阳、信阳、周口、漯河、平顶山、三门峡、驻马店和鹤壁。其中商丘及排名在其后的城市创新服务指数低于全国平均值（图 7–32）。

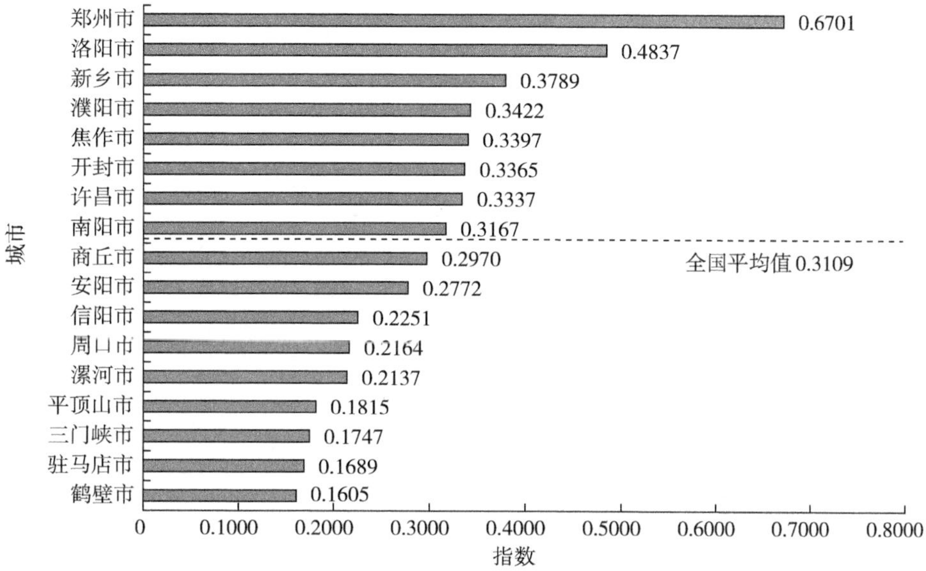

图 7–32 河南各市创新服务指数

创新绩效一级指标，河南各市的排名依次为郑州、洛阳、焦作、新乡、许昌、南阳、信阳、安阳、平顶山、三门峡、漯河、商丘、开封、濮阳、周口、驻马店和鹤壁。其中新乡及排名在其后的城市创新绩效指数低于全国平均值（图 7–33）。

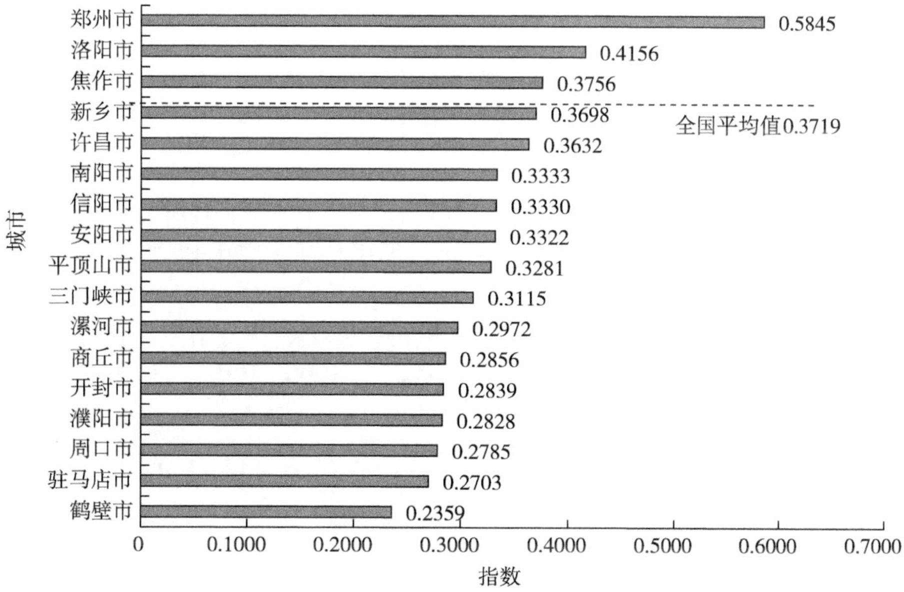

图 7–33 河南各市创新绩效指数

九、黑龙江省城市科技创新发展指数排名及分析

黑龙江，省会哈尔滨，下辖主要城市有哈尔滨、大庆、佳木斯、绥化、双鸭山、伊春、齐齐哈尔、牡丹江、鸡西、七台河、黑河、鹤岗。黑龙江各市科技创新发展指数及排名情况如表 7–9 所示。

表 7–9　黑龙江各市科技创新发展指数及排名

城市	科技创新发展指数	全国排名	省内排名
哈尔滨市	0.4533	39	1
大庆市	0.3501	79	2
全国平均值	0.3196		
齐齐哈尔市	0.2705	170	3
牡丹江市	0.2464	209	4
佳木斯市	0.2457	210	5
黑河市	0.2007	268	6
绥化市	0.1998	269	7
鸡西市	0.1848	276	8
伊春市	0.1779	279	9
双鸭山市	0.1696	284	10
七台河市	0.1691	285	11
鹤岗市	0.1646	287	12

黑龙江各市科技创新发展指数排名依次为哈尔滨、大庆、齐齐哈尔、牡丹江、佳木斯、黑河、绥化、鸡西、伊春、双鸭山、七台河、鹤岗。其中，哈尔滨和大庆的城市科技创新发展指数高于全国平均值。

创新资源一级指标，黑龙江各市的排名依次为大庆、哈尔滨、伊春、齐齐哈尔、牡丹江、七台河、双鸭山、佳木斯、鹤岗、鸡西、黑河、绥化。其中大庆和哈尔滨的创新资源指数高于全国平均值（图 7–34）。

创新环境一级指标，黑龙江各市的排名依次为哈尔滨、齐齐哈尔、牡丹江、佳木斯、黑河、大庆、鸡西、绥化、伊春、双鸭山、鹤岗、七台河。其中，只有哈尔滨的城市创新环境指数高于全国平均值（图 7–35）。

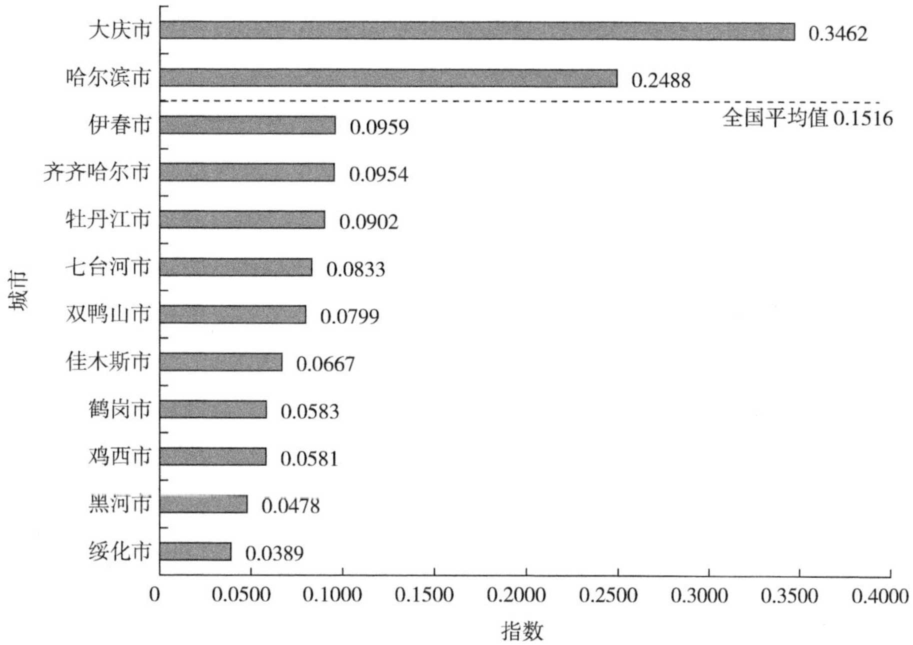

图 7-34　黑龙江各市创新资源指数

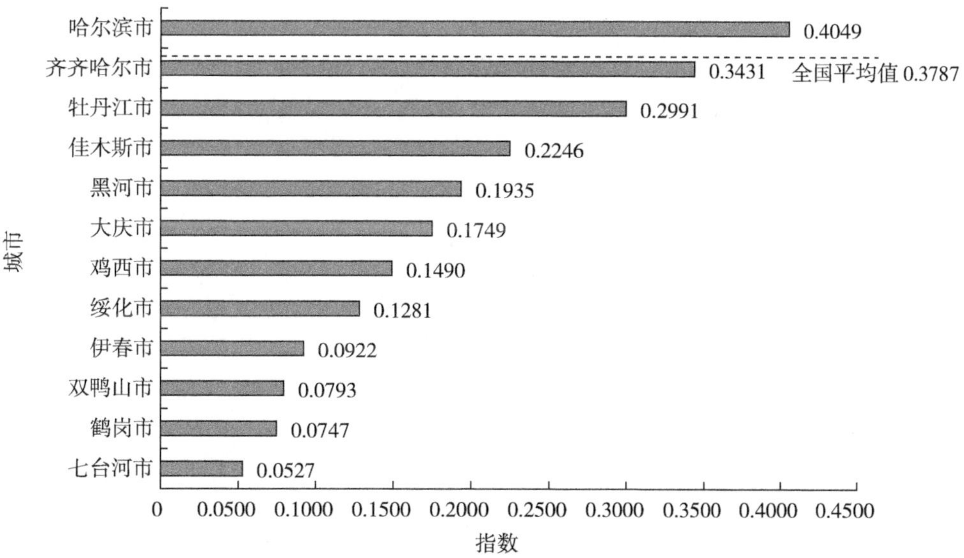

图 7-35　黑龙江各市创新环境指数

创新服务一级指标，黑龙江各市的排名依次为哈尔滨、大庆、齐齐哈尔、佳木斯、牡丹江、绥化、黑河、鸡西、双鸭山、鹤岗、七台河、伊春。其中，佳木斯及排名在其后的城市创新服务指数低于全国平均值（图 7-36）。

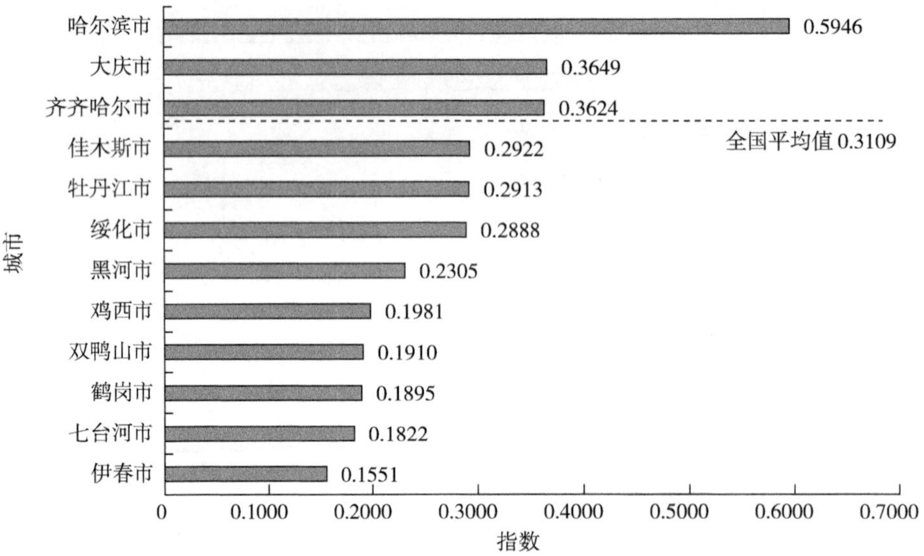

图 7-36 黑龙江各市创新服务指数

创新绩效一级指标，黑龙江各市的排名依次为哈尔滨、大庆、佳木斯、齐齐哈尔、牡丹江、绥化、伊春、黑河、七台河、鸡西、鹤岗、双鸭山。其中，哈尔滨和大庆的创新绩效指数高于全国平均值（图 7-37）。

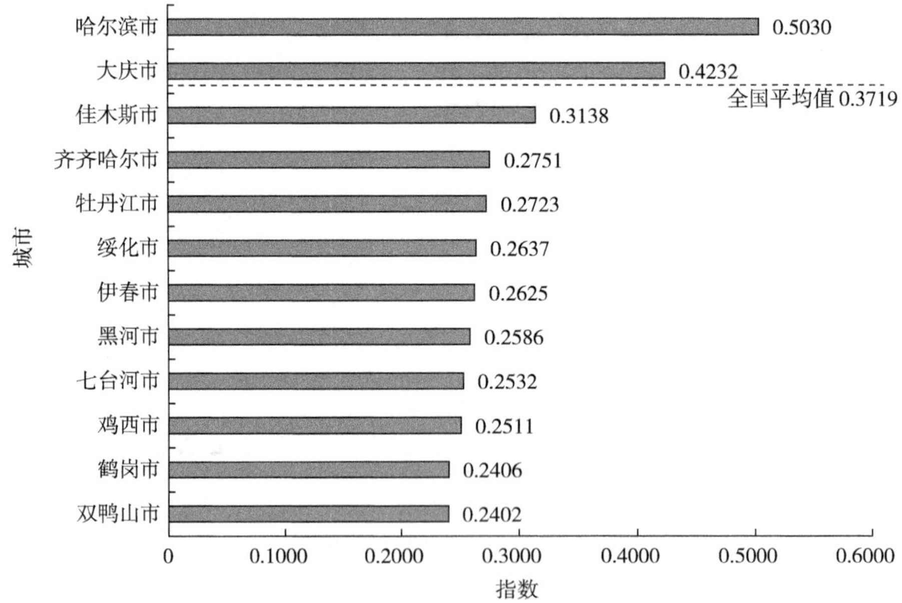

图 7-37 黑龙江各市创新绩效指数

十、湖北省城市科技创新发展指数排名及分析

湖北，省会武汉，下辖主要城市有武汉、鄂州、襄阳、十堰、宜昌、咸宁、荆门、随州、黄石、黄冈、孝感、荆州。湖北各市科技创新发展指数及排名情况如表 7-10 所示。

表 7-10 湖北各市科技创新发展指数及排名

城市	科技创新发展指数	全国排名	省内排名
武汉市	0.6919	7	1
宜昌市	0.3747	70	2
襄阳市	0.3504	78	3
荆州市	0.3269	91	4
十堰市	0.3239	94	5
黄石市	0.3221	97	6
全国平均值	0.3196		
荆门市	0.2831	145	7
孝感市	0.2818	146	8
咸宁市	0.2792	155	9
黄冈市	0.2756	165	10
鄂州市	0.2464	208	11
随州市	0.2257	235	12

湖北各市科技创新发展指数排名依次为武汉、宜昌、襄阳、荆州、十堰、黄石、荆门、孝感、咸宁、黄冈、鄂州、随州。其中有半数的城市科技创新发展指数高于全国平均值。

创新资源一级指标，湖北各市的排名依次为武汉、襄阳、宜昌、黄石、荆门、荆州、孝感、咸宁、十堰、鄂州、随州和黄冈。其中黄石及排名在其后的城市创新资源指数低于全国平均值（图 7-38）。

创新环境一级指标，湖北各市的排名依次为武汉、襄阳、宜昌、黄石、荆门、荆州、咸宁、十堰、黄冈、孝感、鄂州和随州。其中黄石及排名在其后的城市创新环境指数低于全国平均值（图 7-39）。

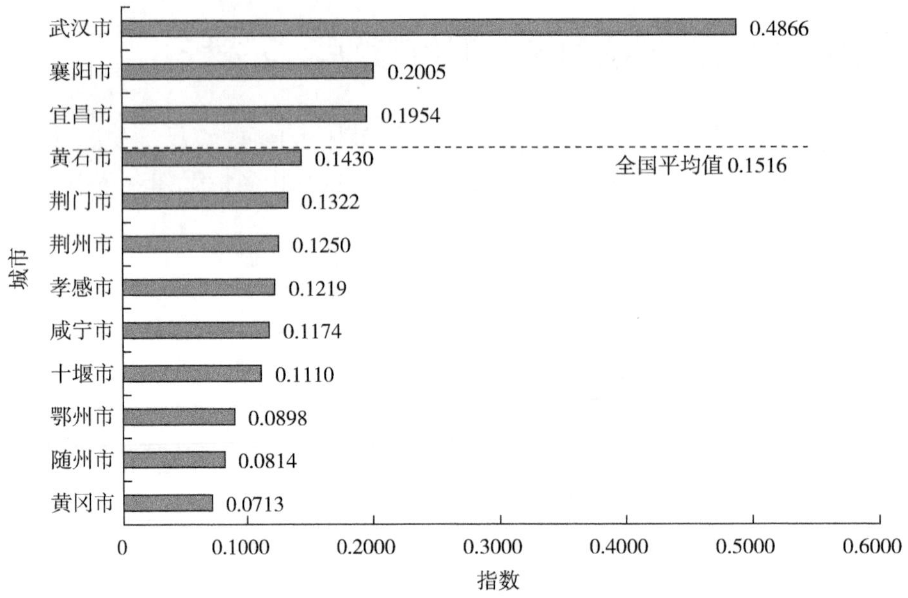

图 7-38　湖北各市创新资源指数

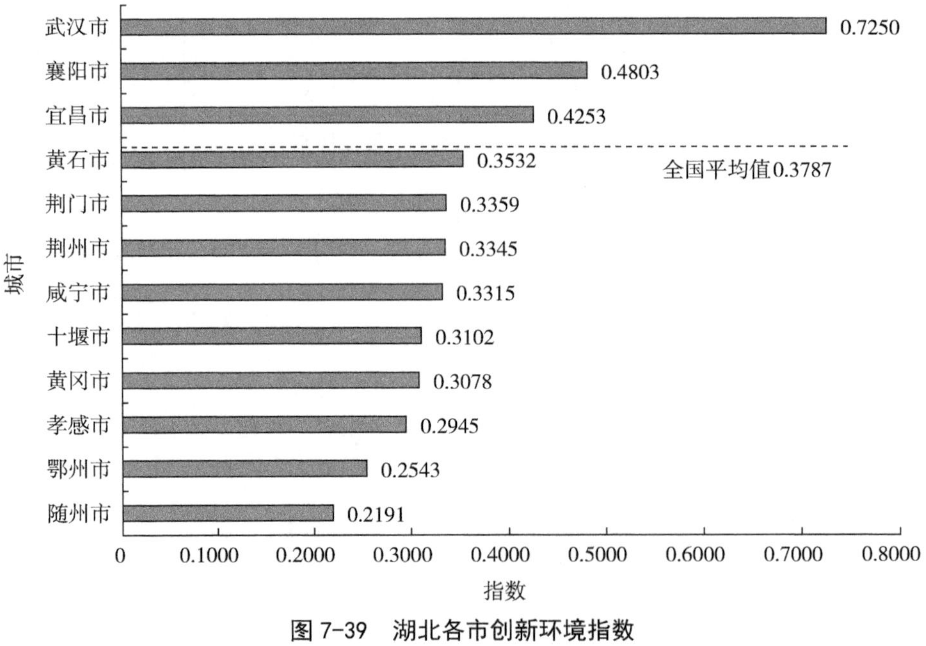

图 7-39　湖北各市创新环境指数

创新服务一级指标，湖北各市的排名依次为武汉、襄阳、十堰、宜昌、荆州、黄冈、荆门、黄石、咸宁、孝感、随州和鄂州。其中荆门及排名在其后的城市创新服务指数低于全国平均值（图 7-40）。

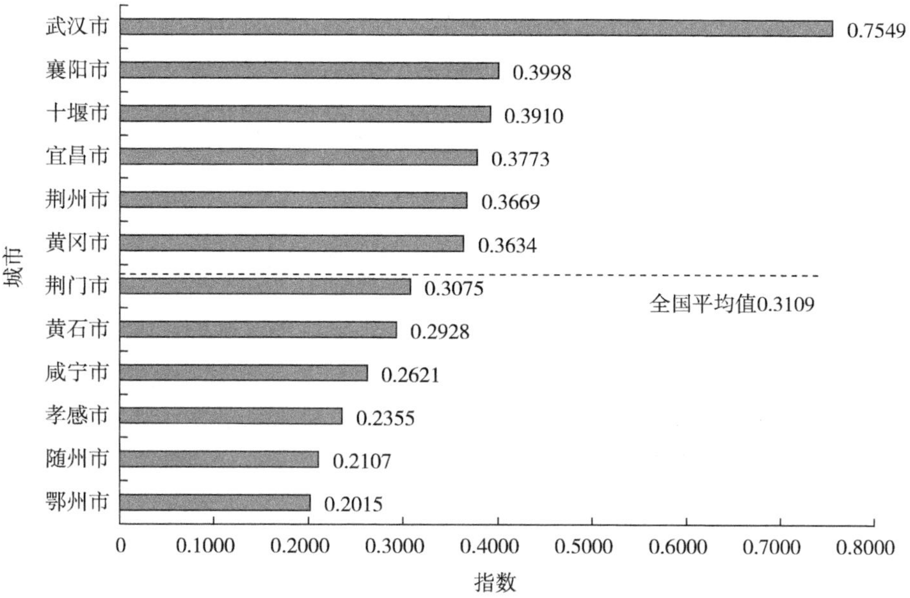

图 7-40　湖北各市创新服务指数

创新绩效一级指标，湖北各市的排名依次为武汉、宜昌、黄石、荆州、十堰、孝感、襄阳、咸宁、鄂州、荆门、黄冈和随州。其中孝感及排名在其后的城市创新绩效指数低于全国平均值（图 7-41）。

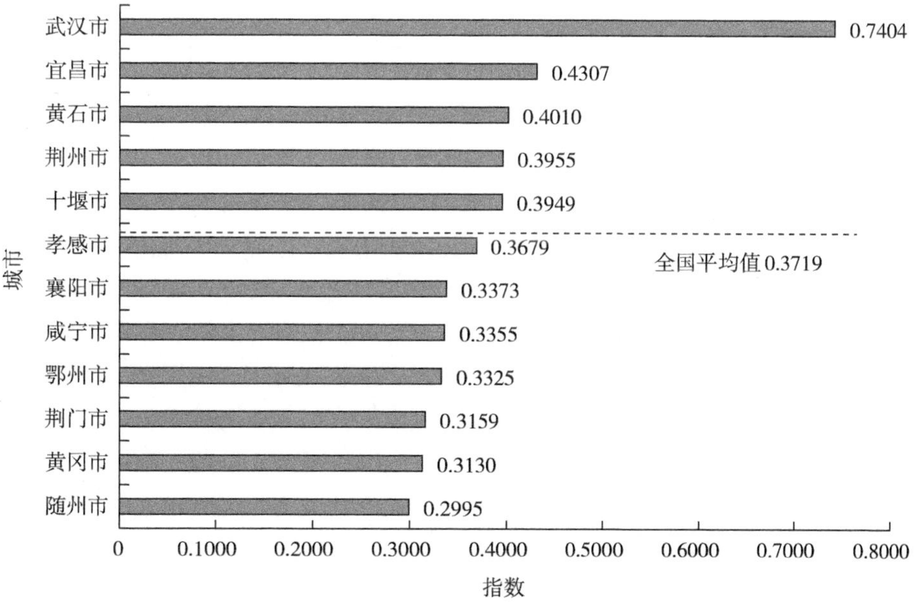

图 7-41　湖北各市创新绩效指数

十一、湖南省城市科技创新发展指数排名及分析

湖南，省会长沙，下辖主要城市有长沙、株洲、常德、湘潭、岳阳、郴州、怀化、益阳、张家界、衡阳、永州、娄底、邵阳。湖南各市科技创新发展指数及排名情况如表 7–11 所示。

表 7–11　湖南各市科技创新发展指数及排名

城市	科技创新发展指数	全国排名	省内排名
长沙市	0.5478	20	1
株洲市	0.3962	58	2
湘潭市	0.3450	82	3
全国平均值	0.3196		
郴州市	0.3133	106	4
常德市	0.3060	111	5
衡阳市	0.3017	116	6
岳阳市	0.2958	124	7
永州市	0.2634	181	8
怀化市	0.2497	200	9
邵阳市	0.2324	226	10
益阳市	0.2309	227	11
娄底市	0.2175	251	12
张家界市	0.2145	258	13

湖南各市科技创新发展指数排名依次为长沙、株洲、湘潭、郴州、常德、衡阳、岳阳、永州、怀化、邵阳、益阳、娄底和张家界。其中只有长沙、株洲、湘潭 3 个城市的科技创新发展指数高于全国平均值。

创新资源一级指标，湖南各市的排名依次为长沙、株洲、湘潭、岳阳、郴州、怀化、常德、衡阳、益阳、永州、娄底、邵阳和张家界。其中衡阳及排名在其后的城市创新资源指数低于全国平均值（图 7–42）。

创新环境一级指标，湖南各市的排名依次为长沙、株洲、郴州、衡阳、永州、湘潭、常德、岳阳、怀化、邵阳、张家界、娄底和益阳。其中永州及排名在其后的城市创新环境指数低于全国平均值（图 7–43）。

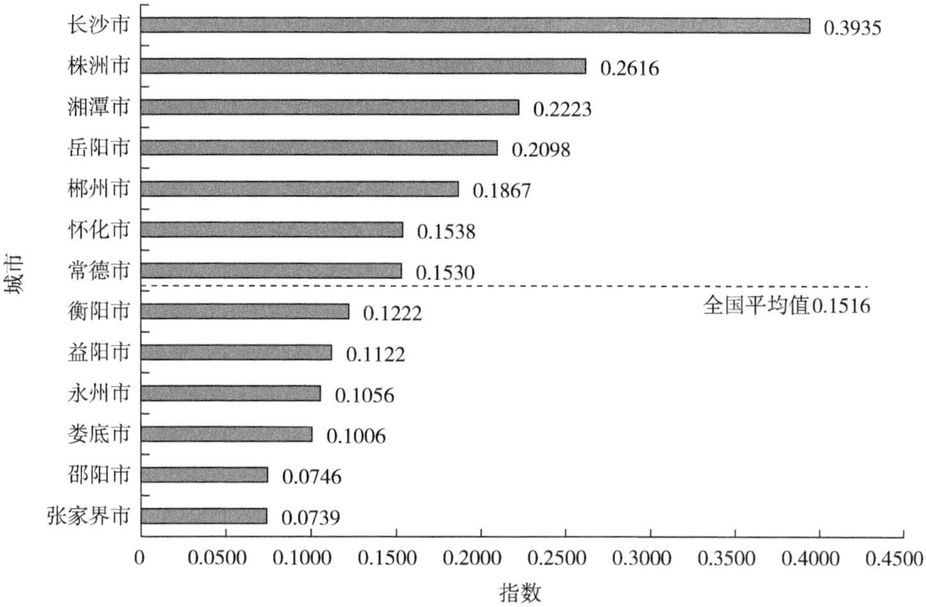

图 7-42　湖南各市创新资源指数

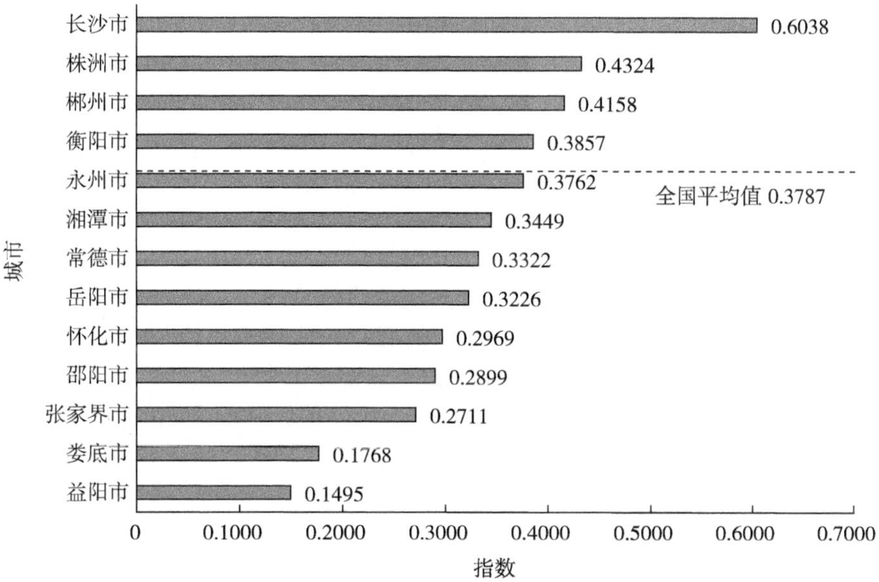

图 7-43　湖南各市创新环境指数

创新服务一级指标，湖南各市的排名依次为长沙、株洲、常德、岳阳、湘潭、郴州、益阳、永州、衡阳、邵阳、娄底、怀化和张家界。其中常德及排名在其后的城市创新服务指数低于全国平均值（图 7-44）。

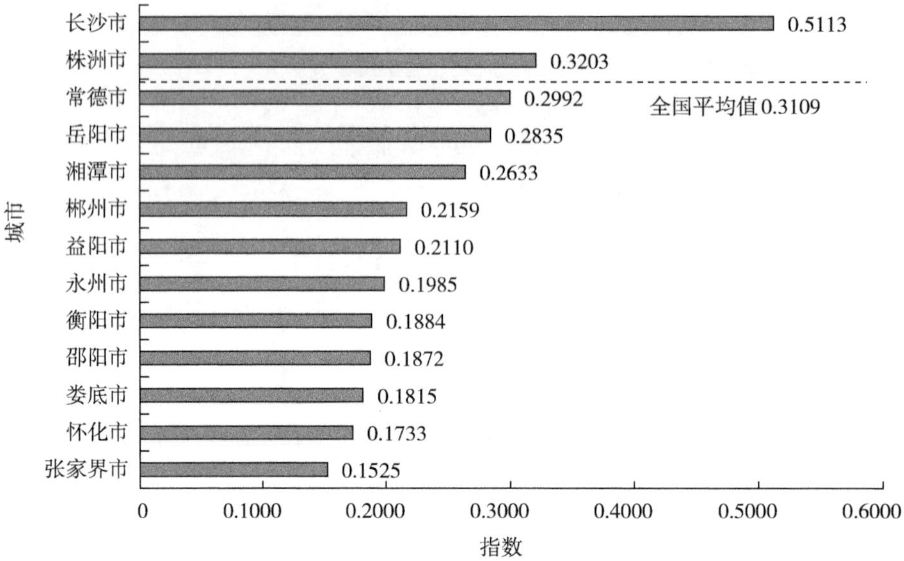

图 7-44　湖南各市创新服务指数

创新绩效一级指标，湖南各市的排名依次为长沙、株洲、湘潭、衡阳、郴州、常德、益阳、岳阳、永州、怀化、娄底、邵阳和张家界。其中郴州及排名在其后的城市创新绩效指数低于全国平均值（图 7-45）。

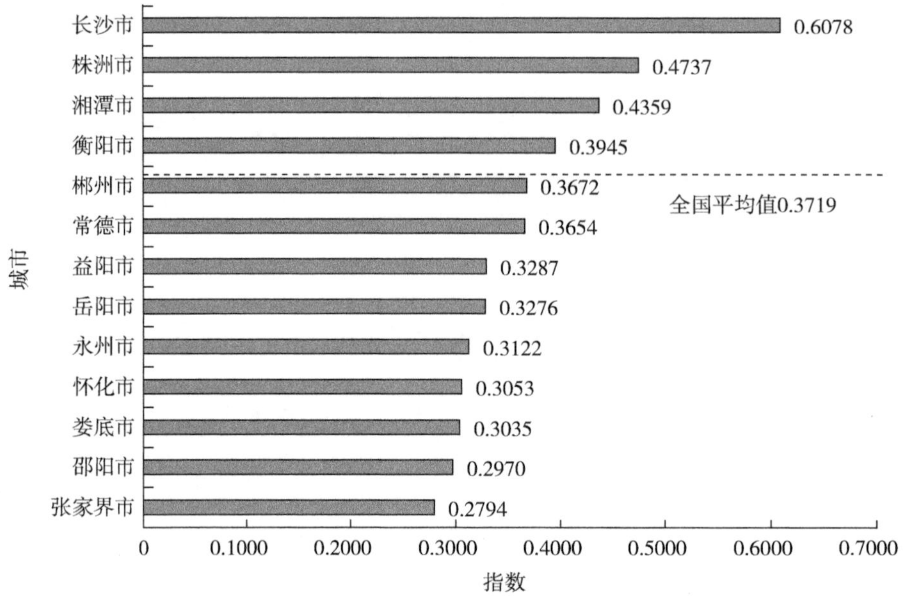

图 7-45　湖南各市创新绩效指数

十二、吉林省城市科技创新发展指数排名及分析

吉林，省会长春，下辖主要城市有长春、白城、白山、吉林、辽源、通化、松原、四平。吉林各市科技创新发展指数及排名情况如表 7–12 所示。

表 7–12　吉林各市科技创新发展指数及排名

城市	科技创新发展指数	全国排名	省内排名
长春市	0.4498	41	1
全国平均值	0.3196		
吉林市	0.2988	122	2
四平市	0.2434	216	3
通化市	0.2305	230	4
辽源市	0.2197	246	5
白城市	0.2082	263	6
白山市	0.2074	264	7
松原市	0.1752	281	8

吉林各市科技创新发展指数排名依次为长春、吉林、四平、通化、辽源、白城、白山、松原。其中，只有省会长春的科技创新发展指数高于全国平均值。

创新资源一级指标，吉林各市的排名依次为长春、通化、吉林、辽源、白城、四平、松原、白山。其中，只有长春的创新资源指数高于全国平均值（图 7–46）。

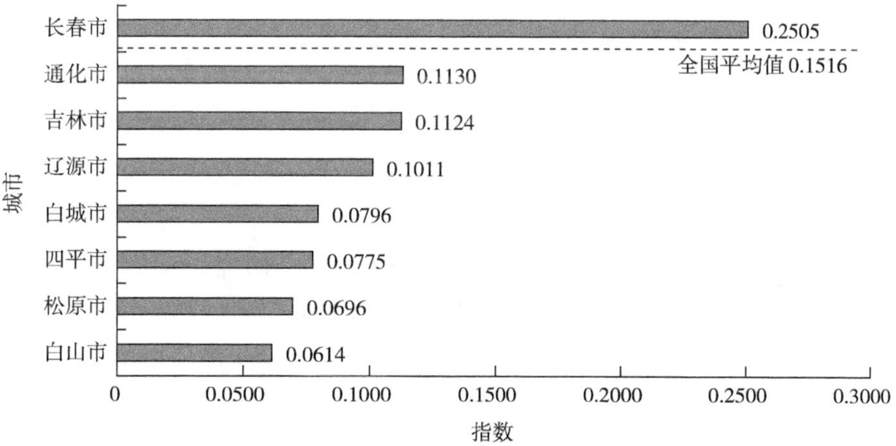

图 7–46　吉林各市创新资源指数

创新环境一级指标，吉林各市的排名依次为长春、吉林、通化、白山、白城、四平、松原、辽源。其中，只有长春的创新环境指数高于全国平均值（图 7–47）。

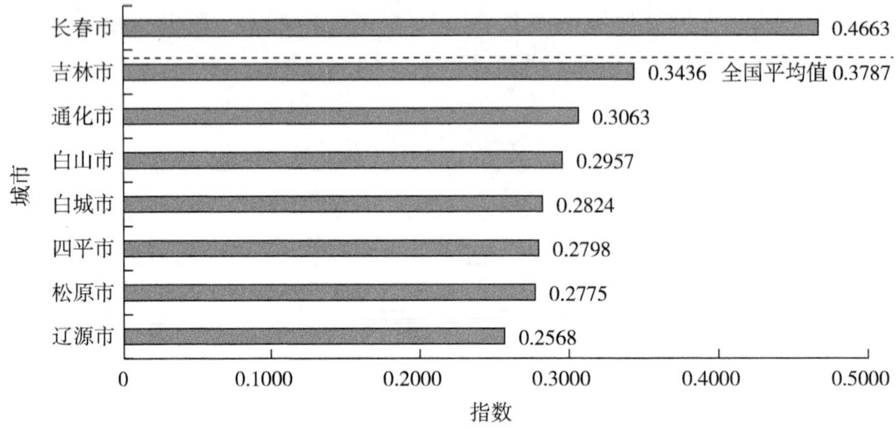

图 7–47　吉林各市创新环境指数

创新服务一级指标，吉林各市的排名依次为长春、吉林、四平、辽源、通化、白城、白山、松原。其中，长春和吉林的创新服务指数高于全国平均值（图 7–48）。

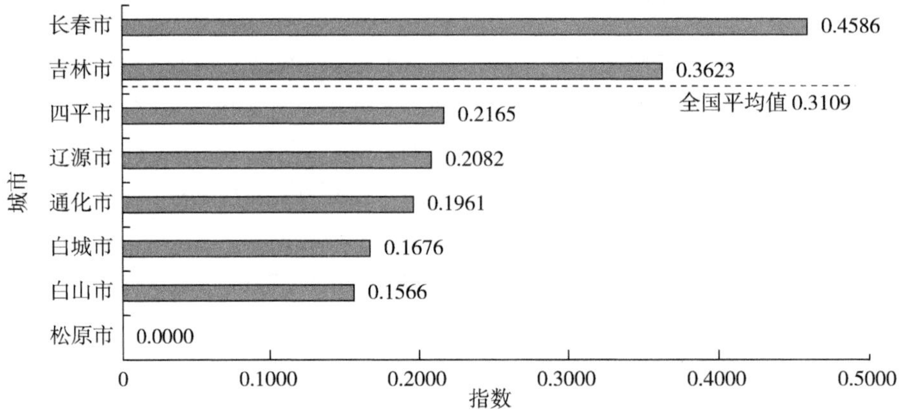

图 7–48　吉林各市创新服务指数

创新绩效一级指标，吉林各市的排名依次为长春、吉林、四平、通化、辽源、白山、松原、白城。其中，只有长春的创新绩效指数高于全国平均值（图 7–49）。

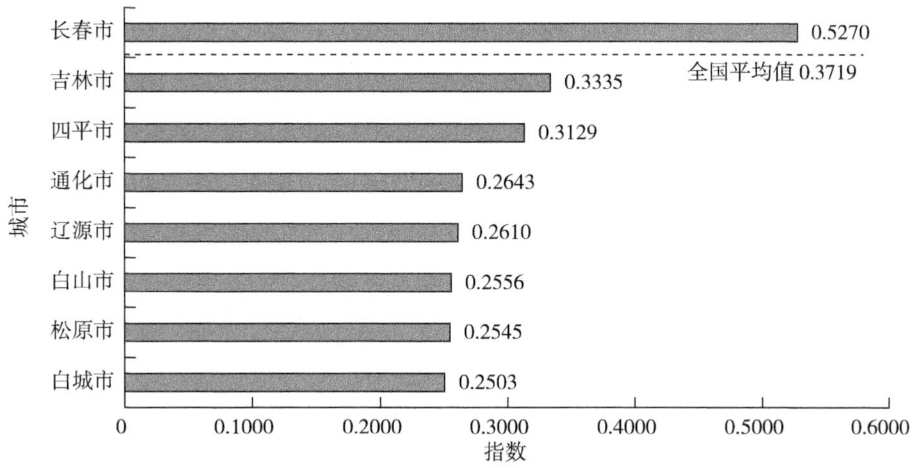

图 7-49 吉林各市创新绩效指数

十三、江苏省城市科技创新发展指数排名及分析

江苏，省会南京，下辖主要城市有南京、苏州、无锡、常州、镇江、南通、扬州、泰州、盐城、徐州、连云港、淮安、宿迁。江苏各市科技创新发展指数及排名情况如表 7-13 所示。

表 7-13 江苏各市科技创新发展指数及排名

城市	科技创新发展指数	全国排名	省内排名
南京市	0.7066	4	1
苏州市	0.6537	8	2
无锡市	0.5692	16	3
常州市	0.5490	19	4
南通市	0.4766	31	5
镇江市	0.4693	33	6
扬州市	0.4683	34	7
徐州市	0.4421	44	8
盐城市	0.4106	51	9
泰州市	0.3804	66	10
连云港市	0.3719	73	11
淮安市	0.3485	80	12
全国平均值	0.3196		
宿迁市	0.3182	102	13

江苏各市科技创新发展指数排名依次为南京、苏州、无锡、常州、南通、镇江、扬州、徐州、盐城、泰州、连云港、淮安、宿迁。其中，只有宿迁的科技创新发展指数低于全国平均值。

创新资源一级指标，江苏各市的排名依次为南京、苏州、常州、无锡、镇江、扬州、连云港、南通、徐州、泰州、盐城、淮安、宿迁。其中，只有宿迁的创新资源指数低于全国平均值（图 7–50）。

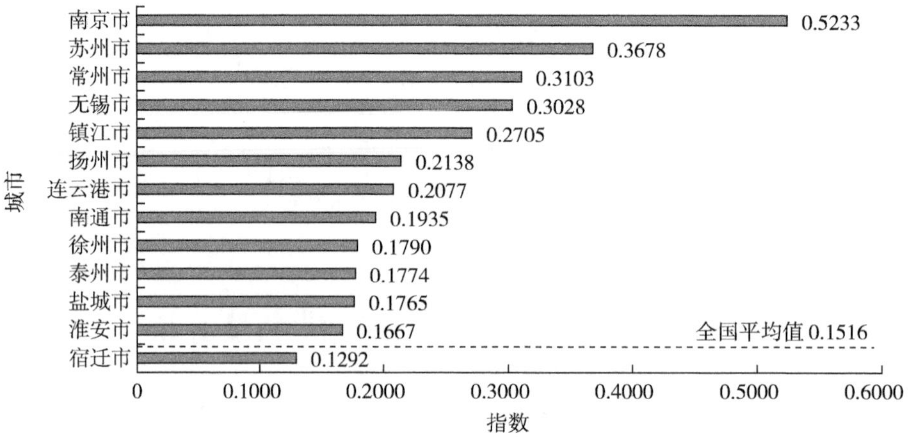

图 7–50 江苏各市创新资源指数

创新环境一级指标，江苏各市的排名依次为南京、苏州、无锡、常州、扬州、南通、镇江、徐州、盐城、淮安、连云港、宿迁、泰州。江苏所有城市的创新环境指数都高于全国平均值（图 7–51）。

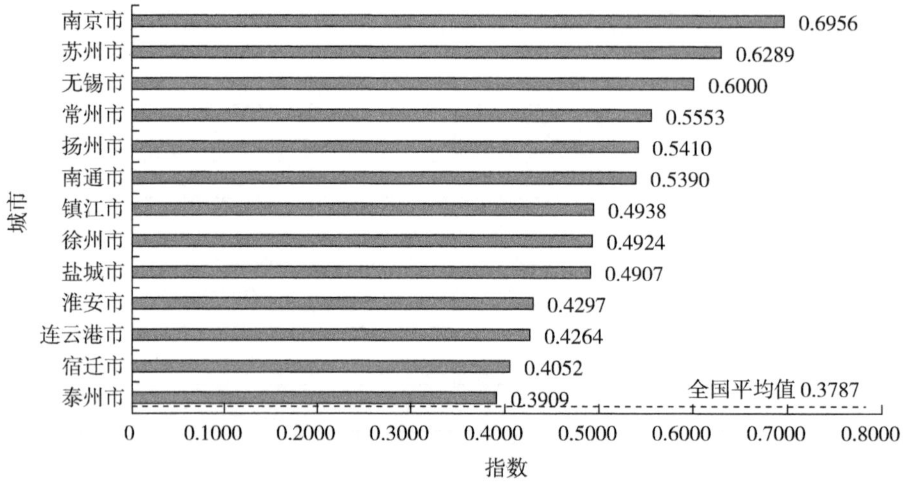

图 7–51 江苏各市创新环境指数

创新服务一级指标，江苏各市的排名依次为南京、苏州、无锡、常州、南通、徐州、镇江、扬州、盐城、泰州、连云港、宿迁、淮安。其中，只有淮安的创新服务指数低于全国平均值（图 7–52）。

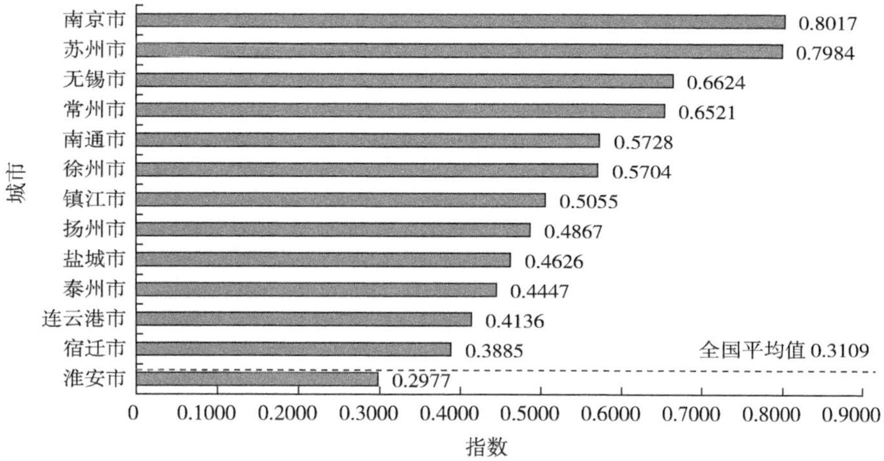

图 7–52 江苏各市创新服务指数

创新绩效一级指标，江苏各市的排名依次为南京、苏州、无锡、常州、扬州、南通、镇江、徐州、盐城、泰州、淮安、连云港、宿迁。其中，只有宿迁的创新绩效指数低于全国平均值（图 7–53）。

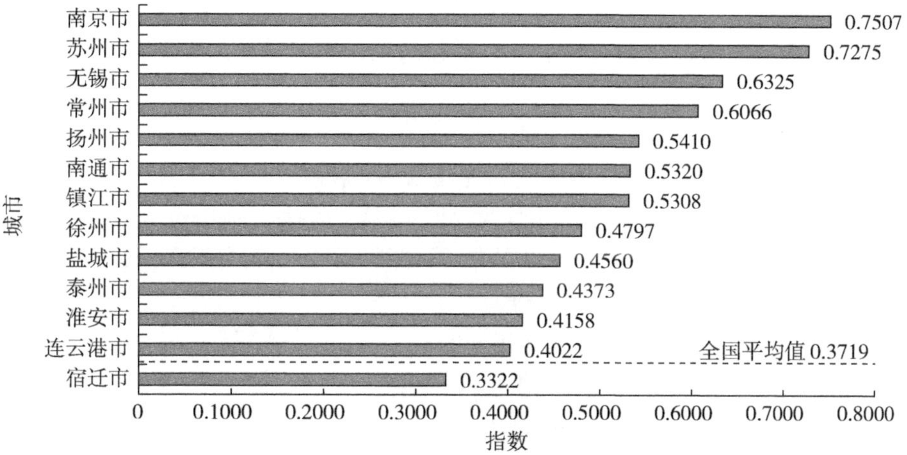

图 7–53 江苏各市创新绩效指数

十四、江西省城市科技创新发展指数排名及分析

江西，省会南昌，下辖主要城市有南昌、景德镇、新余、鹰潭、吉安、九江、萍乡、赣州、宜春、抚州、上饶。江西各市科技创新发展指数及排名情况如表 7–14 所示。

表 7-14　江西各市科技创新发展指数及排名

城市	科技创新发展指数	全国排名	省内排名
南昌市	0.4671	36	1
赣州市	0.3418	84	2
全国平均值	0.3196		
九江市	0.3085	107	3
鹰潭市	0.3050	113	4
景德镇市	0.2992	121	5
吉安市	0.2965	123	6
宜春市	0.2927	129	7
新余市	0.2863	138	8
抚州市	0.2843	143	9
上饶市	0.2808	150	10
萍乡市	0.2668	176	11

江西各市科技创新发展指数排名依次为南昌、赣州、九江、鹰潭、景德镇、吉安、宜春、新余、抚州、上饶、萍乡。其中，只有南昌和赣州的科技创新发展指数高于全国平均值，其余城市的科技创新发展指数低于全国平均值。

创新资源一级指标，江西各市的排名依次为鹰潭、南昌、九江、新余、萍乡、景德镇、宜春、赣州、吉安、抚州、上饶。其中，鹰潭和南昌的创新资源指数高于全国平均值（图 7-54）。

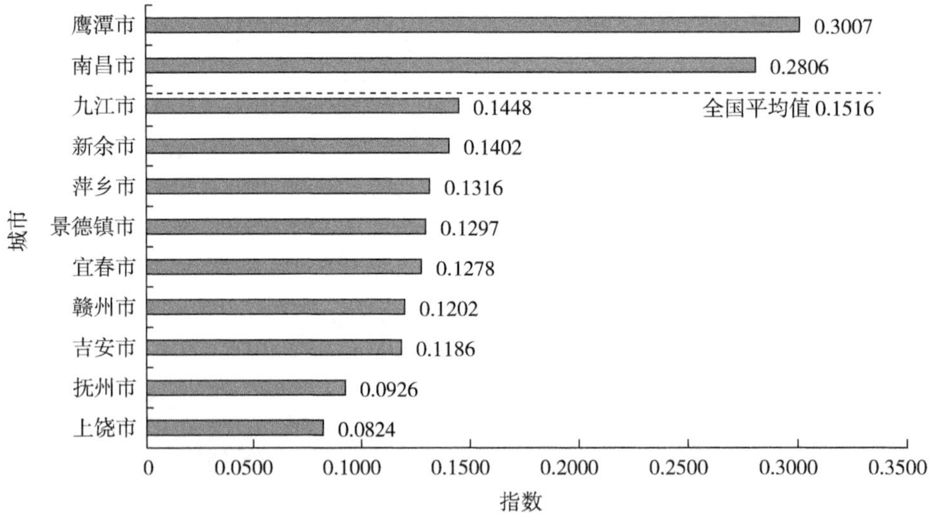

图 7-54　江西各市创新资源指数

创新环境一级指标，江西各市的排名依次为南昌、九江、赣州、宜春、吉安、上饶、鹰潭、新余、萍乡、抚州、景德镇。其中，吉安及排名在其后的城市创新环境指数低于全国平均值（图 7–55）。

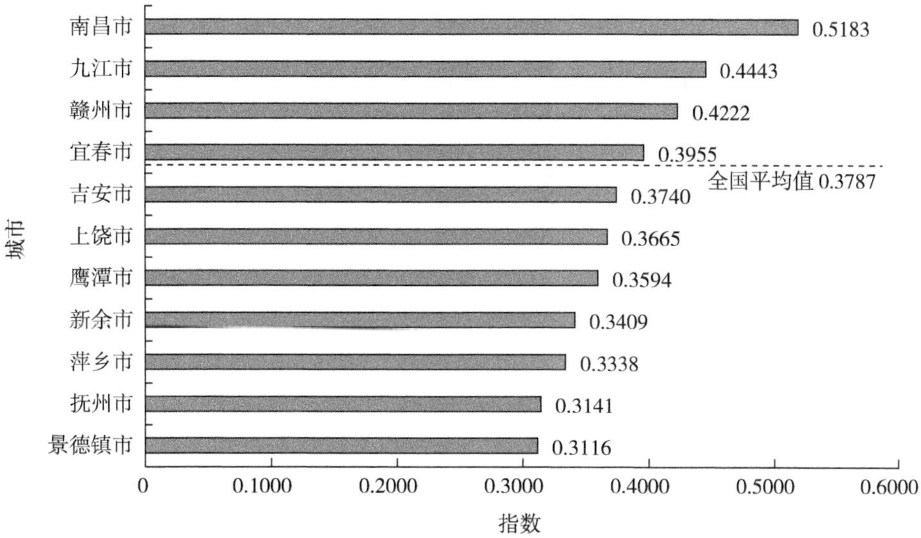

图 7–55　江西各市创新环境指数

创新服务一级指标，江西各市的排名依次为南昌、赣州、抚州、吉安、九江、上饶、宜春、新余、萍乡、鹰潭、景德镇。其中，九江及排名在其后的城市创新服务指数低于全国平均值（图 7–56）。

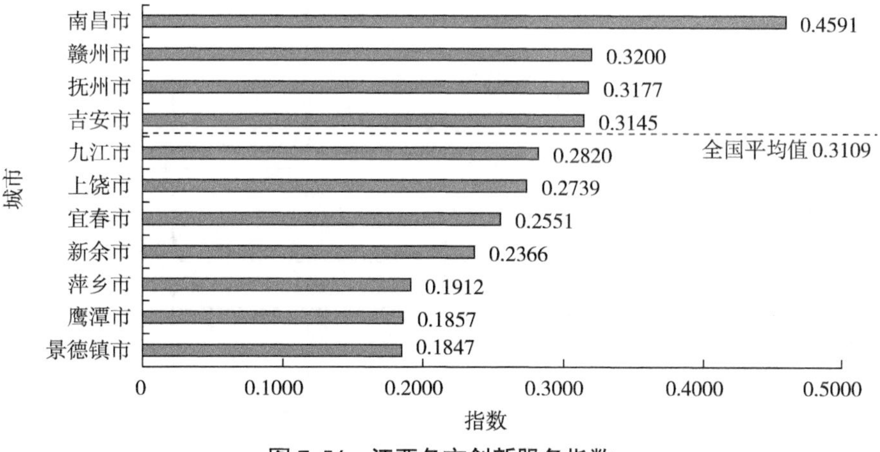

图 7–56　江西各市创新服务指数

创新绩效一级指标，江西各市的排名依次为南昌、景德镇、赣州、新余、抚州、宜春、鹰潭、上饶、吉安、九江、萍乡。其中，新余及排名在其后的城市创新绩效指数低于全国平均值（图 7–57）。

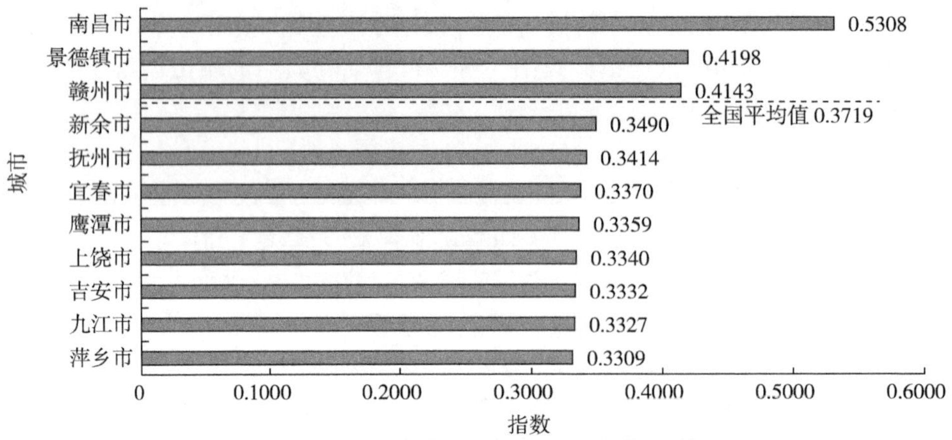

图 7-57　江西各市创新绩效指数

十五、辽宁省城市科技创新发展指数排名及分析

辽宁，省会沈阳，下辖主要城市有沈阳、大连、盘锦、本溪、锦州、鞍山、丹东、辽阳、抚顺、营口、朝阳、阜新、铁岭、葫芦岛。辽宁各市科技创新发展指数及排名情况如表 7-15 所示。

表 7-15　辽宁各市科技创新发展指数及排名

城市	科技创新发展指数	全国排名	省内排名
大连市	0.4697	32	1
沈阳市	0.4676	35	2
全国平均值	0.3196		
鞍山市	0.3059	112	3
盘锦市	0.2856	140	4
锦州市	0.2768	162	5
营口市	0.2337	225	6
阜新市	0.2304	231	7
丹东市	0.2246	236	8
抚顺市	0.2184	249	9
本溪市	0.2168	252	10
葫芦岛市	0.2140	260	11
铁岭市	0.1977	270	12
辽阳市	0.1965	272	13
朝阳市	0.1820	277	14

辽宁各市科技创新发展指数排名依次为大连、沈阳、鞍山、盘锦、锦州、营口、阜新、丹东、抚顺、本溪、葫芦岛、铁岭、辽阳、朝阳。其中，大连和沈阳的科技创新发展指数高于全国平均值，其余城市的科技创新发展指数低于全国平均值。

创新资源一级指标，辽宁各市的排名依次为沈阳、大连、盘锦、抚顺、锦州、鞍山、营口、阜新、本溪、丹东、辽阳、朝阳、铁岭、葫芦岛。其中，只有大连和沈阳的创新资源指数高于全国平均值（图 7–58）。

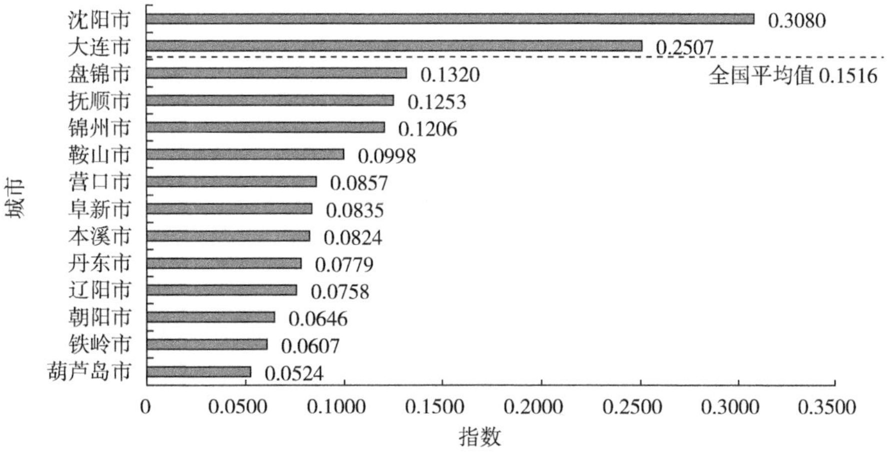

图 7–58 辽宁各市创新资源指数

创新环境一级指标，辽宁各市的排名依次为大连、沈阳、盘锦、葫芦岛、朝阳、丹东、铁岭、抚顺、辽阳、锦州、营口、阜新、本溪、鞍山。其中，只有大连和沈阳的创新环境指数高于全国平均值（图 7–59）。

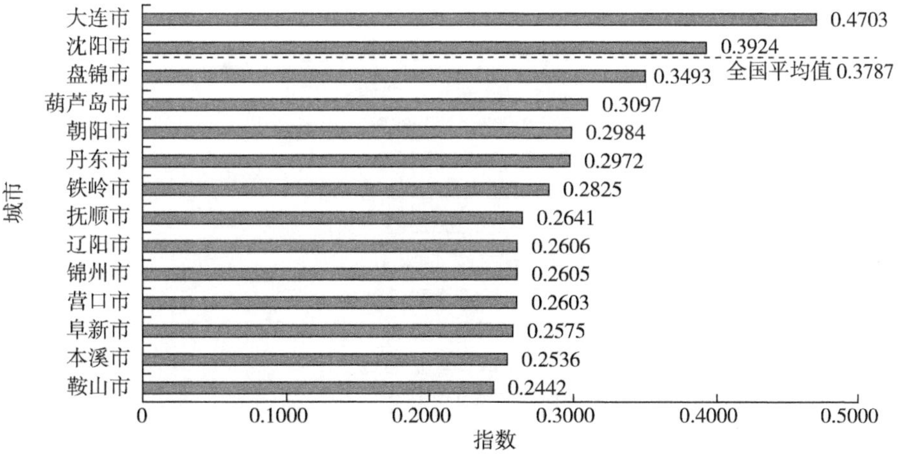

图 7–59 辽宁各市创新环境指数

在 = 创新服务一级指标，辽宁各市的排名依次为沈阳、大连、鞍山、盘锦、锦州、阜新、营口、葫芦岛、铁岭、丹东、本溪、辽阳、朝阳、抚顺。其中，只有沈阳和大连的创新服务指数高于全国平均值（图 7–60）。

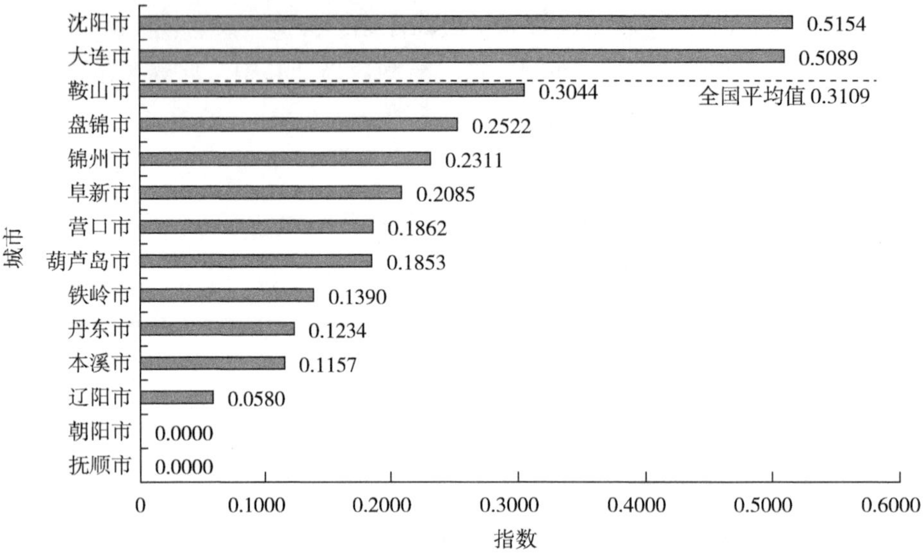

图 7-60　辽宁各市创新服务指数

创新绩效一级指标，辽宁各市的排名依次为沈阳、大连、鞍山、锦州、盘锦、抚顺、营口、本溪、丹东、阜新、辽阳、朝阳、葫芦岛、铁岭。其中，盘锦及排名在其后城市的创新绩效指数低于全国平均值（图 7–61）。

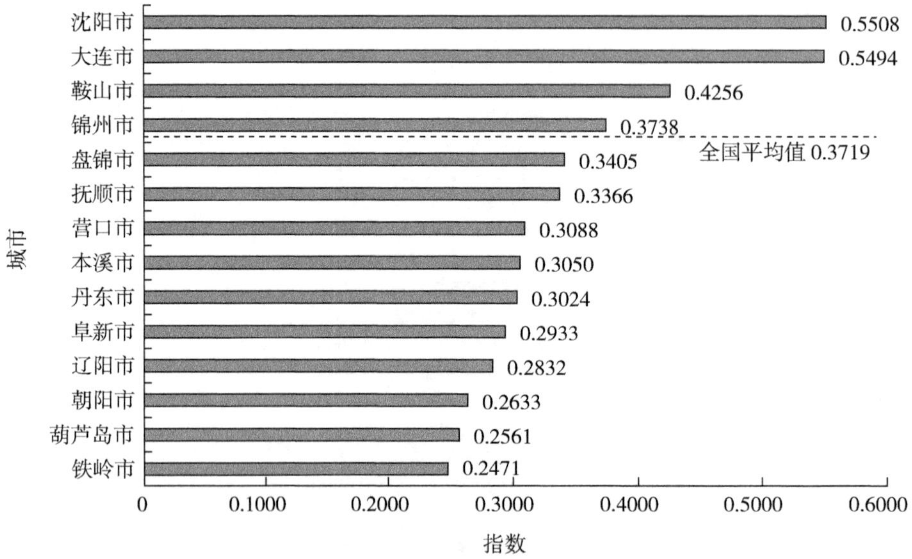

图 7-61　辽宁各市创新绩效指数

十六、内蒙古自治区城市科技创新发展指数排名及分析

内蒙古自治区，首府呼和浩特，下辖主要城市有呼和浩特、鄂尔多斯、包头、呼伦贝尔、乌兰察布、赤峰、巴彦淖尔、通辽、乌海。内蒙古各市科技创新发展指数及排名情况如表 7-16 所示。

表 7-16 内蒙古各市科技创新发展指数及排名

城市	科技创新发展指数	全国排名	省内排名
呼和浩特市	0.4170	49	1
包头市	0.3274	89	2
全国平均值	0.3196		
鄂尔多斯市	0.3187	99	3
赤峰市	0.2652	179	4
巴彦淖尔市	0.2400	220	5
呼伦贝尔市	0.2275	233	6
通辽市	0.2112	262	7
乌海市	0.2014	267	8
乌兰察布市	0.1795	278	9

内蒙古各市科技创新发展指数排名依次为呼和浩特、包头、鄂尔多斯、赤峰、巴彦淖尔、呼伦贝尔、通辽、乌海、乌兰察布。其中，只有呼和浩特和包头的科技创新发展指数高于全国平均值。

创新资源一级指标，内蒙古各市的排名依次为呼和浩特、包头、鄂尔多斯、乌海、呼伦贝尔、巴彦淖尔、通辽、乌兰察布、赤峰。其中，只有呼和浩特和包头的创新资源指数高于全国平均值（图 7-62）。

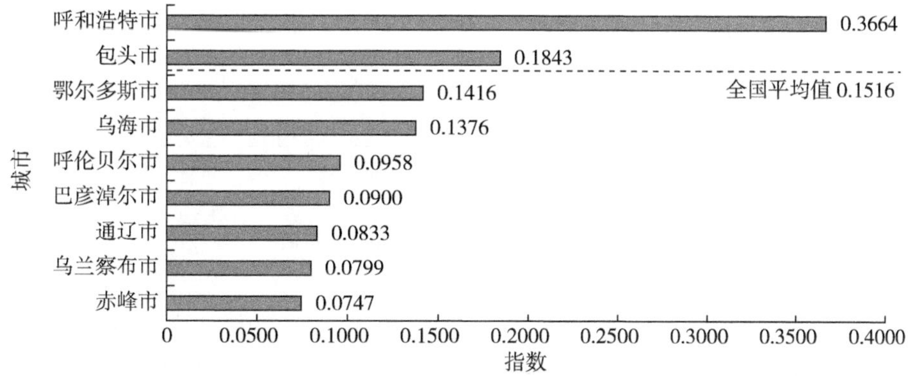

图 7-62 内蒙古各市创新资源指数

创新环境一级指标，内蒙古各市的排名依次为鄂尔多斯、呼和浩特、巴彦淖尔、赤峰、包头、通辽、呼伦贝尔、乌兰察布、乌海。其中，赤峰及排名在其后的城市创新环境指数低于全国平均值（图 7-63）。

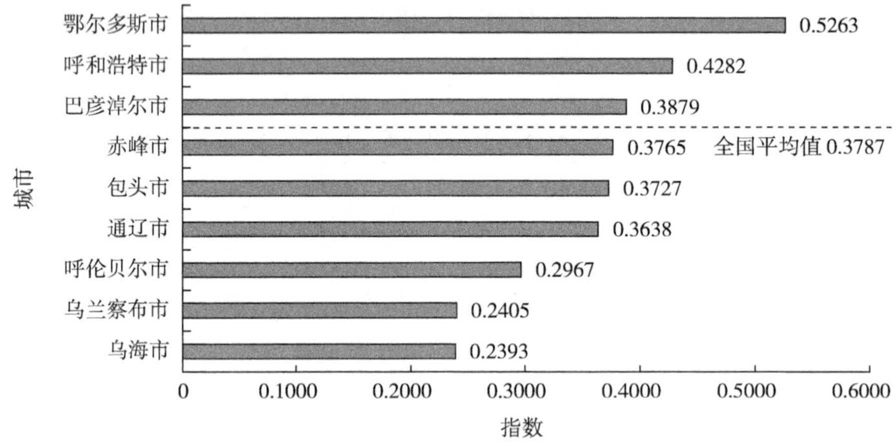

图 7-63　内蒙古各市创新环境指数

创新服务一级指标，内蒙古各市的排名依次为呼和浩特、包头、赤峰、鄂尔多斯、巴彦淖尔、呼伦贝尔、乌兰察布、通辽、乌海。其中，只有呼和浩特和包头的城市创新服务指数高于全国平均值（图 7-64）。

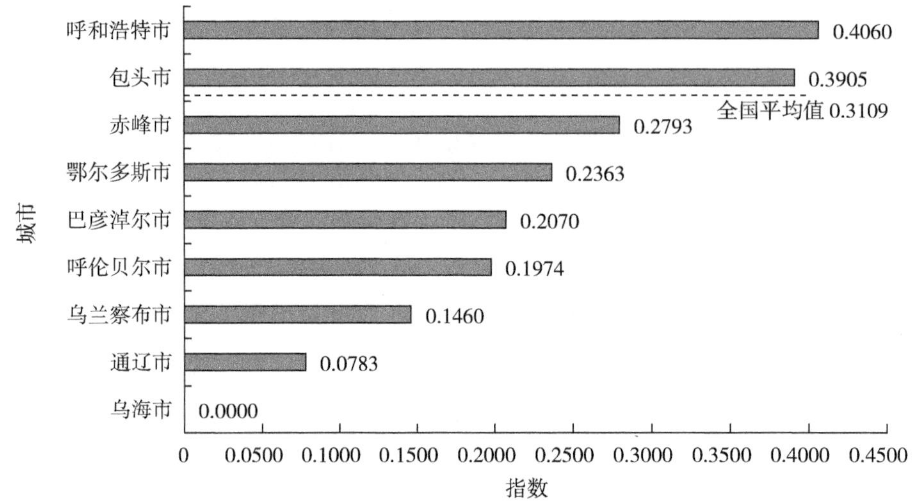

图 7-64　内蒙古各市创新服务指数

创新绩效一级指标，内蒙古各市的排名依次为呼和浩特、包头、鄂尔多斯、乌海、赤峰、呼伦贝尔、通辽、巴彦淖尔、乌兰察布。其中，只有呼和浩特的创新绩效指数高于全国平均值（图 7-65）。

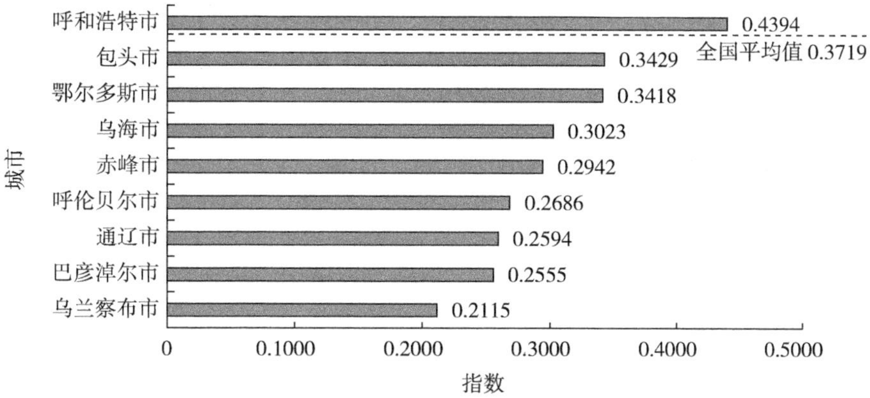

图 7-65　内蒙古各市创新绩效指数

十七、宁夏回族自治区城市科技创新发展指数排名及分析

宁夏回族自治区，首府银川，下辖主要城市有银川、固原、石嘴山、吴忠、中卫。宁夏各市科技创新发展指数及排名情况如表 7-17 所示。

表 7-17　宁夏各市科技创新发展指数及排名

城市	科技创新发展指数	全国排名	省内排名
银川市	0.3563	76	1
全国平均值	0.3196		
石嘴山市	0.2356	223	2
固原市	0.2069	265	3
吴忠市	0.1886	275	4
中卫市	0.1682	286	5

宁夏各市科技创新发展指数排名依次为银川、石嘴山、固原、吴忠、中卫。其中，只有银川的科技创新发展指数高于全国平均值，其余四市科技创新发展指数低于全国平均值。

创新资源一级指标，宁夏各市的排名依次为银川、石嘴山、吴忠、中卫和固原。其中，吴忠及排名在其后的城市创新资源指数低于全国平均值（图 7-66）。

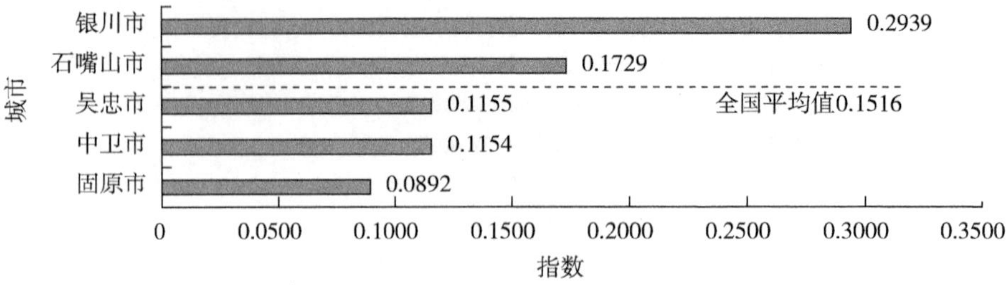

图 7-66　宁夏各市创新资源指数

创新环境一级指标，宁夏各市的排名依次为银川、中卫、石嘴山、固原和吴忠。其中，只有银川一个城市的创新环境指数高于全国平均值（图 7-67）。

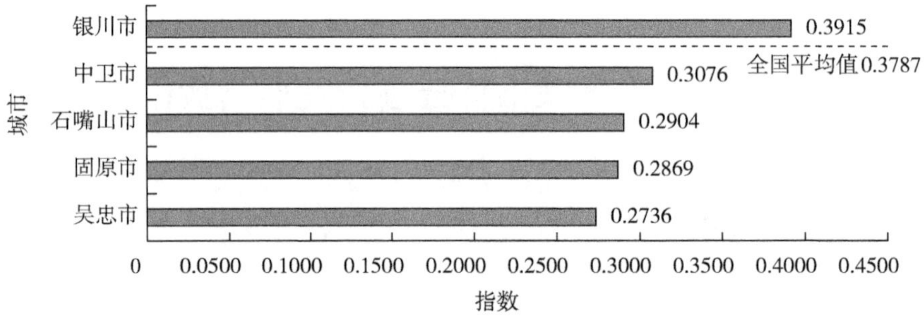

图 7-67　宁夏各市创新环境指数

创新服务一级指标，宁夏各市的排名依次为银川、石嘴山、固原、吴忠和中卫。其中，只有银川一个城市的创新服务指数高于全国平均值（图 7-68）。

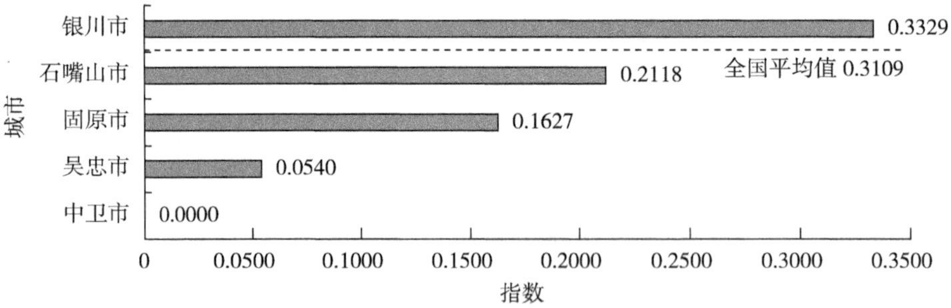

图 7-68　宁夏各市创新服务指数

创新绩效一级指标，宁夏各市的排名依次为银川、石嘴山、固原、吴忠和中卫。其中，石嘴山及排名在其后的城市创新绩效指数低于全国平均值（图 7-69）。

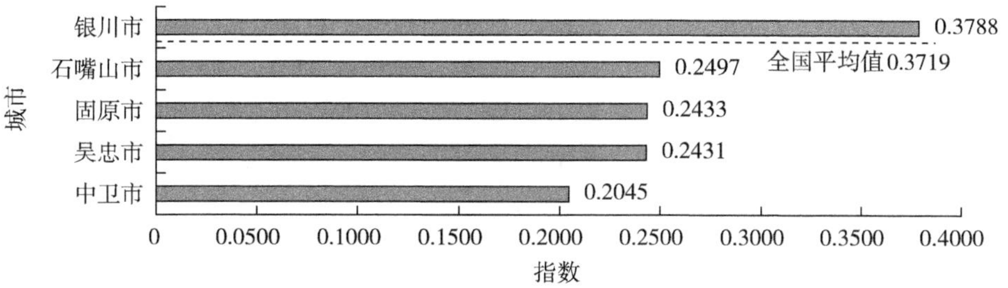

图 7-69　宁夏各市创新绩效指数

十八、山东省城市科技创新发展指数排名及分析

山东，省会济南，下辖主要城市有青岛、济南、威海、烟台、东营、淄博、潍坊、泰安、日照、滨州、临沂、济宁、聊城、德州、枣庄、菏泽。山东各市科技创新发展指数及排名情况如表 7-18 所示。

表 7-18　山东各市科技创新发展指数及排名

城市	科技创新发展指数	全国排名	省内排名
青岛市	0.5691	17	1
济南市	0.5395	21	2
烟台市	0.4163	50	3
威海市	0.4000	56	4
潍坊市	0.3788	67	5
淄博市	0.3781	68	6
东营市	0.3740	71	7
济宁市	0.3553	77	8
泰安市	0.3295	87	9
德州市	0.3234	95	10
全国平均值	0.3196		
临沂市	0.3186	101	11
日照市	0.3045	114	12
滨州市	0.3010	117	13
枣庄市	0.2863	137	14
聊城市	0.2844	142	15
菏泽市	0.2775	159	16

山东各市科技创新发展指数排名依次为青岛、济南、烟台、威海、潍坊、淄博、东营、济宁、泰安、德州、临沂、日照、滨州、枣庄、聊城、菏泽。其中，临沂及排名在其后

的城市科技创新发展指数低于全国平均值。

创新资源一级指标，山东各市的排名依次为济南、青岛、东营、淄博、烟台、威海、日照、滨州、潍坊、德州、泰安、枣庄、济宁、临沂、聊城、菏泽。其中，滨州及排名在其后的城市创新资源指数低于全国平均值（图 7–70）。

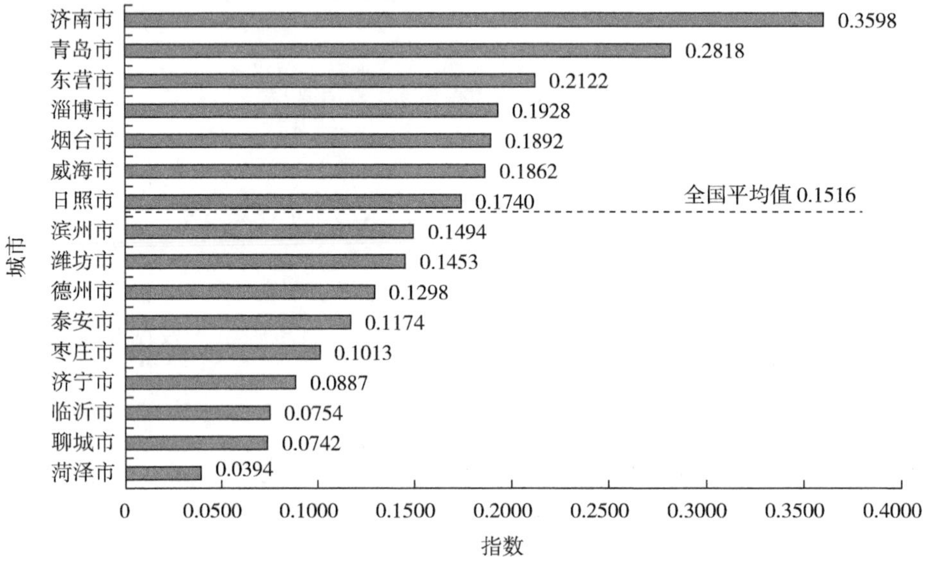

图 7–70　山东各市创新资源指数

创新环境一级指标，山东各市的排名依次为青岛、威海、济南、潍坊、滨州、菏泽、东营、淄博、济宁、临沂、烟台、日照、泰安、德州、聊城、枣庄。其中，日照及排名在其后的城市创新环境指数低于全国平均值（图 7–71）。

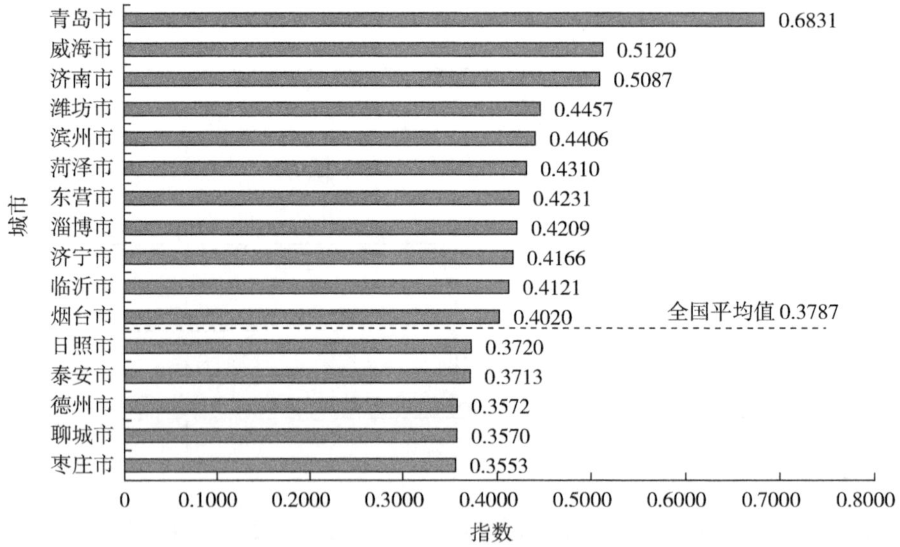

图 7–71　山东各市创新环境指数

创新服务一级指标，山东各市的排名依次为济南、青岛、烟台、威海、潍坊、淄博、德州、济宁、东营、临沂、泰安、菏泽、日照、枣庄、聊城、滨州。其中，只有聊城和滨州的创新服务指数低于全国平均值（图 7–72）。

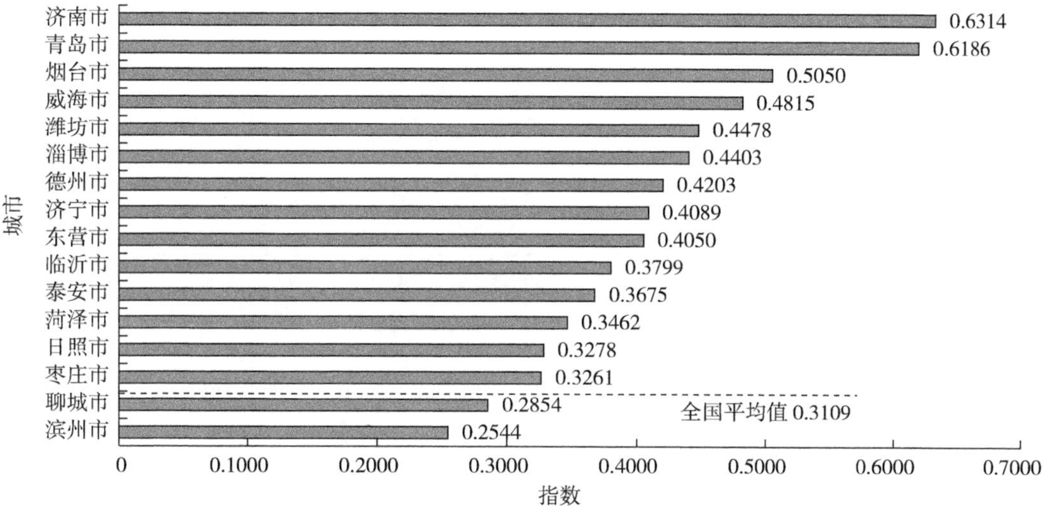

图 7–72　山东各市创新服务指数

创新绩效一级指标，山东各市的排名依次为青岛、济南、烟台、济宁、潍坊、淄博、东营、威海、泰安、临沂、德州、聊城、滨州、日照、枣庄、菏泽。其中，临沂及排名在其后的城市创新绩效指数低于全国平均值（图 7–73）。

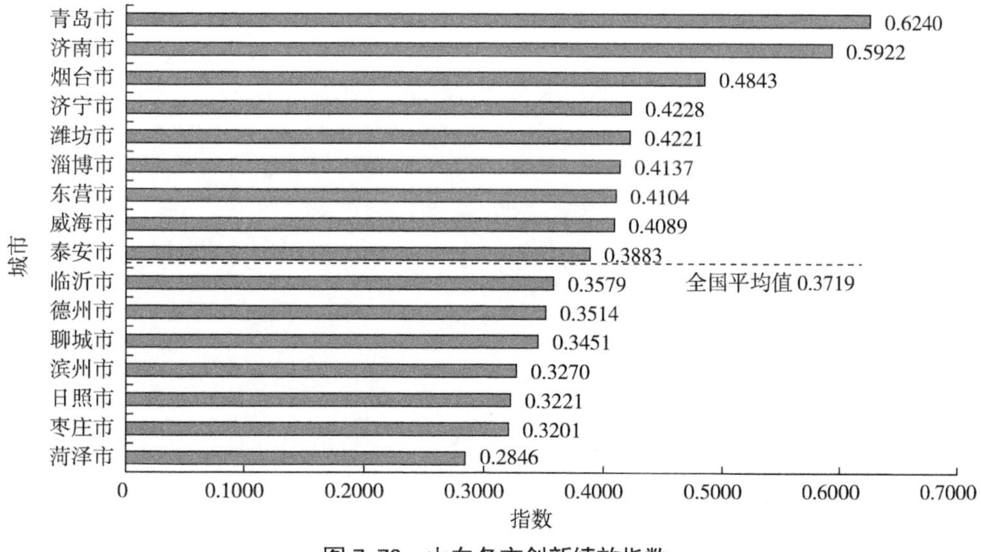

图 7–73　山东各市创新绩效指数

十九、山西省城市科技创新发展指数排名及分析

山西，省会太原，下辖主要城市有太原、晋中、运城、阳泉、大同、朔州、晋城、长治、临汾、忻州、吕梁。山西各市科技创新发展指数及排名情况如表 7-19 所示。

表 7-19　山西各市科技创新发展指数及排名

城市	科技创新发展指数	全国排名	省内排名
太原市	0.4404	45	1
全国平均值	0.3196		
晋中市	0.2676	175	2
大同市	0.2633	182	3
长治市	0.2608	186	4
运城市	0.2576	191	5
临汾市	0.2389	222	6
晋城市	0.2308	228	7
阳泉市	0.2304	232	8
朔州市	0.2209	245	9
吕梁市	0.2185	247	10
忻州市	0.2153	256	11

山西各市科技创新发展指数排名依次为太原、晋中、大同、长治、运城、临汾、晋城、阳泉、朔州、吕梁、忻州。其中，只有太原的科技创新发展指数高于全国平均值。

创新资源一级指标，山西各市的排名依次为太原、阳泉、长治、晋中、大同、临汾、晋城、忻州、运城、吕梁、朔州。其中，只有太原的创新资源指数高于全国平均值（图 7-74）。

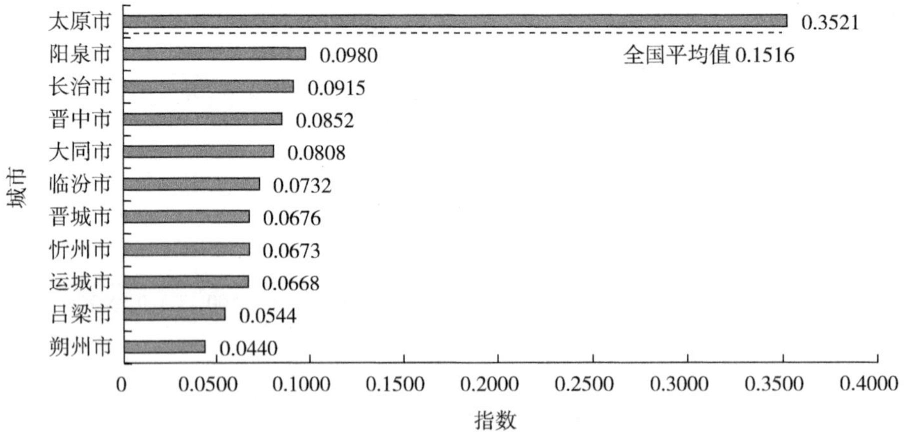

图 7-74　山西各市创新资源指数

创新环境一级指标，山西各市的排名依次为长治、朔州、晋城、太原、运城、大同、临汾、吕梁、晋中、忻州、阳泉。所有城市的创新环境指数都低于全国平均值（图 7–75）。

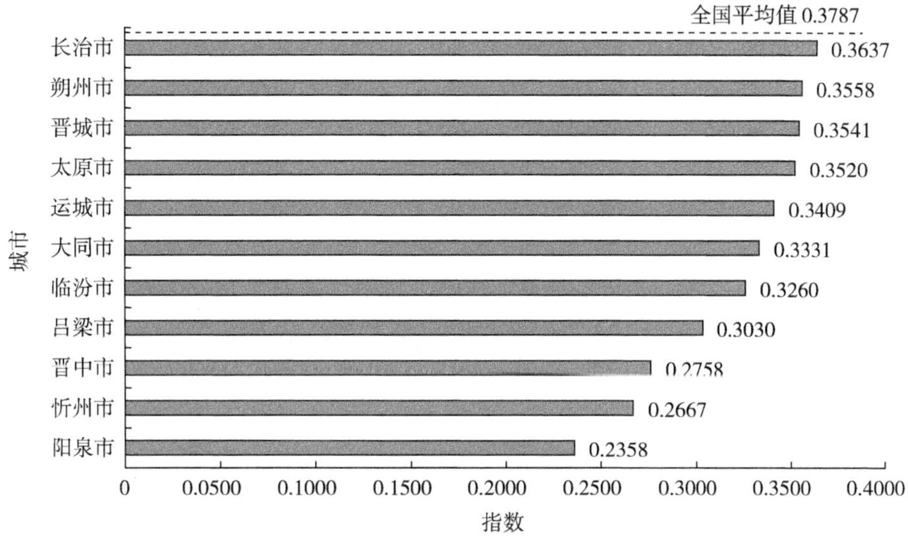

图 7–75　山西各市创新环境指数

创新服务一级指标，山西各市的排名依次为太原、大同、长治、运城、晋中、阳泉、忻州、吕梁、晋城、临汾、朔州。其中，只有太原的创新服务指数高于全国平均值（图 7–76）。

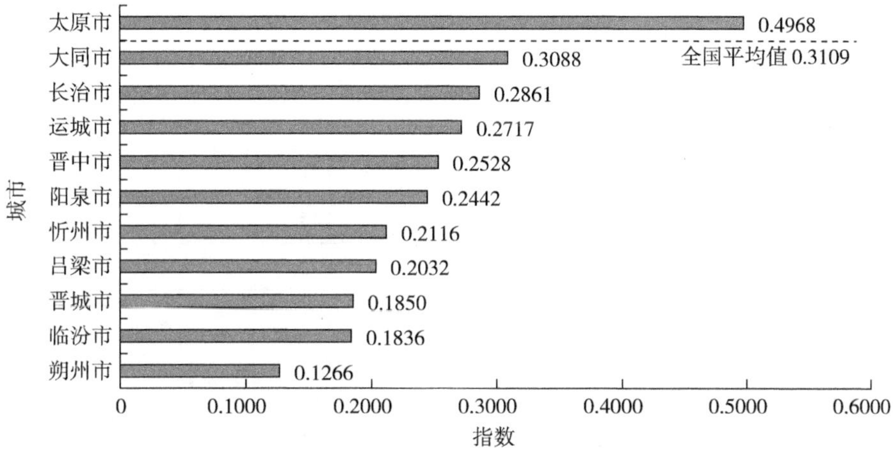

图 7–76　山西各市创新服务指数

创新绩效一级指标，山西各市的排名依次为太原、晋中、运城、临汾、大同、朔州、阳泉、长治、晋城、吕梁、忻州。其中，只有太原的创新绩效指数高于全国平均值（图 7–77）。

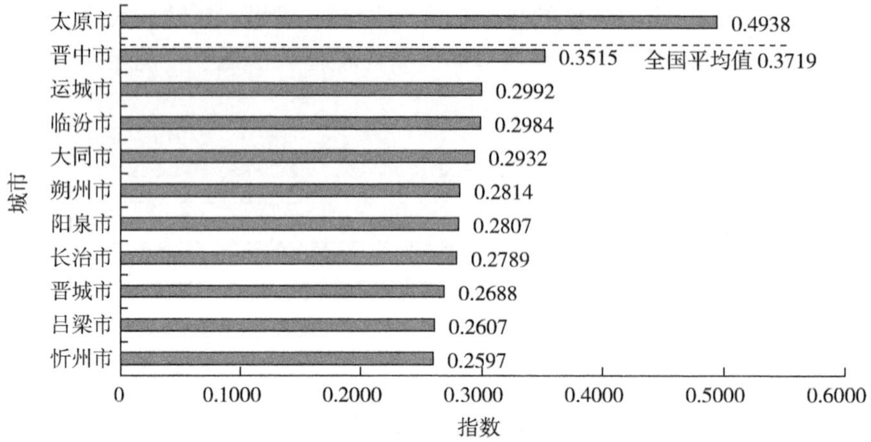

图 7-77　山西各市创新绩效指数

二十、陕西省城市科技创新发展指数排名及分析

陕西，省会西安，下辖主要城市有西安、宝鸡、安康、汉中、咸阳、榆林、铜川、商洛、渭南、延安。陕西各市科技创新发展指数及排名情况如表 7-20 所示。

表 7-20　陕西各市科技创新发展指数及排名

城市	科技创新发展指数	全国排名	省内排名
西安市	0.6056	9	1
全国平均值	0.3196		
宝鸡市	0.2888	135	2
咸阳市	0.2851	141	3
延安市	0.2817	148	4
榆林市	0.2787	156	5
汉中市	0.2484	201	6
安康市	0.2451	211	7
渭南市	0.2426	218	8
铜川市	0.2233	239	9
商洛市	0.2142	259	10

陕西各市科技创新发展指数排名依次为西安、宝鸡、咸阳、延安、榆林、汉中、安康、渭南、铜川、商洛。其中，只有省会西安的科技创新发展指数高于全国平均值。

创新资源一级指标，陕西各市的排名依次为西安、宝鸡、延安、咸阳、榆林、渭南、铜川、汉中、商洛和安康。其中，只有省会西安一个城市的创新资源指数高于全国平均值（图 7-78）。

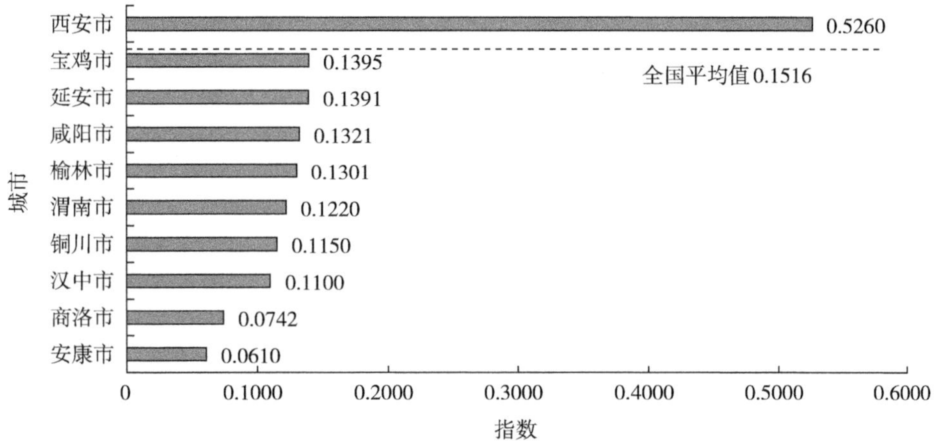

图 7-78　陕西各市创新资源指数

创新环境一级指标，陕西各市的排名依次为西安、榆林、延安、安康、宝鸡、咸阳、汉中、铜川、商洛和渭南。其中，宝鸡及排名在其后的城市创新环境指数低于全国平均值（图 7-79）。

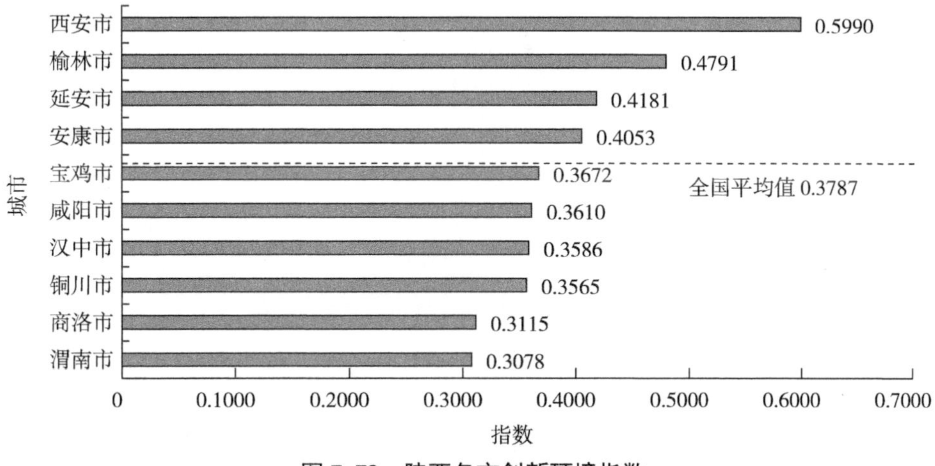

图 7-79　陕西各市创新环境指数

创新服务一级指标，陕西各市的排名依次为西安、延安、宝鸡、咸阳、安康、渭南、汉中、榆林、商洛和铜川。其中，只有省会西安一个城市的创新服务指数高于全国平均值（图 7-80）。

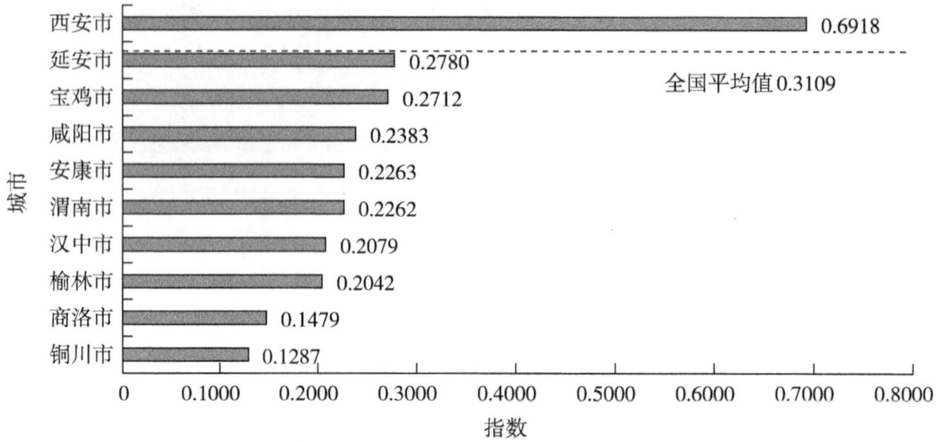

图 7-80 陕西各市创新服务指数

创新绩效一级指标，陕西各市的排名依次为西安、咸阳、宝鸡、榆林、延安、汉中、渭南、安康、商洛和铜川。其中，只有西安的创新绩效指数高于全国平均值（图 7-81）。

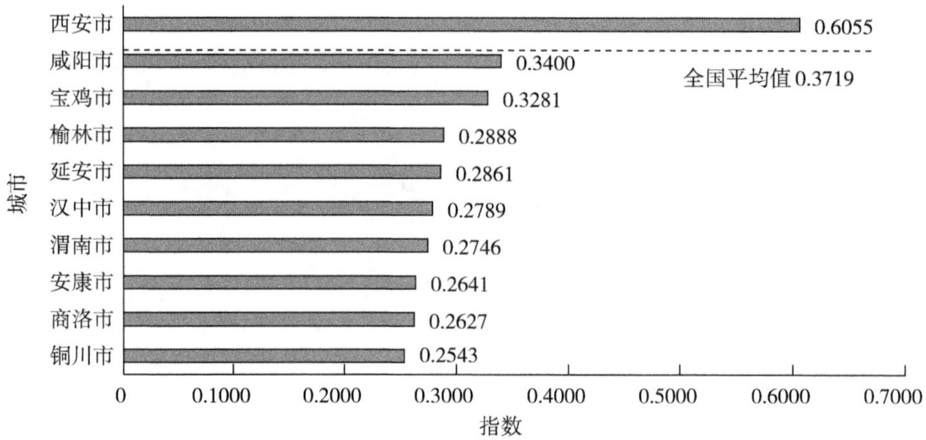

图 7-81 陕西各市创新绩效指数

二十一、四川省城市科技创新发展指数排名及分析

四川，省会成都，下辖主要城市有成都、绵阳、自贡、广安、遂宁、德阳、内江、广元、眉山、乐山、资阳、宜宾、南充、攀枝花、巴中、雅安、达州、泸州。四川各市科技创新发展指数及排名情况如表 7-21 所示。

表 7-21　四川各市科技创新发展指数及排名

城市	科技创新发展指数	全国排名	省内排名
成都市	0.5988	11	1
绵阳市	0.3917	60	2
全国平均值	0.3196		
眉山市	0.2835	144	3
宜宾市	0.2809	149	4
泸州市	0.2802	153	5
内江市	0.2782	157	6
德阳市	0.2779	158	7
攀枝花市	0.2743	167	8
自贡市	0.2684	174	9
雅安市	0.2650	180	10
南充市	0.2603	187	11
遂宁市	0.2528	196	12
乐山市	0.2514	198	13
达州市	0.2482	203	14
广元市	0.2392	221	15
广安市	0.2220	244	16
巴中市	0.2179	250	17
资阳市	0.1755	280	18

四川各市科技创新发展指数排名依次为成都、绵阳、眉山、宜宾、泸州、内江、德阳、攀枝花、自贡、雅安、南充、遂宁、乐山、达州、广元、广安、巴中、资阳。其中，只有成都和绵阳两个城市的科技创新发展指数高于全国平均值。

创新资源一级指标，四川各市的排名依次为成都、绵阳、德阳、攀枝花、自贡、雅安、乐山、宜宾、广元、泸州、南充、达州、眉山、内江、资阳、遂宁、巴中和广安。其中，德阳及排名在其后的城市创新资源指数低于全国平均值（图 7-82）。

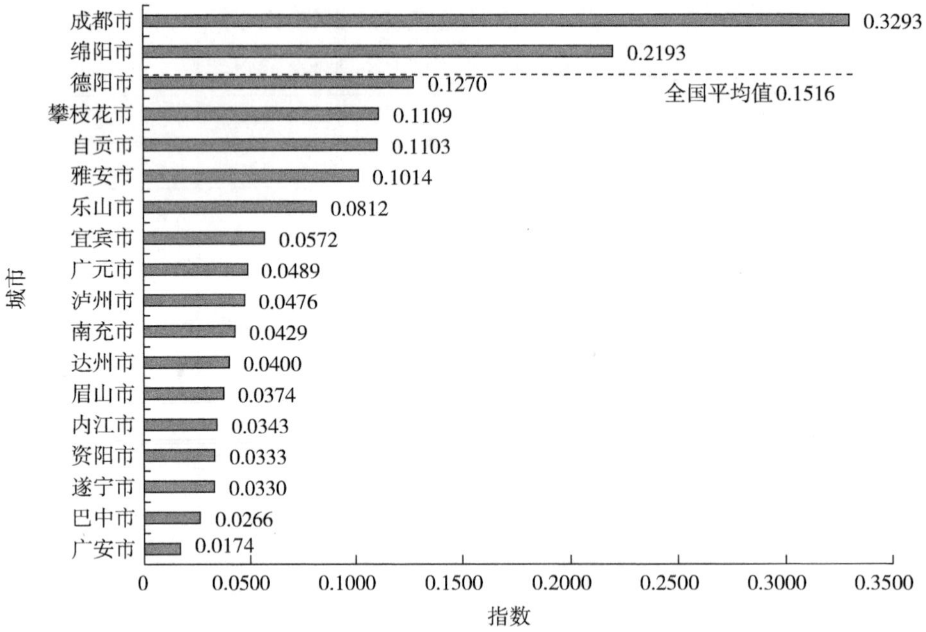

图 7-82　四川各市创新资源指数

创新环境一级指标，四川各市的排名依次为成都、眉山、绵阳、雅安、攀枝花、内江、乐山、广元、达州、遂宁、泸州、广安、宜宾、南充、德阳、巴中、自贡和资阳。其中，只有成都和眉山两个城市的创新环境指数高于全国平均值（图 7–83）。

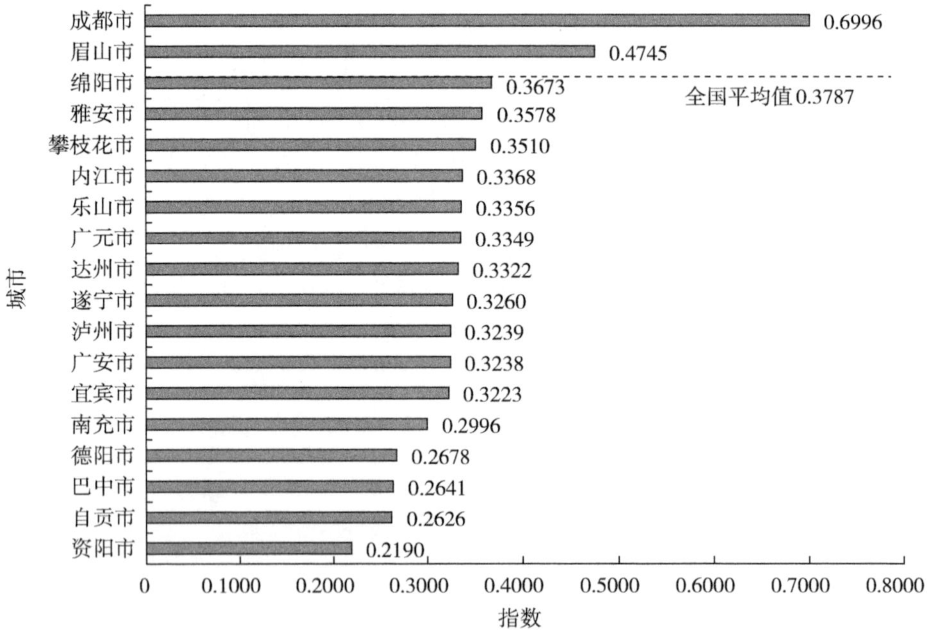

图 7-83　四川各市创新环境指数

创新服务一级指标，四川各市的排名依次为成都、绵阳、德阳、宜宾、眉山、泸州、达州、内江、攀枝花、遂宁、乐山、巴中、南充、广元、自贡、广安、雅安和资阳。其中，德阳及排名在其后的城市创新服务指数低于全国平均值（图 7-84）。

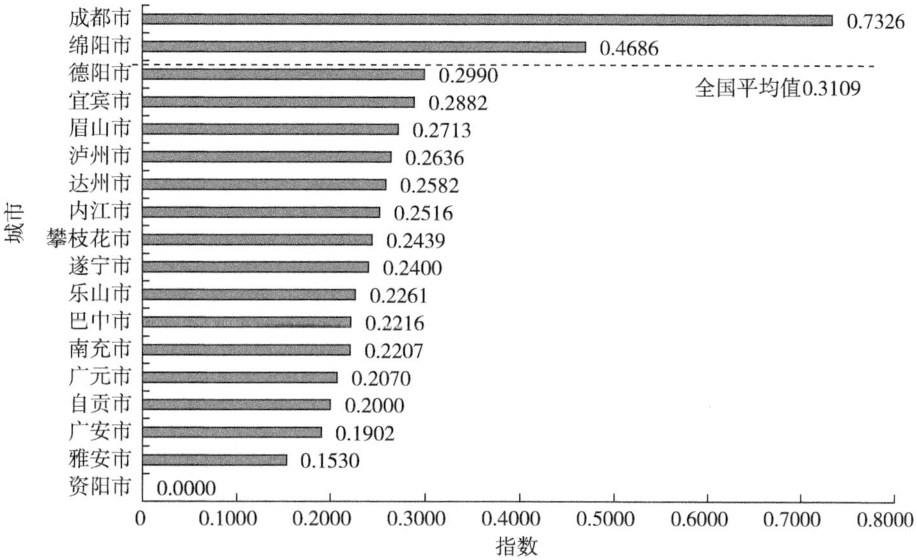

图 7-84　四川各市创新服务指数

创新绩效一级指标，四川各市的排名依次为成都、绵阳、内江、自贡、泸州、宜宾、南充、雅安、德阳、攀枝花、遂宁、眉山、乐山、达州、资阳、广元、广安和巴中。其中，只有成都、绵阳和内江 3 个城市的创新绩效指数高于全国平均值（图 7-85）。

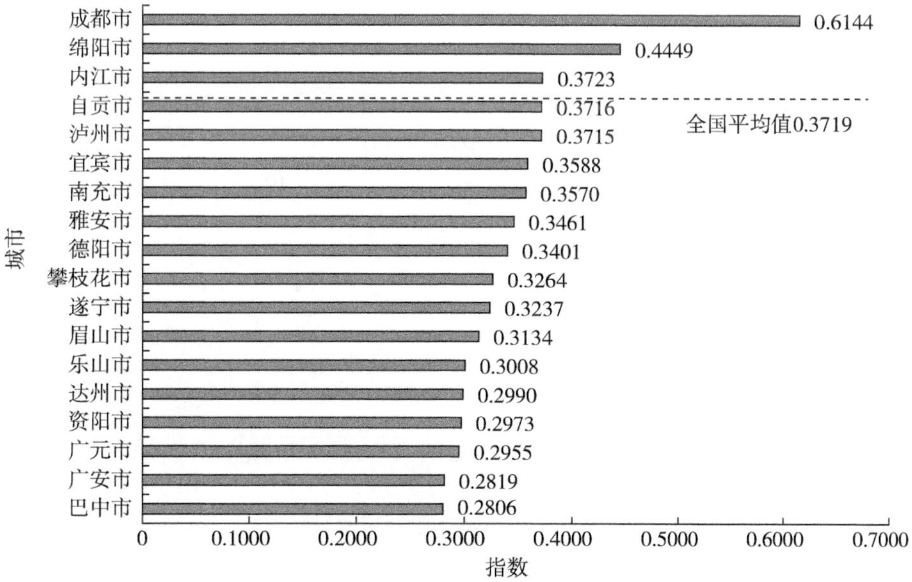

图 7-85　四川各市创新绩效指数

二十二、云南省城市科技创新发展指数排名及分析

云南，省会昆明，下辖主要城市有昆明、普洱、曲靖、丽江、玉溪、保山、临沧、昭通。云南各市科技创新发展指数及排名情况如表 7-22 所示。

表 7-22　云南各市科技创新发展指数及排名

城市	科技创新发展指数	全国排名	省内排名
昆明市	0.4794	28	1
全国平均值	0.3196		
玉溪市	0.2747	166	2
曲靖市	0.2721	169	3
普洱市	0.2185	248	4
保山市	0.1971	271	5
临沧市	0.1924	273	6
昭通市	0.1713	282	7
丽江市	0.1708	283	8

云南各市科技创新发展指数排名依次为昆明、玉溪、曲靖、普洱、保山、临沧、昭通、丽江。其中，只有省会昆明一个城市的科技创新发展指数高于全国平均值，其余各市科技创新发展指数均低于全国平均值。

创新资源一级指标，云南各市的排名依次为昆明、普洱、玉溪、丽江、曲靖、临沧、保山和昭通。其中，只有昆明和普洱两个城市的创新资源指数高于全国平均值（图 7-86）。

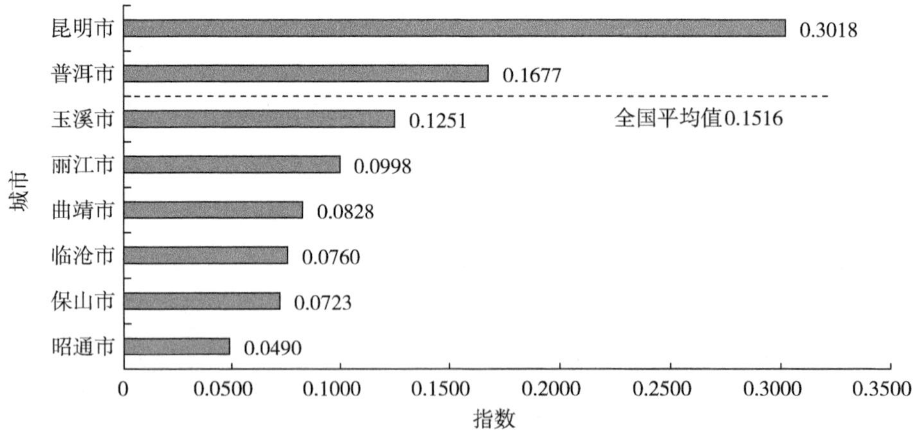

图 7-86　云南各市创新资源指数

创新环境一级指标，云南各市的排名依次为昆明、曲靖、玉溪、昭通、普洱、保山、临沧和丽江。其中，只有昆明和曲靖两个城市的创新环境指数高于全国平均值（图 7-87）。

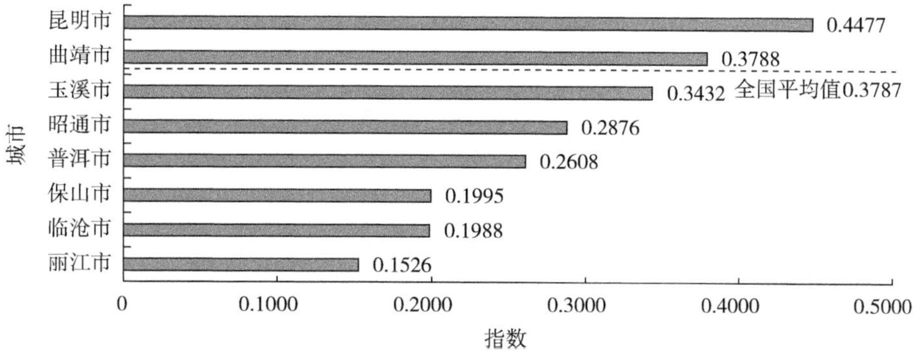

图 7-87　云南各市创新环境指数

创新服务一级指标，云南各市的排名依次为昆明、玉溪、曲靖、临沧、普洱、保山、丽江和昭通。其中，只有昆明的创新服务指数高于全国平均值（图 7-88）。

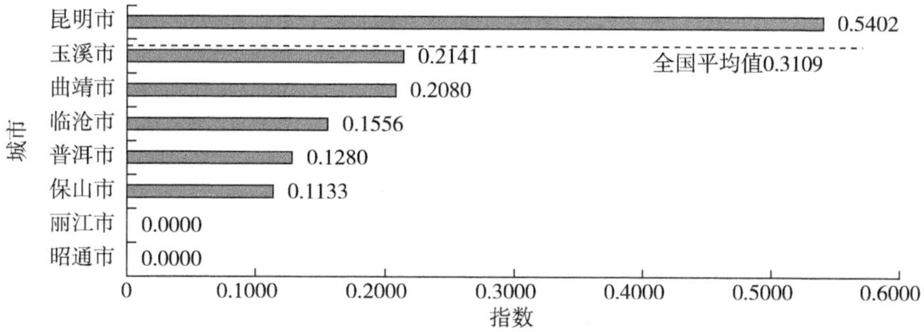

图 7-88　云南各市创新服务指数

创新绩效一级指标，云南各市的排名依次为昆明、玉溪、曲靖、保山、丽江、普洱、临沧和昭通。其中，玉溪及排名在其后的城市创新绩效指数低于全国平均值（图 7-89）。

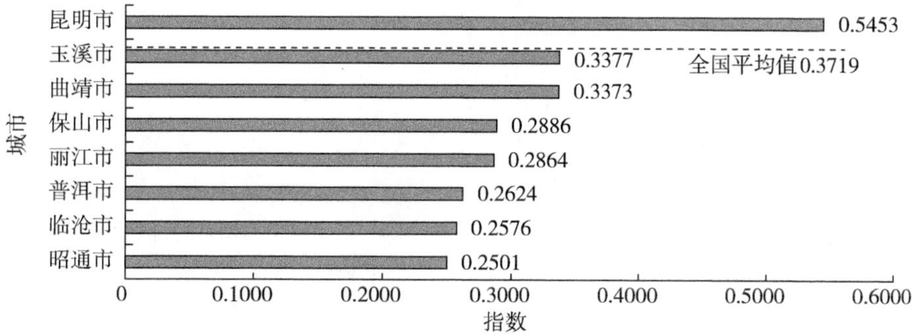

图 7-89　云南各市创新绩效指数

二十三、浙江省城市科技创新发展指数排名及分析

浙江，省会杭州，下辖主要城市有杭州、嘉兴、宁波、舟山、温州、金华、绍兴、湖州、台州、丽水、衢州。浙江各市科技创新发展指数及排名情况如表 7–23 所示。

表 7–23　浙江各市科技创新发展指数及排名

城市	科技创新发展指数	全国排名	省内排名
杭州市	0.6925	6	1
宁波市	0.5698	15	2
嘉兴市	0.5239	22	3
湖州市	0.4782	30	4
绍兴市	0.4665	37	5
温州市	0.4553	38	6
金华市	0.4458	42	7
台州市	0.4439	43	8
舟山市	0.3850	64	9
衢州市	0.3457	81	10
丽水市	0.3440	83	11
全国平均值	0.3196		

浙江各市科技创新发展指数排名依次为杭州、宁波、嘉兴、湖州、绍兴、温州、金华、台州、舟山、衢州、丽水。所有城市的科技创新发展指数都高于全国平均值。

创新资源一级指标，浙江各市的排名依次为杭州、宁波、绍兴、嘉兴、湖州、衢州、舟山、金华、台州、丽水、温州。所有城市的创新资源指数都高于全国平均值（图 7–90）。

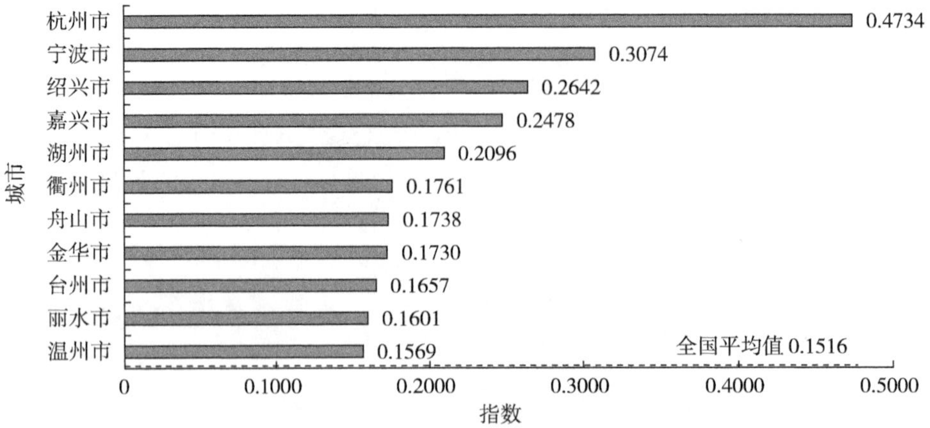

图 7–90　浙江各市创新资源指数

创新环境一级指标，浙江各市的排名依次为杭州、嘉兴、宁波、湖州、台州、温州、舟山、绍兴、衢州、金华、丽水。所有城市的创新环境指数都高于全国平均值（图 7-91）。

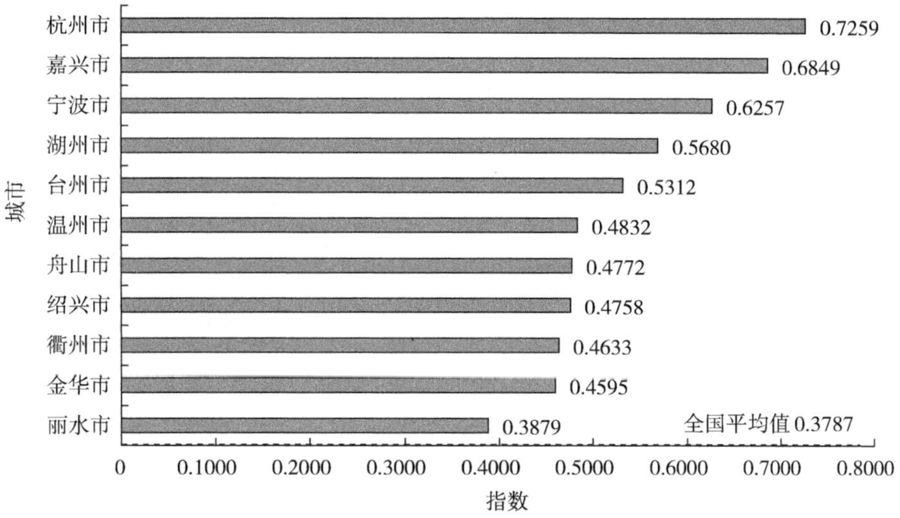

图 7-91　浙江各市创新环境指数

创新服务一级指标，浙江各市的排名依次为杭州、宁波、嘉兴、绍兴、温州、湖州、金华、台州、衢州、丽水、舟山。其中，丽水和舟山的创新服务指数低于全国平均值（图 7-92）。

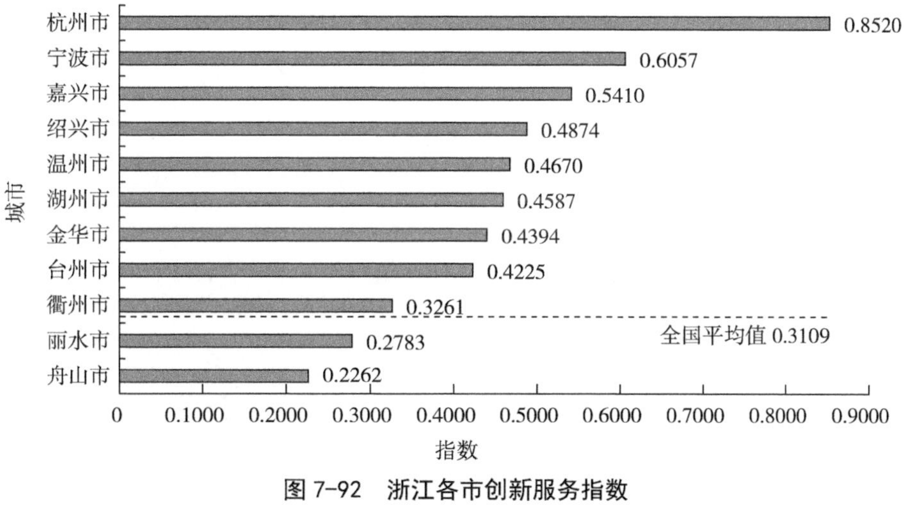

图 7-92　浙江各市创新服务指数

创新绩效一级指标，浙江各市的排名依次为杭州、宁波、温州、嘉兴、湖州、金华、绍兴、台州、舟山、丽水、衢州。所有城市的创新绩效指数都高于全国平均值（图 7-93）。

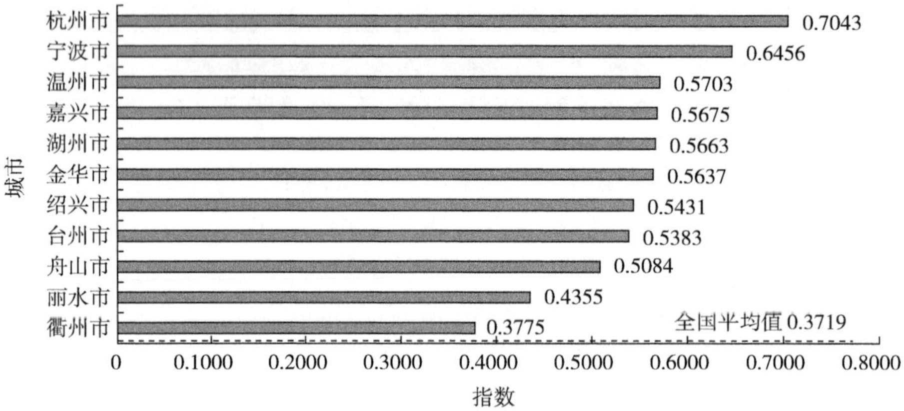

图 7-93　浙江各市创新绩效指数

专题指数篇

第八章　新形势下的国际科技创新中心建设——首都科技创新发展指数 2021 解读

北京作为我国科技资源最丰富、最密集的地区，其科技创新发展水平一直受到党和国家的高度重视。从 2014 年的“全国科技创新中心”定位，到 2017 年的“具有全球影响力的科技创新中心”定位，再到 2020 年的“国际科技创新中心”定位，这是党中央立足新发展阶段、贯彻新发展理念、构建新发展格局，与时俱进，为北京科技创新中心建设做出的重要战略部署，同时也体现了北京在服务国家科技自立自强、支撑创新型国家建设中的核心作用和重要使命。

为了客观、翔实、公正地评估首都北京的科技创新事业进展，支撑北京建设科技创新中心的系列工作，首都科技发展战略研究院充分发挥“小核心、大网络”的智库平台作用，整合国家部委、科研机构、高等院校、国际组织和社会各界的资源，从“十二五”初期，即 2012 年，开始研究并每年发布“首都科技创新发展指数”（简称“首科指数”）。

2021 年是“十四五”开局之年，本章以“新形势下的国际科技创新中心建设”为主题，利用首科指数，以定量分析方式“看过去、察当前、谋未来”，全景式地描绘北京国际科技创新中心建设成效，总结北京建设国际科技创新中心面临的挑战，并提出相关对策建议。

一、“首都科技创新发展指数 2021”指标体系

首科指数 2021 指标体系由 3 个层次指标构成。其中，一级指标 4 个，主要包括创新资源、创新环境、创新服务、创新绩效。二级指标 15 个，主要包括创新人才、研发经费、政策环境、人文环境、生活环境、国际交流、科技条件、技术市场、创业孵化、金融服务、科技成果、经济产出、结构优化、绿色发展、辐射引领。三级指标共 59 个。具体指标及权重如表 8–1 所示。

表 8-1 首都科技创新发展指数 2021 指标体系

一级指标	权重	二级指标	权重	序号	三级指标	指标属性	权重
创新资源	20%	创新人才	11.00%	1	万名人口中本科学历及以上人数	正向	2.75%
				2	万名从业人口中从事 R&D 人员数	正向	2.75%
				3	企业 R&D 人员数占其从业人员比重	正向	2.75%
				4	每万名从业人员中高端人才数	正向	2.75%
		研发经费	9.00%	5	R&D 经费内部支出相当于地区生产总值比例	正向	1.29%
				6	地方财政科技投入占地方财政支出比重	正向	1.29%
				7	企业 R&D 投入占企业主营业务收入比重	正向	1.29%
				8	高新技术企业研发投入强度	正向	1.29%
				9	基础研究投入占 R&D 投入的比重	正向	1.29%
				10	基础研究人员人均经费	正向	1.29%
				11	每万名高校和科研机构 R&D 人员使用的企业科技经费额	正向	1.29%
创新环境	20%	政策环境	6.00%	12	营商环境质量	正向	3.00%
				13	每万人吸引外商投资额	正向	3.00%
		人文环境	5.00%	14	公民科学素养达标率	正向	1.25%
				15	人均公共图书馆藏书拥有量	正向	1.25%
				16	人均科普专项经费	正向	1.25%
				17	人均公共财政教育支出	正向	1.25%
		生活环境	4.00%	18	每千人口拥有医院床位数	正向	1.33%
				19	每百名学生拥有专任教师人数	正向	1.33%
				20	地均城市轨道交通里程数	正向	1.33%
		国际交流	5.00%	21	国外技术引进合同金额	正向	1.67%
				22	留学生人数	正向	1.67%
				23	高校参与国际交流合作人次与高校教学科研人员数之比	正向	1.67%
创新服务	20%	科技条件	6.00%	24	信息化指数	正向	3.00%
				25	首都科技条件平台服务企业合同金额	正向	3.00%
		技术市场	6.00%	26	技术交易增加值占地区生产总值的比例	正向	3.00%
				27	吸纳技术合同成交额占技术合同成交总额的比重	正向	3.00%

续表

一级指标	权重	二级指标	权重	序号	三级指标	指标属性	权重
创新服务	20%	创业孵化	4.00%	28	孵化器在孵企业数量	正向	1.00%
				29	孵化器累计毕业企业数	正向	1.00%
				30	每万人新创企业数	正向	1.00%
				31	独角兽企业数量	正向	1.00%
		金融服务	4.00%	32	境内上市公司股票筹资额	正向	1.33%
				33	创业投资金额	正向	1.33%
				34	上市企业数量	正向	1.33%
创新绩效	40%	科技成果	8.00%	35	每万人口的 SCI/EI/CPCI-S 论文产出数	正向	1.60%
				36	每亿元 R&D 经费 PCT 专利数	正向	1.60%
				37	每万人发明专利拥有量	正向	1.60%
				38	每亿元 R&D 经费技术合同成交额	正向	1.60%
				39	获国家科学技术奖项占比	正向	1.60%
		经济产出	8.00%	40	人均地区生产总值	正向	1.60%
				41	地区生产总值增长率	正向	1.60%
				42	全员劳动生产率	正向	1.60%
				43	第二产业劳动生产率	正向	1.60%
				44	第三产业劳动生产率	正向	1.60%
		结构优化	10.00%	45	“三城一区”地区生产总值占北京市比重	正向	1.67%
				46	每万家企业中的高新技术企业数	正向	1.67%
				47	第三产业增加值占地区生产总值比重	正向	1.67%
				48	新经济增加值占地区生产总值的比重	正向	1.67%
				49	现代服务业增加值占第三产业增加值比重	正向	1.67%
				50	企业新产品销售收入占主营业务收入比重	正向	1.67%
		绿色发展	8.00%	51	万元地区生产总值水耗	逆向	2.67%
				52	万元地区生产总值能耗	逆向	2.67%
				53	空气质量达标天数占比	正向	2.67%
		辐射引领	6.00%	54	流向京外技术合同成交额占北京市技术合同成交总额比重	正向	1.00%
				55	技术合同成交额占全国比重	正向	1.00%
				56	ESI 高被引论文数占全国的比重	正向	1.00%
				57	入选全球高被引科学家人数	正向	1.00%
				58	全球 500 强大学数量及排名	正向	1.00%
				59	全球 500 强企业总部数量	正向	1.00%

二、数读“首都科技创新发展指数 2021”

党的十九届五中全会明确提出支持北京形成国际科技创新中心，这是中央赋予北京的新的奋斗目标和历史使命，升级了首都“科技创新中心”的定位和重要性。站在新的历史起点上，机遇与挑战并存，探讨新形势下北京国际科技创新中心建设问题，谋划战略蓝图和策略举措具有重大实践意义。

（一）首都科技创新发展水平持续攀高，疫情对科技创新的短期冲击效应明显

当前，北京以“三城一区”为主平台，以中关村国家自主创新示范区为主阵地，以数字化、网络化、智能化融合发展为契机，正在全力推进国际科技创新中心建设。数据显示，自 2005 年至 2020 年，首科指数总指数从 60 分增长至 162.11 分，整体增幅达 170.18%，15 年间，平均增长率为 6.90%，并且每年保持正增长。“十三五”期间，首科指数从 2016 年的 125.33 分增长至 2020 年的 162.11 分，整体增幅为 29.34%，略低于“十二五”期间的 30.07%。总体判断，首都科技创新发展水平持续攀高，科技自立自强稳步推进。

与此同时，2020 年首科指数得分同比增长 4.33%，为近五年最低增幅，其同比增幅较上一年下降 1.88 个百分点（图 8-1）。由此可见，新冠肺炎疫情的暴发，给全球和我国经济带来严重冲击，疫情对首都科技创新发展的短期冲击效应十分明显。随着疫情的持续，未来的不确定性因素仍然较多，从中长期看，北京国际科技创新中心建设也将面临更多风险。为此，北京必须要坚定不移地把科技创新作为经济复苏和社会发展的强劲动力，通过科技突围现有困境，抢占未来发展制高点。

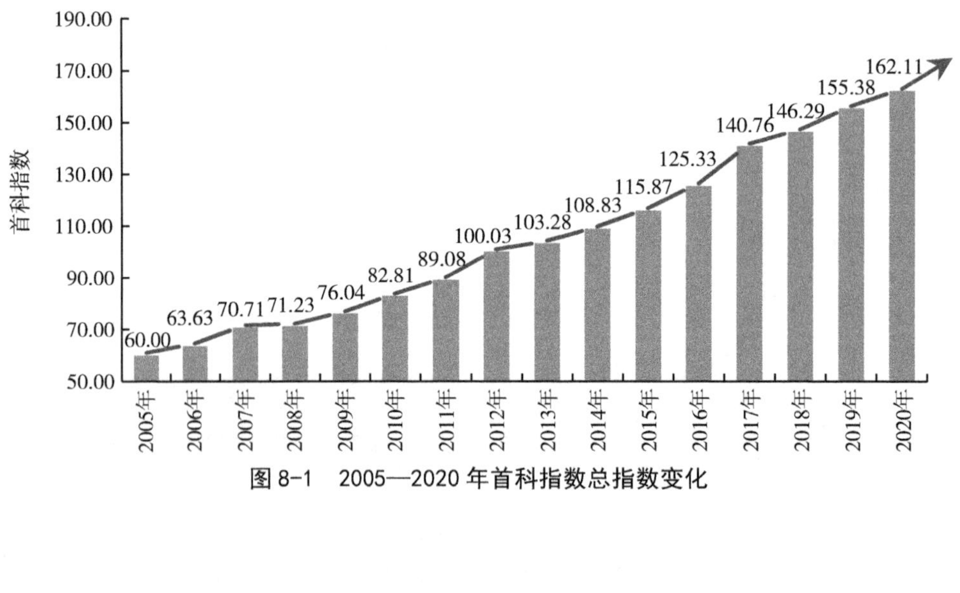

图 8-1　2005—2020 年首科指数总指数变化

（二）创新资源、创新服务、创新绩效稳步提升，国际交流受阻导致创新环境得分略有下降，创新效率稳定增长

纵观整个发展周期，2005—2020 年，创新资源、创新环境、创新服务和创新绩效 4 个一级指标增长迅猛，整体增幅分别为 90.73%、126.40%、184.71% 和 224.53%。

从同比增长情况看，2020 年，创新资源、创新服务和创新绩效仍然保持稳定增长，分别较上一年增长 5.60%、1.86% 和 7.46%。创新绩效得分的快速攀升成为拉动首科指数总体得分增长的主要动力。

但是，创新环境得分则较上一年略有下降，下降幅度为 1.86%（图 8–2）。创新环境得分下降主要是由于新冠肺炎疫情的持续，导致北京地区国外技术引进、高校国际交流和留学生交流等受到严重影响，因此创新环境下的二级指标“国际交流”得分明显下降。同时，我们也发现，北京的科技创新政策环境近年来在持续向好，如北京深化科技奖励制度改革，出台科研项目和经费管理 28 条、科创 30 条、促进科技成果转化条例、支持建设新型研发机构实施办法、优化营商环境条例等一系列法规政策，这一系列措施为创新环境的整体优化提供了重要支撑。

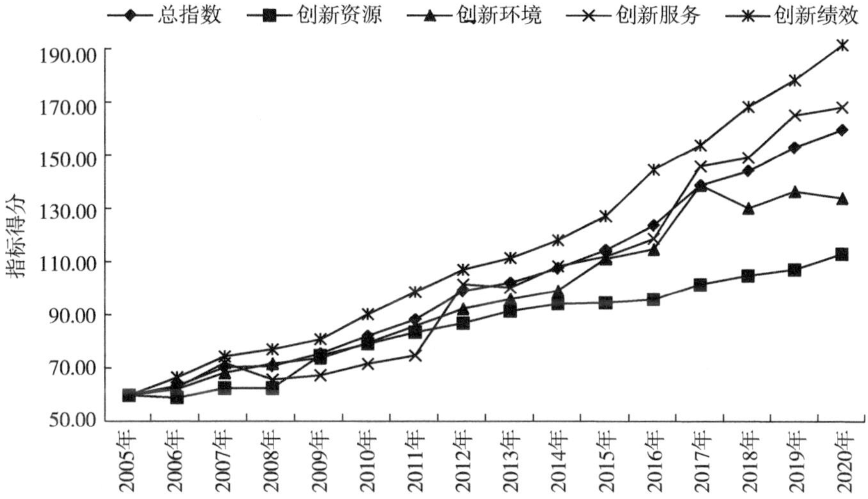

图 8–2　2005—2020 年总指数及一级指标变化

从创新效率（创新绩效与创新资源的比值）来看，2005—2020 年，创新效率整体呈现增长态势，虽然 2009 年略有回落，但从 2010—2019 年，创新效率再次快速提升。2020 年，创新效率较上一年增长 0.03。

值得关注的是，“十一五”时期（2006—2010 年）创新效率仅提高 0.01，但“十二五”时期（2011—2015 年）提高了 0.17，而“十三五”时期（2016—2020 年）更是增长了 0.19，说明，北京科技创新效率正在加速提升（图 8–3）。由此可见，在有限的创新资源供给下，随着北京市创新服务能力持续提升、创新环境的持续改善，北京科技创新产出绩效在加速提高。

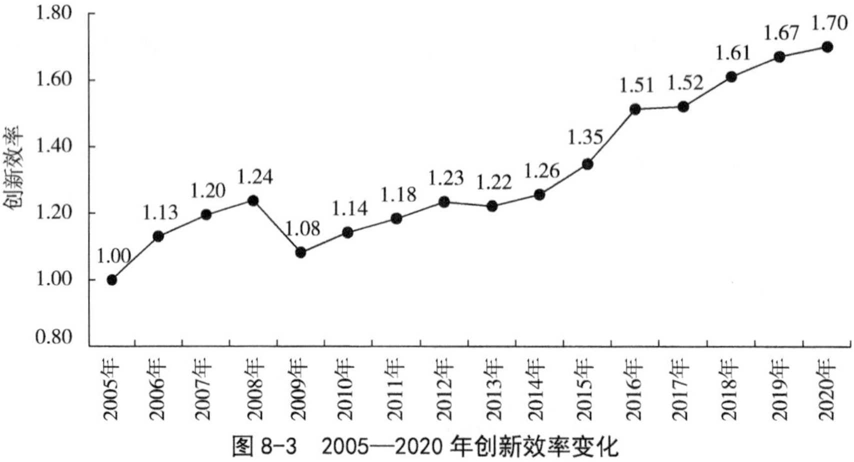

图 8-3　2005—2020 年创新效率变化

（三）创新成果加快涌现，发展势头依然迅猛

从 2005 年到 2020 年，15 个二级指标中，科技成果增长最为迅猛，整体增幅突破 500%；除科技成果外，科技条件增幅也很突出，超过 440%；此外，政策环境、人文环境、生活环境、金融服务、经济产出、绿色发展和辐射引领等 7 个二级指标整体增幅均超过 100%。科技成果增幅最大的原因在于每万人发明专利拥有量的快速攀升，该指标从 2005 年的 6.57 件增长至 2020 年的 155.80 件。

从同比情况看，15 个二级指标中，有 12 个指标出现正增长，同比增幅最大的是科技成果指标，增幅达到 12.39%，发展势头依然迅猛。同时，15 个指标中有 3 个指标得分下降，降幅最大的为国际交流指标，降幅为 21.53%；研发经费和经济产出指标也出现略微下降，主要原因在于北京 2020 年地区生产总值增速大幅下降，全年增速仅为 1.2%（图 8–4）。

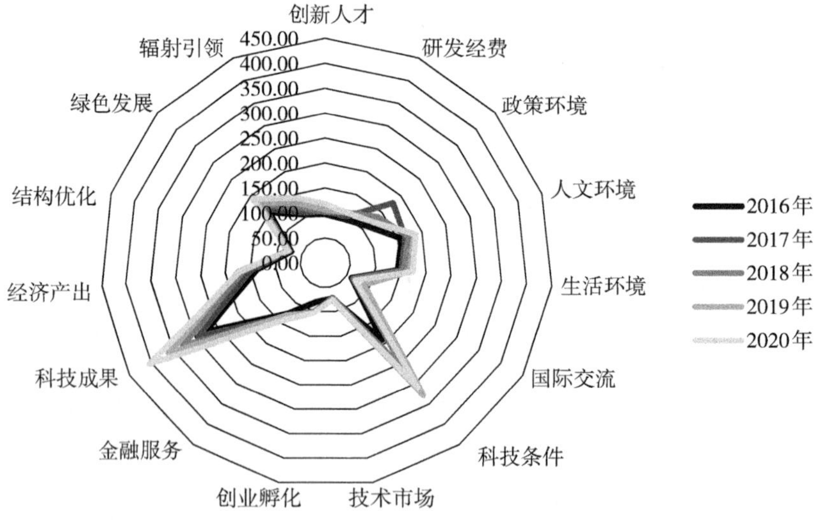

图 8-4　2016—2020 年二级指标雷达图

三、北京建设国际科技创新中心的 4 个突出特征

（一）大量头部企业集聚，创新资源规模质量突出

北京拥有丰富的创新人才、创新主体和科技资源，截至 2019 年，北京拥有 90 多所高校、1000 多家科研院所、120 个国家重点实验室、68 个国家工程技术研究中心、2.5 万余家国家级高新技术企业，拥有 86 万名左右的在校大学生。2019 年，北京每天新产生约 200 家创新型企业，创业投资金额和案例数占全国的 30% 左右。2020 年，北京拥有 93 家独角兽企业，总估值达到 26 490 亿元，占全国独角兽企业总估值的 43.3%。北京还拥有大量的“头部企业”，根据《财富》杂志的统计，2021 年北京拥有 60 家世界 500 强企业，与世界其他城市相比，具有显著集聚优势。在一些新兴创新领域，北京的优势更加明显，如在人工智能领域，全国 60% 的人工智能人才聚集在北京，全球人工智能企业 100 强中，中国有 6 家，其中北京有 5 家。此外，2019 年北京研发投入强度达到 6.17%，稳居全国首位；一般公共预算科学技术支出达 433.42 亿元，排名全国城市第 1 位。

（二）制度创新不断突破，创新发展政策环境突出

在推进国际科技创新中心建设进程中，北京持续做好要素保障、完善政策举措，为创新主体提供优越的创新环境。2020 年以来，北京紧抓国家服务业扩大开放综合示范区和中国（北京）自由贸易试验区建设契机，加强制度创新，推动贸易、投资和人才流动自由化便利化，营造国际一流营商环境。例如，朝阳区的 CBD 国际人才服务中心，整合了 19 家职能部门的 120 项服务项目，外国人工作许可和居留许可“一窗受理”。同时，为吸引更多外资金融机构在京落地，北京市探索设置外资金融机构“服务管家”工作机制，成立工作专班，在政策咨询、行政审批、配套服务等方面提供一站式、“一对一”专人服务。同时，北京还不断深化科技奖励制度改革，出台成果转化条例、科创 30 条、科研项目和经费管理 28 条等系列法规政策。落实中关村国际人才 20 条出入境政策等，实施外籍人才“绿卡直通车”、积分评估等 30 余项人才政策，集聚培养一批战略科技领军人才。在构建高精尖经济结构方面，北京市出台促进经济高质量发展的若干意见及“五新”行动方案，发布了高精尖产业“10+3”政策，打造新一代信息技术和医药健康“双发动机”。北京还率先出台中小微企业“新六条”帮扶措施，助力市场主体加快恢复发展。

（三）科技引领转型升级，创新成果产出绩效突出

截至 2020 年末，北京市拥有有效发明专利 33.6 万件，比上年增长 18.0%。每万人发明专利拥有量为 155.80 件，比上年增加 23.80 件。2020 年，北京市技术合同成交总额 6316.2 亿元，增长 10.9%。中关村国家自主创新示范区高新技术企业技术收入增长 14.9%，占中关村国家自主创新示范区企业总收入的比重超两成。2020 年，北京市高技术产业和战略性新兴产业增加值占地区生产总值的比重分别为 25.6% 和 24.8%，比上年

分别提高 1.1 个和 1.0 个百分点；现代服务业增加值占地区生产总值的比重为 66.7%，提高 2.2 个百分点；新经济实现增加值 13 654 亿元，占地区生产总值的比重为 37.8%，比上年提高 1.5 个百分点。2020 年，“三城一区”中有 158 项“三城”科技成果在“一区”实现转化。整体而言，科技创新赋能经济发展效果明显，创新成果正在助推北京产业从“制造”向“创造”转型。

（四）技术交易蓬勃发展，创新辐射带动能力突出

近年来，北京科技创新的辐射影响能力不断提升，技术交易生态体系建设持续呈现新气象。2019 年，北京技术市场继续保持较快增长态势，全市认定登记技术合同 83 171 项，成交额突破 5000 亿元，达 5695.3 亿元，同比增长达 14.9%，增幅达近 5 年最高，占全国总量的 25.4%。2019 年，流向津冀技术合同 4908 项，成交额 282.8 亿元，比上年增长 24.4%；流向长江经济带各省（市）技术合同 20 617 项，成交额 1035.6 亿元；流向粤港澳大湾区各省（自治区、直辖市）技术合同 4613 项，成交额 474.9 亿元。此外，出口技术合同 1116 项，成交额 750.7 亿元，比上年增长 3.8%，涉及国家和地区（含港澳台）80 个。值得一提的是，2019 年，北京技术还流向了 53 个“一带一路”沿线国家，涉及技术合同 182 项，成交额 420.8 亿元，占出口成交额的 56.1%。

四、北京建设国际科技创新中心面临的问题和挑战

北京作为我国科技资源最为丰厚的地区，具有率先建成国际科技创新中心的潜力，但不可否认的是，面对国内外复杂形势和发展需求，建设国际科技创新中心依然任重而道远。经过数据分析、大量调研和专题研讨，课题组认为，当前北京的科技、人才优势还有待进一步发挥，创新发展的短板尚需进一步补足。

（一）基础研究投入相对不足，跟踪式研究居多，开拓性研究较少

2019 年，北京科技创新研发投入强度达到 6.17%，超过创新型国家和地区 2.5% 的水平。但从北京市研发经费投入结构情况来看，主要集中于试验发展环节，而对基础研究环节研发投入相对不足。以 2019 年为例，北京市研发经费内部支出结构中，基础研究经费占总研发经费支出比例仅为 15.9%。基础研究工作需要科学工作者长期稳定的知识积累、敢于冒险的探索精神，因此世界各国无不对基础研究机构给予充分稳定的财政支持。以美国为例，其基础研究经费占研发经费总额的比例高达 21%。基础研究投入力度不够，将导致科学研究的关键核心领域与国际水平差距持续增大。根据《2019 国际科技创新数据洞见》报告，北京的平均标准化论文影响力（1996—2017 年）在全球 20 个创新城市中仅排名第 18 位。由此可见，虽然北京近年来论文发表数量迅速提高，但跟踪式研究居多，开拓性研究较少，北京的学术生产总量与学术影响力之间依然存在鸿沟。

（二）科技人才结构性缺口比较突出，国际科技人才合作困难重重

纵观世界知名科技创新中心，无不是集人才培育与知识创新于一体，成为世界新知识产生的重要源地。当前，北京科技人才结构性缺口比较突出，虽然北京有着国内最具优势的高等院校和科研机构，拥有雄厚的人才基数，但关键核心领域人才缺口依然较大，特别是在人工智能、生物等诸多新兴技术领域的顶尖科技人才尚为缺乏。根据科睿唯安公布的 2020 年度“高被引科学家”名单，全球共有 6167 人入围，北京仅有 274 人，占比仅为 4.4%。目前，受逆全球化思维及新冠肺炎疫情的影响，北京与世界其他国家的科技合作，尤其是科技人才的合作将面临更多难题。一些国家的系列封锁及打压举措使得北京诸多科研机构和科技人才向世界一流水平学习、交流和合作的机会锐减；同时，由于签证制度、薪酬税收、子女教育、医疗保障等方面政策保障仍需完善，导致海外科技人才在京工作仍存在不便，进而降低了北京对海外高层次科技人才的吸引力。

（三）创新链与产业链结构性脱节，企业创新主体地位需进一步加强

科技成果就地转化比例偏低是当前北京面临的现实问题，从数据上看，2015 年至 2019 年，北京流向本市的技术合同成交额占全部技术合同成交额的比例分别为 18.1%、28.7%、26.6%、24.6% 和 36.5%，均值仅为 26.9%，也就是说，流向本市的技术合同成交额不足三成。分析发现，其主要原因在于北京科技创新的主力军是高校和政府主导的科研机构，企业的技术创新主体地位相对偏低，进而造成创新链与产业链的结构性脱节，导致科技成果就地转化比例偏低。要改变这种状态，关键是强化企业的技术创新主体地位，这不仅要重视大企业的领头羊作用，同时也要重视培育“专精特新”的创新型中小微企业，进而推动产业链上中下游、大中小企业融通创新。

（四）京津冀协同创新仍需加强，产业链分工协作效率亟须提升

随着长三角地区和粤港澳大湾区产业创新能力的持续提升，京津冀地区将面临更加严峻的挑战，尤其是产业创新方面的劣势将进一步凸显。目前，京津冀三地虽然都将战略性新兴产业和高技术产业作为各自的主导产业，但未能形成基于主导产业的产业链分工，区域协作网络综合密度不高，跨区域地方政府协作程度也有待加强。北京作为京津冀协同创新网络各节点产生关联的核心所在，需要进一步主动作为，积极推动三地基于产业链开展创新合作，实现产业链和创新链的融合发展。

（五）疫情影响或长期持续，严重影响北京融入全球创新网络

新冠肺炎疫情的蔓延对全球价值链造成了重大冲击。根据《2019 年世界发展报告》，技术与知识密集度越高的区域受全球价值链供给冲击的影响就越大。北京作为国际科技创新中心，其科技产业发展受疫情影响严重，根据 2020 年中关村科学城对 506 家企业

的调研数据显示，有海外业务的企业约占 43%，尤其近期在欧美等地区疫情日趋严峻的背景下，有约 69% 的企业受业务所在国的运输管控、人员管控等措施限制，导致海外项目大部分已延后、停滞，市场拓展也因此受阻，相应物资进、出口也受到一定程度的影响，导致海外业务量缩减。根据世卫组织的预测，疫情影响或将长期持续。因此，如何突破疫情阻隔，进一步融入全球网络是北京亟待解决的重大问题。

五、推进国际科技创新中心建设的战略与建议

2021 年是“两个百年”交接之年，也是“十四五”重要开局之年，站在新的历史起点，北京国际科技创新中心建设关乎“国之大者”，是北京融入新发展格局“五子”联动的关键一子。课题组认为，推进国际科技创新中心建设要大胆创新，坚持首善标准，坚持目标导向、问题导向，不断探索走出新路子，建成制度创新高地，为各类创新主体创造更好科研生态、技术生态、产业生态。

（一）加快布局国家战略科技力量，建设成为科技强国的重要战略支点

新发展阶段，北京应加快布局国家战略科技力量，以此为牵引将自身建设成为科技强国的重要战略支点。按照国家发展需求培育建设国家实验室，参与重组国家重点实验室体系，积极建设京津冀国家技术创新中心，探索建立“顶层目标牵引、重大任务带动、基础能力支撑”的科技组织模式，在前沿领域培育一批世界一流新型研发机构。全力做好昌平、怀柔、中关村 3 个国家实验室建设和配套服务，加快建设各类创新平台和新型研发机构。助力科技型领军企业发展，超前谋划重点领域战略布局，着力推动区块链、量子、人工智能、生命科技等前沿关键核心技术联合攻关取得突破。

（二）建立健全以政府支持为主、市场多主体支持为辅的基础研究多元投入机制

扩大基础研究资金来源渠道，建立基础研究经费优先保障机制，推动基础研究财政投入持续增长。开展“企业夯基”计划，研究制定企业基础研究投入税收优惠政策，鼓励和引导科技领军企业加大基础研究支持力度。争取科技创新 2030—重大项目和国家重点研发计划落地。引导社会各界关注基础研究，鼓励市场主体以捐赠或基金方式支持基础科学研究。

（三）多措并举引进海外高端人才，打造具有世界竞争力的高水平人才高地

北京要进一步加快构建国际化的科研环境和创新生态，围绕重要领域和创新方向完善顶尖科技人才的引进、发现和使用机制，抓好国际人才社区、国际学校、国际医院建设，构建“类海外”的国际化科研环境和生活环境，以更大力度吸引国际高层次人才落户。

重点探索实行尽职免责机制，树立人才投资是风险投资的理念，合理界定和规范完善符合人才发展规律的容错尺度，对于人才创新创业项目进行支持，符合规定条件、标准和程序，但项目未达到预期发展效果的，免除领导干部决策责任。

（四）以信任为前提持续深化科技经费和项目管理方式改革

赋予科技人才更大自主权，推行首席科学家负责制，以信任为前提，赋予项目负责人充分的人财物自主权和技术路线决定权。扩大项目经费使用“包干制”试点范围，推行“里程碑式”关键节点管理，对科研项目实行审计、监督、检查结果互认，一个项目周期实行“最多查一次”。

（五）推进“三城一区”科技合作机制创新，突破各类制度层面的制约和障碍

推动形成创新要素流动畅通、科技设施联通、人员交流顺通的科技创新合作体制机制。吸引“三城”科研主体在“一区”设立对接基地、支持“三城”的高校院所在“一区”建立实习基地、以服务“三城”技术为方向在“一区”大力发展“中试”基地。做强与“三城一区”的科技合作规模，通过建立定期协商机制、创新税收共享机制，建起“‘三城’研发、‘一区’产业化”合作模式。

（六）抢抓数字经济发展风口，完善产业创新生态孕育新经济

紧抓数字产业化、产业数字化契机，加快数字经济基础设施建设，加快 5G 网络和千兆固网接入侧网络建设，尽快实现自贸区 5G 网络的精准覆盖和千兆固网的全面覆盖，大力完善数字经济、共享经济、智能经济、平台经济发展的软硬件环境，持续培育产业跨界融合形成的新赛道，提高新业态活力，争取孕育一批原创新兴产业。

（七）进一步强化企业创新主体地位，着力释放科技领军企业创新动能

进一步突出科技领军企业的创新主导性地位，充分发挥科技领军企业标杆价值，打造由科技领军企业牵头、高校院所支撑、多元主体高效协同的高能级创新联合体，通过科技领军企业引领和带动产业链上下游企业，有效组织产学研力量实现融通创新发展，平衡好短期功利目标、长期科学目标与市场竞争优势获取的关系，实现从基础研究、原始性创新突破到产业化应用和价值实现，再到反馈带动基础研究突破的“创新闭环”和加速创新。

（八）建设京津冀产业加速共同体，推进产业创新协同

依托京津冀三地的孵化器、众创空间、大学科技园，在一些特定领域，建设产业加速共同体。建立项目筛选机制和成果转化加速机制，促进成果转移转化，构建“研发共

同投入，产业化共同受益”合作机制。在京张、京津、京保石创新带建设中，发挥创业孵化行业的独特作用。在数字产业，推动北京的研发型企业与津冀的制造业产能相结合，支持北京企业参与津冀传统行业转型升级。在工业互联网、智能城市等领域，以北京城市副中心为综合应用场景，促进前沿技术迭代升级，在津冀包括雄安新区落地转化。北京、天津、河北的科技企业孵化器行业组织，可在这一进程中发挥组织协调作用。

（九）强化全球科技创新精准合作，打造全球创新网络的重要节点

坚持“引进来”与“走出去”并重，引资、引技、引智并举，主动参与国际技术、产业竞争与合作，推动创新要素配置、研发创新、资本运营、市场拓展、知识产权、品牌运营等国际化。深入推进“双区”建设，加快制定一批与国际接轨的科技服务标准、市场规则与法律法规。引导企业、第三方专业机构建设一批国际化孵化器，集聚国际创新人才和资源，深度融入全球技术创新体系。依托中关村论坛，打造国内外一流科技成果的发布、展示、交易、交流平台，增强北京在全球创新网络中的影响力和知名度。

第九章　北京市城区科技创新发展评估与解读

城区创新与城市创新之间属于微观与宏观、局部与整体、个体与总体的关系。城区创新是城市创新的组成部分，城区创新既要根据区域内实际资源禀赋情况发挥自身优势和特色，又要服从城市整体的战略目标和总体布局，促进城市创新目标的实现。城市创新和城区创新在结构、功能和目标等方面具有高度关联性。

从城区层面研究城市科技创新情况有利于从微观视角把握地区创新状况、能力、潜力，有利于城市创新资源的内部优化配置，能够放大不同城区的比较优势，提高创新效率，对城市或区域总体规划、建设、管理具有重要参考和指导价值。

对于北京这样一个超大城市而言，科技创新活动的直接发生地点其实就在城区层面。为了用更加微观的尺度来衡量北京国际科技创新中心建设情况，探究超大城市科技创新内部治理结构的优化问题，课题组开展了"北京市城区科技创新发展评估与解读"专题研究。

本章利用综合指数法，构建了"北京市城区科技创新发展指数"，对北京市 16 个城区的科技创新发展情况进行测评分析，总结特征并提出相关建议，旨在促进北京市城区科技创新协同发展，提高北京市整体科技创新发展水平。

北京市城区科技创新发展指数指标体系由三级指标构成。其中，一级指标 4 个，分别是创新资源、创新环境、创新服务、创新绩效；二级指标 11 个，分别是创新人才、研发经费、科技人文、生活环境、国际合作、技术市场、创业服务、科技成果、经济产出、结构优化、绿色发展；三级指标 25 个。测算数据为 2019 年截面数据（个别指标使用更早年份数据），主要针对北京市 16 个城区科技创新发展情况进行横向对比分析。

一、北京市城区科技创新发展指数测算结果

北京市城区科技创新发展指数由 4 个一级指标构成，分别是创新资源、创新环境、创新服务、创新绩效。

北京市城区科技创新发展指数得分分为 3 个分数段，60 ～ 70 的有 2 个区，分别是平谷区和房山区；70 ～ 80 的有 13 个区，分别是朝阳区、西城区、东城区、丰台区、石景山区、怀柔区、延庆区、门头沟区、顺义区、大兴区、密云区、昌平区、通州区；80 以上的仅有海淀区一个区（表 9–1）。

表 9-1　北京市城区科技创新发展指数及一级指标排名

城区	总指数	创新资源	创新环境	创新服务	创新绩效
海淀区	1	1	1	1	3
朝阳区	2	2	2	8	4
西城区	3	4	13	12	1
东城区	4	7	9	6	2
丰台区	5	6	12	2	7
石景山区	6	3	5	11	8
怀柔区	7	11	6	14	5
延庆区	8	15	4	5	6
门头沟区	9	16	3	13	9
顺义区	10	12	11	9	10
大兴区	11	9	15	3	11
密云区	12	10	7	15	12
昌平区	13	5	16	7	14
通州区	14	8	14	10	13
平谷区	15	14	8	16	15
房山区	16	13	10	4	16

北京市城区科技创新发展指数平均值为 74.13，中心城区（东城区、西城区、朝阳区、海淀区、丰台区、石景山区）科技创新发展指数得分都在平均值以上，中心城区是北京市科技创新综合水平较高的区域。

二、北京市城区科技创新发展特征解读

（一）各城区科技创新独具特色，协同成就首都科创“新版图”

中心城区作为北京“四个中心”建设集中承载地，科技创新发展整体水平领先。根据《北京城市总体规划（2016 年—2035 年）》，北京市中心城区包括东城区、西城区、朝阳区、海淀区、丰台区、石景山区，中心城区是全国政治中心、文化中心、国际交往中心、科技创新中心的集中承载地区，是建设国际一流的和谐宜居之都的关键地区，是疏解非首都功能的主要地区。测算结果显示，中心城区科技创新发展指数均值为 78.35，明显高于其他城区均值（71.60）；与此同时，4 个一级指标最高分都出现在中心城区，11 个二级指标中，有 9 个二级指标的最高分是中心城区。这样的结果与北京市中心城区的定

位和发展要求相匹配，充分体现出中心城区作为国际科技创新中心集中承载地的特征。

城市副中心科技创新发展指数排名不高，但创新资源投入强度较高。北京城市副中心通州区科技创新发展指数为 70.53，仅排名第 14 位，但在创新资源排名中，通州区紧跟中心城区之后，排名第 8 位。在创新资源指标下的研发经费投入中，中关村科技园区通州园 R&D 经费占总收入的比例达到 5.49%，在北京 16 个区中排名第 3 位，整体研发投入强度较高。同时，中关村科技园区通州园研究开发人员占从业人员的比例达到 25.6%，比全市平均值 24.74% 高出近 1 个百分点（图 9–1）。

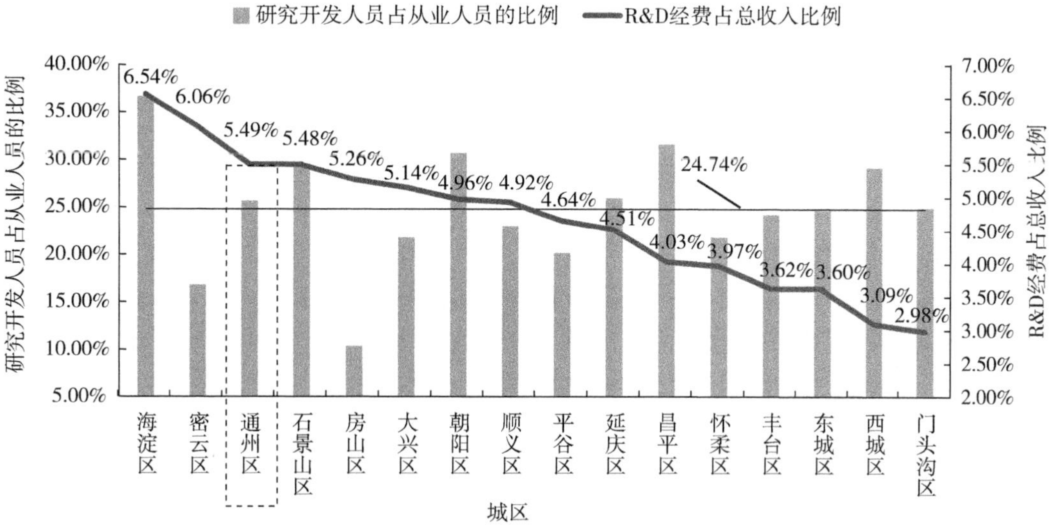

图 9–1 北京市各城区科技园区研发人员及经费占比情况

城市功能拓展区创新服务实力强劲，双创事业发展良好。城市功能拓展区包括昌平区、大兴区、房山区、顺义区，城区定位是坚持集约高效发展，提升城市发展水平和综合服务能力，建设高新技术和战略性新兴产业集聚区、城乡综合治理和新型城镇化发展示范区。测算结果显示，城市功能拓展区创新服务能力较强，大兴区创新服务一级指标排名第 3 位，房山区排名第 4 位，昌平区和顺义区分别排名第 7 位和第 9 位，城市功能拓展区创新服务得分均值为 70.07，高于其他城区均值（67.99）。在二级指标创业服务方面，城市功能拓展区表现优异，房山区仅次于海淀区，排名第 2 位，顺义区排名第 3 位，昌平区和大兴区分列第 6 位和第 9 位。具体看三级指标，城市功能拓展区双创事业发展良好，昌平区的科技企业孵化器数量排名全市第 2 位，房山区和顺义区的单位科技企业孵化器孵化基金总额列全市第 2 位和第 3 位（图 9–2）。

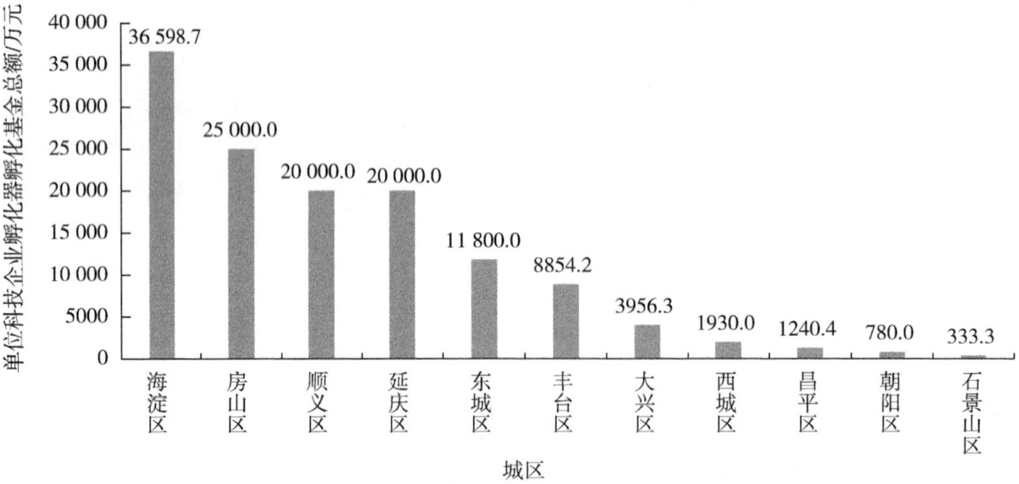

图 9-2　北京市部分城区单位科技企业孵化器孵化基金总额

生态涵养区科技创新综合水平处于中游，创新环境营造具有亮点。生态涵养区包括门头沟区、平谷区、怀柔区、密云区、延庆区，是保障首都可持续发展的关键区域。从科技创新发展指数结果看，生态涵养区科技创新综合水平处于中游，科技创新发展指数均值为 72.23，略低于全市平均值（74.13）。5 个城区中，怀柔区、延庆区、门头沟区分别位列第 7、第 8、第 9 位，密云区排名第 12 位，平谷区相对靠后，列第 15 位。从一级指标看，生态涵养区在城区创新环境营造方面具有一些亮点，5 个城区创新环境指数排名均列前 10 位，其中，门头沟区仅次于海淀区、朝阳区，排名第 3 位。从具体指标看，生态涵养区的多个人均指标具有明显优势。例如，生态涵养区的人均公共财政教育支出为 5377.5 元，明显高于其他城区的 3513.6 元；生态涵养区各区住房支出占人均可支配收入比例的均值为 13.85%，明显低于其他城区的 27.65%（图 9-3）。

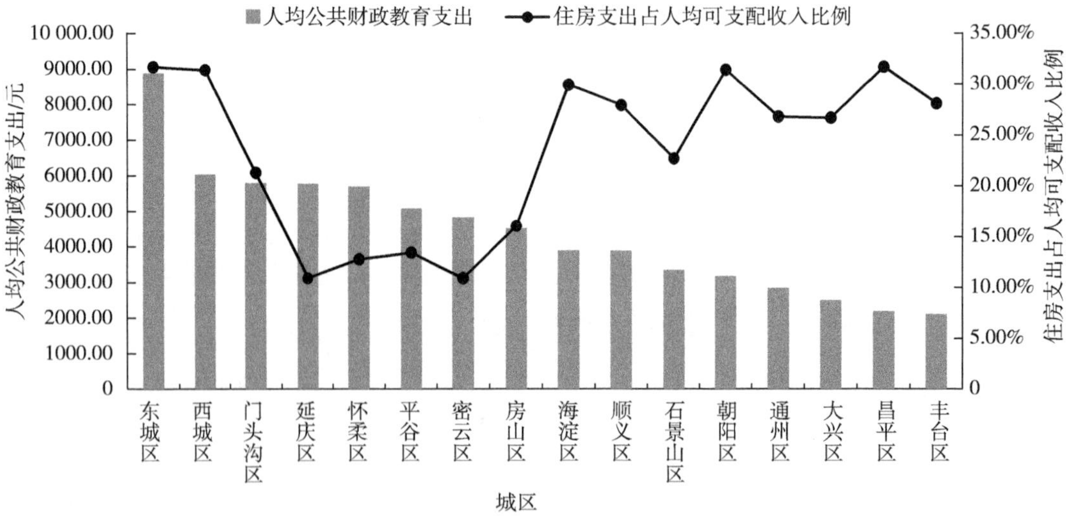

图 9-3　各城区人均公共财政教育支出和住房支出占人均可支配收入比例

（二）海淀区科技创新一枝独秀，各城区创新指数差异显著

测算结果显示，海淀区科技创新发展指数得分最高，达到 87.43，是唯一一个超过 80 的城区，比第 2 位朝阳区 78.37 高出 9.06。排名后 2 位的平谷区、房山区得分分别为 69.94 和 69.40，与海淀区差距将近 20。从一级指标看，海淀区创新资源得分为 98.96、创新环境为 83.45、创新服务为 92.42，均排名各区第 1 位，仅有创新绩效得分略低于西城区和东城区，排名第 3 位。在 11 个二级指标中，海淀区有 5 个指标排名第 1 位，分别是创新人才、研发经费、科技人文、创业服务、绿色发展，有 5 个指标排名前 5 位，分别是国际合作（NO.2）、技术市场（NO.3）、科技成果（NO.2）、经济产出（NO.5）和结构优化（NO.3）。但是，海淀区的生活环境二级指标排名仅第 12 位，主要原因在于其交通拥堵指数和住房支出占人均可支配收入比例相对偏高（表 9–2）。

表 9–2 海淀区科技创新发展指数一二级指标排名

一级指标	排名	二级指标	排名
创新资源	1	创新人才	1
		研发经费	1
创新环境	1	科技人文	1
		生活环境	12
		国际合作	2
创新服务	1	技术市场	3
		创业服务	1
创新绩效	3	科技成果	2
		经济产出	5
		结构优化	3
		绿色发展	1

通过测算一级和二级指标的标准差来判断城区间科技创新发展水平的差异。从表 9–3 可以看出，各城区科技创新发展指数差异显著，在 4 个一级指标中，创新服务差异最大，标准差达到 8.29；在 11 个二级指标中，技术市场和创新人才差异较大，标准差超过 10。课题组认为，城区间科技创新的差异是客观存在的，这种差异是城区功能定位、资源禀赋和产业基础的综合体现，不能因为差距而忽视每个城区的发展特点。优势城区应进一步用好创新资源，产生更多创新成果，实现强者愈强；相对劣势城市，应该抓住自身特点，努力成为某个领域的单打冠军。

表 9-3 北京市城区科技创新发展指数指标得分标准差

一级指标	区域分数标准差	二级指标	区域分数标准差
创新资源	7.13	创新人才	10.08
		研发经费	7.67
创新环境	4.43	科技人文	6.77
		生活环境	9.82
		国际合作	9.02
创新服务	8.29	技术市场	10.65
		创业服务	9.99
创新绩效	5.36	科技成果	6.1
		经济产出	8.64
		结构优化	5.83
		绿色发展	8.09

（三）三大科学城先发优势明显，科技创新实力雄厚

总体来看，三大科学城先发优势明显，科技创新实力雄厚。从三大科学城所在区域来看，海淀区、昌平区、怀柔区 3 个区域科技创新发展水平存在明显差异。其中，海淀区是全市科技创新风向标，总排名第 1 位，无论在创新资源、创新环境、创新服务，还是创新绩效方面都非常优异；怀柔区科技创新整体水平处于中游，总体排名第 7 位，创新环境和创新绩效一级指标排名比较靠前，分别是第 6 位和第 5 位；昌平区科技创新总体排名相对落户，列第 13 位，虽然在创新资源和创新服务方面排名靠前，分别是第 5 位和第 7 位，但创新绩效相对较弱，排名第 14 位，创新环境则排名末位（图 9-4）。

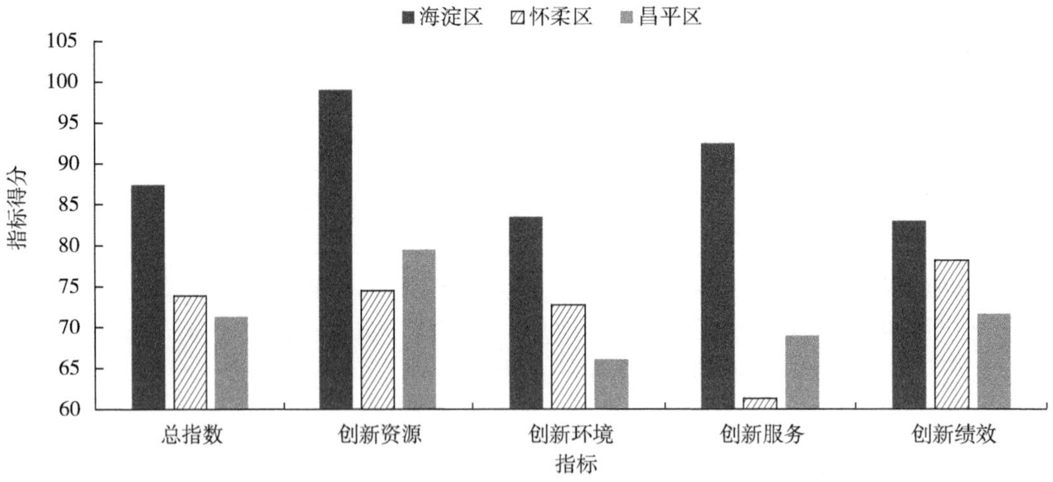

图 9-4 三大科学城所在城区科技创新发展指数对比

从三大科学城内部对比看，中关村科学城长期作为北京自主创新主阵地和原始创新策源地，基础良好，相对优势比较明显，其 R&D 人员全时当量占比和 R&D 经费内部支出总量占比均超过 90%。

通过对北京市第四次全国经济普查数据和北京推进科技创新中心建设办公室相关调研材料进行分析，发现三大科学城创新发展差异十分明显，中关村科学城多项指标独占鳌头。从创新资源指标看，2018 年三大科学城 R&D 人员折合全时当量约为 109 800 人年，其中，中关村科学城占比达到 91.6%；R&D 经费内部支出总量约为 850 亿元，其中，中关村科学城占比达到 93.8%。从创新绩效指标看，2018 年三大科学城创新专利授权量约为 3.8 万件，其中，中关村科学城占比达到 92.7%。当前，三大科学城创新水平差异的主要原因是中关村科学城长期作为北京自主创新主阵地和原始创新策源地，基础良好；而怀柔科学城还处于建设期，创新载体设施建设尚在投入启动阶段，未来科学城产学研联动机制尚未形成，科技资源优势尚未解冻激活。

（四）城区创新能力与效率不尽一致，创新资源配置仍有优化空间

创新效率指数是指对既定的创新投入转化为创新产出的能力进行评估。本研究用北京各城区创新绩效得分除以创新资源得分而获得创新效率指数。

从城区功能定位分类来看，生态涵养区的创新效率指数均值最高，达到 1.035，其后是中心城区、城市副中心和城市功能拓展区，创新效率均值分别为 0.977、0.950 和 0.948。总体来说，生态涵养区和中心城区的科技创新具有较高效率。

从具体城区来看，东城区和西城区创新效率全市领先，分别为 1.114 和 1.090；属于生态涵养区的延庆区、门头沟区和怀柔区紧跟其后，分列第 3、第 4、第 5 位；科技创新发展指数排名第 6 位的石景山区和排名第 1 位的海淀区，则在创新效率指数中列后 2 位。由此可见，如何更有效地配置创新资源，提高创新绩效，仍然是摆在科技创新强区面前的重要问题（图 9-5）。

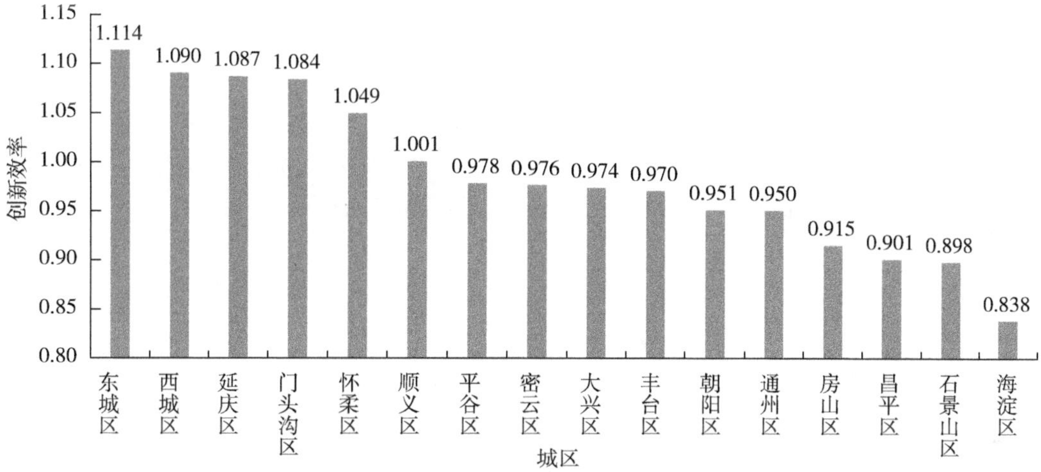

图 9-5　北京市各城区创新效率指数得分

（五）科技创新助力区域共同富裕，经济发展与创新水平相辅相成

党的十九届五中全会首次把"全体人民共同富裕取得更为明显的实质性进展"作为远景目标提出。科学技术作为第一生产力，很大程度上决定了区域经济发展和人民富裕程度的基本面貌，抓好科技创新，就抓住了牵动发展全局的牛鼻子。

将北京各城区科技创新发展指数结果与各城区城镇人均可支配收入进行拟合分析发现，两者之间存在着明显的相关性，趋势上呈现一致性。说明科技创新发展水平较高的区域，相应的人均可支配收入也较高，科技创新带动区域人均收入增长效果明显（图 9–6）。

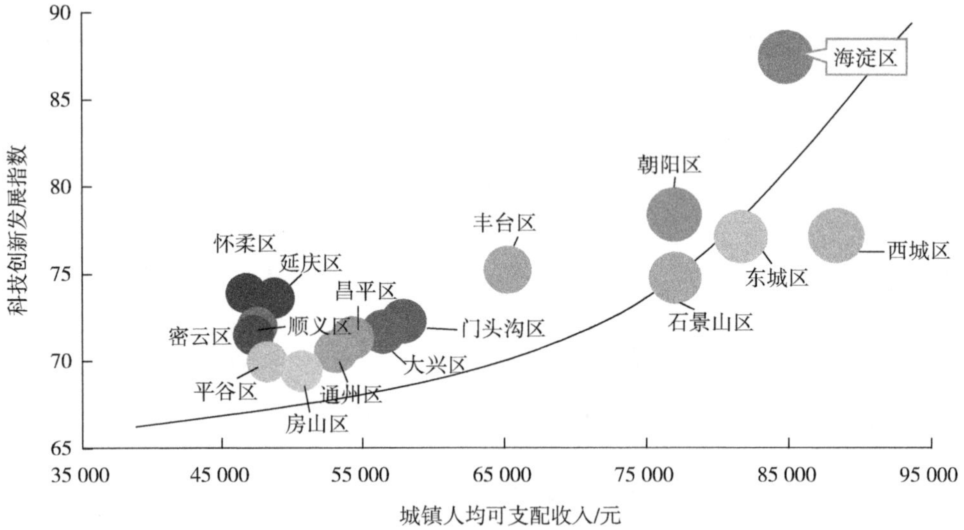

图 9–6　北京市城区科技创新发展指数与城镇人均可支配收入气泡图

从另一个角度再分析经济发展程度对城区创新的影响，将 16 个城区按经济发展水平分为 3 个收入等级。具体做法是以人均 GDP 的均值为中心，以 0.5 个标准差为单位，平均值 ±0.5 标准差的范围内为平均收入水平组，低于 0.5 个标准差为低收入水平组，高于 0.5 个标准差为高收入水平组[①]。

可以看出，经济发展与创新水平相辅相成，经济发达地区的科技创新发展水平全面领先，无论是创新资源、创新环境、创新服务还是创新绩效指标，高收入组城区的均值都明显高于平均收入组城区，平均收入组城区也明显高于低收入组城区（图 9–7）。

① 高收入组城区为西城区、东城区、海淀区、朝阳区；平均收入组城区为顺义区、石景山区、怀柔区、丰台区；低收入组城区为门头沟区、密云区、房山区、平谷区、通州区、延庆区、昌平区、大兴区。

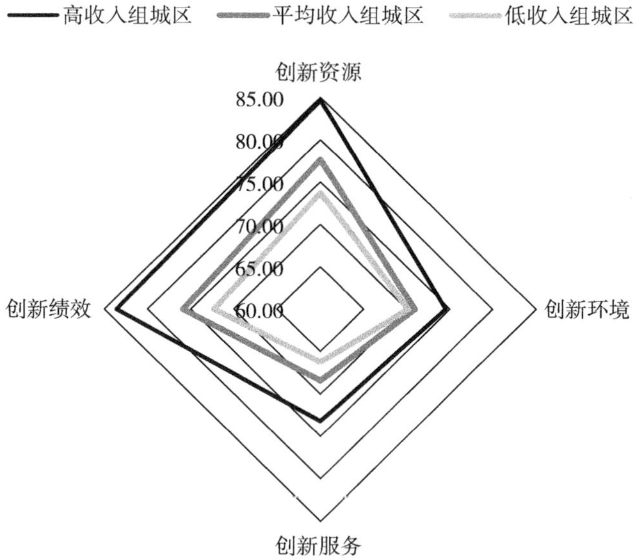

图 9-7 分收入组别科技创新发展指数雷达图

三、相关建议

（一）宜居与宜业并重，打造高质量创新发展环境

优化城市空间格局是提高城市空间承载力，进一步释放区域创新活力的重要手段。北京集聚大量创新资源，是全国创新水平、创新能力最强的城市之一，然而，资源的高度集聚也带来了城市交通拥堵、生活成本上升、职住不平衡等问题。以海淀区为例，在北京市城区科技创新发展指数测算结果中，海淀区创新资源、创新服务等多项指标排名遥遥领先其他城区，唯独生活环境指标排在第 12 位，巨大的反差表明，创新城区不仅需要干事业的平台，也需要高质量的生活环境。北京市各城区要把握城市治理体系和治理能力现代化的时代要求，围绕缓解交通拥堵、稳定生活成本、实现职住平衡等目标，更好地发挥政府公共服务职能，提升科学规划水平，引导产业发展与合理布局，扩大公共服务供给，优化城市生产、生活、生态空间结构，为城区创新发展、高质量发展提供良好环境。

（二）优化存量培育增量，提升整体创新能力和效率

近年来，北京市持续疏解非首都功能，促进全市各区结构调整优化，全力解决“大城市病”。疏解非首都功能一方面对城区要素集聚、产业结构和区域经济带来了一定压力；另一方面又促进各区盘活存量资源、释放更多发展空间，产生了正向效果。面对压力和机遇，各城区应统筹考虑，优化创新资源配置，提升整体创新能力和效率。中心城区应

进一步完善空间布局，做好创新资源合理分布与配置，聚焦存量提升创新效率；其他城区应打造更多疏解资源的承载体和产业基础，提升城区综合承载能力，做强核心产业功能、做优公共服务和环境，有序承接中心城区功能的梯次转移，聚焦增量提高创新能力。同时，各城区在京津冀创新协同发展过程中，应主动开拓合作新模式新领域，积极引进与城区重点产业相匹配的先进技术率先落地，产生更多优质创新成果，提升整体创新活力和效率。

（三）破除城区创新资源鸿沟，充分释放区域要素活力

北京作为首都，是我国科技基础最为雄厚、创新资源最为集聚的区域之一，但是北京不同区域间创新资源分布存在巨大差异。以海淀区为例，海淀区集中了全市近半的创新资源，高新技术企业、高校、研究院所、创新平台高度集中，而其他区域，即使是三大科学城区域，创新资源仍相对短缺，亟须设计一套完善的协同机制破解这种资源不平衡不充分问题。鉴于此，北京市各城区在资源配置、要素流动、项目布局等方面应提高统筹协调力度，加强多方面合作，减少或避免相互竞争的现象，打破科技创新资源流动鸿沟，促进人才、资金等资源充分自由流动，释放创新要素活力。

（四）以“三城一区”为发展典范，引领优化全市创新环境

当前，北京“三城一区”建设发展已经到了新的阶段，中关村科学城要深化创新体制改革，精心做好创新企业服务，提升科技创新体系化能力。怀柔科学城要着力培育创新创业生态，推进大科学装置和交叉研究平台建设运行。未来科学城要加快实施生命技术赶超工程，大力推动国际先进能源产业集聚。北京经济技术开发区要做好扩区后战略性产业布局，提高国际化发展水平，推动一批重大项目落地。抓好顺义创新产业集群示范区建设。这样的背景下，“三城一区”要围绕重点领域和重点项目，推进优势叠加，加强主动对接，相互支持帮助，合力破解难题，为科技成果产生、转化、产业化提供全链条的创新资源供给和配置服务。北京市各城区应以上述跨区域合作为典范，积极推进区域合作，建立精准服务新机制，提高全市创新创业活力，优化创新环境。

（五）立足实际与优势，走好差异化特色化发展之路

北京市各城区拥有不同的资源禀赋、产业基础，城区间发展水平仍存在较大差异，各城区在发展中要秉持科技是引领发展的第一动力理念，加强城区科技创新资源的投入与放大，立足自身独特创新优势，深入参与全市科技创新分工，走好差异化、特色化发展之路。

第十章　中国主要城区科技创新发展能力评估

城区作为组成我国城市的重要力量，在科技创新的第一线发挥着重要作用，为进一步了解中国主要城区科技创新发展格局和特征，从更微观视角研究城市科技创新，课题组设计了“中国城区科技创新发展能力评估指标体系”，对全国主要城区科技创新发展能力进行分析。需要说明的是，尽管课题组在城区选取、指标采集等方面做出了大量的工作，但对我国城区科技创新发展研究尚属探索阶段，由于主客观条件限制，一些比较具有特点的城区最后不得不放弃，一些重要的指标也没有被列入测算体系，指标和数据具有局限性，许多影响城区科技创新发展的因素都未能得以体现，研究方法不尽完善，不能完全反映各个城区间的科技创新发展水平，研究结果和指数排名仅供参考。

一、样本选择与测算方法

为了客观全面地反映我国不同城区科技创新情况，保证研究的科学性和客观性，本次研究的城区样本主要包括 3 个方面：首先，通过对城市统计年鉴，选择科技发展数据较优城区；其次，参考“2020 年全国百强区榜单”等排行榜（包含对科技创新发展水平的考量），补充丰富区域范围；最后，在上述两个途径仍未能完善的样本，主要通过城市介绍，选择明确定位发展高技术、科技产业的城区作为补充。按照样本选择标准，本次选取了全国 29 个省的 34 个城市中的 68 个城区作为研究样本。从样本城区空间布局上来看，基本涵盖我国东部、中部和西部地区，较好地代表了我国不同地域和不同发展水平的城市。

二、指标框架与数据来源

中国城区科技创新发展能力评估指标体系由 3 个层次指标构成。其中，一级指标共 3 个，包括创新资源、创新环境、创新绩效。由于指标采集困难，考虑到城区统计数据的可得性，所选二级指标共 7 个，包括研发经费、创业服务、信息环境、住房成本、政策环境、经济发展、科技产出。依据主流指标体系分析报告，本报告采用综合指数法进行分析，标准化方法为极大极小值法。同时，在考虑各指标要素的影响和作用的基础上，全国主要创新城区科技创新发展能力评估指标体系采用均权进行权重分配（表 10–1）。

表 10-1　中国城区科技创新发展能力评估指标体系

一级指标	权重	编号	二级指标	指标属性	单位	权重
创新资源	33.33%	1	研发经费	正向		16.67%
		2	创业服务	正向	万元	16.67%
创新环境	33.33%	3	信息环境	正向	元	11.11%
		4	住房成本	逆向		11.11%
		5	政策环境	正向	美元 / 万人	11.11%
创新绩效	33.33%	6	经济发展	正向	元	16.67%
		7	科技产出	正向	个	16.67%

中国城区科技创新发展能力评估对数据质量要求较高。在研究过程中采用的数据均出自全国城市各区的政府统计公报和统计年鉴，或者政府网站披露的官方数据信息。二级指标中研发经费指地方财政科技投入占地方财政支出比例；创业服务指单位孵化器孵化基金总额；信息环境指人均公共财政教育支出；住房成本指住房支出占人均可支配收入比例；政策环境指每万人实际利用外商直接投资额；经济发展指人均地区生产总值；科技产出指人均发明专利授权量。由于各城区客观数据获取相对困难，数据标准也存在不一致现象，当某些变量数据不能直接获得时，课题组采用其他近似相关变量数据进行逻辑推算或用其他数据代替。

三、测算结果及分析

根据中国城区科技创新发展能力指标体系及各指标数据，按照中国城市科技创新发展报告的测度方法，课题组测算出全国 68 个城区的科技创新发展能力指数及创新资源、创新环境和创新绩效 3 个一级指标的测算结果（表 10-2）。

表 10-2　中国城区科技创新发展能力指数及排名

省份	城市	序号	城区	总指数	排名	一级指标					
						创新资源	排名	创新环境	排名	创新绩效	排名
北京	北京市	1	海淀区	87.51	1	90.83	1	81.83	2	92.53	1
		2	朝阳区	74.00	8	71.38	6	75.23	22	77.65	5
天津	天津市	3	滨海新区	74.11	7	71.15	7	81.36	3	72.07	14
		4	西青区	70.33	18	68.89	14	75.01	26	69.24	24
河北	石家庄市	5	长安区	66.23	52	62.44	54	75.02	25	63.24	58
		6	藁城区	66.48	49	62.57	52	75.27	21	63.61	57

续表

省份	城市	序号	城区	总指数	排名	一级指标					
						创新资源	排名	创新环境	排名	创新绩效	排名
上海	上海市	7	浦东新区	76.79	5	71.02	8	84.91	1	76.76	8
		8	黄浦区	70.13	22	64.79	35	70.70	63	77.01	6
山西	太原市	9	小店区	67.10	42	66.88	23	71.60	59	64.85	51
		10	迎泽区	67.20	41	63.52	41	72.60	50	67.52	32
广东	深圳市	11	南山区	81.68	2	89.71	2	70.08	64	87.73	2
		12	福田区	73.41	9	79.70	5	67.32	66	75.45	10
	广州市	13	天河区	71.74	12	68.71	15	72.12	56	76.56	9
		14	黄埔区	78.91	4	84.52	3	77.63	11	76.97	7
内蒙古	呼和浩特市	15	赛罕区	66.39	50	63.04	43	74.00	35	64.14	53
		16	玉泉区	66.26	51	64.09	38	74.00	34	62.69	63
辽宁	大连市	17	甘井子区	65.85	58	63.33	42	73.39	42	62.82	62
		18	金州区	69.09	28	67.98	17	74.56	31	66.81	36
	沈阳市	19	沈河区	66.85	45	62.04	58	74.64	29	65.91	45
		20	和平区	66.62	48	61.91	61	73.76	38	66.22	41
吉林	长春市	21	朝阳区	65.15	60	61.83	64	71.23	60	64.36	52
		22	南关区	65.05	61	62.55	53	72.00	57	62.57	65
黑龙江	哈尔滨市	23	松北区	70.27	19	62.81	47	80.05	5	70.08	20
		24	南岗区	67.63	39	65.87	30	72.25	52	66.80	37
江苏	南京市	25	江宁区	72.48	11	70.77	9	77.99	10	70.89	16
		26	鼓楼区	70.11	23	68.43	16	75.49	19	68.54	30
浙江	杭州市	27	余杭区	73.36	10	70.68	11	79.41	6	72.21	12
		28	滨江区	79.58	3	82.64	4	79.18	7	79.34	4
	宁波市	29	鄞州区	70.92	16	70.01	12	76.25	13	68.64	29
		30	北仑区	75.29	6	65.14	32	80.37	4	82.66	3
安徽	合肥市	31	蜀山区	67.90	36	64.41	36	75.20	23	66.16	42
		32	包河区	69.88	24	69.06	13	76.17	16	66.52	40
福建	福州市	33	鼓楼区	70.96	15	67.25	22	73.01	47	74.77	11
		34	晋安区	65.79	59	63.52	40	70.97	61	64.87	50
	厦门市	35	思明区	69.01	30	66.20	27	73.23	44	69.69	22
		36	集美区	71.12	14	70.74	10	74.58	30	70.19	19

续表

省份	城市	序号	城区	总指数	排名	一级指标					
						创新资源	排名	创新环境	排名	创新绩效	排名
江西	南昌市	37	青山湖区	65.93	57	64.15	37	73.82	37	61.83	68
		38	西湖区	67.03	43	62.91	45	74.28	33	65.94	44
山东	青岛市	39	黄岛区	71.37	13	65.05	34	79.12	8	72.10	13
		40	市南区	69.01	29	63.03	44	75.38	20	70.72	17
	济南市	41	历下区	69.29	26	63.80	39	76.16	17	70.00	21
		42	历城区	68.08	34	66.22	26	74.69	28	65.38	48
河南	郑州市	43	金水区	70.18	21	66.87	24	79.10	9	66.69	39
		44	中原区	61.66	68	62.84	46	61.07	68	62.95	60
湖北	武汉市	45	武昌区	67.54	40	62.68	48	76.24	14	65.75	46
		46	江汉区	64.65	66	62.63	49	63.79	67	69.50	23
湖南	长沙市	47	雨花区	70.24	20	65.56	31	75.91	18	71.37	15
		48	岳麓区	68.47	32	67.43	21	73.04	46	67.00	33
广西	南宁市	49	青秀区	66.66	47	62.09	57	73.00	48	66.91	34
		50	西乡塘区	64.89	64	62.16	55	72.22	53	62.25	67
海南	海口市	51	龙华区	64.80	65	61.93	60	70.80	62	63.64	56
		52	美兰区	63.81	67	61.83	63	68.98	65	62.54	66
重庆	重庆市	53	江北区	69.10	27	67.44	20	72.88	49	69.07	26
		54	渝北区	70.35	17	67.85	18	76.19	15	69.15	25
四川	成都市	55	龙泉驿区	69.77	25	67.63	19	77.09	12	66.70	38
		56	金牛区	68.72	31	66.69	25	73.90	36	67.66	31
贵州	贵阳市	57	云岩区	66.84	46	65.14	33	73.59	39	63.83	55
		58	南明区	67.75	37	65.97	29	73.31	43	66.03	43
云南	昆明市	59	官渡区	66.07	54	62.60	51	73.54	40	64.07	54
		60	晋宁区	66.11	53	62.60	50	75.17	24	62.58	64
西藏	拉萨市	61	堆龙德庆区	66.06	55	61.83	64	73.49	41	64.88	49
		62	城关区	68.34	33	61.83	64	74.89	27	70.37	18
陕西	西安市	63	雁塔区	66.98	44	61.98	59	72.21	54	68.78	27
		64	未央区	67.64	38	61.86	62	74.39	32	68.71	28
甘肃	兰州市	65	城关区	67.99	35	66.08	28	73.08	45	66.88	35
		66	七里河区	64.96	63	61.83	64	71.81	58	63.22	59
青海	西宁市	67	城东区	64.96	62	61.83	64	72.18	55	62.85	61
		68	城西区	65.95	56	62.14	56	72.29	51	65.43	47

从全国68个主要创新区的科技创新发展能力指数的测算结果来看，可以发现，目前我国主要创新区科技创新发展能力指数在发展阶段和空间层次上都具有鲜明的特征，中国主要创新区的发展也具有自身的特点（图10-1）。

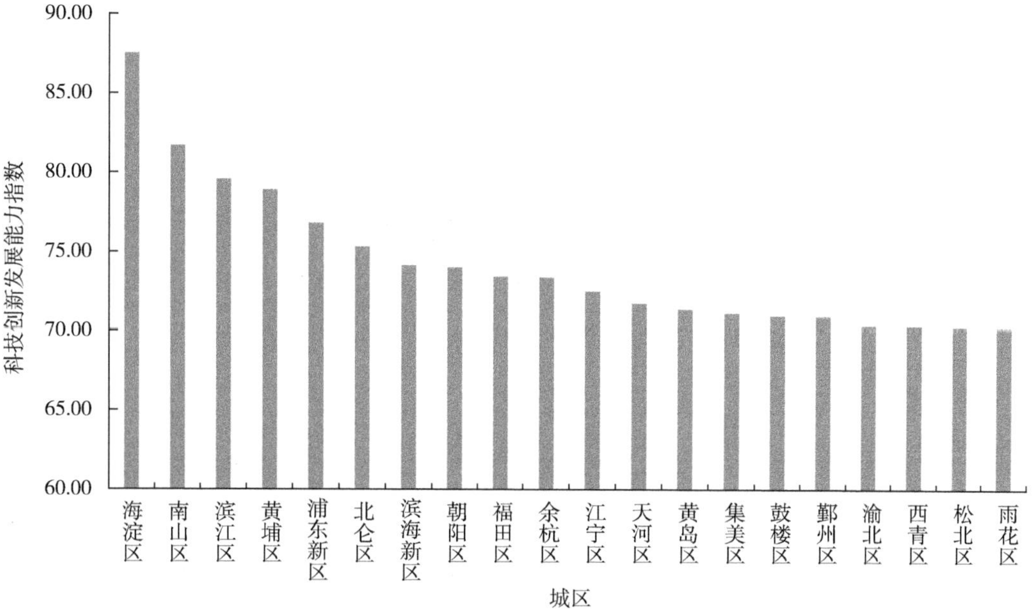

注：图中朝阳区指北京市朝阳区，黄浦区指广州市黄浦区，鼓楼区指福州市鼓楼区。

图10-1 中国城区科技创新发展能力20强

就发展阶段而言，主要科技创新区的发展非均衡特征明显。从测算结果看，全国68个主要创新区排名前20位的城区分别为海淀区（北京市）、南山区（深圳市）、滨江区（杭州市）、黄浦区（广州市）、浦东新区（上海市）、北仑区（宁波市）、滨海新区（天津市）、朝阳区（北京市）、福田区（深圳市）、余杭区（杭州市）、江宁区（南京市）、天河区（广州市）、黄岛区（青岛市）、集美区（厦门市）、鼓楼区（福州市）、鄞州区（宁波市）、渝北区（重庆市）、西青区（天津市）、松北区（哈尔滨市）、雨花区（长沙市）。

（一）整体态势呈现非均衡特征，“东强西弱，南强北弱”明显

总体来看，全国范围内城区科技创新发展仍然呈现比较明显的非均衡特征，城区科技创新发展水平与其所在城市经济发展水平高度相关，东部地区城区的科技创新发展水平普遍较高。排名前10位的城区大多来自东部发达地区。中西部欠发达地区的城区科技创新发展水平相对较低，排名后10位的城区主要位于海南、甘肃、青海、广西、吉林、河南、湖北，经济社会发展水平较之于样本中的其他地区较为滞后。

从测度结果可以看出，尽管我国脱贫攻坚工作取得了重大胜利，全国贫困县全部摘帽，近年各城区的科技创新发展也取得了长足进步，东西部地区差异日趋缩小，但就城区科技创新发展水平而言，全国东强西弱、南强北弱的局面依然存在，仍然需要加大对

相对落后地区的经济建设支持力度，推动全国科技创新发展水平的整体提升，保证全国科技创新发展水平的高质量发展。

（二）我国城区科技创新发展水平总体较低，城区内部存在动态竞争态势

通过比较发现，我国城区科技创新发展水平较低，内部呈现动态竞争态势。我国城区 2021 年科技创新发展能力指数均值为 69.15，中位数为 68.04，我国多数城区的科技创新发展能力指数低于均值，少数科技创新发展能力指数较高的城区带动了全国均值。在 68 个城区中，多数城区科技创新发展水平处于较低水平，仅有 26 个城区科技创新发展能力指数高于均值，42 个城区科技创新发展能力水平低于均值。整体上看，我国城区科技创新发展水平内部分化严重（表 10–3）。

表 10–3　我国城区科技创新发展能力指数统计特征

样本量	均值	最小值	中位数	最大值
68	69.15	61.66	68.04	87.51

尽管西部城区科技创新发展水平整体落后于东部和中部城区，但值得注意的是，我国城市城区科技创新发展水平在空间地理上并不存在静态绝对优势，如拉萨市城关区和兰州市城关区地处我国西部地区，但其综合排名分别为第 33 位和第 35 位，高于一些东部和中部城区。因此，城区科技创新发展只存在一种动态相对优势，不同区域、不同类型的城市城区科技创新发展都具有潜力，需要时间去积累和寻求适合地区自身发展的路径去突破。

（三）科技创新各项指标差异显著，城区创新资源有待提高

从城区科技创新发展能力指数一级指标来看，各个分项因素具有明显差异。图 10–2 展示了 2021 年我国城区科技创新发展能力指数在创新资源、创新环境、创新绩效 3 个一级指标维度上的均值。3 个一级指标中，均值最高的是创新环境，平均分为 74.26，表明我国城区整体创新环境较好；创新资源得分最低，仅为 66.57，落后于其他指标，表明我国城区科技创新资源不足；创新绩效得分为 68.72，反映出创新绩效表现一般。由于城区的创新资源和创新绩效得分较低，拉低了城区整体排名指数。

在当前特殊国际背景环境下，国家间科技竞争加剧，财力资源和人才资源是制约创新资源提升的短板，城区作为我国科技创新发展的“主战场”，未来应继续发挥一线作用，继续培育创新资源，优化创新环境，持续扩大开放，提升民众创新意识，以全球化视野引进国际人才，建立多元化、多层次的金融投资体系，来保障科技投入的占比。

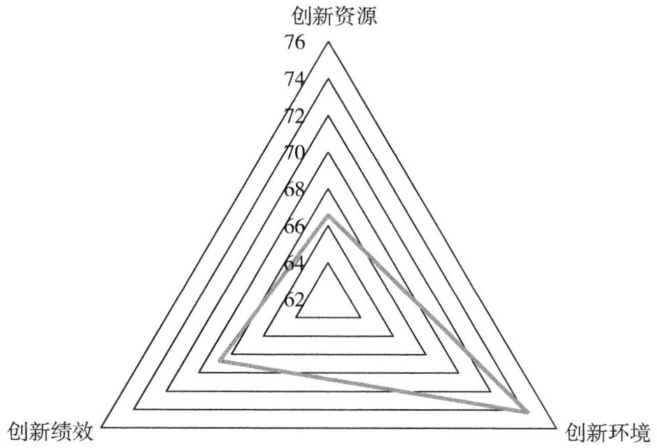

图 10-2　我国城区科技创新发展能力指数一级指标雷达图

四、小　结

（一）我国城区整体科技创新发展潜力巨大

总体而言，中国城市城区科技创新发展富有潜力，城市各城区发展空间大。从测算结果看，在 68 个样本城区中，整体格局上以长三角、珠三角、京津冀地区为代表的城区排名仍然靠前，富有活力，中西部地区城区排名相对靠后，但总体上呈现出动态发展态势。各地城区间应互相增加交流学习，对标优秀城区做法及经验，加大科技财政投入，持续优化创新环境，吸引优秀人才，提升自身科技创新发展水平。

（二）城市内部城区间创新发展不均衡

值得重视的是，即便处于发达地区的城区也有排名与城市排名不相符的情况发生，在某种程度上反映出城市城区内部发展不平衡，某些因素制约了当地的科技创新发展，阻碍了城市整体的科技创新进步。在布局城市科技创新发展的同时，要统筹兼顾内部整体均衡发展，带动城市整体活力，打造以科技创新带动经济高质量发展的新局面。

（三）城区科技创新发展水平影响整体活力

我国城区科技创新的发展动态与我国科技创新整体态势发展紧密相连，这也意味着中国城区，尤其是中国的重要中心城市城区的发展影响我国整体科技创新活力。在特殊背景下，我国科技创新发展正处于关键时期，东西部地区城区之间既具有纵深发展的现实基础，也具有跨越赶超的可能性，特别需要立足城区资源与环境承载能力，继续扩大开放引进人才，进一步提升城区创新发展水平和层次。

专题报告篇

第十一章　创新是人类对未知领域的有益探索[①]

“十四五”时期我国将进入新发展阶段，发展的内部条件和外部环境正发生深刻复杂变化，仅靠要素驱动的发展已经难以为继，走创新驱动发展的道路将是大势所趋。习近平总书记明确指出：“我国经济社会发展和民生改善比过去任何时候都更加需要科学技术创新解决方案，都更加需要增强创新这个第一动力。”在这个新的历史阶段，各级政府必须深入实施创新驱动发展战略，坚持把创新作为引领发展的第一动力，充分认识和把握面临的新形势和新挑战，加快实现高水平科技自立自强，推动创新型国家、科技强国建设取得更大成就。这是建设现代化国家的必然要求，也是贯彻新发展理念、构建新发展格局的重大任务。鉴于此，我们要全面了解创新，弄清楚什么是创新尤为必要。

一、创新的起源

（一）创新的中文词义溯源

2014 年，习近平总书记在中国科学院和中国工程院院士大会上的讲话指出，中华民族是富有创新精神的民族。我们的先人们早就提出了‘天行健，君子以自强不息’的思想，强调要“苟日新，日日新，又日新”。“苟日新，日日新，又日新”这句话出自《礼记·大学》，其完整的表述是：“汤之《盘铭》曰：‘苟日新，日日新，又日新。’《康诰》曰：‘作新民。’《诗》曰：‘周虽旧邦，其命惟新。’”意思是：商汤王刻在澡盆上的铭文是：“如果能够一天新，就应保持天天新，新了还要更新。”《康诰》说：“激励人弃旧图新。”《诗经》说：“周朝虽然是旧的国家，但却禀受了新的天命。”“新”或“创新”一词即滥觞于此。

其实，在中国的古文中，“创新”并不是一个词，而是由“创”（始）和“新”（非旧）两个字组成的短语，即创造新的东西，或者开始新的行动。虽然中国很早就有人谈及创新，但创和新放在一起来说往往是不好的意思，总之在中国古代用得不太多。在相当长的一段时期内，“创新”都被视作贬义词。自秦开始，国家强调中央集权和大一统，创新精神逐渐衰落。特别是西汉时期实行“罢黜百家、独尊儒术”以后，创新思想更是难见天日。

① 本章根据首都科技发展战略研究院院长关成华教授在中关村全球高端智库联盟“智库之声”系列讲座上的专题发言内容整理而成。

后来，在为数不多的文献中，对创新也偶有论及。例如，《南史》中记载，南朝宋孝武帝刘骏在位期间（453—464年），因宠妃殷淑仪逝世而哀恸不已，有大臣上奏，建议改革礼仪制度为殷贵妃立别庙："仲子非鲁惠公元嫡，尚得考别宫。今贵妃盖天秩之崇班，理应创新。"《魏书》（554年）中记载："革弊创新"；《周书》（636年）中记载："创新改旧"；康有为在1902年写的《大同书》中，描述了一个充满创新气质的国家："创新理者为圣哲，创新术者为慧巧，创新益者为明智"，全社会"皆创新之是图，无他志焉，无他思焉"。

20世纪80年代后，中国才逐渐接受创新概念，到90年代才开始做创新的研究。现实中我第一次接触"创新"这个词是在1998年。当时，在北京大学100周年校庆上，时任国家主席江泽民发表了讲话，多次提到"创新"，直到今天，创新俨然被摆在了国家发展全局的核心位置。

（二）创新的英文词义溯源

2010年我前往全球创新力最强的美国，开始为期5年的访学生涯。初到美国，一个邻居听闻我研究创新，便送了我一本美国第二任总统John Adams的传记，还在便签上写了一句话——"the early innovator founding father"。他说："我知道你们讲创新多数时候指的是科技创新，但美国人谈创新的时候，会把这样的人当成最早的创新者。"

有意思的是，他所说的founding father实际上是国父的意思，也就是最早创建国家的人，我们也许会想到华盛顿，但美国人会把签署《独立宣言》的那一批人都称作国父。你会看到美国的很多书里，不仅有founding fathers，还有founding mothers。在美国人眼里，《五月花号公约》《独立宣言》《1787宪法》是美国最开天辟地的创新。

"创新"在美国被使用得很广泛，美国的繁荣史就是善于创新的人民的历史。*They Made America*（《美国创新史》）一书对这一理念给出了比较全面的诠释。作者通过讲述美国历史上53个不同领域的创新故事，从蒸汽机到搜索引擎，呈现了美国200年来的创新历史。值得一提的是，作者Harold Evans在引言中提到，其实美国人对政治、社会等领域创新的关注远超实用发明领域，而"美国处处都是硅谷，时时都在产生Facebook和亚马逊"的观念并不全面。

类似于中国古代，创新在西方的很长一段历史时期中，也扮演着贬义词的角色。人们用它不是表示赞美，而是表示指责。"创新者"（innovators）即意味着异端。例如，在16—17世纪，欧洲基督教发生了严重的分裂和教派冲突，并导致重大的宗教改革。在此过程中，很多人由于被指为"创新者"而获刑入狱，甚至被割掉耳朵。

19世纪，为了适应工业革命的发展需要，innovation一词被作为术语引入科学和工业领域。那时，人们更普遍使用的词是"invention"（发明），特别是技术方面的发明。主要原因是那个时期消费文化兴起，专利数量增加，政府强力支持实验室建设和科技研发工作，科技发明成了社会关注的焦点。

真正将innovation带入现代学术界的人，是美籍奥地利经济学家约瑟夫·熊彼特，他也是做经济学和创新研究时绕不开的一个人。1910年，熊彼特在《维也纳大学学刊》

上发表了一篇名为《经济危机的实质》的文章，首次提出“经济变化源于创新”的观点；1912年，《经济发展理论》出版，开创性地提出了“创新理论”；1939年，《经济周期：资本主义过程之理论的、历史的和统计的分析》出版，对创新理论进行系统论述，使“创新”开始得到经济学界的广泛重视。

熊彼特的创新理论以对资本主义分析为主，赋予了创新丰富的经济内涵。其中，有两个最重要的概念：一是创新，二是企业家。他认为，创新就是要把一种新生产要素和生产条件的“新结合”引入生产体系，以实现对生产要素或生产条件的“新组合”，包括采用一种新产品、采用一种新的生产方法、开辟一个新的市场、掠取或控制原材料或半成品的一种新的供应来源、实现任何一种工业的新的组织5种情况。

对于企业家，熊彼特进行了重新界定。他认为，企业的基本职能是创新，企业家是创新的主体。创新发生的根本原因在于社会存在着某种潜在利益，创新的目的就是为了获得这种潜在利益，因此，企业家要具备能及时看到潜在利润的眼光、勇于冒险的胆量、能实现生产要素重新组合的能力。

除了逐利性外，企业家创新的动力还源于企业家精神。他认为，创新是企业家精神的灵魂。创新既让过去的固定资产设备和资本投资悉数贬值，又能产生大量新的资本来弥补这些贬值和无效。一个企业最大的隐患，就是创新精神的消亡，创新必须成为企业家的本能。

熊彼特的创新理论，将innovation引入了主流经济学的分析框架，他也因此被誉为“创新经济学之父”。同时，他还将发明（invention）和创新（innovation）做了区分：发明是新工具和新方法的发现，而创新是新工具和新方法的应用，只有成功实现了商业化的发明，才可以被称之为创新。在此后一段时间内，innovation的主要舞台是经济学领域。

第二次世界大战以后，经济学界出现了许多熊彼特的追随者，他们循着熊彼特开创的研究途径，对创新理论进行了补充和发展。主要成果有两方面：一是技术创新经济学，以技术的变革和推广为研究对象；二是制度创新经济学，以制度的变革和形成为研究对象。

20世纪60年代，随着科技成果大量涌现并成为经济社会发展的主要动力，“创新”在科技领域的运用迅速增多，学界几乎以“科技创新”指代了“创新”的全部含义。必须承认的是，在事实领域，科学理性可以让我们把握高度的确定性。但是，科学理性主导的科技创新并不能构成创新的全部内涵。进入20世纪90年代，尤其是21世纪之后，虽然科技创新仍是“创新”的核心议题，但人们开始更加关注和追求全面、协调和可持续，对教育、政治、环境和文化等方面的创新，给予了越来越多的重视。这一格局基本延续至今。

二、创新的本质

随着创新这一概念越来越普及，使用范围越来越广泛，追求全面理解已成为大势所趋。过去几十年来，创新主要应用于经济与科技领域，是与这个历史阶段相适应的。目前，创新实践已经发生了重大变化，在各个领域均有突出表现。近年我国提出“全面创新”口号，包括理论创新、制度创新、科技创新、文化创新等。对于一个国家或社会来说，究竟什么样才算是“全面创新”，如何才能实现“全面创新”？这已经成为亟待回答的时代课题。而要想解决这个问题，首先我们要弄清楚究竟什么是创新。

从现有的创新定义来看，在学术界影响最大的，无疑是熊彼特给出的定义。但是这个定义仅立足于经济学领域，限定范围过于狭窄，远不能体现当前创新的实践发展。其次是其他学者的定义，如国际知识管理专家艾米顿提出“创新是新思想到行动”（new idea to action）。虽然比熊彼特的定义更为宽泛，但是没有包括思想本身的深化与突破。

科技创新、商业模式创新和文化制度创新都只是创新的一部分，创新应有其知识体系。想要综合、全面地理解创新，就必须超越具体、割裂的领域，从哲学层面对其一般本质和规律进行探讨。结合历史、现状及中西方对“创新”的使用情况，我们可以赋予其一个相对广义的定义——“创新是人类对未知领域的有益探索”。

（一）人类：人人都是创新人

“人类”是创新的主体，拥有创新的本能。一方面，创新是人类共同的权利和义务，每一个人都不例外。创新贯穿人类产生、存续与发展的全过程。人类的发展史，也是人类的创新史。人类身上存在一种神奇的力量，驱使着自身不断去探寻解决问题的新办法，以此改善自己的生存状况。而且，越是在关键时刻，开展创新的痕迹就越明显。在我此前撰写的《城市创新人：人本考量与国际借鉴》一书中，也提出了人人都是创新人的观点。在埃德蒙·菲尔普斯的新书《活力：创新源自什么，又如何推动经济增长和国家繁荣》中，他也认为大多数创新是由千百万普通人共同推动的，“如果人类拥有如此非凡的天赋，那么整个社会只要有意愿，就可能建立起一个允许和鼓励新想法产生的经济，从而推动创新和经济增长”。

另一方面，创新是人类与生俱来的天性，是一种人类本能驱使的自发性目的或冲动。英国哲学家罗素把人类的天性分解为 3 个组成部分：占有欲、权力欲和创造欲。他认为，占有欲和权力欲，是人对物质利益的追求和对统治权利的渴望，也成为社会冲突与矛盾的主要症结。而创造欲，则表现为人对科学技术的创造，以及对社会文化的创造，其成果大部分是精神文化产品，这些产品具有可分享的特点，分享的人越多，其价值就越大。

罗素称，这些欲望“没有一样可视为附属于其他东西，没有一种形式是导源于其他形式的”，即占有欲、权力欲和创造欲都是根本性的，是一种本能，不能用其中一个来解释另一个。创新之所以成为人的本质属性，就在于创造欲存在于人的精神之中，是人内在的深层次需求，是人改善生活、推动社会发展的精神动力。创造欲的外化和对象化，凝聚为人的需要，驱动着人们去奋斗和创造，制造出新的物质产品和精神产品。

总结而言，创新是人类与生俱来的天性，是人类的本质属性。支持创新、参与创新、提升创新能力，是人类天然的、固有的权利与责任。每一个社会都应该为其成员充分地享有这种权力、履行这份责任，尽可能提供好的保障，创造好的条件。

（二）未知领域：无人领航、无既定规则、无人跟随

“未知领域”是创新的客体，也是创新的空间。我们可以将未知领域理解为一种“无人领航、无既定规则、无人跟随”的“三无”状态。习近平总书记多次强调要把原始创新能力提升摆在更加突出的位置，强化科技创新源头供给。这里提到的“原始创新”就是未知领域的一种表现方式。未知领域的突破是“从 0 到 1”的突破，往往伴随着重要的发展机遇。科学家和创新者们应勇于直面不确定性的未来，在没有模仿对象、方向未知的领域开展全新的探索。

那么，未知领域中容易取得突破的地方在哪里？从美国实践来看，主要来自学科的交叉。

乔布斯曾说：“苹果处在人文科学与技术的交叉口上。”他总是有意识地将自己置身于艺术与科技的交汇处，因此苹果的产品注定是将科技与设计、人文，甚至是与浪漫结合在一起。当然，这也与乔布斯本身对文化具有浓厚的兴趣相关。他在中西文化之间也在做交叉探索，将商道与禅修深度融合转化。作为一名虔诚的禅宗教徒，每日禅修打坐是乔布斯多年的习惯。《史蒂夫·乔布斯传》中曾写道：“禅修磨炼了乔布斯对直觉的欣赏能力，教他如何过滤掉任何分散精力或不必要的事，在他身上培养出了一种基于极简主义的审美观。”

学科交叉创新其实由来已久。达·芬奇的灵感与创意，正是来自人文与科学之间的交叉。他曾广泛而深入地研究解剖学、透视学、几何学、物理学和化学，为从事绘画做好了充分的准备。他用一句话概括了他的《艺术专论》的思想——“欣赏我的作品的人，没有一个不是数学家”。

2019 年，97 岁的科学圈“村上春树”——约翰·班尼斯特·古迪纳夫教授获得诺贝尔化学奖，成为历史上最高龄的诺贝尔奖得主。古迪纳夫就属于一个多学科交叉的典型人物。他 30 岁获得芝加哥大学物理学博士学位，后来转做化学研究，54 岁开始专研电池，94 岁投身超级电池研发。获奖的锂离子电池研究就是以传统电化学为核心，涉及物理、化学、能源、材料等多学科交叉的系统性研究。

可见，在未知领域中，容易取得突破的地方大多属于交叉学科。未来，通过学科交叉的方式，发现、攻入和解决未知领域问题，将是长久的一个方向。

（三）有益：创新应有价值导向

“有益”是对创新性质的界定，是一种价值导向。创新是为了生活更加幸福、世界更加光明，因此，创新的结果应有益于人类社会。离开人类文明大道的为所欲为，只能带来灾难与损失，不能算作创新。

“科技伦理”是科技活动必须遵守的价值准则。科技伦理是指科技创新活动中人与社会、人与自然和人与人关系的思想与行为准则，规定了科技工作者及其共同体应恪守的价值观念、社会责任和行为规范。科学伦理和科技工作者的社会责任事关整个社会的

发展前途，如原子弹的发明，参与这项工作的科学家内心其实是非常矛盾的。

现在我们还经常提到一个概念，就是社会创新。我国进入新发展阶段，推动实现共同富裕被摆到了更重要的位置。应对收入与财富分配不均、社会流动性下降与阶层固化及可持续发展等社会问题，仅仅依靠政府、企业、社团组织、公民社会及国际组织单一的力量和单打独斗的方式很难解决。社会创新的核心要义是通过跨界协作来整合社会资源，以寻求重大社会问题的解决之道。社会创新就是打造面向未来的共同富裕社会不可或缺的“第三只手”。

社会创新的内涵在于解决社会难题，而非单纯的利益回报。在美国，大家对创新的关注多集中在社会层面。例如，斯坦福大学有一个专门的社会创新中心——斯坦福慈善与社会创新中心（PACS），于2010年收购了社会创新领域较权威的刊物《斯坦福社会创新评论》，并以此作为连接学术研究和实践反馈的桥梁，搭建了一个集结全球慈善和社会创新人士的传播平台，产生了很多借由学科交叉来推动社会创新的内容；哈佛大学设有一个10万美元的创新奖学金，用来鼓励学生通过创新解决社会问题，2012年一位意大利学生获得了该项奖学金，他的创新是——在不发达国家，用中国丝绸包装疫苗来解决疫苗在特定温度下的保存问题；在新加坡，有一个社会创新项目“GoodLife！Makan”，建筑设计师把社区闲置空间改造成自助式公共厨房，社区的老人们可以来这里集体做饭、吃饭、聊天，老人既是义工，也是食客，他们在这里享受分享的快乐，不被隔离，没有社会歧视，可以和他人交流。

履行社会责任是创新的未来方向。互联网经济的崛起，让我们享受到前所未有的便利与红利，但也带来无法回避的担忧。从某种意义上来说，我们的信息、数据和隐私都属于个人财产。然而，很多时候这些信息都被互联网企业“悄无声息”地拿走了。而互联网企业一旦失守于社会责任，造成的危害将如大坝决堤。我们与麻省理工学院的彭特兰教授正在合作进行大数据产权方面的研究。他是美国科学院院士，被称为“世界最好的7个大数据科学家之一”。另外，近年来互联网金融“异军突起”的P2P网贷乱象丛生，运营商在互联网金融业务创新与合作的过程中，既没有保障用户的利益，也没有承担企业的社会责任。所以说，现在很多企业打着金融科技和互联网的旗号做创新，其是否真的有益才是我们应该关注的重点。

我们身处一个社会价值引领经济价值的时代，创新型企业如何成为社会企业及如何解决自身发展带来的社会问题，已经成为城市创新面临的新使命。

（四）探索：企业家精神和实用主义

“探索”标示了创新的途径和方式，既包括过程，也包括结果。探索意味着结果是不可预见的，但这是唯一有效途径。探索要求我们突破现有的知识和经验进行创新，在这种状态下，没有人能够预见未来并进行有效指导，这便需要我们培养企业家精神和实用主义。

世界管理学大师德鲁克讲创新时提及了企业家（entrepreneur）和企业家精神（entrepreneurship）。在中国，企业家经常被理解为商人（经商的人），但这个翻译是有问题的。在国外，企业家精神主要指的是在创新者身上所表现出的敢担风险、大胆实践、坚持坚守直至成功的品质。所以中文的语境最近有了变化，将 entrepreneurship 理解为了创业。在美国，entrepreneur 可以用来指两类企业家，一类属于 private 领域，另一类属于 public 领域，甚至可以分成更多。在这个意义上，无论是商业家、政治家还是学问家，都要首先成为秉承“企业家精神”的“事业家”，展现出坚忍不拔、不断学习从而把事情做成的精神，而不是能赚钱的那个意思。

我曾经在博客里写过文章，其中一篇讲的是硅谷从何而来。实际上，硅谷是从波士顿 128 号公路开始的，硅谷的名字就是在麻省理工学院的科学家搬过去后诞生的。那么，128 号公路是怎么来的呢？这里面也有企业家精神。追根溯源，128 号公路能赢得今天的盛名，要感谢两个重要人物发挥了举足轻重的作用。一位是力排众议并顶住压力修建此路的麻州公共事务局局长威廉・卡拉翰，另一位是慧眼识珠的房地产开发公司员工杰拉尔德・布雷克里。在美国人眼里，他们就是弘扬了“企业家精神”的“事业家”。另外，在波士顿地区，还有一位我非常敬重的市长——托马斯・曼尼诺。他做了 30 多年的市长，70% 的波士顿居民都认识他，最后大家给他的评价就是 public entrepreneur。

在美国，还有一个词用得比较多——pragmatism（实用主义），用来形容一个人非常厉害。实用主义常被误解为功利主义，其实二者是完全不同的概念。实用主义是从希腊词“πραγμα”（行动）派生出来的，核心在于行动，英文中的意思是动手做、大胆闯、大胆试。innovation 会与 entrepreneur、entrepreneurship 和 pragmatism 一起来用，以表明美国人的创新精神。

有一个关于实用主义或者说动手文化的小故事。我在芝加哥的一位师弟曾经问我“你过来后感觉怎么样？”，我的回答是“人变傻了，手变勤了”。什么意思？一方面，人变傻了，说的是人们的沟通方式直来直去，不拐弯。手变勤了，说的是动手文化。从我们的角度看，美国的服务业是落后的。没有人把餐盒送到你面前，很多事都要自己动手，只有极少的人在雇司机、请保姆。在中国，我们会讲“劳心者治人，劳力者治于人”，我们往往更青睐于从事脑力活动，而不注重动手能力。

很多创新都是从动手开始的，尤其从事理工科的人最能体会。大家都知道车库创业的故事，21 岁的乔布斯与 26 岁的沃兹尼亚克就是在车库里创立了苹果公司。车库对于美国人来说就是工作间，他们喜欢在自己家的车库里享受劳动的快乐。大多数时候，美国人不是因为没钱、条件艰苦才去车库，美国车库内水电网络一应俱全，条件并不差。他们只是从小生长在这种环境中，然后便有了传承，并且形成了这样一种文化氛围。现在很多学校都在学习美国的车库文化，也就是动手实践的文化。而动手文化、实用主义与企业家精神等因素便是“探索”创新的基石。

应该说，我国在论文发表、专利申请等方面做出了很多成绩，但同时也存在一些不足。2013 年，任正非在讲华为创新时提到：“我们（华为）只可能在针尖大的领域里领先美国公司，如果扩展到火柴头或小木棒这么大，就绝不可能实现这种超越。”中国确实在某些细分领域有很多根针尖，但从针尖发展到火柴头或小木棒却很困难。难的根本原因是什么呢？我们应该从文化、制度、习俗、生态中找寻答案。以中国人的聪明才智，以我们拥有的庞大市场，相信我们一定能把创新做好。

第十二章　科学认识创新的本质　助推创新型城市建设①

创新型城市是指自主创新能力强、科技支撑引领作用突出、经济社会可持续发展水平高、区域辐射带动作用显著的城市。创新型城市是创新型国家建设的重要支柱，是探索城市发展新模式的迫切要求和推进国家创新体系建设的关键环节，在加快经济发展方式转变中发挥着核心带动作用。开展创新型城市建设是贯彻落实习近平总书记关于"尊重科技创新的区域集聚规律，因地制宜探索差异化的创新发展路径，加快打造具有全球影响力的科技创新中心，建设若干具有强大带动力的创新型城市和区域创新中心"重要指示的重大举措。

创新在城市建设和治理中的重要地位已毋庸置疑。2010 年，科技部启动创新型城市工作。2016 年，科技部会同有关部门加大布局建设力度，支持 78 个城市建设国家创新型城市。十年来，创新型城市建设取得显著成效。实践中，各创新型城市把科技创新摆在城市发展全局的核心位置，充分发挥科技创新策源地作用，积极探索各具特色的创新发展模式，在引领经济高质量发展、深化科技体制改革、健全科技创新体系、优化创新创业环境、支撑区域协同创新等方面发挥出重要作用，为我国进入创新型国家行列提供了坚实支撑。

创新始终是推动一个国家、一个民族向前发展的不竭动力，也是推动城市高质量发展的重要力量。虽然我国已将创新置于现代化建设全局中的核心地位并取得了巨大成就，但现实中依旧存在一些亟待解决的问题，制约着创新型城市建设的进程，尤其是一些地方政府在认识创新发展理念和理解创新的本质方面仍然存在着误区。

完整准确全面贯彻创新发展理念，是新发展阶段开展经济社会发展工作的要求。习近平总书记强调，要坚持问题导向，围绕增强创新能力等重点领域和关键环节，继续把改革推向深入，更加精准地出台改革方案，更加全面地完善制度体系。我们既要深入贯彻落实党中央、国务院决策部署，科学认识创新的本质，更加准确地贯彻创新发展理念，以更高站位推动创新型城市建设，加快提升自主创新和原始创新能力；也要坚持问题导向，直面创新的深层次矛盾和现实发展难题，精准破局、持续发力，做好新阶段创新型城市建设的顶层设计和系统谋划，以更加务实的举措推动创新型城市建设健康发展，为实现科技自立自强、建设科技强国做出新的更大贡献。

① 本章由首都科技发展战略研究院院长关成华教授完成。

一、推进创新型城市建设首先要正确理解创新的本质

创新的词义和内涵的变化，是人类社会所处阶段的现实反应，并随着时代发展不断调整。创新要实，就是要推动全面创新。习近平总书记指出，要不断推进理论创新、实践创新、制度创新、文化创新以及其他各方面创新，让创新在全社会蔚然成风。可见，创新的内涵已由特定领域向全方位转变。

科技创新只是创新的一部分，想要综合、全面地理解创新，就必须超越具体、割裂的领域，从哲学层面对其一般本质和规律进行探讨。结合历史、现状及中西方对“创新”的使用情况，我们可以赋予其一个相对广义的定义——“创新是人类对未知领域的有益探索”。

“人类”是创新的主体，拥有创新的本能。一方面，创新是人类共同的权利和义务，每一个人都不例外。习近平总书记在《求是》杂志刊发的《努力成为世界主要科学中心和创新高地》一文中强调：“世上一切事物中人是最可宝贵的，一切创新成果都是人做出来的。硬实力、软实力，归根到底要靠人才实力。”另一方面，创新是人类与生俱来的天性，是一种人类本能驱使的自发性目的或冲动。习近平总书记在两院院士大会中国科协十大上的重要讲话提到，世界科技强国必须能够在全球范围内吸引人才、留住人才、用好人才。城市要实现高水平科技自立自强，归根结底要靠高水平创新人才。若能激发各类人才的创新意愿，使其创新活力充分迸发，那么人人皆可成为创新人。创新发生的深层次原因是人类追寻价值、目的和意义的需要。人类不断用自己的生命意志去创新，最终确立和实现自身生命价值。这种对于创新的永恒追求，也在无形中构成了城市发展的持续动力。

“未知领域”是创新的客体，也是创新的空间。我们可以将未知领域理解为一种“无人领航、无既定规则、无人跟随”的“三无”状态。习近平总书记一直把创新摆在国家发展全局的核心位置，多次强调要把原始创新能力提升摆在更加突出的位置，强化科技创新源头供给，加快突破关键核心技术，努力抢占科技制高点。这里提到的“原始创新”就是未知领域的一种表现方式。未知领域的突破是“从 0 到 1”的突破，往往伴随着重要的发展机遇。科学家和创新者们应勇于直面不确定性的未来，在没有模仿对象、方向未知的领域开展全新的探索。习近平总书记在清华大学考察时强调，重大原始创新成果往往萌芽于深厚的基础研究，产生于学科交叉领域。要鼓励自由探索，敢于质疑现有理论，勇于开拓新的方向。可见，在未知领域中，容易取得突破的地方大多属于交叉学科。通过学科交叉的方式，发现和破解未知领域问题，将是一个长久的趋势。

“有益”是对创新性质的界定，是一种价值导向。创新是为了生活更幸福、世界更美好，其结果应有益于城市发展。中央全面深化改革委员会第九次会议明确指出，科技伦理是科技活动必须遵守的价值准则。科技伦理是指科技创新活动中人与社会、人与自然和人与人关系的思想与行为准则，规定了科技工作者及其共同体应恪守的价值观念、社会责任和行为规范。加强科技伦理治理，进一步明确科技创新活动的伦理边界，对于规范科技创新活动、保障科技事业健康发展具有重要意义。履行社会责任则是创新的未

来方向。习近平总书记在企业家座谈会上指出："只有真诚回报社会、切实履行社会责任的企业家，才能真正得到社会认可，才是符合时代要求的企业家。"这一论述揭示了新时代企业家与经济社会发展间的紧密联系。我们身处一个社会价值引领经济价值的时代，创新型企业如何成为社会企业及如何解决自身发展带来的社会问题，已经成为城市创新面临的新使命。

"探索"标示了创新的途径和方式，既包括过程，也包括结果。探索意味着结果是不可预见的，要求我们突破现有的知识和经验进行创新。2020 年，习近平总书记在科学家座谈会上强调，科学研究特别是基础研究的出发点往往是科学家探究自然奥秘的好奇心。广大科技工作者要树立敢于创造的雄心壮志，敢于提出新理论、开辟新领域、探索新路径，在独创独有上下功夫。敢于创造要求科技工作者具有敢闯敢试、敢为天下先、敢于承担风险的品格。想要做出独创原创的成果，不但需要展现坚忍不拔、不畏艰难、持续学习的意志，还需要有紧跟大势、紧贴实际、紧抓机遇的魄力。这要求我们大力弘扬"企业家精神"。无论是商业家、政治家还是学问家，都要首先成为秉承"企业家精神"的"事业家"，在爱国、创新、诚信、社会责任和国际视野等方面不断提升自己，努力成为新时代构建新发展格局、建设现代化经济体系、推动城市高质量发展的生力军。

二、创新型城市建设中存在对创新本质理解的误区

我国即将迈入创新型国家建设的新征程。城市作为创新活动的主要承载空间，迫切需要加速释放创新动力、点燃高质量发展的新引擎。在这个特殊时刻，对于创新型城市建设，国家有号召、地方有热情，自然是很好的现象。但越是在这种时候，我们越要沉着冷静应对，呼唤一种应有的"创新理性"。一些地方在推动创新工作时，往往是起步晚、底子薄，但却需求急、期待高，很容易对创新产生表面化、片面化和功利化的理解。事实上，这类问题已经成为我国贯彻创新发展理念过程中显现的主要症结。毕竟，仅靠喊喊口号、做做样子，是很难奏效的。创新不可能一蹴而就，需要久久为功，付出长期艰苦努力。

结合创新的本质和内涵来看，我们在创新型城市建设中，对创新发展理念和推动创新工作方面存在的"误区"主要表现为：

（一）对创新的整体理解存在以科技创新代替创新的误区

虽然科技创新很重要，但创新不仅指科技创新。深入实施创新驱动发展战略、加快推进以科技创新为核心的全面创新，是当前阶段我国推动创新的整体方向。部分城市存在将创新直接理解为科技创新、将创新型城市简单理解为科技创新城市的倾向，对理论、制度和文化创新与技术创新的互动关系认识不够。事实上，很多有价值的创新，都发生在制度和文化的变革中。例如，在生态文明建设中，节能环保、清洁生产和清洁能源等领域的绿色技术代表着科技创新；生态文明思想代表着理论创新；排放权交易、绿色标准和碳补偿代表着制度创新；生态文化体系建设代表着文化创新。创新要实，则不能"重硬轻软"，在大力推动科技创新取得更大成就的同时，也要在软创新上下功夫。

（二）对“人类”是创新主体的理解存在“见物不见人”的误区

人力投资是“人”的资本而非“物”的资本，不仅能够创造出自身价值，而且能够将潜在资源转化为现实资源，将潜在财富转化为现实财富，创造出比自身价值更大的价值，其效益远大于物质投资的效益。少数地方政府在贯彻创新发展理念、发挥创新引领发展的动力作用及推动创新型城市建设的过程中，片面强调物质条件，过分关注重大科技基础设施、重点实验室、大牌研发机构、大型创新企业和核心技术专利等要素的引进和落地，却忽略了人的主观能动作用。人是创新活动的主体。实施创新驱动发展战略，一定要高度重视“人”对创新的重要性，努力培养人才、吸引人才、留住人才和用好人才，不断释放人的动力、能力和活力。功以才成，业由才广。见物也见人，方是创新发展正道。

（三）对“人类”是创新主体的理解存在对创新人才定义单一的误区

推动创新型城市建设需要构建多样化的创新人才队伍，吸纳不同类型、层次和文化背景的人才。很多城市非常重视企业和人才的引进，高端人才引进热火朝天，经常引发“抢人大战”，出现了不管自身条件盲目抢院士、诺贝尔奖得主等不理性行为，缺乏对人才的广义理解和包容。城市政府应拥有“大人才”的视野，合理评估自身所需的人才结构。既要重视科技人才，也要重视其他领域人才；既要引进贡献思想的一流学者，也要吸引实现产业落地的技术人才。不同类型和层次的人才分工合作、各展所长，才能将创意转化为新的商品和服务，从而实现城市创新。并且，“创新人”的储备不能仅靠一次性的投资，还必须对“创新人”进行再教育和培训，构建城市终身教育体系，建设学习型社会。人才之于城市，既要引得进、育得出，也要留得住、用得好。

（四）对“未知领域”是创新载体的理解存在盲目模仿的误区

部分城市在推进城市创新工作时，不因地制宜，片面重视基础建设和产业投资，各种产业园区、众创空间争相上马，后续软服务则提升较慢，缺乏有效的治理体系。在技术方面，则体现为片面求洋求新，将“专利购买”当成“开放创新”，只关注能带来短期效果的技术引进，造成“南橘北枳”的结果。更有甚者，搞一些罔顾民生的面子工程和政绩工程，造成资源的浪费，带来恶性和无序的竞争；假“创新”之名，行“包装”之实，四处要政策，乱铺摊子，抢上项目。这不仅不是创新，反而是在行倒退之事。地方政府应该结合城市实际情况，发挥区域优势，因地制宜、扬长避短，拿出切实可行的方案，避免“千城一律”。如若盲目效仿、片面追求“高精尖”，就会导致一些政策举措不接地气、缺乏温度，从而背离了创新的初衷。

（五）对“未知领域”是创新载体的理解存在强要求轻落实的误区

我国基础科学研究短板十分突出，虽然各级政府对加快提升原始创新能力做了很多要求，但企业、科研人员等主体对基础研究的重视始终不够，重大原创性成果仍然缺乏，底层基础技术、基础工艺能力依旧不足，卡脖子技术的瓶颈照样突出，关键核心技术受制于人的局面没有得到根本性改变。从应用角度来讲，我国技术研发聚焦产业发展瓶颈和需求也仍不够，科技成果转化能力不强。原始创新能力不足尚可继续努力，但一些企业或科研人员将舶来或改进的技术进行包装，为其穿上"原始创新马甲"骗取政府关注和财政补贴的行为，给社会带来了极大的负面效应。若不对此行径加以遏制，会极大降低社会创新意愿，导致劣币驱逐良币。政府应进一步提高对"创新"的辨识能力，加强监管和落实，提高"搭便车"行为的成本，在整个社会营造鼓励创新的环境和氛围。

（六）对"有益"是创新价值导向的理解存在重创新不重伦理的误区

当今世界，人们享受着前所未有的科技发展红利，也面临着前所未有的科技伦理风险。随着技术的不断创新，互联网公司和科技企业为城市创造了良好的经济效益，贡献了可观的税收收入。但它们的一些创新却未必完全"有益"，甚至破坏了社会的商业生态。例如，私人信息被互联网企业"悄无声息"利用，就可能会造成很大的危害。科技越是快速发展，我们越应思考科技与社会、文化和伦理间的协同关系。人工智能、基因编辑、试管婴儿、脑机接口及自动驾驶等新技术在造福人类的同时，也伴随着伦理风险与治理挑战。未来科技创新应该被赋予更多社会责任，朝着更加以人为本、更向善的方向发展，致力于解决全人类面对的共同挑战。

（七）对"探索"是创新实现途径的理解存在利于人才管理而不利于人才创新的误区

基于科技创新工作的较高不确定性、难以被量化的特点，科研人员须有极强的理论敏感性和"板凳宁坐十年冷"的执着，这不但需要科研人员远离事务性行政工作干扰，更要求其摒弃功利化心态，将寻求真理、开展研究视为目的，而非工具。当前，我国科技体制改革的许多重大决策落实还没有形成合力，全社会鼓励创新、包容创新的机制和环境有待优化。一些地区的科技管理体制仍受"官本位"与自上而下的计划思想影响，使科研人员饱受行政事务的束缚。过于强调"量"而非"质"的人才评价体系，亦使研究人员为追求职称与职位上的进步，不愿将精力投入长期、高投入和强风险的研究，只愿投身于可在短期内迅速出成果的课题。这种情形不仅偏离了创新本身的"探索"要求，更与政府干预创新以应对市场失灵的初衷南辕北辙。

三、助推创新型城市建设的政策措施

"创新是第一动力"不仅是经济方面的发展取向和指导原则，也是社会治理的发展取向和指导原则。城市须坚持问题导向，直面创新的深层次矛盾和现实发展难题，着力构建有利于人才创新的外在环境，在吸引人才、培育人才中加速人力资本积累，塑造"人才红利"。

从创新型城市建设中存在的误区来看，一是见平台更要见人才。在关注重大科技基础设施、重点实验室等载体平台落地的同时，也要注重人才的引和育，以育促引、以引助育，引育留用并举，不断释放人才对城市创新动力、能力和活力的支撑作用。既要抓住科技创新的“牛鼻子”，也要强化科技创新、理论创新、制度创新和文化创新的协同效应，避免简单地以科技创新代替创新，以科技人才代替人才。二是强要求更要强落实。在以规划和政策文件推进创新型城市建设的过程中，要把原始创新能力提升摆在更加突出位置，积极参与国家和省重大科技专项，切实解决人才在原始创新、技术研发和成果转化等方面的问题，探索关键核心技术攻关的本土路径。要聚焦当地经济和社会发展需要，因地制宜地进行基础建设、产业投资和人才发展，注重后续软服务的提升，以创新思路推动城市治理体系和治理能力现代化。三是重创新更要重伦理。在推动科技创新不断发展的同时，也要重视科技与社会、文化和伦理间的协同关系。要不断完善科技伦理治理学术研究机制，健全科技伦理监管制度，建立科技人员自律机制。加强作风学风和科研诚信建设，加强科技计划全过程的科研诚信管理，完善科研惩戒机制。切实加强科技伦理的教育和宣传，营造注重伦理风险的科技创新导向，将发展“善良的科学”内化成为科研人员的行为准则和精神追求。四是看短期更要看长期。短期的利益很重要，但长期导向的创新文化更具有可持续性。要摈弃功利化心态，着眼长远的目标，注重城市基本功能的完善和创新生态的培育，以坚强的毅力恒久忍耐并持续推进。要努力在全社会营造长期导向的创新文化和氛围，为科研人员松绑，鼓励其投入长期、高投入和强风险的研究，给予长期稳定的支持。

各级政府既要科学认识创新的本质，改变创新型城市建设过程中存在的误区，更应在城市的规划和建设中体现“以人为本”的理念。创新的载体、价值导向和实现途径都要服务于“人”这个主体。每个人都生活在社会之中，创新问题背后就是人的问题。只有在合适的大环境中，个人的自由意识和创新意识才能涌现并充满活力。要想以创新引领城市高质量发展，最好的途径是抓住“人”这个前置因素，通过每个“创新人”实现个人价值来实现城市的总体价值。个体实现自身价值和人生意义的过程，就是不断创新的过程。通过营造自由、包容和鼓励创新的环境，让每个人自发地追寻人生的价值、目的和意义，就能实现整体创新，进而引领城市发展。

（一）体现城市“亲和力”

坚持“以人为本”的理念，综合考量城市发展方案。城市发展过程中，要使全体人民有更多获得感，必须坚持发展为了人民、发展依靠人民、发展成果由人民共享，做出更有效的制度安排。只有激发微观主体活力，方能创构城市发展动力；只有保障人民安居乐业，方能促进社会公平正义。人口增长、户籍限制、交通拥堵、房价攀升、设施老化和气候变化等因素，影响着人们的生活工作体验，也制约着人们了解城市、留在城市和融入城市的意愿。在保持地方特征的前提下，如何展现城市的“亲和力”，打造一个使人感到温馨、多元、安全、便利和舒适的居住生活环境，激发城市创新活力，已成为城市发展难题之一。政府应不断优化人口结构、产业基础、住房规划、教育医疗、公共安全、生态环境、交通系统、人文氛围和治理体系等要素，提升“创新人”的生存与发展能力，让人民过上幸福美好生活，从而实现城市创新能力的全面提升。

（二）塑造城市“吸引力”

科学的支持政策和激励机制是城市吸引人才的最好名片。政府要探索构建符合城市创新发展需要的科技创新、人才发展体制机制，营造有利于创新创业创造的良好发展环境，最大限度释放全社会创新创业创造动能。应加大基础研究投入，制定有针对性的财税支持政策，打造良好的创新创业生态，推动重要领域关键核心技术攻关；注重创新意识和能力培育，鼓励设置基础研究、交叉学科专业，提供多样化的教育选择，全面提高人才培养质量；持续加强开放创新，推动多领域、多层次和多元化的对外合作，既要自力更生，也要合作共赢；创新人才评价机制，建立健全以创新能力、质量和贡献为导向的科技人才评价体系，形成并实施有利于人才潜心研究和创新的人才发展体制等。

（三）增强城市“包容性”

城市居民的种族、阶级、文化背景和宗教信仰等各不相同。在强调经济繁荣、就业增长的同时，要在社会中塑造相互尊重、相互包容、相互帮助的城市精神，营造共生共存、共建共享、和谐发展的社会氛围。与此同时，城市政府应进一步优化职能，实现制度设计从“利于人员管理”到“利于人才创新”的根本性转变。一方面应强化管理创新、服务创新等制度创新，着力改善创新服务能力，既要尊重和重视不同群体表达意愿和参与公共事务的权利，又要在户籍制度、教育制度、土地制度、收入分配制度和社会保障制度等方面探索改革方案，推动实现机会公平化和公共服务包容化；另一方面应加快推动城市治理体系和治理能力现代化，充分发挥多元主体参与城市治理的积极性和主动性，创新城市管理手段、模式和理念，致力解决人民最关心、最直接和最现实的问题，使人民在参与城市治理过程中获得满足感，从细微处发力彰显城市温度。

（四）保障城市“持续性”

人的持续创新是以城市的可持续为基础的。可持续性代表一种稳态，体现的是一种“人类和非人类福祉长期依赖于自然界”的事实，其核心本质是“永续保留享受美好生活的机会”。可持续性是可持续发展的基本规范，也是“共识”和“底线”。政府在规划城市发展时，应权衡短期和长期目标，考虑代际公平，既要让规划落到实处、满足当代人需求，又要使当代人所享受的平均生活质量可以被后代人所分享。我国将迈入新发展阶段，必须把生态环境保存摆在更加突出的位置，推动经济社会高质量发展。在如今疫情蔓延、气候危机、生态退化、经济下行和多边主义受阻的国际形势下，地方更应与中央同心同德，坚定不移贯彻新发展理念、构建新发展格局，推动经济绿色复苏，展现中国作为世界大国的责任感和走绿色发展道路的决心，共同汇聚起可持续发展的强大合力。

第十三章　地方数字治理的实践导向与均衡路径①

以数字技术为代表的新一轮产业革命和技术变革正全方位影响着人们的生产生活方式，也深刻推动着地方治理数字化转型。我国各地积极发挥互联网、大数据、人工智能、区块链、5G 等信息技术的规模优势与支撑作用，探索数字治理之路，形成了一些有益的做法和经验。随着我国经济社会快速发展，治理问题的专业性、多变性、关联性不断增强，进一步推动地方数字治理已成为大势所趋。数字治理来源于信息技术发展实践，其理论内涵也随着技术与社会的双向互动，不断丰富与完善，更多地体现为治理哲学、体制、机制与技术的统一复合体。从全球范围来看，地方数字治理不再是简单外化的数字技术在治理领域的工具应用和方法创新，而更多体现为适应地方经济社会结构变迁和治理需求变化，通过技术与经济社会融合，内在推动地方治理模式变革和转型的有效途径。面向未来，有必要进一步梳理当前地方数字治理的重点内容，扬长补短，推动资源配置、供需结构、机制协同“三个均衡”，进一步提升地方数字治理水平和能力。

一、当前地方数字治理的实践导向

（一）聚焦提升政府公共服务质量

数字治理理念的推广和工具的应用，有助于推动数字政府建设，使得政府决策科学化、社会治理精准化、公共服务高效化、政府治理民主化。当前，主动适应社会价值取向日趋多元、利益诉求更加多样的发展趋势，寓治理于服务，用技术改善服务，是各地进行数字治理的重要方向。例如，上海市的“一网通办”、广东省的“数字广东”等，均通过构建在线政务服务平台、大数据平台、智慧化综合管理平台等，进行了积极探索。而浙江省杭州市重点建设的“城市大脑”，覆盖经济、政治、文化、社会、生态五大领域，聚焦城市治理的重点、难点，开发了警务、交通、城管、应急、市场监管、基层治理等 11 个应用系统，设计了 48 个应用场景，并实施了“五个一”工程，打通“一张网”，通过统一标准建设一张确保数据无障碍流动的网；做大“一朵云”，将各类云资源连接在一起的“逻辑云”；汇聚“一个库”，将各部门、外部数据的“小水库”向“大水库”汇聚；建设“一个中枢”，作为数据、各系统互通互联的核心层，

① 本章由首都科技发展战略研究院赵峥研究员完成。

实施系统接入、数据融合、反馈执行；建强“一个大脑”，在全市实施统一架构、一体化实施，更在利用大数据、云计算技术对地方治理领域各类数据的智能化分析、应用与管理等方面，走在了地方实践的前列。各地的数字治理典型案例表明，推动数字治理，不仅有助于使地方政府精准把握人民群众差异性的美好生活需要，更有助于根据群体差异、需求差异、供给方式差异，实现公共服务的精准化供给，提升公共服务的供给效能和供给质量。

（二）聚焦维护基层社会安全稳定

随着我国城镇化和信息化的发展，社会结构也发生了深刻变化，不同区域、城乡之间、城市之间大规模的人口流动、现实虚拟空间的融合渗透、多样化的工作居住特征逐步凸显。各地实施的“雪亮工程”“互联网 + 网格化”等，利用数字技术将不同空间、不同领域的各类数据信息等纳入对应系统和网格，通过动态、连续采集不同场景的数据并加以分析，形成人员活动路径与行为轨迹，通过大数据算法更好“靶向”定位社会风险点和治理重点领域，准确感知、预测、预警社会安全运行的重大态势，及时把握群体认知及心理变化，研判社会安全事件发生的概率及影响，主动决策，快速反应，为维护社会安全稳定提供了强力支撑。例如，北京市东城区结合自身发展实际，构建了 7 个大类 32 小类 170 项信息条目共计 2000 余项具体指标的网格信息数据库，单元网格平均每天采集民情日志信息达 4000 多条；朝阳区把近 6 万家涉及市容环境、安全生产、食品卫生、地下空间等领域的管理责任主体纳入网格数据系统，第一时间收集网情动态，采集人、地、事、物、组织等基础信息已达 1200 万余条，有效提升了对基层源头事件的排查、研判、掌控与处置水平。广东省深圳市坪山新区将网格事件划分为 35 个大类共计 381 项的基层社会事件库，同时把与居民生活紧密相关的民政、劳动、社保、计生等业务划分为 8 个大类共计 43 项具体服务一并纳入网格，持续细化基层治理结构。同时，数字技术支撑应急治理也是地方实践的热点。特别是面对 2020 年以来新冠肺炎疫情这样的重大公共卫生事件，部分地方人流、物流、服务流受阻，传统治理工具和手段严重受限，浙江、广东等地率先行动后再全国普及，运用大数据、云计算、物联网等数字技术，采取的“疫情地图”“健康码”等防控方式，在疫情防控、监测分析、组织动员、物资保障和复工复产复学等方面发挥了重要作用。

（三）聚焦打造共建共治共享的治理共同体

公共治理不仅要把效率与经济作为重要目标，更应该能够回应公民需要，强调社会各主体的公平参与和成果共享。从社会控制、社会管理到社会治理的转变历程，是政府不断向社会放权、激活政府以外主体治理活力的过程。从各地数字治理的实践来看，新一代信息技术手段的介入，为社会公众赋能赋权，扩大了公众参与社会治理的可能性和可行性，在规范群众诉求表达、加强利益协调和权益保障方面扮演了重要角色。例如，各地普遍推广的“随手拍”等举措，畅通了社会公众的参与渠道，实现了群众利益表达的便利化，扩大了群众民主参与社会治理的规模范围。通过移动互联网建立党建活动群、社区微信群、掌上社区议事决策等方式，推动社会群体及其利益的再组织化，完善了以公开、透明为特征的民主协商机制。湖南等地充分运用微信、政协云等信息化手段建设“智慧政协”，定期开展面向基层的“微建议”“微提案”“微协商”“微监督”“微服务”，从制度层面规范和保障了公众参与的“快捷通道”，为基层民主协商提供了良好基础。数字治理以技术的便利性和智能化，确保了多元主体利益共享机制的实现，增强了基层群众的认同感和使命感，推动了共建共治共享的治理共同体形成。

二、地方数字治理面临的主要障碍

（一）区域、城乡之间的“数字治理鸿沟”仍然存在

区域经济社会发展基础不同造成的数字治理水平差异明显。经济社会发展基础是影响数字治理能力的重要原因之一。以湖南省为例，该省在全国率先成立公民信息管理局和企业信息管理局，在电子政务方面走在前列，但全省区域之间的“数字治理鸿沟”仍然存在。湖南省下辖13个地级市、1个自治州，共14个地级行政区划。长沙、株洲、湘潭、常德等较发达地区，治理领域科技成果和工具推广快、应用广，数字治理能力突出，而湘西、怀化等边远贫困地区、少数民族地区则明显落后，不同地区特别是省域内部之间的“数字治理鸿沟”仍然存在，由此引发基层民生领域公共服务不平衡不充分等现象也较为突出。

农村数字治理水平相对较低的问题突出。乡村治理是国家治理的重要部分。但是，由于政绩考核、利益团体推动及制度惯性等众所周知的原因，大多数经济政策均具有城市偏向。同时，由于农村经济基础相对较弱、乡村人口持续外流、治理体系不完善等原因，当前乡村治理仍然是我国社会治理的薄弱环节。同样，在数字治理方面，受城乡经济发展和信息基础设施建设水平的影响，与中心城市及周边地区相比，偏远县、乡和村在基层政务、公共服务、社区事务、商务服务的集成化运营和智能化供给方面仍显不足，数字治理水平仍有不少差距。同时，新一轮技术创新和成果应用往往更加倾向于在基础好、普及率高的空间集聚，大数据、互联网、人工智能等技术运用到欠发达地区和乡村公共服务及社会治理中的成本依然较高，这也更容易造成数字治理的“马太效应”，区域和城乡之间“数字治理鸿沟”问题还有加剧风险。

（二）数字社会服务和治理的供需能力有待提升

从供给侧来看，政府数字化转型步伐还需加快。各地在运用大数据、云计算、区块链、人工智能等数字化手段提升政府公共服务水平方面已经做出了积极探索。但数字治理的关键是通过组织优化完善治理体系、提升服务效能，而非单纯的技术应用。通过调研发现，部分地方和部门顺应数字化转型的理念和认识仍然相对落后，既有畏惧创新、害怕变革，对新技术、新模式消极接受的现象，也有盲目坚持“技术万能”，过度夸大技术的工具

属性和技术替代作用的倾向，对政府治理数字化转型发展的内涵、规律和方向认识不足。以基层网格化服务管理数字平台为例，当前，各地均已建立社区（村）、街道（乡镇）层面的基层网格化服务管理数字平台，上述两级基层网格日均收集网格事件信息已达百余件，北京、广东等地则已达千余件，亟须与县（市、区）、市（地）等上级综治平台进行大量的信息互通与联处协调工作。但由于缺乏上行信息标准化录入及在规定时间内的下行反馈机制，致使下级网格上报的信息往往得不到及时有效回应与执行，大幅降低了网格事件处置效率。此外，由于各地基层信息化建设水平不一，不少社区（村）与街道（乡镇）网格还存在突出的信息采集难、类目不规范、更新不及时、重复录入及专业技术人员匮乏等问题，削弱了基层治理的信息化支撑。

从需求侧来看，现有社会数据价值需要深度挖掘。让更多的公共数据为社会所用，使那些拥有先进技术和服务经验的组织有机会对公共数据的价值进行挖掘，释放其价值，创造新的生产力，是推动数字治理的重要环节。目前，国家已将数据作为与土地、劳动力、资本、技术并列的生产要素。各地近年来构建了基于“一张网”的社会治理平台，利用数字技术，将人、地、物、事、组织及其变化信息等全部纳入对应网格，数据范围广、种类多。但总的看来，这些从前端信息采集全方位获取的大规模、高质量的数据要素资源，仍然主要应用在一般性的公共服务和社会治安领域，数据应用范围仍然较窄，且数据技术投入、运营、维护都需要大量财政资金支持。大量集中在政府部门的人口、法人、自然资源和空间地理、社会信用等数据库并没有向市场充分开放，缺少系统性地对数据进行关联、融合、处理、分析，数据价值开发程度相对较低。

（三）数字治理的制度保障机制需要健全

小智治事，大智治制。从数字治理实践来看，“数字化”本身是一种技术手段，并不能单独解决全部问题并可能形成“双刃剑”效应。如果体制机制不顺畅，无论如何先进的技术和设备也很难发挥应有效能。当前，我国数字治理制度保障机制方面的问题，集中体现在数据共享、网络和信息安全、数字治理绩效评价 3 个方面。

一是数据共享制度还需健全。数字治理的国际经验表明大数据在治理创新中可以发挥“提高决策准确性”“提高执行能力”“促进民生发展”“培育科学文化”等四方面功能，但大数据应用于数字治理领域需要有两项基础条件，即政府全面丰富的统计数据和先进的数据思维及数据处理技术。目前我国多数地方部门已实现数据互联互通，通过大数据的共享，提升了公共服务的便捷性和决策的有效性。但同时，我国数据共享制度仍然还需完善，特别是一些国家垂直管理部门，其掌握的数据在实践中仍很难实现共享，制约着数字治理效能的发挥。这看似是局部的“数据孤岛”现象，但也在一定程度上反映出政府部门之间数据的采集权、管理权和使用权缺乏清晰的界定，应用过程中的权责关系仍不清晰等问题。

二是网络和信息安全制度还需健全。数字社会发展使得网络数据空间和生活的物理空间已经交织在一起，重塑了个人和群体的关联方式、沟通方式、公共参与方式。但同时，当前互联网安全风险也日渐突出，线上线下交相影响，并向经济、政治、文化、社会、生态等各个领域渗透，成为全球性的治理难题。在推进数字治理的进程中，如何更好地平衡个人信息价值挖掘与个人主体信息自决权、信息共享与隐私保护、大数据分析与信息正确性保障等关系变得愈发重要，处置不当则不仅会损害社会公众个人的数据资产和隐私权益，还容易诱发大规模的公共安全事件。目前国家已颁布的《民法典》《网络安全法》《个人信息保护法（草案）》等对网络和信息安全问题都有涉及和规定，但针对具体领域和区域层面的特殊问题，还迫切需要进行更有针对性且更具可操作性的制度安排。

三是数字治理绩效评价制度还需健全。数字治理在治理模式、工具、途径等方面具有很多创新性，加之技术迭代速度持续加快，使得数字治理绩效评价存在很大难度。单纯依靠传统治理评价方式可能会增大治理成本，衍生出新的治理风险。例如，部分地方为了突出强化"智治"能力，单纯以智能化设备的投放规模和数量作为数字治理评价标准，并未充分考虑实际区域人口结构、经济实力、社会需求和服务效率等，来决定数字治理基础设施、技术和产品投入力度，低水平重复建设智慧管理平台、大数据中心等，造成了社会资源的错配与浪费，也抑制了区域长期可持续发展能力。

三、提升地方数字治理能力的均衡路径

（一）加强统筹规划和空间布局，促进数字治理资源配置均衡

一是结合"十四五"规划实施，优化布局数字治理基础设施。在"十四五"规划实施中，充分考虑新时期社会发展和治理需要，结合新型基础设施规划建设，进一步推动治理重心下沉，加强城乡末端感知系统建设，畅通社会治理"最后一公里"。完善"雪亮工程"、智慧公共数据平台、智能化公共卫生和应急管理等平台，加强网络互连、数据融通、智慧应用、安全监管等重点领域项目建设。同时注重保持规划的连续性和稳定性，避免因短期空间区划调整等政策变动，导致重复建设和资源浪费。

二是以区域中心城市、都市圈、城市群为重点，引领全域数字治理建设。通过利用新一代信息技术，加强大数据、云计算和人工智能等智能技术在都市圈、城市群的应用和示范，建设智能建筑、智能社区、智能城镇等，提升大都市圈治理政策的精准性、科学性和有效性，打造数字都市圈、城市群，是全球城市化发展的重要趋势，也是我国城镇化迈向高质量发展阶段的必然要求。推动地方数字治理，也需要结合我国城镇化空间格局优化和治理机制创新需要，培育和建设地方数字治理的"增长极"。重点加快区域中心城市"城市大脑"建设，支持和鼓励中心城市在数字治理技术应用和创新方面进行探索示范，推动数字治理理念、工具率先在中心城市、都市圈、城市群应用与推广，推动都市圈、城市群跨区域数字协同治理。

三是推动乡村振兴战略与数字乡村建设有效衔接。在实施乡村振兴战略中，丰富数字乡村建设内容，着力弥补城乡发展之间的数字短板，加快提升相对贫困地区的新一代信息基础设施建设水平，推进融合村务管理、资源资产管理、环境治理、社区服务等功能的乡村治理数字化平台建设，加大对乡村基层社区数字治理人才的培养力度，完善城

乡一体均衡的智慧化服务体系。

四是要加强基层横向与纵向数字治理联动。在纵向上，以社区（村）数据信息采集平台为基础，以街道（乡镇）数据信息协调平台为枢纽，以县（市、区）数据信息指挥平台为统领，以市（地）相关部门专业化数据信息网络为延伸，形成“四级数据信息处置工作体系”。在横向上，强化基层各级数据信息平台职能与事件处置协作水平，构建专业化、标准化、规范化数字治理工作流程，形成研判、决策、落实、监管、评估、反馈的全流程数字治理工作链条，逐步将综治、司法、民政、纪检、信访、网信等部门信息专网围绕信息化治理协作平台建设进行整合，在此基础上进一步整合医疗、教育、环保、劳动人事等民生领域信息资源，建立用于增强治理协作的综合性、专业化信息数据库系统。

（二）推动技术与社会双向赋能，促进数字社会服务供需结构均衡

一是继续推动政府数字化转型，提升公共服务供给效能。以数字技术为基础，进一步推动政府治理从经验思维向数据思维转变，打造数据驱动、人机协同、跨界融合、联创共享的智能化社会治理系统，通过数字化流程再造，优化政府的管理、服务和决策模式，聚焦提升公共服务供给精准度和时效性，加快推动公共服务供给从“能办”向“好办”转变，不断增强人民群众获得感、幸福感、安全感。

二是联动数字治理与数字经济，激发社会数据需求潜力。以满足人民日益增长的美好生活需要为根本目的，面向教育、医疗、交通、安全等社会发展需要，为大数据、人工智能、区块链、云计算等技术提供更多社会应用场景。完善社会数据资产目录清单，加快建设数据清洗建库，形成数据资产，在保障数据安全、个人隐私的前提下，鼓励和支持企业、科研机构等结合社会需要，利用开放的社会数据依法开展科学研究、技术创新等活动，推动数据市场化开放、开发与利用。

三是推动企业和社会力量参与数字治理。充分发挥企业的市场和创新主体作用，完善数字化公共服务供给、数字化政府建设、数字社会基础设施运用等方面的政企合作模式，鼓励企业参与社会治理创新，有效降低政府投入成本。充分调动社会组织、高校院所、智库机构等社会力量，搭建联动供需两侧的交流互动平台，保持社会治理信息充分沟通，推动产学研用紧密融合，推进数字治理共同体建设，促进数字治理的共建共治共享。

（三）“智治”与“制治”结合，促进数字治理机制协同均衡

一是进一步完善数据共享与信息公开制度。以税务等垂直管理部门数据共享为重点，深化行政体制改革，明确各级各部门在政府数字化转型和数字化运作中的权责关系，推进跨系统、跨部门、跨地区数据共享。健全政府信息公开制度，完善政府信息公开的方式、程序与标准，进一步打破政府部门间、社会主体间、政府与社会主体间信息共享的制度性壁垒，最大程度实现数据的公共效用。

二是推动地方数字治理立法创新。结合地方实际，围绕数字治理细分重点领域和重

要环节，加强地方立法，出台实施细则，在界定数字治理的范畴、定位和功能、数据确权、开放、流通、交易、加强数据隐私保护，以及数据采集、存储、开放、利用、销毁和安全管理等方面，做出更加明确的规定。

三是建立健全数字治理绩效评估制度。结合数字治理的供需特点，从服务对象、服务供给者、服务监管者三方面，建立系统化、操作性强的政府数字化公共服务评估指标体系。完善第三方评价和群众（网民）满意度评价机制和实施细则，对数字治理系统运行效果进行持续动态、客观细致评估。重视评估结果的及时反馈与应用，将其作为地方政府治理成果评价的主要依据。

四是鼓励微观实践和制度创新。坚持顶层设计和基层首创结合，积极总结和梳理不同领域、不同部门特别是基层在推进政务服务、公共服务和社会治理等领域的数字化改革创新案例，鼓励市县乡村四级点上试验，积极总结成熟经验和做法，强化面上推广，形成系统化的机制建设和应用示范，为数字治理现代化提供更多创新案例和解决方案。

第十四章　科学城引领城市融合创新：发展机理与对策建设①

科学城作为中央和地方促进创新发展的特定城市空间载体，肩负着集中承载高技术产业发展和创新活动产生、示范我国城市创新驱动发展的历史使命。科学城的建设强调完善的城市功能和系统性的创新生态，科学城的发展强调与城市的协同，通过集中推动高技术的自主创新、高技术产业的发展及科学文化的建设来实现创新能力提升、经济效益提升、社会公平和环境可持续发展。科学城创新要素与城市经济发展要素之间的互补匹配、创造性融合，使创新系统的整体功能发生质的飞跃，形成独特的不可复制、不可超越的创新能力和核心竞争力。

一、科学城建设带动城市创新发展

（一）提升城市创新发展能级

科学城的建设进一步提升了城市创新枢纽地位，在城市创新发展布局上，科学城将承担着原始创新策源地、关键核心技术发源地、技术成果转化承载地、科技金融深度融合地、一流科技创新人才集聚地等功能。创新驱动的内生增长将是城市发展明显特征，主要表现在：一是吸引和集聚知识资源及人力资本；二是创新主体具备强的自主创新实力并能持续产生科技创新成果；三是在技术推动和市场拉动下，科学城孵化出大量创业企业；四是企业结合市场需求，依托自身研发或与技术创新主体合作，实现新旧动能转换；五是经济增长主要依靠科技创新所获取的优势来拉动。

（二）构筑城市开放创新格局

创新的外部性特征使科学城链接更广阔的空间，基于资源共享与知识溢出，引领城市对外开放结构发生重大变化。一是城市与一些国家和地区互联互通加快，区域间协同合作愈发频繁，科技与产品市场交易深入打开，以科学城为核心，区内、区外双融合相互促进的新发展格局加速形成；二是城市品牌影响力在提升，科技服务业贸易的比重加大，在全球对外开放大格局中，城市的分量增加，话语权增加，参与制定规则的主导权增加；三是城市交流活跃，聚焦科学文化交流，城市将成为重大科技外交外事活动的重

① 本章由首都科技发展战略研究院课题组完成。

要舞台，在商务、文化、生态等功能叠加基础上，引领全球科技创新和交流合作的中心枢纽逐渐形成。

（三）重塑城市品质文化内涵

一是国际城市品质。作为科技创新的“超级平台”，科学城的建设和运营将深入推进国际合作，引领城市链接全球创新网络，奠定了国际化开放城市的基础。围绕世界科技创新服务与国际生活环境建设，城市将强化配套设施国际化、文化多元化、规则标准化、服务品质化等建设，以更开阔视野塑造世界一流城市的气质。二是科学之城逸韵。科学城作为科学文化生产与传播的高地，经过科学共同体的充分交流和再加工，科学文化将广泛渗透进城市社会经济各个领域，深刻影响着人们的生产生活方式，逐渐成长为城市一张更加靓丽的文化名片，并融于城市的建筑主体与公共设施建设，具有科学意蕴的城市特征进一步彰显。三是圆梦之城。浓郁的创新创业氛围将使人人都能通过创新创造和努力奋斗实现自身发展、成就人生梦想，让城市始终保持蓬勃生机和兴业活力。

二、科学城建设引领城市融合创新

（一）融合创新发展阶段特征

从国内外已建科学城的发展过程来看，科学城的发展一般都经历起步期、成长期、成熟期 3 个阶段。起步期重点完成创新资源积累与基础设施建设；成长期在延续知识资源集聚的同时，更侧重于产业衍生与本地创新协同；成熟期则以创新驱动发展与国际创新资源链接为特征。目前，国际上比较成熟的科学城主要有美国的硅谷与韩国的大德科学城，而我国的科学城主要集中在起步期与成长期，以科学城为统领的区域融合发展与投资驱动下的产业衍生，是现阶段我国科学城发展的核心动力与目标任务。

（二）融合创新动力机制构成

科学城引领的融合创新是由大学与科研院所知识扩散需要、企业创新技术需要及城市产业结构升级需要共同构成。科学城的能力优势在于科研设施、知识信息、研发成果。城市的优势在于土地资源、产业基础及成熟的功能配套。融合创新的核心动力是科学城的资源与市场共享。

在美国学者 E.S.Lee 的“推拉理论”中，区域资源共享需要推力的推动与拉力的牵引。其中，“推力”为消极因素，因为这些因素促使资源离开原属地；“拉力”为积极因素，因为这些因素怀着改善环境愿望而牵引资源进入新属地。物质资源通常是在不对等的“推－拉”之力共同作用下实现迁移。促进科学城的资源与市场共享既要做大科学城的“推力”，更要做强城市的“拉力”。

实际操作中，“推力”的形成要以“利益共享”机制建设为抓手，结合高校、科研院所、企业等创新主体的利益诉求，以及城市功能区发展方向，找准各协同主体的利益结合点，建立起以利益为纽带的衔接机制。做强城市持久“拉力”要以服务科学城为核心维度，依托生态、土地、人才、知识、资金、平台、文化等经济社会发展动力要素，建立对接促进机制，谋划融合创新项目，牵引科创成果服务于本地发展。

（三）科学城创新引领与开放协同

科学城的创新发展要切实承担起国家科技创新战略腹地与区域创新主阵地的使命，将科学城的建设过程转化为创新过程，全面融入城市跨越式高质量发展的各领域、各环节。也要强化开放协同，引领资源对接与市场开放，共建多元主体融合共生的创新雨林生态，构建尖端技术服务体系与合作机制，推进跨区域联动和跨境合作，带动国内基础研究、原始创新与国际创新网络充分链接。

三、科学城引领共建现代产业体系

（一）促进创新链与产业链一体化布局

把构建以高新技术产业为主导的现代产业体系作为科学城与城市融合创新发展的最大任务，推动科学城与城市创新生态、产业生态一体化布局，共同培育“基础研究—应用研究—成果转化—企业培育”创新链条，充分释放知识集群、产业集群聚合效应。依托创新链支持，实现高精尖产业持续衍生、传统产业链锻长板补短板建新链。

（二）协同推进科技服务业发展

对接高新技术产业发展，科学城及城市加强科技服务产业互补和协作，形成完善的科技服务产业体系。以信息服务、知识产权服务、技术交易服务、检验检测服务、市场开发服务等为基础，以满足科技创新需求，促进科技成果研发、转化和产业化为目标，结合创新的进程对服务的需求，整合科技服务相关主体，形成专业化、高效的、有机的科技服务体系。

（三）搭建平台畅通融合渠道

平台在推动科学城与城市产业一体化发展中发挥着重要桥梁作用。以畅通信息共享渠道为目标，搭建引导“政府—企业—高校—院所”沟通、合作的平台，实时公示科学城服务需求及技术商业化相关信息，依托平台可展开市场对接、企业孵化、政策宣讲等功能。综合创新与产业化服务需求，重点建设知识共享平台、科技服务平台、技术成果产业化平台、企业生产创新单元等四大平台体系。

（四）整合土地优化产业空间

土地将成为科学城与城市紧密融合的直接纽带。统筹管理区域土地资源，以科学城为核心，增加产业培育开发特区，以圈层模式或组团模式布局于科学城外围。依托开发特区，实现研究成果的产业化应用和新企业的衍生成长，推动制造业与科学研究更紧密地联系在一起，实现高新技术产业在城市加速发展。

四、科学城引领融合创新发展建议

（一）打造科学城融合创新主平台主阵地

依托科学城国家级平台优势，建设科技、教育、金融、产业融合创新主阵地，构建“科教＋科技＋科研＋科创＋科贸”全链条创新生态体系，为创新人才提供便利的筑梦圆梦和事业平台，形成区域创新要素和人才集聚的“强磁场”，扛起创新发展“动力源”与“排头兵”大旗，以知识赋能发展为区域的高质量发展开拓跃升赛道。

（二）以知识集群持续巩固科学基础

大学和研发机构既为区域最重要的知识创新源，又是创新资源集聚的磁力源，在科学城的发展中起到了知识更新、技术培育、人才培养、企业吸引、创业促进和建构能力网络的作用，是驱动科学城内生发展的核心动力。科学城的发展要持续集聚世界一流科研力量，厚积原始创新实力。

（三）打通技术成果转化“速控难点”

科技成果转化是科技与经济紧密结合的关键环节，也是创新价值向经济价值转化的“速控难点”，要跨越科技成果转化“死亡之谷”，重点做强四大步骤：一是建立概念验证中心，以论证创新想法、论文或专利成果的商业化可行性为目标，评估技术成果的市场潜力，并为科研团队提供种子资金、商业咨询顾问、创业辅导等服务；二是在技术研发早期和成果转化过程设置专项基金及配套服务，有效支撑技术成果转化工作；三是引育如纽约波士顿的 MassChallenge Startup Competition 这样具有全球水平的技术成果加速服务企业，加快建立起顺畅的、行之有效的技术成果转移、转化、产业化运营模式；四是要多层次、大体量培养从业经验丰富且有商业运作能力的技术经理人队伍，加速科技成果的商品化、商业化和产业化进程。

（四）构筑开放创新生态新网络

科学城以“研究—孵化—衍生”的产业发展模式，逐渐将研究成果扩散到周边，同时也与其他区域保持网络化的生产关系。为推动城市技术成果的孵化转化、扶持高端产业成长，以突破空间约束为方向，重点构建三项开放创新合作模式：一是结合城市土地资源整合，建设产业功能区组团力争技术成果就地产业化，以推进集约节约用地和功能适度混合来提升土地利用绩效，培育企业群体，提高土地单位面积经济容量；二是建立与城市周边区域的联动机制，促进技术成果就近产业化，打造以科学城为核心的高新技术产业带；三是探讨以“综合型 + 分散型”的发展模式跨区域寻求合理的空间布局，缔结产业联盟。

（五）优化城市服务业供给结构

在科学城创新枢纽的带动下，城市居民结构发生重大变化。学生、科学家、工程师、创业者、企业家和服务人员是新居民的主体，也是城市消费的中坚力量，具有高档精品式消费特征，注重工作环境的舒适度和生活质量，对良好的气候与自然环境、优越的居住条件、良好的教育机会、良好的医疗条件和艺术服务有要求。以促进就地消费为方向，结合新居民消费特点推动消费服务供给结构改革。重点强化教育消费服务、医疗卫生消费服务、文化消费服务、康体消费服务、娱乐消费服务、物流消费服务、绿色有机食品消费服务、网络消费服务等服务业充分发展。

（六）推动科学城融入全球知识网络

加深对科学城国际化发展重大意义的认知，推动科学城融入全球知识网络，保持对全球知识的敏感性。提高科学城对创新主体吸引力，引进国际研究机构或企业在科学城设立工作站或研究中心，形成全球知识与本地知识的联结。规划科学城在全球知识网络中的发展定位，树立自身高技术知识枢纽形象，吸引全球科创资源向科学城凝聚。支持跨境知识产权交易合作，定期或不定期举办科学城产品展销活动，提升科学城知识枢纽的全球影响力。

第十五章　创新创业生态系统建设助力城市品牌提升[①]

创新创业政策、创新创业服务及创新创业教育要素等往往具有很强的地域性，城市间发展状况迥异，必然会催生出不同的创新创业生态系统。随着新型城镇化战略的深化，以及城市战略功能的不断发展和完善，有关创新创业生态系统与城市战略功能环境包括城市品牌效应的关联互动的研究也逐渐受到学界的重视。

一、创新创业生态系统与城市品牌的关系

创新创业生态系统与城市品牌的关系，在于其运行机制的城市功能映射与支持。近年来，学者们重点通过创新创业生态系统要素与城市功能的互动关系来阐述创新创业生态系统的运行机制。基于文献梳理，本研究认为创新创业生态系统与环境支持体系包括政策支持、经济环境、人才吸引力和积聚水平、创新创业文化、地区产业环境等，存在着复杂的交叉与互动关系。城市作为创业、创新要素集聚和活动展开的空间载体，创新创业生态系统的生成及演化以城市功能为环境和支撑，城市的文化特质、旅游休闲、营商环境、宜居环境和城市形象等城市功能的重要性凸显。

本研究构建了符合我国国情的城市品牌发展指数（CBDI）评价体系，包括城市文化品牌、城市旅游品牌、城市投资品牌、城市宜居品牌和城市品牌传播等 5 个维度的 20 多个二级指标和 70 多个三级指标，并据此持续展开对中国城市进行城市品牌发展指数的年度测评。CBDI 指标的 5 个维度，与上文所述的城市功能维度吻合，可视为城市功能支撑的品牌效应。据此，本研究提出创新创业生态系统运行机制及其城市功能和品牌效应的映射与支撑逻辑（图 15-1）。

① 本章由中国社会科学院城市竞争力研究中心课题组完成，执笔人包括刘彦平等。

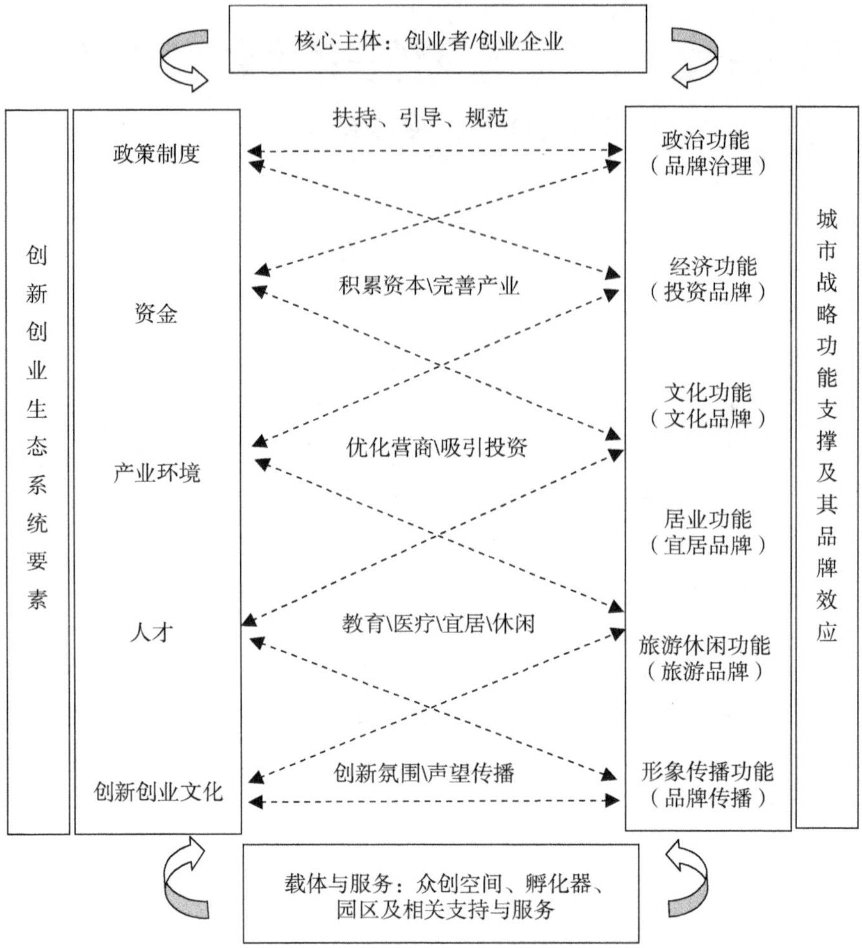

图 15-1　创新创业生态系统运行机制及其城市功能和品牌效应的映射与支撑逻辑

二、创新创业与城市品牌发展：影响要素提取

本研究拟引入 CBDI 指标数据，并通过在 CBDI 指标体系中筛选创新创业较为直接的相关要素指标，来测算创新创业要素指标对城市品牌的贡献值和贡献率，即城市创新创业活力与能力在城市品牌建设中的绩效。例如，在 CBDI 指标体系中，选取 22 个指标作为城市品牌的创新创业相关要素指标（表 15-1）。

创新创业相关要素指标贡献率 = 创新创业要素指标得分 /CBDI 指数得分。（15-1）

表 15-1　CBDI 中的创新创业要素指标

序号	三级指标	指标衡量方法
1	文化氛围	博物馆数量(个)，众创空间创新创业活动数（场次），每百人公共图书馆藏书量（册）
2	友善气质	“城市名 + 友善” 纸媒及全网数据量
3	创新氛围	“城市名 + 创新” 纸媒及全网数据量
4	发展水平	人均 GDP（元），城镇居民人均可支配收入（元），城镇居民人均可支配收入增长率
5	人力资源	每万人科学研究及金融从业数（人）
6	企业质量	500 强及上市企业数（个）
7	营商环境声望	“城市名 + 投资” 纸媒及全网数据量
8	载体质量	国家级新区（30 分）、国家级开发区（10 分）、国家级高新区（20 分）、自贸区（30 分）
9	投资吸引力	新增投资额(亿元)
10	投资绩效	新增企业数（个），新增就业数（人）
11	经济发展预期	“城市名 + 持续增长”纸媒及全网数据量
12	创新投入	R&D 人员（人），R&D 内部经费支出（万元）
13	创新绩效	专利申请量(个)，专利授权量(个)，发明专利(个)，众创空间纳税额(千元)，孵化器纳税额（千元）
14	高校质量	各城市最好大学排名
15	平台与设施	众创空间数（个），孵化器数（个）
16	创新创业口碑	“城市名 + 创新创业”纸媒及全网数据量
17	人才吸引力	大学生创业人数（人）
18	创业活力	众创空间创业团队数（个）
19	社交空间	建成区每平方公里酒吧、饭店、咖啡馆、购物中心、公园的数量（个）
20	活力城市口碑	“城市名 + 活力” 纸媒及全网数据量
21	教育文化	小学生人数增长率，中学指数，大学指数，每百人公共图书馆藏书数量比(市/辖区)
22	公共医疗	每万人拥有医生数（个）、病床数（个），三甲医院数（个）

三、创新创业相关要素对城市品牌发展的贡献度与贡献率测算

（一）创新创业要素指标对 CBDI 的贡献值测算

本研究根据上述创新创业要素指标和测算方法，通过对全国288个城市样本2018年度和2019年度的创新创业要素指标对CBDI的贡献值进行测算和分析。表15-2是创新创业要素指标贡献值排名前50位城市及其CBDI得分和排名。

表15-2　创新创业要素指标贡献值排名前50位城市及其CBDI得分和排名

城市	创新创业要素指标贡献值得分及排名		CBDI得分及排名		城市	创新创业要素指标贡献值得分及排名		CBDI得分及排名	
	排名	指数	排名	指数		排名	指数	排名	指数
北京	1	0.2225	1	0.8622	合肥	22	0.1272	27	0.4797
上海	2	0.2115	2	0.7723	澳门	23	0.1263	19	0.5128
香港	3	0.1865	3	0.6811	无锡	24	0.1248	28	0.4751
深圳	4	0.1788	7	0.6470	沈阳	25	0.1237	22	0.4984
杭州	5	0.1783	4	0.6725	福州	26	0.1221	26	0.4854
重庆	6	0.1654	6	0.6470	哈尔滨	27	0.1211	23	0.4950
广州	7	0.1643	8	0.6405	昆明	28	0.1211	21	0.5069
南京	8	0.1624	9	0.6319	东莞	29	0.1189	34	0.4444
西安	9	0.1608	10	0.6204	长春	30	0.1177	31	0.4504
天津	10	0.1606	11	0.6132	佛山	31	0.1146	30	0.4681
成都	11	0.1604	5	0.6596	贵阳	32	0.1140	35	0.4444
武汉	12	0.1540	12	0.5894	兰州	33	0.1137	38	0.4334
苏州	13	0.1476	14	0.5558	温州	34	0.1133	29	0.4700
厦门	14	0.1459	18	0.5275	太原	35	0.1118	37	0.4381
长沙	15	0.1447	16	0.5355	常州	36	0.1102	45	0.4214
青岛	16	0.1420	13	0.5662	嘉兴	37	0.1073	41	0.4288
郑州	17	0.1409	17	0.5286	中山	38	0.1060	36	0.4428
宁波	18	0.1368	15	0.5522	石家庄	39	0.1050	32	0.4478
南昌	19	0.1310	25	0.4915	洛阳	40	0.1048	33	0.4476
大连	20	0.1310	24	0.4916	海口	41	0.1047	50	0.4094
济南	21	0.1307	20	0.5114	南通	42	0.1037	47	0.4146

续表

城市	创新创业要素指标贡献值得分及排名		CBDI 得分及排名		城市	创新创业要素指标贡献值得分及排名		CBDI 得分及排名	
	排名	指数	排名	指数		排名	指数	排名	指数
珠海	43	0.1037	40	0.4301	南宁	47	0.1009	44	0.4271
徐州	44	0.1031	52	0.4027	泉州	48	0.1007	39	0.4303
烟台	45	0.1014	48	0.4141	扬州	49	0.1001	43	0.4283
乌鲁木齐	46	0.1010	55	0.3933	金华	50	0.0992	49	0.4103

通过对全国 288 个城市创新创业要素指标的贡献值进行对比分析，我们可以得出如下基本结论。

首先，城市创新创业能力两极分化严重，且地区分布不平衡。2019 年度创新创业要素对 CBDI 的贡献值从上一年度的 0.066 提升至 0.070，表明创新创业已成为城市品牌发展的持续推动力。其中，华东、华南、华中和西北地区的创新创业要素对 CBDI 的贡献值呈上升态势，华北和西南地区大体持平，东北地区则略有下降。创新创业要素指标贡献值居高的城市主要集中在一线城市和沿海城市，而指数偏低的城市主要分布在西北、东北和西南地区。排名第 1 位的北京创新创业要素指标贡献值为 0.2225，第 50 位的金华创新创业要素指标贡献值为 0.0992，北京是金华的 2.24 倍，可见差距之大。由此可见，推动“双创”的发展、提升城市发展内生动力在我国还有很大的进步空间。

其次，创新创业要素指标贡献值与 CBDI 高度正相关。创新创业要素指标贡献值排名前列的城市，其 CBDI 也往往排名前列，只是这种得分和排名的对比值要进一步观察。例如，深圳的创新创业要素指标贡献值排名全国第 4 位，其 CBDI 排名却为第 7 位，这说明深圳的创新创业活力与能力非常突出，已经成为推动城市品牌发展的重要力量；又如，成都创新创业要素指标贡献值排名全国第 11 位，而 CBDI 排名却高居全国第 5 位，这说明成都的城市品牌主要靠文化、旅游和传播等拉动，城市创新创业能力尚需进一步提高，未来其城市品牌优势也需要更多地转化为投资和创新创业的吸引力；等等。而更多创新创业要素指标贡献值排名靠后的城市，其 CBDI 排名同样靠后。以创新创业要素指标贡献值末 10 位城市为例，包括河池、嘉峪关、贵港、平凉、葫芦岛、双鸭山、陇南、伊春、鹤岗和七台河，这些城市的 CBDI 排名也分布在第 250 至第 288 位之间。可见城市创新创业能力与城市品牌建设是相互影响的正相关关系。

（二）创新创业要素指标对 CBDI 的贡献率分析

本研究对城市创新创业要素指标对 CBDI 的贡献率也进行了量化分析，来衡量特定城市的创新创业要素所带来的城市品牌效应和价值。研究发现，创新创业要素指标贡献率与创新创业对该城市的转型发展和城市品牌塑造的作用成正相关关系，相互促进，相得益彰。表 15-3 是创新创业要素指标贡献率排名前 50 位城市及其 CBDI 得分和排名。

表 15-3　创新创业要素指标贡献率排名前 50 位城市及其 CBDI 得分和排名

城市	创新创业要素指标贡献率得分及排名		CBDI 得分及排名		城市	创新创业要素指标贡献率得分及排名		CBDI 得分及排名	
	排名	指数	排名	指数		排名	指数	排名	指数
石嘴山	1	29.44%	285	0.1201	株洲	26	26.03%	132	0.2923
西宁	2	27.77%	87	0.3380	蚌埠	27	26.01%	158	0.2709
厦门	3	27.66%	18	0.5275	西安	28	25.92%	10	0.6204
深圳	4	27.64%	7	0.6470	北京	29	25.80%	1	0.8622
湘潭	5	27.57%	143	0.2839	南京	30	25.70%	9	0.6319
芜湖	6	27.49%	78	0.3509	乌鲁木齐	31	25.68%	55	0.3933
上海	7	27.38%	2	0.7723	贵阳	32	25.66%	35	0.4444
香港	8	27.37%	3	0.6811	广州	33	25.65%	8	0.6405
大庆	9	27.21%	114	0.3094	徐州	34	25.61%	52	0.4027
长沙	10	27.02%	16	0.5355	海口	35	25.58%	50	0.4094
东莞	11	26.75%	34	0.4444	重庆	36	25.57%	6	0.6470
南昌	12	26.66%	25	0.4915	济南	37	25.56%	20	0.5114
郑州	13	26.65%	17	0.5286	太原	38	25.52%	37	0.4381
大连	14	26.65%	24	0.4916	绵阳	39	25.48%	91	0.3302
阜新	15	26.55%	269	0.1666	包头	40	25.38%	107	0.3158
苏州	16	26.55%	14	0.5558	长治	41	25.32%	92	0.3278
杭州	17	26.51%	4	0.6725	淮北	42	25.23%	216	0.2308
合肥	18	26.51%	27	0.4797	营口	43	25.22%	238	0.2055
无锡	19	26.28%	28	0.4751	福州	44	25.16%	26	0.4854
兰州	20	26.22%	38	0.4334	青岛	45	25.09%	13	0.5662
铜陵	21	26.19%	198	0.2428	玉溪	46	25.07%	183	0.2533
天津	22	26.19%	11	0.6132	四平	47	25.05%	229	0.2184
常州	23	26.15%	45	0.4214	新乡	48	25.04%	104	0.3181
武汉	24	26.13%	12	0.5894	嘉兴	49	25.03%	41	0.4288
长春	25	26.12%	31	0.4504	南通	50	25.02%	47	0.4146

与创新创业要素指标贡献值不同的是，创新创业要素指标贡献率的高低要取决于两个方面：一是贡献值本身，二是城市 CBDI 指数值基数的大小。所以创新创业要素指标贡献率不能简单按序解读，尚需结合其两方面的得分表现来进行具体的分析。通过观察 2019 年度 288 个城市创新创业要素指标贡献率，我们发现贡献率的高低，大体上反映着城市创新驱动转型的趋势和能力。

首先，沿海地区、一二线城市的创新创业要素指标贡献率普遍高于中西部地区和三四线城市。这表明在城市文化、投资和宜居品牌方面占优势的城市，其在创新创业投入和产出方面也有较好的表现。然而也不能一概而论，以创新创业要素指标贡献率排名前 50 位的城市为例，其中就有 14 个城市的 CBDI 排名在第 51 至第 200 位之间，更有 5 个城市的 CBDI 排名在第 200 位之后。这也意味着其中 31 个贡献率和 CBDI 排名均在前 50 位的城市，是我国创新驱动转型的领导型阵营。排除 CBDI 排名第 50 位后的城市外，创新创业要素指标贡献率排名前 15 位的城市分别是厦门、深圳、上海、香港、长沙、东莞、南昌、郑州、大连、苏州、杭州、合肥、无锡、兰州和天津。

其次，创新创业要素指标贡献率排名前 50 位，但其 CBDI 排名在第 51 至第 200 位之间的城市，其表现亦值得重视，包括西宁、芜湖、乌鲁木齐、徐州、绵阳、湘潭、包头、大庆、铜陵等城市，虽然 CBDI 分值并不理想，但其推动创新创业发展的热情和成效却可圈可点，表明这些城市正在为创新转型积蓄着势能，未来发展可期。

最后，创新创业要素指标贡献率排名前 50 位，但其 CBDI 排名在第 200 位之后的城市，其创新创业要素指标贡献率高更多的是因为 CBDI 指数得分低的缘故，同时也并不能忽视这些城市在创新创业发展方面的投入和努力，如石嘴山、阜新、淮北、营口和四平等城市。这些城市大多也是资源型城市转型发展中较引人注目的案例，值得予以鼓励和关注。

四、深化城市创新创业生态系统建设，推进城市品牌提升的对策建议

（一）优化政策环境

鼓励创新的政策环境对于建设城市创新创业生态系统具有重要意义。推进城市品牌建设要营造有利于大众创业、市场主体创新的政策环境和制度环境。一是要因地制宜发展创新创业生态系统。各地区应在巩固优势维度和要素的基础上，着力提升短板，以推动创新创业生态系统的健康可持续发展。二是要着力发挥区域内双创中心城市的带动作用。由于区域内部城市之间创新基础和绩效表现的显著差异，发挥区域内双创中心城市的带动与协调作用就显得格外重要。通过创新要素的溢出效应和城市间围绕资源整合、优势互补的协同治理，从而推动形成区域创新发展治理的有效模式，提升区域整体的创新创业生态系统发展适宜度。三是要更加注重区域间的协同发展。鼓励和促进区域间的双创协同和交流，能够为区域创新创业生态系统提供更多创新创业信息、资源和发展空间，进而提升区域创新创业生态系统发展的总体效能。

（二）加强品牌战略规划

城市品牌能够体现市民的自豪感，凝结着城市多方面的发展功能。同时，城市品牌与城市高质量发展之间也存在相互影响、相互促进的关系。其中，城市品牌建设应面向人民对美好生活的需要，是一种需求导向的城市品牌规划、建设和治理能力，其目标是从满足人民细分需求出发，践行“五位一体”的发展模式，打造强势、正面的城市品牌体系；其实质是对满足人民美好生活需要的承诺，包括建设城市文化、旅游休闲、投资创业、优美宜居等子品牌，以及优化城市品牌传播、打造区域品牌等。通过城市品牌的合理规划和结构性优化、建设与发展，来推动城市迈向更高品质、更富特色的高质量发展道路。反过来，城市的高质量发展又能为城市品牌的持续发展注入更多的资源和更大的动力。

（三）提升城市整合营销水平

在城市竞争日趋激烈的今天，谋求城市整合营销是提升城市营销和品牌化投入产出效益的重要途径。在城市品牌打造过程中，应尽可能统筹城市品牌的不同立面，在城市的投资促进、旅游推广、人才引进等城市营销行动和相关子品牌建设中，加大资源、行动和过程的协同，达成营销的整合。同时，这种整合还应扩大到抗疫防疫、应急处突、邻里互助、城市共建等社会行动方面，以及城市设计、城市更新和社区营造等城市建设方面，让城市品牌精神一以贯之，以便达到更好的城市建设和品牌营销效果。

（四）善用互联网新媒体赋权赋能

移动互联网时代，新媒体无疑已成为城市营销及城市品牌化的主要工具和渠道。事实上，新媒体不仅是城市品牌传播的工具和渠道，还应从城市与受众广泛互动方面来加以考量。借助新媒体和智能手机应用，城市通过品牌承诺向受众赋权，通过城市消费和品牌体验场景的创新向受众赋能，进而扩展城市的感知范围、提升城市品牌认知质量。与此同时，受众则通过口碑内容的生产，特别是有关城市品牌识别方面的内容生产来向城市品牌赋权，通过治理行动的参与来向城市品牌赋能。也就是说，城市营销和城市品牌化，在移动互联网时代是一个城市与受众双向赋权和赋能的互动过程。这一互动过程的质量，一定程度上决定着城市品牌的能级。这就需要城市管理者从城市品牌运营的规律出发，不断优化这一双向赋权与赋能的过程机制，从而不断提升城市品牌共创、共建和共享的效果。

第十六章　全球科技创新变革下北京建设国际科技创新中心的使命与未来①

放眼全球，新一轮科技革命和产业变革加速演进，基础前沿领域正在孕育新思想、新原理、新方法，颠覆性技术创新大量涌现，科技创新组织模式、科研范式和产业范式正在发生转变，全球创新进入一个前所未有的密集活跃期。深刻变化的国内外形势对科技创新提出了更加迫切的要求。国家“十四五”规划纲要明确提出，建设重大科技创新平台，支持北京、上海、粤港澳大湾区形成国际科技创新中心。站在新的历史起点上，机遇与挑战并存，探讨全球科技创新变革下北京国际科技创新中心建设问题具有重要实践意义。

一、“十三五”圆满收官，北京科技创新中心建设成绩显著

（一）创新绩效显著，“十三五”期间硕果累累

“十三五”期间，北京市进入科技创新中心建设全面加速期，882项支撑科技创新中心建设与经济高质量发展的重大项目和任务先后落地，截至2020年年底，北京“十三五”时期科技创新各项目标已全面完成。近年来，在量子、脑科学、人工智能、应用数学等领域，北京市先后建设了一批新型研发机构，布局高能同步辐射光源等20个左右重大科技基础设施、128个国家重点实验室、68个国家工程技术研究中心。北京市累计获得国家科技奖奖项占全国30%左右，涌现出马约拉纳任意子、新型基因编辑技术、天机芯、量子直接通信样机等一批世界级重大原创成果。每万人发明专利拥有量是全国平均水平的10倍，实现翻番。“十三五”期间，北京支持开展数学、物理、生命科学等领域自主探索，全市研发经费投入强度保持在6%左右，超过了纽约、柏林等国际知名创新城市，其中基础研究投入占比从2015年的13.8%提升至2019年的15.9%。北京市技术合同成交额“十三五”期间预计超2.5万亿元，与“十二五”时期相比增长超八成，成交额70%左右输出京外，创新辐射全国。京津冀三地相互投资规模5年时间实现了将近2倍的增长，其中，北京对天津和河北的投资占据京津冀三地相互投资总额的77.74%。

① 本章由首都科技发展战略研究院院长关成华教授完成。

（二）创新环境优越，创新生态继续领跑全国

首都科技发展战略研究院发布的《中国城市科技创新发展报告 2020》显示，北京科技创新发展水平继续领跑全国。根据 2020 年全球创业生态系统排名，在国家排名中，中国上升 13 位至全球第 14 位；在城市排名中，北京上升 11 位至全球第 6 位、亚洲第 1 位。根据《2020 营商环境报告》，中国营商环境排名跃居全球第 31 位，较上一年提升 15 个位次，其中，北京作为样本城市之一，得分为 78.2 分，在上一年度大幅提升的基础上，再次提升 4.6 分，甚至超过部分欧盟国家和经合组织（OECD）成员国水平，北京为中国在世界营商环境排名的大幅提升做出了重要贡献。在测度的各项指标中，北京有开办企业、获得电力、登记财产、保护中小投资者、执行合同等 5 项指标进入全球前 30 位。在构建高精尖经济结构方面，北京市出台促进经济高质量发展的若干意见及“五新”行动方案，发布了高精尖产业“10+3”政策，打造新一代信息技术和医药健康“双发动机”。

（三）创新资源集聚，有力支撑创新型国家建设

2020 胡润全球独角兽榜列出了全球成立于 2000 年之后、价值 10 亿美元以上的非上市公司。全球有 586 家独角兽企业，其中，北京凭借 93 家独角兽企业成为全球独角兽之都，远远超过旧金山的 68 家。根据 2020 胡润世界 500 强榜单，美国以 242 家企业上榜排名第 1 位，中国以 51 家企业上榜排名第 2 位。其中，中国上榜企业中北京所占席位最多，达到 14 家，占全国比例为 27.5%。《财富》杂志于 2020 年 8 月 10 日与全球同步发布了 2020 年世界 500 强企业榜单，中国共有 133 家企业上榜，历史上第一次超过美国（121 家）。其中，北京的世界 500 强企业数量达到 55 家，占据中国上榜企业比例为 41.4%，在世界各大城市上榜企业总数排名中居首位。北京 55 家上榜企业营收共计 47 762.09 亿美元，其中，13 家企业营收超 1000 亿美元，4 家企业营收超 2000 亿美元。在创新主体方面，北京为中国跻身创新型国家行列做出重要贡献。2020 年，北京市人工智能相关产值规模达 1860 亿元，医药健康产业总体规模突破 2000 亿元。《2020 年全球创新指数报告》显示，北京以 241 637 篇论文在科学论文出版指标方面蝉联全球首位，占全部论文出版数量的比重达 2.79%。此外，北京按照《专利合作条约》（PCT）申请的国际专利为 25 080 件，占全部 PCT 国际专利申请量的比重达 2.40%，居全球前列。

二、北京建设国际科技创新中心面临的机遇与挑战

回顾北京科技创新中心的建设历程，在取得瞩目成绩的同时，依然存在一些问题。新发展格局下，北京建设国际科技创新中心既面临新机遇，也面对新挑战。

（一）全球科技创新变革下北京科技创新发展面临新机遇

新一轮科技革命和产业变革正在重构全球创新版图，全球科技创新发展的中长期态势也在发生重大变化。当前全球科技创新发展主要呈现以下几个趋势：一是数字技术革命处于导入期后半段，或将推动全国在2030年前后进入新一轮繁荣周期；二是数据成为关键生产要素和战略性资源，科技创新和生产对数据的依赖程度将越来越高；三是国际创新格局正在重塑，世界创新重心逐步向东转移；四是开放创新深入发展，创新生态的重要性日益凸显；五是科技全球化面临技术竞争加剧等调整，但国际科技合作仍有巨大潜力；六是全球科技治理体系影响凸显，新兴经济体将面对更高的国际规则要求；七是部分关键领域或将形成多元化技术和标准体系。全球科技创新趋势变化背景下，北京肩负中央所赋予的责任，建设国际科技创新中心面临诸多新机遇，如5G、人工智能、大数据、云计算等数字科技驱动的基础设施建设，以及战略性新兴产业、现代服务业、数字治理、产业链高端智能化等。北京要坚持创新驱动发展战略，深化体制机制改革，抢抓全球科技创新机遇，始终走在国际科技创新中心建设最前头。

（二）科技人才队伍建设尚难以匹配新技术高速发展需求

根据《全球人才竞争力指数报告》，中国2020年有16座城市上榜（比2019年增加了4座城市），排在第1位的是香港（全球第6位），其次是上海（全球第32位），北京仅排到全球第35位。纵观世界知名科技创新中心，无不是集人才培育与知识创新于一体，成为世界新知识产生的重要源地。因此，北京打造国际科技创新中心，仍需在顶尖人才集聚服务上下大功夫。

当前，受中美贸易摩擦及新冠肺炎疫情的影响，北京的科技人才队伍面临着外部持续打压和内部供给结构失衡的双重风险。一方面，北京科技人才队伍的国际合作与交流受限，一些国家的系列封锁及打压举措使得北京诸多科研机构和科技人才向世界一流水平学习、交流和合作的机会锐减；另一方面，北京人才结构性矛盾依然突出，虽然北京有着国内最具优势的大学和科研机构，但人才缺口依然较大，特别是在人工智能、生物等诸多新兴技术领域的“高精尖”人才尚为缺乏，难以适应科技高速发展需求。

（三）京津冀城市群协同发展面临来自多维度的阻力

北京建设国际科技创新中心，在锻长板的同时也要注重补短板，疏解非首都功能的形势下需要以京津冀区域经济发展为依托。然而，当前在国内外形势变化的同时，京津冀协同发展遇到了诸多阻碍：一是北京市疏解整治促提升专项行动仍面临阻力，限于行政隶属关系，中央和国家机关下属服务机构和企业总部向外疏解的实施难度较大；二是北京城市副中心高端产业集聚能力尚不足，相关服务配套仍然不到位，北京城市副中心吸引城六区高端要素和业态转移还需要时间；三是经济形势下行压力较大情况下，越来越多的工业企业不愿意投资和开工项目。

三、应对全球科技创新变革，建设国际科技创新中心的策略和抓手

党的十九届五中全会提出坚持创新在我国现代化建设全局中的核心地位，把科技自立自强作为国家发展的战略支撑。在新使命引领下，北京找准方向，积极谋划未来，主动抢抓机遇，为国际科技创新中心建设目标的实现而砥砺奋进，对我国其他区域国际科技创新中心建设具有参考意义。

（一）承时承势，抢占科技领域的战略制高点

国际科技创新中心是我国科技创新战略资源最富集的区域，面向新的科技创新战略决策，国际科技创新中心要加强技术预测和前瞻研判等基础性工作，准确把握科技创新发展方向，在基础研究和战略高技术领域抢占全球科技制高点。对于北京而言，一方面，要超前部署前沿技术领域，凝聚全国优势力量加快研发，通过多学科交叉协作，力争率先取得突破，抢占科技创新领域战略制高点，如布局建设生命科学、能源、网络安全等领域国家实验室，加快建设量子、人工智能、脑科学等领域新型研发机构等，通过打造一批优势学科，全面提升国家战略科技力量整体水平，产生一批有重大国际影响力的原创性成果，在重要领域占据优势地位；另一方面，基础研究是创造科学知识、进而开发技术的源头之源头，对于前景并不明朗的基础研究领域，北京要坚持自由探索和目标导向有机结合，加强研究前沿持续监测，鼓励探索性研究，及时把握最新动向，找准突破口，着力实现前瞻性基础研究、引领性原创成果重大突破。另外，对于“卡脖子”类型的关键核心技术，北京应进一步完善体制机制布局，布局一批国家产业创新中心，初步实现如集成电路、新材料、航空发动机、融合通信、医药健康等重点领域的关键核心技术自主可控。

（二）任材使能，逐步形成国际化的创新生态

国际科技创新中心建设要聚焦本地各项人才政策，不断创新引才育才方式，由用人主体立足自身需求主动引进海外高端人才，充分发挥人才市场机制。北京要利用好自身区位和资源优势，促进国内外高端人才集聚。一是以全球疫情和中美贸易摩擦为契机，迅速建立海外华人科学家和对华友好外裔科学家名单，抓住窗口期，吸引一批顶尖人才来京发展，鼓励吸引刚退休的顶尖科学家和领军性产业创新人才来华，让北京不仅有深度，更要有温度。二是利用好北京大学、清华大学、中国科学院等高校院所的平台优势，提升北京面向全球延揽人才的竞争力。加强高端科技创新人才队伍建设，突出“高精尖缺”导向，着力选拔和培养战略科技人才、科技领军人才、高水平创新团队。三是开辟青年人才特殊支持渠道，支持和培养具有发展潜力的中青年科技创新领军人才。特别鼓励和支持青年科技人才在前沿交叉领域的探索和创新，鼓励交叉跨学科研究和多学科会聚。四是依法保护企业家的创新收益和财产权，培养造就一大批具有全球战略眼光、创新能力和社会责任感的企业家人才队伍。五是围绕重要领域和创新方向完善拔尖科技人才的

培养、发现和使用机制，加大对承担国家重大科技任务科研人员的激励，培养具有国际竞争力的青年科技人才后备军和创新团队。

（三）激流勇进，打造开放型国际化创新高地

当前，世界政治经济格局波谲云诡，新形势下，“灰犀牛”和“黑天鹅”事件会成常态。一方面，科技创新中心城市要在稳妥做好疫情防控的同时，进一步提升开放创新水平，积极融入全球创新网络，强化基础研究布局，努力消除制约创新要素流动的制度性障碍，建立与国际规则相适应的体制机制与政策环境，促进创新要素的双向流动，有效利用全球科技资源和市场；另一方面，通过互相牵制防范和缓冲科技风险，积极调整国际科技创新合作策略和合作方式，将目光投向更多国家，努力拓展国际合作空间，更加重视国际学术组织工作，加强民间交流，充分发挥对华友好人士、机构及华人华侨的桥梁作用，增进民意基础，凝聚合作共识，加深科技界国际联动的深度、广度和影响力。

（四）稳扎稳打，全面构建战略创新平台体系

国际科技创新中心建设要全力打造科技创新中心主平台。北京建设国际科技创新中心，要进一步推进构建“一区两带专业组团”，以“三城一区”为重要抓手，积极稳妥推进“三城一区”融合发展。一是进一步聚焦中关村科学城，多渠道吸纳研发机构入驻，加速科研成果成熟和落地，加大政策保护力度，努力打造“研发经济”高地，率先建成国际一流科学城；二是进一步突破怀柔科学城，形成国家重大科技基础设施群，狠抓综合性国家科学中心建设，与科技部、中国科学院合作，携手把怀柔科学城建设成引领全球科学发现和重大前沿技术突破的新引擎，打造国际科技创新中心重要战略支点；三是进一步搞活未来科学城，深化央地合作；四是深入推进北京经济技术开发区和顺义创新产业集群示范区建设，承接好三大科学城创新效应外溢，打造技术创新和成果转化示范区。

（五）开拓创新，以崭新姿态稳步走出新路子

国际科技创新中心建设要因地制宜，结合当地发展实际，走出新路子。北京要着力构建创新生态，提高区域创新水平。一是以布局国家战略科技力量构建牵引力，北京要加快培育建设国家实验室，参与重组国家重点实验室体系，牵头建设京津冀国家技术创新中心，探索建立“顶层目标牵引、重大任务带动、基础能力支撑”的科技组织模式，在前沿领域培育一批世界一流新型研发机构；二是以展开重大基础前沿领域研发构建原创力，围绕新科技革命和产业变革前沿领域，共同实施系列专项行动，前瞻部署基础研究，推进关键核心技术攻关，补短板和锻长板并举，努力构建先发优势；三是以改革和政策先行先试构建新动力，积极支持北京发挥好中关村国家自主创新示范区、中国（北京）自由贸易试验区的政策优势，持续深化改革，完善科技治理体系，为创新主体创造更好科研生态、技术生态、产业生态。

第十七章　区域性中心城市的科技突围之路——以山东省济南市为例[1]

科技创新是区域性中心城市建设的重要支撑。实施创新驱动发展战略，不断优化完善创新政策环境，是区域性中心城市高质量发展的必由之路。2021 年 10 月 22 日，习近平总书记在深入推动黄河流域生态保护和高质量发展座谈会上强调，要坚决贯彻落实黄河流域生态保护和高质量发展战略。面对国家新旧动能转换综合试验区、中国(山东)自由贸易试验区、黄河流域生态保护和高质量发展三大国家战略交汇叠加的关键时期，作为区域性中心城市先行区的济南势必要发挥至关重要的作用。在新的历史转折点上，梳理济南所处空间科技发展背景，探索济南科技突围之路，对于加快创新型城市建设具有重要意义，并为提高区域性中心城市科技创新能力、推动区域高质量发展提供参考。

一、创新溢出，克服南北科技廊道虹吸效应

创新是引领发展的第一动力。济南作为新旧动能转换试验区的核心城市，一直致力于城市科技创新发展。一方面，山东省举全省之力支持山东大学创建世界一流高校，促进了创新知识的溢出。高校与企业之间的产学研合作是创新知识溢出的主要渠道。高校作为人才和资源的汇集地，是国家创新系统的重要组成部分。山东大学是一所历史悠久、学科齐全的 985 重点高校，在济南城市科技发展过程中起着至关重要的作用。山东大学等驻济高校创新知识的大量溢出，使得济南创新能力得到极大提升。另一方面，济南业已建立新型研发机构体系，促进了创新技术的溢出。目前，济南 174 家高技术企业，在聚焦、研发核心技术的同时，也致力于疏堵、解决“卡脖子”问题。其创新技术的溢出推动济南创新型城市发展再上新台阶。

济南创新知识溢出、创新技术溢出带动了经济溢出，依托丰富的人才资源、前沿的科技创新技术，济南经济发展水平迅速提升。作为省会都市圈的中心城市，济南聚集的创新资源会对圈域中的其他城市产生溢出效应，辐射带动周边城市科技创新能力和经济社会发展同步推进。济南坐落于东部地区的中间地带，北接京津冀，南通长三角。根据 2021 年前三季度的城市经济数据，上海和北京的经济总量排名前 2 位，济南的经济总量远不及这两个头部城市。因此，相比于京沪两个国家战略枢纽，济南属于弱势地区，容

① 本章由山东大学课题组完成，执笔人包括许峰、苏雯琳、吴微莉等。

易形成中部地区的塌陷。为了避免这一局面，克服创新资源高度集聚的长三角和京津冀城市所产生的虹吸效应，济南必须要有所突破，实施科技创新战略，提升科技创新能力，产生更多的创新溢出，从而吸引优质资源汇聚，提高自身的竞争力。

二、联动发展，打造黄河流域高质量增长极

黄河流域生态保护和高质量发展战略的实施将济南与沿黄城市紧密地联系在一起。要确保黄河流域生态安全，推动经济高质量发展，必须做好黄河流域中心城市的协同发展。新旧动能转换作为推进黄河流域生态保护和高质量发展的战略需要，在黄河流域中心城市合作体系中起着至关重要的作用。济南作为新旧动能转换的先行区和黄河流域的中心城市，必须联动黄河流域的其他城市为黄河流域生态保护和高质量发展做出示范。

近年来，济南分别与郑州和西安签署协同实施黄河流域生态保护和高质量发展战略合作协议，从生态保护和高质量发展两个关键点着手，开展协同创新，打造黄河科技创新长廊。例如，在生态保护方面，济南高新区中心从工业园区调整为集聚科研机构、总部基地的现代化新区，郑州改造升级“郑煤机”老厂房成为文创园，两个科创高地比学赶超，共促城市科技创新，济南京博农化科技有限公司打造智能化绿色工厂，实现了“废物资源化、生产清洁化、原料产品无害化、能源低碳化、生产厂区绿色化”；在经济高质量发展方面，济南主动与西安协同创新，学习借鉴其在创新科技、产教学融合、文化旅游等领域的先进经验，围绕“科创济南”济南高新区打造了科技创新高地，通过“非住宅房屋征收”模式为支持文化旅游等产业发展腾出了 47 亩土地，并撬动了 130 亿元的发展资金。

联动黄河流域的中心城市不仅对黄河流域生态保护和高质量发展有着重要的作用，而且还能推动济南科技创新能力的提升。济南有望成为黄河流域的龙头城市，带动其他中心城市将科技创新能力辐射到黄河流域周边的中小城市，通过科技创新将黄河流域的城市串联起来，携手共同打造黄河科技长廊。

三、内外循环，促进省会都市圈一体发展

随着城市化进程的加快，城市间纷纷开始抱团发展使得都市圈成为科技创新中心。要整体提高都市圈的科技创新能力，促进都市圈高质量发展，城市间的功能分工、一体发展至关重要。济南作为省会都市圈中心城市，聚集了丰富的科技创新资源，将以提升科技创新能力为主功方向，发挥“科创济南”的聚集效应，吸引更多的科技创新资源，以实现技术突破。对于其周边的城市而言，则应与中心城市形成功能互补，并结合自身优势，主动融入都市圈科技创新体系的建设中。

重中之重是提升内循环活力，加快打造“科创济南”核心区。首先，区域交通体系是都市圈高效运行的重要载体，济南应加快推进城市间交通基础设施建设，保证区域之间的连通性，并且以区域交通网的建设为基础，打通与周边城市资本、技术、信息、人

才连接通道，促进都市圈要素资源良性循环，城市间要素、产业、功能等优势互补，提升都市圈的科技创新活力。培育发展现代化都市圈，不仅应提升圈内资源的循环活力，还应充分发挥都市圈的外溢效应，提升都市圈的外循环辐射力，实现圈域城市和周边城市的合作互促、优势互补和联合互动，带动周边城市的创新发展。

四、对标优势，定位科创城市竞争优势

目前城市间的竞争越来越呈现为科技创新能力的竞争，创新型城市正在依靠科技创新实现区域经济逆袭。据西安市统计局数据，2020 年西安 GDP 首次跃上万亿元新台阶，高新技术产业增加值占 GDP 比重达 14.5%；《南京市数字经济发展白皮书（2021 年）》显示，2020 年南京数字经济规模约 8033 亿元，占当年 GDP 比重约为 54.2%，较全国高出 15.6 个百分点；安徽省统计局数据显示，2017 年合肥 R&D 经费占 GDP 比重达 3.24%，居省会城市第 2 位；2019 年郑州 R&D 经费投入强度 (即 R&D 经费占 GDP 之比) 从 2018 年的 1.74% 提高到 2.04%，提高了 0.3 个百分点。对标南京、西安、合肥、郑州等省会城市科创建设的突出优势和显著成就，可以发现创新动能已经成为高质量发展的强劲引擎。对标上述省会城市，其科创建设获得强大动力的优势条件主要为以下几点：

一是拥有一批世界级企业和强大的创新企业集群，集群规模效应明显。创新型头部企业的集聚为城市科创提供源源不断的动力和激发日益扩大的市场需求，既是当地科创能力的显著标识，又是对其他创新型企业天然的吸引。

二是科教资源丰富，人才引进措施有力到位。每万人在校大学生、研究生数量均排在全国第 2 位的南京持续发力，将人才的“数量领先”转变为“质量领先”。人才是科创最重要、最首要的资源。全面推进科技成果项目落地、新型研发机构落地、校地融合发展，将资源优势释放出来，将创新潜力挖掘出来是科创城市的一大竞争优势。

三是融资渠道丰富，金融政策支持环境良好。“最牛风投城市”合肥将自身发展定位于打造“区域性科创金融中心”，为加强对科创板上市企业的优选培育，合肥充分发挥社会融资主渠道作用，发展多层次资本市场服务。科创城市优先疏通科技与资本对接环节，直接融资和间接融资的衔接，将金融支持科技优势转化为产业优势，彻底打破科创企业走进资本市场的壁垒。

四是配套设施全面，产城融合具有引领性。高品质的科创空间是支持产业功能区创新发展的微观基础，有利于提高产业集群效应和要素配置效益，是深化城市发展方式和经济组织方式变革的新动能。统筹把握公建、生态和功能布局，整合科创资源和配套政策，避免创投机构培育和科技研发投入碎片化、聚焦难是有力促进科创城市建设的必要措施。

五、科创济南，二线城市创新突围与格局重构

根据GaWC发布的2020年最新世界城市榜单，济南成为山东唯一世界二线大城市。黄河流域生态保护和高质量发展等国家战略的交汇叠加，给济南提供了跨越发展的历史性机遇，同时也对以高质量科技供给支撑高质量发展提出了更高的要求，济南迫切需要突围冲出限制，蓄力实现量质齐升。

创新是第一生产力，为了加快“科创济南”建设、全面提升科技创新能力，济南应明确差距、承认不足，为后续将科技创新作为发展的重要引擎厘清道路：济南科技创新竞争力较弱、影响力较小，在全国城市竞争中处于弱势地位；作为省会中心城市，济南科技创新辐射带动能力、策源能力发挥不够充分，作用不够突出。深入来看，济南创新主体总量偏少且活跃度偏低，龙头少且牵引能力弱，引领型创新人才少，全市各级各类园区数量比较多、运行质量不高、同质化竞争现象较为突出。在此基础之上，济南既要坚持务实举措，又要突破常规，力争建设成为国家重大科技基础设施聚集地、原始创新策源地、产业技术创新强劲活跃地。

一要在打造国家重大科技基础设施聚集地方面，构建多层次实验室体系。打造体系化的战略科技力量，着力构建一流创新生态体系，在中科院济南科创城建设方面实现重点突破，系统推进国家实验室体系建设，加快首个国家实验室济南基地建设，加快泉城实验室、微生态生物医学、粒子科学与应用技术3家山东省实验室，以及各类国家、省、市重点实验室建设和国家重大科技项目落地，实现更多“从0到1”的突破，形成济南科技创新的“非对称优势”。

二要在打造原始创新策源地方面，聚焦培育高水平研究型大学和科研机构集群。支持打造“山大系”“第一医大系”“齐鲁工大系”等高水平研究型大学，加大对长清大学城、章丘大学园区的建设，激活人才科教资源，深化产学研有效激发创新活力。

三要在打造产业技术创新强劲活跃地方面，聚焦前沿，统筹推进“一城一廊两区三院三谷”建设，包括中科院济南科创城，齐鲁科创大走廊，国家新一代人工智能创新发展试验区，国家人工智能创新应用先导区，产业技术、工业技术和高等技术研究院，中国算谷、量子谷、氢谷。加快打造具有济南特色的重大科创载体，为创新企业提供扎实引导性的配套基础，健全以企业为主体的自主创新体系，支持领军企业组建体系化、任务型的创新联合体，加快实施解决“卡脖子”科技攻关计划。

六、未来展望

为促进区域性中心城市整体创新能力提升，要加强顶层设计，确立科技创新的主攻方向，抓好基础研究和关键核心技术的科研攻坚克难；要狠抓科技体制改革，营造良好的科技创新氛围，为科研人员卸去压力、激发活力；要发挥科创中心城市的辐射带动作用，培育创新创业生态，打通人才链、创新链、产业链和价值链。以区域性中心城市先行区济南为例，具体可以分为以下四点：

一是加强战略顶层设计，统筹合力推动科技创新持续发力。山东省明确将济南创建综合性国家科学中心列入“十四五”规划，更好发挥地方政府配置资源的作用和集中力量办大事的制度优势，围绕主导产业开展关键技术攻关，加强基础研究，提供源头支撑，同时，不断完善科技投入机制，以市场为导向，发挥财政资金杠杆作用，撬动更多社会资本投入。

二是加强科研成果转换，全面调动高校闲置校区和资源。切实加强校地资源双向融通，既带动高校院所的创新成果走出来，也促进地方的创新需求引进来。一方面，坚持科技成果项目化落地、市场化运作、企业化运营，推动较成熟科技成果就地转化，同时加快引进各地市转化各类先进技术、成果和项目；另一方面，鼓励高校院所围绕经济社会发展需求，依托优势学科和国家级平台，建立新型研发机构，围绕主导产业，设立和发展急需专业，培养紧缺人才，切实把教育链、人才链与产业链、创新链有机衔接起来，让校地双方结成“共同体”，实现产学研融合发展，形成链链融合趋势。

三是招引培植科技创新头部企业，发挥新研机构集群效应。牵头企业发挥行业要素聚合能力，联通中小企业形成创新创业共同体，有利于培育、孵化行业企业，促进“产学研”转化，带动产业转型升级，拉动产业集群崛起，从而实现科技和经济互相促进与支持的良性循环，同时强化济南在省会城市群科创产业的辐射带动作用。

四是整合载体园区资源，强化高新区改革赋能。目前，济南已引进中科院科创城系院所 13 家，布局建设重大科技基础设施群；统筹推进齐鲁科创大走廊规划建设，支持济南大科学装置区、中央研发区、创新发展区、创新配套区沿经十东路规划布局，东联淄博，扩大科创生态环境；加快推进“两区三院三谷”建设，打造具有规模效益、辐射作用、品牌引领的标志性行业链。

第十八章 数字治理赋能智慧城市品牌建设——基于杭州“城市大脑”的经验与反思[①]

智慧城市是信息技术和城镇化深度融合的城市发展新模式，为城市交通拥堵、环境污染、公共服务等问题提供解决路径，实现数字治理是智慧城市建设的核心目标。为提升中国智慧城市发展能级，2016 年 4 月，习近平总书记在全国网信工作会议上首次提出新型智慧城市概念。我国“十四五”规划明确提出要用数字化助推城乡发展和治理模式创新，全面提高城市运行效率和宜居度，城市建设迎来数字化改革的新使命。杭州作为浙江省数字化改革标杆，在城市治理现代化方面一直走在全国前列。2020 年 4 月，杭州市启动“城市大脑”赋能城市治理的地方立法，进入智慧城市发展新阶段。从“数字治堵”到“数字治城”再到“数字治疫”，杭州形成了诸多数字治理的成功经验，将“数字”打造成一个亮眼标签，为数字治理赋能智慧城市品牌建设提供有益借鉴。

一、“城市大脑”——数字化改革的杭州力量

“城市大脑”是杭州数字治理的接续发展。2016 年，杭州市在全国率先公布“杭州城市数据大脑”建设计划。2018 年 12 月，杭州城市大脑（综合版）正式发布，实现了从交通领域向环保、城管等领域的全面延伸，成为真正意义上的智慧城市中枢系统。同月，杭州城市大脑项目获评中国十大创新治理案例之一。2019 年 9 月，杭州城市大脑“数字驾驶舱”正式上线运行，表明城市大脑打破了层级孤立，实现互联互通。

随着浙江省数字化改革大幕拉开，杭州各部门间的数据协同量大幅上涨。截至 2021 年 9 月，城市大脑累计接口数量 20 590 个，累计调用数 195.32 亿次。自 2017 年起，累计调用数即呈几何级数增长，2019—2020 年增长近 9 倍。从单一领域到多重领域，从杭州方案到全国样本，杭州“城市大脑”实现多层级跨界协同，让数据“活”了起来。流动的是数据，温暖的是人心：美好生活与高效城市治理的深度融合成为可能。

（一）新生活：培育“智慧”城市活力池

随着多个便民应用场景上线“城市大脑”，数字化技术与生活化场景对接，碰撞出

① 本章由浙江大学课题组完成，执笔人包括何春晖、杨瑞鸽、沈凡佳等。

属于杭州的温度。“堵”一直是杭州的“老大难”问题。城市大脑自 2016 年发布以来，便剑指“交通拥堵”，发布仅一年，高德地图《2017 年度中国主要城市交通分析报告》显示，杭州市拥堵排名从 2015 年的全国第 4 位下降至第 48 位。近两年，杭州市交通健康指数全国排名稳步上升。

杭州“城市大脑”拓展多领域应用的同时，持续深耕交通领域，赋能街区治理，将便民写进城市的脉络。以上城区为例，其辖区内 9 家省市级医院普遍面临停车难问题。医院内部停车容量大大不足，浙一、浙二医院日均停车需求超 1 万辆，医院内部车位仅 722 个，而周边停车场库“散、小、乱”。同时，医院地处杭州交通的重要节点，过路与就诊车辆打结现象普遍存在。2019 年，高德地图“全国三甲医院拥堵榜”中，浙一医院排名第 1 位。

近年来，上城区试点探索“医院周边停车治理”方案，并逐步复制推广至全市大型医院周边。上城区统筹运用数字化思维和技术，通过盘点泊车家底、设置“绿色泊位”等措施，盘活公共资源，归还错配资源。浙一、浙二医院周边累计摸排接入 17 个场库 3309 个泊位，泊位周转率上升 30%，合围区延误指数均值由 2.8 下降至 2.27，路面拥堵打结现象明显改善，周边通行效率大幅提升。

在优化资源配置的同时，上城区着力打造“会思考的街区”，实现两大转变。其一，就诊车辆“抬头见泊位”。在浙一、浙二医院周边科学设置电子导视牌 41 块，牌上显示最近场库实时剩余泊位数及行车路线；解放路、庆春路两处动态可变导视牌实时推送最优 TOP5 停车方案。其二，就医服务“从出发开始”。群众预约挂号后，系统将结合出行当天实时泊位、道路拥堵等情况，自动推荐最优出行路线，并可直接将就诊车辆导航至相应停车场。截至目前，浙一、浙二医院车辆停车平均等待时间从 90 分钟下降至 15 分钟。

通过制度重塑与流程再造，上城区建立了街道牵头的政府、医院、企业协同治理机制，做到成效常态化不回退。从智慧化到智能化，从治堵到治城，杭州智慧城市实现良性循环，形成数字治理现代化的杭州方案。

（二）新治理：打造“智慧”城市生命线

动动手指，老百姓就能参与社会治理；扫扫二维码，村民就能知晓镇村重要信息；手机登录系统，非羁押人员就可以实现在线打卡：数字化、智能化不但提升了现代社会人们的生活品质，而且在基层社会治理中愈发重要。日常基层治理工作中存在表格繁多、系统多头报送、省市跨系统数据难获取等问题。以上城区闸弄口街道为例，表格填报占据社区工作人员日常工作量约 40%。数据填报负担亟须破解。

2020 年以来，杭州市上城区深入贯彻省市数字化改革的部署要求，通过“一表通”实现数据“最多报一次”的创新实践。“一表通”系统充分利用存量资源，分领域、地毯式对所有信息系统进行排摸；授权基层可拒绝填报未进入系统的数据需求，从源头上控制新增报表；对工作数据实时留痕，为基层考核提供量化指标。

在此基础上，“一表通”系统全面再造数据采集和使用的流程，实现业务报表“一头录入，多方共享，多次复用”，数据报送“一键智达”，系统主动分析数据、实时推送信息。这一改革创新大大降低了一线工作者的数据报送负担，有力提升基层公共治理效率。据测算，每名社工每月可节省近30个小时的表单填报时间，整体采集效率提升80%以上。同时，基于共享数据的实时分析，传统的“民众找服务”模式转变为“服务找民众”，实现了治理需求的精准预判和精确回应，有效提高群众获得感。除了数据录入基本应用，上城区坚持问题导向，不断拓展治理场景，如上城区湖滨街道开发出“平安一件事”子场景。

数字赋能基层社会治理，促进了基层社会治理精准化和便民服务智慧化，构建了社会治理新格局。“一表通”系统实现基层“减负赋能增效”的同时，也是提高社会治理效率及群众幸福感的有效结合点。

（三）新空间：制造“智慧”城市新动能

2021年，党中央赋予浙江重要示范改革任务，为全国推动共同富裕提供省域范例。未来社区建设是共同富裕现代化的基本单元，是数字社会城市基本功能单元。浙江将聚焦以人为核心的共同富裕，全省域推进城市未来社区建设，使未来社区成为共同富裕示范区建设的标志性成果。

未来社区坚持以人民美好生活向往为中心，突出人本化、生态化、数字化，设置包含未来邻里、教育、健康、创业、建筑、交通、低碳、服务和治理九大场景创建的评价指标体系。目前，浙江省已累计开展三批共150个试点和创建项目，覆盖全省11个设区市、81个县（市、区），直接受益居民近百万人。杭州基于数字经济、城市大脑、创新创业等特色优势，酝酿了原创性、系统性和可复制性的杭州经验。

七彩社区位于杭州市萧山区瓜沥镇，是全省未来社区建设“先行探路”的首个样板，直接受益居民近万人。在全省数字化改革“152”总体架构下，七彩社区推动数字社区整体运营。一是搭建政府治理端运营平台“沥家园”。布局数字驾驶舱，实践“邻里积分制”，通过数字互动、数字信用等方式，让社区居民共同参与到社区公益性活动和设施运营中去。通过人工智能赋能社区物业服务，通过数字孪生可视化系统精细化管理社区空间，通过“支付＋积分＋信用”的数字化手段实现社群活力运营，让空间真正服务于社区居民。

未来社区没有统一的模样，但不变的是坚持以“人”为核心。七彩社区邀请专家团队，深入调研居民的工作、生活和情感，总结出最主要的十大痛点问题，真正实现“精细化问需于民”。七彩社区在原有老旧城中村和公交场站原址上，根据居民实际需求，打造文化、医疗等“*X*”个场景，推动公共服务共建共享。例如，在服务场景的打造中，创新提出“八小时之外就近办”概念，打造1000平方米24小时365天不打烊的智慧公共服务中心，目前可办事项涵盖基本便民事务261项，真正将公共服务做到家门口。

共同富裕，是人民群众的共同期盼。将未来社区视作一个小切口，如何在实践中将之与智慧城市大场景实现有机统一，进而将“盆景”打造成为“风景”，切实为未来中国美好社会提供样本支持，或将成为浙江和杭州未来城市建设工作中的重要环节。彰显共同富裕的城市力量，正是为城市人民美好生活持续赋能的智慧动力。

二、“一座会思考的城市”——数字创新的杭州经验

目前，以城市大脑为核心的杭州智慧城市治理模式已步入成熟阶段，城市数字创新与数字治理能力显著提升，从浙江典型上升到全国样本。杭州的数字化建设在提高政务水平的同时，亦不断赋能其城市品牌构建与城市文明发展，在提升数字影响力、革新力、共创力及城市韧性方面提供经验参考。

（一）全局性顶层设计发挥“数字革新力”

作为浙江省数字化改革的典型，杭州立足新发展阶段，围绕推进国家治理体系和治理能力现代化战略目标，强化顶层设计，坚持系统观念，统筹数字创新各层次和要素，在全局性视野下有序发力，形成多维度数字创新的杭州方案。

政策层面，杭州政府观念先行，以一系列数字化建设政策布局全市“一盘棋”。回顾杭州数字城市建设历程，最早可追溯到2000年提出的“构筑数字杭州，建设天堂硅谷”。近年，杭州将疫情防控视为倒逼提升城市治理能力的重要契机，加速打造“全国数字治理第一城”。政府内部运行层面，杭州通过建立完善的体制机制，解决政府部门间信息资源共享和协同合作问题。政企技术合作层面，杭州立足城市科技优势，与阿里巴巴等企业开展技术合作。着眼于全局的顶层设计，有效避免资源分散，激发数字革新发挥最大效能。

（二）城市大脑新名片彰显“数字影响力”

自2016年创建以来，城市大脑应用令杭州实现了多个“全国第一”：第一个实现“医后最多付一次”的城市、第一个实施“无杆停车场”的城市、第一个创设“数字公园卡”的城市等。杭州首创的“城市大脑”是智慧城市建设的实践性工程，逐渐成为杭州“新名片”。

同时，城市大脑应用推广至更广泛的地区，彰显杭州“全国数字治理第一城”的品牌影响力。中国经济信息社、中国信息协会和中国城市规划设计研究院联合发布的《中国城市数字治理报告（2020）》显示，杭州数字治理水平位列全国第一，对周边城市数字治理的辐射带动能力强，长三角区域治理水平显著高于全国。目前，国内的北京、上海、武汉等20余个城市和地区，以及马来西亚、泰国等国家均引入“城市大脑”治理模式。

城市大脑“新名片”有力地塑造起杭州的现代科技城市形象，展现杭州现代数字化治理体系与治理能力，为其他地区的科技创新发展与数字品牌建设提供了杭州样本，也为杭州打造具有独特东方魅力和全球影响力的世界名城注入新动能。

（三）市民生活获得感铸就“数字共创力”

杭州目前所建设的“数智杭州，宜居天堂”数字城市新蓝图，正是在“生活品质之城”这一城市品牌之上的延伸与发展。近年来，杭州市紧紧围绕这一城市定位，在城市建设与社会治理中始终贯彻“以人为本”的理念，着力借助数字技术，提升市民生活幸福感、参与感和获得感。一方面，创建多种便民生活应用场景，从市民生活习惯出发，满足其多元需求；另一方面，搭建多元主体沟通平台，征集市民关于城市建设的“金点子”，提升市民主人翁意识，与民共创智慧城市。

便民应用场景与多元沟通共治基础上的市民获得感提升，强化了杭州的“人民城市”属性，做到了“把城市的创造力还给城市”，有效实现杭州城市品牌“共建、共创、共享”，为城市发展注入不可或缺的数字共创力。

（四）疫情大考建构“城市韧性”

新冠肺炎疫情暴发以来，杭州依托城市大脑进行“数字战疫”探索性实践，为疫情大考交上了一份具有启发性、可复制性的答卷。

“健康码”是杭州市率先推出的数字化疫情防控应用。短短一周内，国务院做出研发全国统一疫情防控健康信息码的指导意见，使之成为全国200余个城市防控疫情的标配。“健康码”连通社区、公众、企业数据信息，点对点实现精准防控，对疫情防控和经济发展起到关键作用。

“数字战疫”答卷显现出杭州较强的“城市韧性”，提供了以数字技术提升城市综合能力与抵御灾害风险的杭州经验。

三、“走更有温度的智慧城市之路”——数字治理的反思与启示

在城市借助数字力量提升治理水平的同时，数字安全隐患、数字伦理困局、数字道德缺失等发展问题浮出水面，自由表达的边界和数字中心主义都需要警惕，均是在推进智慧城市建设过程中不容忽视且亟待解决的难题。

（一）健全数据管理机制，规避数字伦理风险

随着“城市大脑”等智能系统的广泛应用，大量无线传感器、隐蔽摄像头等设备被“埋”入街道、楼宇、公共交通等人们的必经之处，在网络虚拟空间中克隆出一座庞大的数字孪生城市，城市的一举一动尽在掌握。健康码等个人化、移动化智能工具，进一步地渗透入个人生活。市民从“社会人”转变为可统计、可分析、可观测的“网络人”。

后疫情时代，现实世界中人们的自由出行受到限制，线上生活由“短期例外”成为“常态”，这在一定程度上加速了人类社会虚拟化。“元宇宙”作为虚拟世界和现实世界融

合的载体，蕴含社交、内容、游戏、办公等多场景变革的巨大机遇，延伸出一个现实生活的“平行世界”。

从应用大数据技术到创建布局元宇宙，随着数据资源愈发重要，物理世界和虚拟世界的界限趋于模糊，数据安全、技术伦理及政府技术弱势等问题始终存在甚至难度升级。只有不断完善数据管理机制，避免和降低技术所引发的伦理困境与现实风险，才可能平抚惶惶人心，将对现实世界的负面影响降到最低。

第一，要完善立法。从法律层面界定好归属关系和责任关系，避免“灰色地带”风险；总结提炼在网络平台发展过程中的治理经验，加强元宇宙前瞻性立法研究。第二，要健全安全体系与运行机制。加强对数据采集、传输、存储等一系列系统运行过程中的安全防护，探索区块链等技术在安全方面的应用，破解技术伦理困局。第三，要创新智慧城市治理生态系统。数字技术是赋能者而不是决定者，要坚持政府主导地位，在强调责任主体的同时，积极鼓励可信赖的社会力量参与，共同推动智慧城市数字应用的协调发展。

（二）回归“以人为本”，焕活城市温度

人是城市之本，城市因人而生，因人而兴。如今，智慧城市蓬勃发展，在数字化连接不断深化的同时，人情与温度的流失却成了一种新的“城市病”。一方面，技术弱势群体“被边缘化”：他们因数字技能缺失而成为“技术难民”，不同群体间的鸿沟仍将长期存在；另一方面，技术优势群体“被数字化”：忽视需求导向的“为了数字化而数字化”，一刀切地将市民推给机器和屏幕，高效的代价是人的情感和温度。元宇宙是一种技术，任何技术终究不能代替人，这是一个基本原则。

智慧城市的根本目标是人民安居乐业。当下，如何协调人、技术与城市之间的关系，推动“数字城市”向“可沟通城市”发展，提升城市中每一个个体的获得感、幸福感和安全感，建设更有温度的城市，是打造智慧城市过程中不可回避的问题。

理念上，应当贯彻以人民为中心的方针，解决市民生活中的“真问题”。在关注城市治理的同时，更要关注城市文化氛围，重视人民的精神文化需求。数字赋能文化建设，促进城市文化创意有效激发和文化服务充分使用，实现人的全面发展与解放，真正实现“数字让城市更美好，城市让生活更美好、让精神更富足”。

行动上，需要着力打造群众关切的项目，建设暖心工程。一要注重群众诉求，注重社会弱势群体设施建设，根据市民实际生活需要丰富智慧城市治理应用场景建设；二要注重民意管理，健全民意收集渠道，整合群众声音，从中寻找内在规律，开拓城市建设新思路；三要注重民意回应，兼顾机制建立与整改行动。

总之，在传播技术日新月异的今天，城市品牌的塑造和传播需要与时俱进。随着数字城市的迭代发展，在即将迎来元宇宙的新进程中，人的需求是永恒的，用数字去构筑更具温度的城市，让数字与诗和远方共存。

第十九章　如何从“产业协同”到“创新协同”？——以“珠海－澳门”合作发展为例①

深化区域协同创新，打造区域协同创新共同体是破解区域发展瓶颈、引领区域高质量一体化发展的重要途径。区域协同创新发展，必须紧紧依托于产业，通过区域产业联动，建立起协同创新的产业生态网络，资源互补能力互补，突破个体创新瓶颈，提高创新效率和质量，持续释放城市发展活力。当前，以产业集群和协同创新为特征的区域发展日益凸显，以产业协同推动创新要素在各地区之间实现优化配置，成为区域间科技合作不断进化的高级形态，也成为区域经济一体化向纵深发展、构建高质量区域经济布局的必然选择。本章以珠海－澳门产业协同为例，就粤港澳大湾区建设和横琴粤澳深度合作区建设背景下，推动产业协同发展、打造区域创新共同体、促进区域创新发展进行一些探索和思考。

一、珠澳产业协同发展的主要成效

珠澳产业协同以横琴粤澳深度合作区建设为主要依托。自 2009 年中央同意开发横琴岛至 2021 年 9 月《横琴粤澳深度合作区建设总体方案》发布，横琴地区生产总值从 2009 年的 2.85 亿元增长至 2020 年近 407 亿元，珠澳产业合作不断深化，为两地创新发展奠定坚实基础。

（一）两地创新合作不断加深

珠澳科技创新协作不断加强，珠海与中科院合作共建先进智能计算平台，并用专线联通澳门大学，已为中科院、中科大、南方科大等 20 余家科研机构提供算力服务。国际互联网数据专用通道建成投入使用，粤澳合作产业园开发建设有序推进。目前，粤澳合作产业园已有 25 个项目供地并开工建设，投资额 792.7 亿元。

（二）两地产业协同机制逐步形成

澳门企业在横琴跨境办公服务更加完善，针对粤澳合作中医药科技产业园，横琴两

---

① 本章由首都科技发展战略研究院课题组完成。

次出台扶持措施，通过建立协调机制，设立绿色通道，提供设备购置、场地租金、研发奖励、公共服务平台补贴，加大人才引进力度等方面，支持帮助粤澳合作中医药科技产业园解决建设运营过程中面临的困难和问题。支持澳门青年来珠就业服务更加完善。设立“横琴新区澳门青年创业服务中心”，定期为澳门创业青年提供工商注册、税务会计、政策法律、知识产权、投融资等专业的顾问咨询服务。“国家海外人才离岸创新创业基地（珠海横琴新区）”落地横琴，首期设立澳门大学、澳门科技大学、横琴·澳门青年创业谷、横琴国际科技创新中心 4 个合作基地。

（三）两地产业合作范围不断拓展

在集成电路产业领域方面，横琴引进一批集成电路设计行业领军企业进驻，包括研发面向 14 nm/28 nm 先进制程的高速接口 IP 的芯耀辉科技，语音识别头部企业思必驰子公司，主力研发低功耗、高性能智能语音芯片的深聪等。珠澳依托横琴先进智能计算平台共建“广东省智能科学与技术研究院”。研究院已入驻横琴国际科技创新中心并开展工作，瞄准建设国家级实验室的目标，致力于攻克类脑智能领域“卡脖子”技术难题，推动横琴成为引领智能科技前沿技术研究中心及成果转化基地。珠澳金融产业合作发展迅速。横琴新区内实有澳资金融企业 26 家，全面涵盖银行、保险、证券、融资租赁、小额贷款等金融和类金融机构。粤澳跨境金融合作（珠海）示范区揭牌运作，澳门大西洋银行、澳门国际银行等 20 家金融企业入驻，首个 QFLP 试点机构已经落户。珠澳医疗健康产业合作初见成效。粤澳合作中医药科技产业园检测、研发等公共平台投入运营，成立“粤澳医疗机构中药制剂中心”“大湾区中医药科技成果转化基地”等产业平台。

二、珠澳产业协同仍有不足，制约粤澳创新融合发展

随着横琴粤澳深度合作区建设的推进，珠澳在科技创新、现代金融、医疗健康等领域开展了一系列探索与合作，但仍然存在一些问题和不足，制约两地创新融合发展。

（一）珠澳产业规划对接有待提升

过去一段时间，由于缺乏产业协同发展的规划对接，导致珠澳产业合作进展缓慢，澳门参与合作积极性不高。珠海以集成电路、生物医药、新能源、新材料、高端打印设备、智能家电为重点，加快培育 5 个千亿级新兴产业；澳门高端产业基础薄弱，产业结构以博彩业、旅游业、会展业为主，珠澳两地高端产业契合度较低。一是粤澳合作产业园新申请项目落地缓慢。粤澳合作产业园 2.57 平方千米土地已实施联合评审项目落地新机制，由澳门特区政府主导，澳门特区政府推荐优先处理的 17 个项目，目前只有 1 个项目签署协议，2 个项目相对成熟，其他项目近期落地的可能性不高。二是已落地的澳门投资项目建设运营进度滞后。中医药产业园受澳门特区政府调整产业园发展方向和运营模式的影响，进展缓慢。其他粤澳合作产业园项目也受疫情影响，建设进度出现不同程度滞后，

大部分项目存在观望状态，主动加快投资的积极性不高。

（二）珠澳产业协同机制不完善

在创新合作机制方面，珠澳科研资金管理方式差异较大，在科研资金跨境使用监管政策上存在差异，资金用途、经费报销及事后审计等方面难以对接。同时，科技园区欠缺科研管理操作性指南，项目协议书、财务报告、审计报告等科研文件的模板标准不一。此外，珠澳两地知识产权法规、管理体制不同，阻碍了知识产权等创新要素的自由流动，增加了创新主体的成本。在贸易投资便利化方面，目前 CEPA 及相关协议对于港澳服务提供者的认定门槛较高，港澳投资准入后环节仍存“准入不准营”的制度性障碍，国民待遇有待进一步落实。同时，澳门企业在珠海开展同一个项目需要多次注册，导致资源浪费、运营效率降低、运营成本上升。此外，澳门居民在内地注册企业并开立银行账户受到限制且程序复杂。

（三）珠澳科技成果转化不足

目前珠海和澳门的科技成果转化率低，尚未构建完整的产业链条。珠海企业研发力量还比较薄弱，作为产业发展源头的科技成果较少，科技基础条件建设滞后，公共服务平台、公共实验室、科技情报馆、孵化器、创业辅导等发展相对落后，资源难以共享，缺乏良好的创业环境，不但本地的科技成果难以转化，也无法吸引外地科技人员携科技成果来珠海创业。尽管澳门有很好的科学研究机构，但是产业化基础相对薄弱，缺少科技产业的支撑，澳门几乎没有自己的高科技企业和高科技人才就业的载体。

（四）珠澳创新要素流动不顺畅

两地分属两种不同的关税区和汇率区，使用人民币和澳门元两种流通货币，两种货币受制于两地不同的银行体系，还没有实现自由支付和自由流通。首先，港澳常用的支付工具还没有对内地完全开通，内地移动支付在港澳也是十分不便。两地的通信体系也不相同，对两地实现自由移动支付方式产生障碍。其次，珠澳金融配套服务不足、人才流通不自由，制约着两地金融业的合作与发展。最后，在信用体系方面，两地居民相互之间的信用体系没有建立，而现在人员离开银行信用体系就没有办法进行金融消费、信贷支付、投资理财等，这些都制约着两地间的人员和资金流通，从而又进一步阻碍珠澳之间的金融和产业合作。

三、促进产业协同发展，打造区域创新共同体的措施建议

区域创新共同体打造需要以产业协同为引领，构建产业规划智联通、基础设施硬联通、规则机制软联通、创新要素链联通、公共服务心联通的区域创新生态体系。珠澳是

粤港澳大湾区发展的重要极点城市，其区域创新共同体建设将对我国其他区域具有较大启示作用。

（一）共同谋划产业布局，形成创新发展合力

各地区打造区域创新共同体，推动区域产业协同，需明确产业发展定位，优化产业发展格局。各地区要以编制产业协同发展规划为契机，对重点产业领域发展方向和布局进行引导，确立产业协同发展的重要目标和任务，形成分工定位明确、产业链高度耦合、供应链高效协同的现代产业体系。以珠澳产业规划对接为例，珠澳应围绕创新发展先行区建设目标，明确两地产业定位和区域重点产业链分工，共同编制产业和空间规划，加快构建以创新为核心的现代产业体系。一是要聚焦新一代信息技术、生物医药、文旅会展、高端服务等两地优势产业，联手打造一流高端产业集群；二是要统筹规划珠澳产业园区建设，构建布局合理、协同发展的产业生态圈，高质量编制产业园区建设指引和产业地图，建立园区－产业统筹联动发展机制；三是要系统推进粤澳深度合作区规划建设，规划建设粤港澳大湾区（珠西）产业集聚发展区，促进产业联动，构建区域创新发展新轴带。

（二）布局产业协同载体，打造区域创新高地

创新载体是区域创新的制高点和增长极。地方政府要支持打造区域协同创新平台，探索一区多园、总部孵化基地、整体托管、创新链合作等多种合作创新模式，增强创新资源辐射外溢效果，推动产业链和创新链对接协同。各地区要联合开展科技创新平台载体建设，协同布局和共建共享重大科技基础设施，推进产业关键共性技术成果共享应用。针对珠海和澳门的优势产业，为支持珠海加快建成广珠澳科技创新走廊沿线重要节点城市，珠澳要积极参与粤港澳大湾区综合性国家科学中心建设。一是要支持创建国家科技成果转化服务示范基地，如依托粤澳合作中医药科技产业园建设中医药科技成果转化基地；二是要推动珠澳共同布局重大科技创新基础设施和高水平研究机构，加快南方海洋科学与工程广东省实验室（珠海）建设，争取更多重点实验室落户；三是鼓励珠澳产业龙头企业联合高校、科研院所和行业上下游企业组建创新联合体和深度合作园、搭建协同创新平台，如横琴先进智能计算平台、粤澳合作中医药科技产业园、横琴国际科技创新中心等，突破一批关键共性技术，推动科技成果转化应用。

（三）推进区域基础设施建设，促进创新要素流动

基础设施联通是促进区域物流和人流互联互通、产业聚集和升级的重要保障。各地区要加强区域交通基础设施建设，布局跨江通道、港口、航运、机场群，打造现代化的综合交通运输体系，形成一小时生活圈，促进“人畅其行、货畅其流”，为区域创新融合发展奠定基础。粤港澳大湾区的交通基础设施正不断延伸，珠海应积极融入建设广珠澳科技创新走廊。一是要联合江门、中山等城市，把广珠澳科技创新走廊做实，形成珠江口西岸科技创新生态圈有序推进珠澳联通工程，加快推动城际市域交通路网规划建设；

二是要进一步加快高栏港集装箱码头三期等深水泊位、深水航道和疏港交通基础设施建设，提升珠海港功能，深化与广州港、深圳港等周边港口合作；三是积极围绕推动澳珠极点融入国家高铁网，加快建设北优东接、辐射粤西的多层次轨道交通网络。

（四）加强产业协同规则机制对接，优化区域创新环境

区域要实现创新融合发展，需要打破一些行政壁垒，推动规则机制衔接和对接，实现优势互补，提升要素跨境跨市跨区域流动，释放区域协同创新发展活力。各地区应根据合作平台的特点及重点发展领域，在保障安全的前提下探索体制机制、标准规则对接、要素流通、民生融合、法制保障等政策体系的构建。珠海和澳门制度不同，必须在严格遵循“一国两制”原则下制定一套有别于国内其他开放区域的新型制度体系，统筹规划两地规则衔接与机制对接的“顶层设计”。一是要理清不符合市场规律、制约珠澳产业协同发展的体制机制和政策规定方面的问题，构建一体化的资本、人才、技术、信息等要素市场，促进生产要素的自由流动和优化配置，形成促进珠澳一体化发展的制度安排和政策体系。二是建立利益共享机制，探索产业园区跨区域共建模式，共同组建企业化运营管理主体，按出资比例分享税收和运营受益，建立基数不变、增量分成的利益分配机制。三是建立研发成果产业化联盟与合作机制，鼓励科技研发、工程实验、孵化转化等各类科技服务机构与珠海相关机构建立战略联盟。对于符合国家政策的研发成果，要加大用地、贴息、补助等政策支持力度，加速科技成果转化。

（五）完善公共服务跨区域衔接，拓展创新人才生活就业空间

推动产业协同、实现区域创新协调发展要推动实现人才协调共用。推动实现人才共用，要正视区域间的不同特点、区域内不同地市的不同发展程度等问题，打通体制机制壁垒，实现公共服务跨区域衔接。各地区要以提标增质、互联共享为主要目标，围绕交通、教育、医疗等重点领域，提高区域公共服务衔接共享水平，加快融入区域创新一体化进程。一是深化教育领域合作。加快构建教育一体化发展机制，充分发挥教育集团、各类大专院校的能动性，与各地在教育资源模式和人才交流、职业教育集团产教融合、高校创新资源协同等方面深入对接、深度融合，促进区域教育事业协同发展。二是加快医疗服务对接。以推进跨省异地就医直接结算为抓手，在示范区医保一体化合作框架协议基础上，进一步推进基本医疗保险药品、诊疗项目、医疗服务设施 3 个目录统一，在更广范围、更深领域上推动区域医保待遇同城化。三是提高养老服务水平。围绕养老服务相关标准互认互通、相关待遇政策异地享受、监督管理协同合作等内容，推动养老服务共享工作在示范区内先行落地、在全区域加速推进，努力促进区域养老服务一体化。四是加强人社领域对接。要继续完善平台信息共享、社保业务协作、案件移送协查等方面的协同合作机制，持续扩大合作领域，有序推进人力资源服务、职称异地申报、劳动保障执法、劳动人事争议仲裁等合作对接。

第二十章　建设人才友好型城市：意义、内涵、挑战与路径[①]

人才是实现民族振兴、赢得国际竞争主动的战略资源。当前全球正经历新一轮技术革命和产业变革，国际人才竞争处于白热化阶段，人才发展格局日趋复杂。伴随世界经济和战略中心加速东移，我国提出要充分把握历史机遇，深入实施新时代人才强国战略，加快建设世界重要人才中心和创新高地。国内各城市坚持人才优先发展战略，以加快集聚战略科技人才和一流科技领军人才为重点，统筹推进各类人才队伍建设，竞相出台各类政策吸引人才。以人才友好型城市建设助推经济社会高质量发展，加快实现高水平科技自立自强，不仅是我国城市化进入“下半场”的重点工作，也是系统、准确、主动把握新发展阶段、贯彻新发展理念、构建新发展格局的内在要求。

一、建设“人才友好型城市”的重大意义

（一）重视人才成为全球发展的“公约数”

当今世界正经历百年未有之大变局，新冠肺炎疫情使世界经济陷入历史性衰退，物理空间的阻隔限制了全球人才的流动，倒逼各国加快完善人才发展环境，优化人才资源配置，释放人才活力和创新力，抢占科技和产业制高点，提升综合国力和国际影响力。国内外城市正不遗余力地引进国际人才：纽约通过建立科技人才通道，为迅速发展的科技生态系统引进高水平人才；伦敦的《伦敦规划》对经济、环境、交通和社会发展的综合框架进行战略层面设计和筹划，旨在打造愉悦、多元、包容、便捷的，能为人才提供高生活品质的世界领先城市；东京为吸引更多国际人才，在东京都市圈建立了统一的国际化人才市场和完善的国际人才引进制度；深圳把人才视为第一资源，以人才战略作为城市发展的核心，对标中国特色社会主义先行示范区、国家综合配套改革试验区既定目标，不断创新和完善人才发展战略，以应对来自技术、人才等领域不断加大的国际竞争压力。

（二）人才红利成为经济转型的“发动机”

人才是推动高质量发展的“第一资源”，也是提升城市竞争力的关键因素。我国是

① 本章由首都科技发展战略研究院课题组完成。

劳动力大国，劳动年龄人口规模达到约 9 亿人。在过去很长一段时间，“人口红利”是我国经济增长的重要引擎，国际竞争力优势也主要依赖于劳动力规模。但随着我国进入高质量发展阶段，人口增长开始放缓，劳动力成本不断上升，仅依靠“人口红利”难以支撑经济增长。自 2012 年起，我国劳动年龄人口数量和比例持续“双降”。第七次人口普查数据显示，与 2010 年相比，16 ～ 59 岁劳动年龄人口减少 4000 多万人，但平均受教育年限提高了 1.08 年，大专及以上受教育程度人口提高 11.27 个百分点。提高劳动年龄人口素质，大幅增加中高端人才比例，最大限度地释放人才红利，实现高新技术资源和人才优势的匹配，是推动经济转型升级和科技创新稳健发展的必由之路。

（三）城市空间成为人才共创的“主阵地”

由于城市存在“集聚效应”，能够为人才创造更广阔的发展空间，人才纷纷向城市集聚。在全球化时代，人才的空间再配置和自由流动成为普遍现象。人才跨国际、跨区域流动，能够带来技术、投资和就业等经济增长因素。高密度的面对面交流、多元文化和思想的碰撞渗透、公共服务设施的共建共享，使得城市成为集聚人才和孕育创新的高地。城市内部往往拥有较为完备的产业链体系，能够降低运输、采购和通信等成本，进而形成相对成本优势，促进企业快速发展。城市为人才营造了集聚空间，不仅提升了人才与企业的匹配质量和效率，也为更多拥有不同学科背景的人才提供“共创”的机会。

（四）人才友好成为未来城市的“新底色”

人才对于城市拥有较大的自主选择权，人才友好将成为城市吸引人才的重要名片。以往，人才选择城市主要考虑经济因素及距离等空间因素，而现阶段，城市的发展促使人的思想、意识、观念取向等发生变化，人才开始追求更理想化的生活方式，注重自身的可持续发展，不仅满足于生存和安全诉求，更希望从山水环境、生活体验、社交关系等方面获得归属感、满足感。在推拉理论中，改善生活条件是人口流动的主要目的，除了经济发展水平、就业机会等“硬环境”外，公共服务、生活娱乐、开放氛围、多元文化等“软环境”是城市满足人才需求的重要方面。人才友好型城市不仅注重人的生存和发展，为其提供消费场所；还注重人才的创造和成长，通过构建社交场景，以满足人才社交和工作需求，创造更多的知识交流和创新溢出机会。

二、建设“人才友好型城市”的核心内涵

城市是人才的承载地，二者相互促进、彼此成就。城市为人才提供发展平台和居住生活空间，人才为城市经济社会发展提供重要动力。人才友好型城市坚持以人为本，充分考虑人才发展的时代特点和利益关切，倡导城市与人才良性互动、共同成长。借鉴儿童友好、青年友好、老年友好等城市定位的共性特征，可将人才友好型城市的内涵概括为环境友好、制度友好、发展友好、民生友好和文化友好。

（一）环境友好：在人才服务环境优化上破题发力

人才友好型城市不以貌取才、以“礼”取才、以关系取才、以裙带取才，而是面向城市发展所需引进和培育各领域、各层次、各年龄段人才，领域不局限于科技、政治、商业、学术、文化、社会服务；层次不局限于高端型、技术型、技能型、服务型；年龄段不局限于中青年，还包括中老年、离退休等。人才友好型城市认同和尊重人才发展的优先权，与人才建立强联系，在经济社会发展的全领域、全过程中充分考虑和吸纳人才的视角、利益和需求，关注人才生活工作状况，及时了解人才面临的问题和存在的需求，以提升人才服务质量和效率为目标，做到精细化服务，提升人才满足感和幸福感。

（二）制度友好：在人才体制机制改革上破题发力

人才友好型城市坚持问题导向，结合市场经济规律和人才发展规律，构建法治化、市场化和多元化的人才引进、选培、流动、评价和分配激励机制，破除压抑阻碍人才活力的体制机制，构建整体性、协同性和衔接性强的人才政策体系。人才体制被纳入城市治理体系和治理能力现代化建设范畴，人才招聘、评价、流动等环节中的行政审批和收费事项得到有效清理和规范，人才的合法权益得到切实保障，知识产权、知识成果依法受到充分保护。

（三）发展友好：在人才发展平台建设上破题发力

人才友好型城市构建适配人才成长的高水平创新平台、产业平台，为人才发挥作用、施展才华、实现价值提供更为广阔的舞台和条件，鼓励人才干实事、支持人才干成事、帮助人才干好事。城市具备良好的产业环境、较高的产业集聚度及优势的产业领域，以产业发展和科技创新平台集聚人才，靠人才引领产业和科技创新发展，推动人才链、创新链、产业链有机衔接，形成人产适配、相得益彰的局面。在实现共同富裕的目标下，激励人才通过辛勤劳动、创新创业实现增收致富，充分合理配置资本、土地、知识、技术及信息等生产要素资源，让一切创造社会财富的资源发挥价值。

（四）民生友好：在人才民生福祉增进上破题发力

人才友好型城市突出人本导向，思人才所思、急人才所急、供人才所需，寓治理于服务，以增进民生福祉为宗旨，推动城市公共产品和服务可获得、可负担、可持续。聚焦民生领域突出矛盾问题，不断提升民生服务水平，注重实现人才充分且高质量的就业，促进共同富裕，也注重解民忧、纾民困，解决教育、医疗、住房、休闲等人才最关心、最直接和最现实的问题，满足人才日益增长的美好生活需要。

（五）文化友好：在人才精神文化引领上破题发力

人才友好型城市聚焦人才精神领域需求，在生态文明、社会氛围、文化地标、城市品牌等方面全面激发城市活力、优化城市生态。在强调经济繁荣、就业增长的同时，充分考虑生态环境承载力，不断巩固和放大自然生态优势；保持“乐活”的轻松氛围，打造富有生命力的人才文化地标，彰显“人情味”；倡导相互尊重、相互包容的城市精神，提倡“人人皆可成才”，塑造独具特色的城市形象。

三、建设“人才友好型城市”的关键挑战

（一）人才评价界定存在硬约束，要进一步“放宽”

人才友好型城市建设需要构建多样化的人才队伍，吸纳不同类型、层次和文化背景的人才。我国对人才数量、质量和结构的需求是全方位的。目前城市间的“抢人大战”不断升级，出现了“不管自身条件盲目抢院士、诺贝尔奖得主”等不理性行为。城市对人才的定义和理解较为狭隘，人才评价界定依然未摆脱“唯学历”“唯职称”“唯帽子”“唯奖项”等引进导向，对人才的年龄、社保和户口所在地等有着硬性约束。政策设计侧重高端人才，而忽视了基础型、支撑型人才，难以形成坚实的“人才金字塔”结构。

（二）人才体制机制亟待完善，要进一步“搞活”

当前人才体制机制存在精准化程度不高、导向偏差、机制运行不畅及落实不到位等问题。人才政策以纲领性文件为主，缺乏清晰的实施细则和管理办法。政策多以“一次性投资”引进人才，缺乏人才留、用政策。部分地区的科技管理体制仍受自上而下的计划思想影响，使科研人员饱受行政事务的束缚。人才评价过于强调“量”、而非“质”，致使人才不愿将精力投入长周期、高投入和高风险的研究，只愿投身于能够短期内迅速出成果的项目课题，偏离了创新本身的“探索”要求，更与政府干预创新以应对市场失灵的初衷南辕北辙。部分人才体制机制的重大改革仍停留在发布阶段，落实程度不高，更未形成政策合力。

（三）人才工作缺乏长远统筹，要进一步“做实”

人才工作与城市经济社会高质量发展、区域治理体系和治理能力现代化等时代命题紧密结合在一起。人才招引不是简单的砸钱砸物，更不是导向内耗式、同质化、低层次的竞争。联合国教科文组织多次倡导“终身教育是城市发展的重要基石”“学习型社会是城市的未来”等理念。国际经验已经证明依赖政府资助的人才政策只能在短期产生效应，从长远看，强有力的人才培育体系才是城市创新发展的源头活水。部分城市在人才政策各个环节不断加码，加大招才引智竞争，不因地制宜，片面重视基础设施和产业投

资，争相上马产业园区和新区，市场化的机制体现不足，后续的软服务提升较慢，缺乏有效的治理体系。在技术层面片面追求“洋”“新”，将“专利购买”当成“开放创新”，只关注能带来短期效果的技术引进，只会造成“南橘北枳”的结果。

四、建设“人才友好型城市”的实现路径

（一）“谋”字开路，凝聚人才友好理念

在把握城市战略全局中推进人才工作，从全链条、全领域、全方位谋划人才工作格局。坚持“一把手”抓“第一资源”，加强人才工作领导小组建设，强化工作职责和目标考核，细化工作环境和督促检查，将健全人才体制机制、落实人才重点项目、多渠道引育人才、优化人才服务保障等指标纳入地方政府年度综合考核内容。加强上下协作、部门联动，引导社群组织、企事业单位、社会机构广泛参与人才工作，齐抓共管，共同推进。注重人才工作与城市发展的系统性、整体性和协同性，统筹考虑人才友好型城市建设的宏观形势与现实基础、短期与长期目标、总体方向与重点任务，在围绕中心、服务大局中找到人才工作坐标、找准城市发展定位。着眼于城市科技创新布局和产业结构调整，强化各类要素的关联性、政策的配套性和制度的衔接性，在解决人才发展突出问题中实现城市战略突破，提升人才友好型城市建设整体效能。

（二）“改”字当先，破除人才发展壁障

坚持解放思想，刚柔并济，优化人才评价标准。突破片面追求人才即期效应和投资回报等狭隘的“小”引才观，牢固树立“不求所有，但求所用”的“大”人才观。打破地域和身份等限制，破除唯论文、唯职称、唯学历、唯奖项的“四唯”枷锁，放宽年限、年龄等条件限制，树立以价值、能力、贡献、潜力论英雄的鲜明导向。拓宽选才视野，重点引入市场和社会评价，向用人单位放权，赋予重大创新平台、重点用人单位“引育用留”自主权和人才计划配额，畅通人才申报评价渠道。有效盘活人才存量，统筹推进顶尖人才、优秀青年学者、名校毕业生等人才梯次建设，针对重点领域、重点产业精准研制人才专项支持政策。逐步取消国际人才流动的壁垒，最大限度地为高层次人才入境和居留提供便利，以便更多地吸引、留住国际人才。

（三）“用”字立基，拓宽人才成长空间

坚持以产引才、以才促产，为人才搭建干事创业平台。提高产业集群与人才耦合度，以特色产业优势吸引、留住人才，促进人才链、产业链、创新链、资金链深度融合，实现招才引智与产业发展良性互动。打造更具活力的创新创业生态，打通产学研用协同创新链，依托高校加快科技成果转化，推进创新创业载体建设，赋予科学家更大技术路线决定权、更大经费支配权、更大资源调度权。完善科学家本位的科研组织体系，支持以“揭

榜挂帅”“赛马”“军令状”等形式开展科研项目攻关。发挥政府主导、社会参与的作用，通过购买服务等方式鼓励和吸引行业企业和社会力量参与终身学习服务，为人才提供学习、体验、创新、交流的平台，培养人才终身学习观念，推动人才工作从个体的价值实现、能力提升转向整体性的社会成长。

（四）“融”字下功，营造爱才敬才文化

加强文化共鸣，厚植尊重人才、鼓励创新的城市文化。特有的人才文化是城市独特魅力的内涵和核心，具体体现在人才工作的价值观念、治理理念、评判导向等方面，既包括人才政策制度、事业平台、工作待遇等硬环境，也包括人才服务管理、生态文化等软环境，乃至人才所处的社会大环境。充分发挥地方政府在城市治理、公共服务、文化生态等方面的优势，建立以信任为基础的人才使用模式，允许失败、宽容失败，以更宽容、开放、求新、进取的态度看待多元文化和新生事物。提升人才服务质量和效率，缩短人才各项事务办理时限，减轻人才负担，创造更加宜居宜业的环境，用独特的软实力和软环境打造“对人才不可抗拒的吸引力”。坚持把“文化融入”作为人才融入城市的重要抓手，深挖城市历史文化底蕴，在传承传统文化精神和思想观念的前提下，突显区域风俗传统和行为习惯，让城市有生活、有情怀、有故事、有影响。

附 录

附录 1 指标解释及数据来源

1. 居民中大专以上学历人口比重

居民中大专以上学历人口比重是指该市拥有大专以上学历人数在 6 岁以上居民中所占的比重。

$$居民中大专以上学历人口比重 = \frac{本专科学历人数 + 研究生学历人数}{6岁以上居民数} \times 100\%。$$

资料来源：各省的《2010 年人口普查资料》《2015 年人口普查资料》。

2. 万名从业人口中科学技术人员数

从业人员期末人数指报告期末最后一日 24 时在各级国家机关、党政机关、社会团体及企业、事业单位工作，并取得工资或其他形式劳动报酬的人员数。

年平均从业人员数指本年度从业人员期末人数与上一年度从业人员期末人数的平均值。

科学技术人员指调查单位内部从事科学研究、技术服务和地质勘查 3 类活动的人员，包括直接参加上述 3 类项目活动的人员及这 3 类项目的管理人员和直接服务人员。

$$万名从业人口中科学技术人员数 = \frac{科学技术人员数}{年平均从业人员数} \times 10\,000。$$

资料来源：国家统计局《中国城市统计年鉴》。

3. 地方财政科技投入占地方财政支出比重

地方财政科学技术支出指地方财政预算内安排的用于科学技术方面的支出，包括科学技术管理事务、基础研究、应用研究、技术研究与开发、科技条件与服务、社会科学、科学技术普及、科技交流与合作等。

地方公共财政支出包括一般公共服务、国防、公共安全、教育、科学技术、文化体育与传媒、社会保障就业、医疗卫生、环境保护、城乡社区事务、农林水事务、交通运输等方面的支出。

$$地方财政科技投入占地方财政支出比重 = \frac{地方财政科学技术支出}{地方公共财政支出} \times 100\%。$$

资料来源：国家统计局《中国城市统计年鉴》。

4. R&D 经费投入强度

R&D 经费投入指在科学技术领域为增加知识总量（包括人类文化和社会知识的总量），以及运用这些知识去创造新应用进行的系统、创造性活动的经费支出，包括基础研究、应用研究、试验发展 3 类活动。

$$\text{R\&D 经费投入强度} = \frac{\text{R\&D经费投入}}{\text{地区生产总值}} \times 100\%。$$

资料来源：国家统计局《中国城市统计年鉴》。

5. 每万人吸引外商投资额

当年实际使用外商投资金额是指批准的合同外资金额的实际执行数，外国投资者根据批准外商投资企业的合同（章程）的规定实际缴付的资额和企业投资总额内外国投资者以自己的境外自有资金实际直接向企业提供的贷款 。

$$\text{每万人吸引外商投资额} = \frac{\text{全市当年实际使用外商投资金额}}{\text{常住人口}} \times 10\,000。$$

资料来源：国家统计局《中国城市统计年鉴》。

6. 开办企业便利度

根据当地政府网络公示，完成开办企业手续所需天数。

资料来源：各地工商局或政府信息网站。

7. 人均教育经费支出

人均教育经费支出是城市财政支出中的教育经费与常住人口之比。

$$\text{人均教育经费支出} = \frac{\text{财政支出中的教育经费}}{\text{常住人口}}。$$

资料来源：国家统计局《中国城市统计年鉴》。

8. 互联网宽带接入用户数

互联网宽带接入用户数指的是城市当年累积的宽带开通户数。

资料来源：国家统计局《中国城市统计年鉴》。

9. 孵化器数量

孵化器是一种新型的社会经济组织，职能主要是通过提供研发、生产、经营的场地，通信、网络与办公等方面的共享设施，系统的培训与咨询，政策、融资、法律和市场推广等方面的支持，降低创业企业的创业风险和创业成本，提高企业的成活率和成功率。众创空间是通过市场化机制、专业化服务和资本化途径构建的低成本、便利化、全要素、开放式的新型创业公共服务平台的统称。

资料来源：科技部火炬中心。

10. 在孵企业数

在孵企业指的是进驻到前述孵化器和众创空间之中的企业。

资料来源：科技部火炬中心。

11. 创业板、科创板上市和新三板挂牌企业数

创业板，又称二板市场，专为暂时无法在主板上市的创业型企业、中小企业和高科技企业提供融资途径和成长空间的证券交易市场。中国创业板的市场代码以 300 开头。新三板市场原指中关村科技园区非上市股份有限公司进入代办股份系统进行转让试点。因挂牌企业均为高科技企业而不同于原转让系统内的退市企业及原 STAQ、NET 系统挂牌公司，故称为“新三板”。2013 年 12 月 31 日起股转系统面向全国接收企业挂牌申请。

资料来源：万得信息 WIND 数据库。

12. A 股上市企业数

A 股，即人民币普通股票，是由中国境内注册公司发行，在境内上市，以人民币标明面值，供境内机构、组织或个人以人民币认购和交易的普通股股票。

资料来源：万得信息 WIND 数据库。

13. 每万人专利申请量

专利申请量是国内外知识产权行政部门受理申请专利件数。

$$每万人专利申请量 = \frac{专利申请量}{常住人口} \times 10\,000。$$

资料来源：国家统计局《中国城市统计年鉴》。

14. 每万人发明专利授权量

发明专利授权量是指经国内外知识产权行政部门授权且在有效期内的发明专利件数。

$$每万人发明专利授权量 = \frac{发明专利授权量}{常住人口} \times 10\,000。$$

资料来源：国家统计局《中国城市统计年鉴》。

15. 地均 GDP

地区生产总值指按市场价格计算的一个地区所有常住单位在一定时期内生产活动的最终成果。

行政区域土地面积指辖区内的全部陆地面积和水域面积，包括耕地、荒山、荒地、山林、草原、滩涂、道路和建筑物占地等陆地面积，以及河流、湖泊、水库等水域面积。数据来自国土资源部。

$$地均\ GDP = \frac{地区生产总值}{行政区域土地面积}。$$

资料来源：国家统计局《中国城市统计年鉴》。

16. 城镇居民人均可支配收入

城镇居民人均可支配收入是指反映居民家庭全部现金收入能用于安排家庭日常生活的那部分收入。它是家庭总收入扣除交纳的所得税、个人交纳的社会保障费及调查户的记账补贴后的收入。

资料来源：国家统计局《中国城市统计年鉴》。

17. PM2.5 年均浓度

PM2.5 是指大气中直径小于或等于 2.5 微米的颗粒物，也称为可入肺颗粒物，PM2.5 年均浓度指全年的 PM2.5 的平均浓度值。

资料来源：国家统计局《中国城市统计年鉴》。

18. 万元地区生产总值能耗

万元地区生产总值能耗是指一定时期内该地区每万元地区生产总值所消耗的能源量，本报告以全社会用电量代表能耗，全社会用电量及地区生产总值均为市辖区数据。

$$万元地区生产总值能耗 = \frac{全社会用电量}{地区生产总值}。$$

资料来源：国家统计局《中国城市统计年鉴》。

19. 国家技术转移示范机构数

技术转移机构是指为实现和加速技术转移过程提供各类服务的机构，包括技术经纪、技术集成与经营和技术投融资服务机构等，但单纯提供信息、法律、咨询、金融等服务的除外。国家技术转移示范机构是指为推进全国技术转移一体化建设，根据《国家技术转移促进行动实施方案》《国家技术转移示范机构管理办法》，在经国务院有关部门，各省、自治区、直辖市、计划单列市科技厅（委、局）推荐和专家评议后，由科技部确定并实行动态管理的技术转移示范机构。

资料来源：科技部《全国技术市场统计年报》。

20. 中国大学 ESI 高被引论文被引频次（第一作者）

基本科学指标数据库（Essential Science Indicators，ESI），是目前国际上衡量科学研究绩效、跟踪科学发展趋势的基本分析评价工具，ESI 共分 22 个学科领域。高被引论文是根据 ESI 统计被引频次排在相应学科领域前 1% 的论文，即指在同年度同学科领域中被引频次排名位于全球前 1% 的论文，是衡量科研成果影响力的重要指标之一。

资料来源：科睿唯安，基本科学指标数据库（ESI）。

21. 国家高新技术企业数

高新技术企业是在国家重点支持的高新技术领域内，持续进行研究开发与技术成果转化，形成企业核心自主知识产权，并以此为基础开展生产经营活动，在中国境内（不包括港、澳、台地区）注册一年以上的居民企业。高新技术企业由科技部火炬中心认定。

资料来源：各城市政府工作报告、国民经济和社会发展统计公报。

附录 2 评价方法

课题组选择用多级综合方法，将各项反映城市科技创新发展基本特征的指标转化为综合反映城市科技创新发展水平的总指数，具体包括以下几个步骤。

（一）原始数据的标准化

城市科技创新发展指数属于多指标综合评价，为消除评价中由于计量单位差异和指标值在数量级上的差别，保证各个具有不同量纲的指标能够进行有效合成，在采集指标的原始数据以后，需要先对指标原始值分别进行无量纲化处理，以解决指标的可综合性问题。本报告中采用直线型无量纲化方法，这一类型的方法有多种，包括标准化法、指数法、阈值法等，此处采用阈值法。在 21 个三级指标中，有 18 个指标与城市科技创新发展呈正相关性，即正向指标，有 3 个指标为逆向指标。正向指标与逆向指标分别采取不同的无量纲化处理方法，具体而言：

如果指标是正向指标，即指标值越大，越有利于城市科技创新发展，计算公式为

$$X_i = \frac{x_i - x_{\min}}{x_{\max} - x_{\min}}。 \tag{1}$$

若指标属于逆向指标，即指标值越大，越不利于城市科技创新发展，计算公式为

$$X_i = \frac{x_{\max} - x_i}{x_{\max} - x_{\min}}。 \tag{2}$$

式中，X_i 为转换后的值，$x_{\max}$ 为样本最大值，$x_{\min}$ 为样本最小值，x_i 为指标原始值。所有指标经过无量纲化处理后，指标值均分布在 [0，1] 区间内，1 为最高水平。

（二）加权综合

对经过无量纲化处理的各项指标进行加权合成，即得到上一级指标的综合得分。指标合成的关键在于指标权重的确定。由于在研究设计指标体系时已假定三级指标同等重要，因此，本研究采用三级指标等权重方法，二级指标的权重为各自包含三级指标个数在对应一级指标包含三级指标的总个数中所占比重，一级指标的权重为各自包含的三级指标权重之和，加权综合后最终得出城市科技创新发展指数。

（三）指标分析

根据指标体系，城市科技创新发展指数囊括总指数和各分项指数。具体地，城市科技创新发展指数为总指数，下设创新资源、创新环境、创新服务和创新绩效等一级分项

指数，以及创新人才、研发经费、政策环境、信息环境、创业服务、金融服务、科技产出、经济发展、绿色发展、辐射引领等 10 个二级分项指数，城市的总指数及各级分项指数排名不同，分别反映各城市科技创新发展的总体水平和结构状况。

后 记

创新是一个民族进步的灵魂，中华民族一直以来都是富有创新精神的民族。《礼记·大学》：“汤之《盘铭》曰：‘苟日新，日日新，又日新’。”这正是首都科技发展战略研究院“日新为道”核心价值观的来源。在我看来，创新是一种使命和责任，也是一种意识和自觉，是人类对未知领域的有益探索。其中，“人类”是创新的主体，拥有创新的本能；“未知领域”是创新的客体，也是创新的空间；“有益”是对创新性质的界定，是一种价值导向；“探索”标示了创新的途径和方式，既包括过程，也包括结果。

城市是创新资源的集聚地，是创新人才的栖息地，是创新活动的活跃地，也是创新成果的分享地。当前，我国已全面建成小康社会，成功实现第一个百年奋斗目标，迈向实现第二个百年奋斗目标新征程，作为国家发展的主要空间载体，城市科技创新的全局性、战略性意义不言而喻。同时，城市之间的竞争也越来越表现为创新能力的竞争，树立创新理念并积极推动创新行动，打造创新资源密集、创新要素齐全、创新链条完整、创新氛围浓厚、创新活动活跃、创新功能强大的创新型城市也成为提升城市竞争力和影响力的重要途径。

《中国城市科技创新发展报告》自2017年开始研究并每年发布，内容涉及指数评估、案例研究、政策建议等多个方面，报告研究和编制的初衷就是希望能够积极参与和回应中国城市创新发展进程，通过思想和观点的碰撞，汇聚更多的智慧和实践，持续探索并总结城市迈向创新驱动发展过程中的经验和不足，进而为城市科技创新提供决策参考。经过多年来各方支持和研究团队的坚持，报告得以连续出版并获得了社会各界的广泛关注，也荣获光明日报智库研究成果一等奖等相关荣誉。实践日新月异，理论探索不息！为了更好地探索和研究城市创新这一重要议题，《中国城市科技创新发展报告2021》汇聚专家力量，不仅依据“中国城市科技创新发展指数指标体系”，对288个地级及以上城市的科技创新发展水平进行评估，全貌展示中国城市科技创新总体态势和特征，同时还通过专题形式，对代表性城市、城市城区进行了细化分析，梳理了不同城市的创新实践与案例，聚焦研究了城市科技创新领域的重要热点难点问题，在进一步丰富城市科技创新理论、支撑城市科技创新实践方面做出了探索和努力。

本报告由首都科技发展战略研究院完成，但研究充分体现了“小核心、大网络”的特色。一直以来，报告的开题、研究、写作、发布等均得到首都科技发展战略研究院各理事单位和业务指导单位的大力支持。中国社会科学院城市与竞争力研究中心、北京师范大学创新发展研究院作为联合支持单位，为报告的形成提供了丰富的数据并全程参与报告研究和推广工作。北京市、广州市、深圳市、珠海市、杭州市、济南市、株洲市等城市的有关政府部门和科研机构也为报告提供了调研保障或研究素材。在这里要向相关部门的领导和支持参与研究工作的同志表示衷心感谢！

同时，报告的研究离不开专家们的智力支持。国务院发展研究中心原副主任卢中原研究员，北京市人大常委会副主任闫傲霜教授，科技部战略规划司原副司长余健研究员，中国社会科学院城市与竞争力研究中心主任倪鹏飞研究员，国务院发展研究中心社会发展研究部部长李建伟研究员，中国科学技术指标研究会理事长杨起全研究员，京津冀国家技术创新中心主任王荖祥教授，民族团结杂志社党委书记张庆安研究员，中国科学技术发展战略研究院宋卫国研究员，中国科学技术发展战略研究院技术预测与统计分析研究所所长玄兆辉研究员，国务院发展研究中心创新发展研究部熊鸿儒研究员，国家信息中心中国智慧城市发展研究中心副主任唐斯斯研究员，工业和信息化部中国电子信息产业发展研究院中小企业研究所副所长龙飞研究员，中国人民大学商学院郭国庆教授，广东省社会科学院宋宗宏研究员，北京市科学技术委员会综合协调处处长周静为等专家为报告提供了宝贵建议。中国社会科学院财经战略研究院城市与房地产经济研究室主任刘彦平研究员，山东大学管理学院许峰教授，浙江大学经济与文化研究中心执行主任何春晖教授等专家为本报告提供了专题报告。在这里，一并向他们表示感谢！

最后，本报告连续多年在科学技术文献出版社出版发行，感谢各位编辑老师细致而辛勤的劳动。

《中国城市科技创新发展报告》是一个开放性平台，我们希望通过本报告来搭建城市科技创新的交流地，共同为中国城市创新驱动发展建言献策。当然，由于本报告数据众多、体量庞大，难免有不足和不妥之处，敬请各位读者不吝赐教、批评指正。我们也深知，创新不可能一蹴而就，需要久久为功，付出长期艰苦努力。我们热情欢迎关注城市创新的有识之士共同参与这项研究，凝智聚力，共促发展！

关成华

2021 年 12 月